冰壶运动

于作军　著

北京体育大学出版社

策划编辑 李志诚 潘 帅
责任编辑 李志诚 仝杨杨
责任校对 贾 婷
版式设计 联众恒创

图书在版编目（CIP）数据

冰壶运动 / 于作军著. -- 北京 : 北京体育大学出版社，2023.8
ISBN 978-7-5644-3870-8
Ⅰ. ①冰… Ⅱ. ①于… Ⅲ. ①掷冰壶—运动技术 Ⅳ. ① G862.6

中国国家版本馆 CIP 数据核字（2023）第 152859 号

冰壶运动
BINGHU YUNDONG　　　　于作军 著

出版发行：北京体育大学出版社
地　　址：北京市海淀区农大南路 1 号院 2 号楼 2 层办公 B-212
邮　　编：100084
网　　址：http：//cbs. bsu. edu. cn
发 行 部：010-62989320
邮 购 部：北京体育大学出版社读者服务部 010-62989432
印　　刷：三河市龙大印装有限公司
开　　本：787mm × 1092mm　1/16
成品尺寸：185mm × 260mm
印　　张：19.75
字　　数：430 千字
版　　次：2023 年 8 月第 1 版
印　　次：2023 年 8 月第 1 次印刷
定　　价：148.00 元

Foreword

The history of China goes back some 5000 years and curling started only 500 years ago, but it is considered to be one of the oldest sports certainly within the Olympic Winter Programme.

This book is written by Zuojun Yu, assistant professor of Beijing Sports University.

The book will explain the origins, history, and development of the curling worldwide as well as its development and current situation in China. It will elaborate the rules of curling and the rules of competition, umpiring and competition organization, skills, and tactics of curling and of course training method.

The spirit of curling as written in our rule book is as follows:

"Curling is a game of skill and traditions. A shot well executed is a delight to see and so, too, it is a fine thing to observe the time-honoured traditions of curling being applied in the true spirit of the game. Curlers play to win but never to humble their opponents. A true curler would prefer to lose rather than win unfairly."

"A good curler never attempts to distract an opponent or otherwise prevent another curler from playing his or her best."

"No curler ever deliberately breaks a rule of the game or any of its traditions. But, if a curler should do so inadvertently and be aware of it, he or she is the first to divulge the breach."

"While the main objective of the game is to determine the relative skills of the players, the spirit of the game demands good sportsmanship, kindly feeling and honourable conduct."

"This spirit should influence both the interpretation and application of the rules of the game and also the conduct of all participants on and off the ice."

This text explains why the sport is so very special and is now enjoyed and played in 66 countries and is widely recognized as the fastest growing winter sport.

I hope you enjoy reading the book and it will encourage you to develop and promote this great sport in China and beyond.

Kate Caithness CBE
President World Curling Federation
Honorary Professor Beijing Sports University

Kate Caithness

序

中国历史可以追溯到5000年以前，而冰壶运动只有500多年的发展历史。但是，冰壶运动是奥林匹克运动中最古老的冬季运动项目之一。

《冰壶运动》一书是由北京体育大学于作军副教授所著。本书系统介绍了世界冰壶运动的起源和发展，以及中国冰壶运动的发展历程与辉煌成就，并详细阐述了冰壶运动的运动规则与竞赛规则、竞赛组织与执裁方法，以及冰壶运动专项技术的动作要领、战术思想体系与训练方法。

在我们的规则手册中，对冰壶精神有如下描述：

“冰壶运动讲究技巧，尊重传统。一次完美的投壶令人赏心悦目，遵循冰壶传统、秉持冰壶精神同样令人尊敬。冰壶运动员志在取胜，但决不贬低对手。真正的冰壶运动员宁愿输掉比赛，也不愿有失公平。”

“优秀的冰壶运动员从不试图干扰对手，也不会阻碍对手发挥出最佳的竞技水平。”

“冰壶运动员不会故意违反比赛规则，也不会违背比赛传统。若意识到无意中违反规则或传统，他们会及时报告自己的违规行为。”

“冰壶比赛主要考验运动员的竞技能力，但冰壶精神要求运动员彰显体育精神，亲切友善、行为可敬。”

“冰壶精神既影响冰壶规则的解释和应用，也影响冰场内外所有参与者的行为。”

目前，全世界有66个国家（地区）开展了冰壶运动，这些国家（地区）的人们正享受着冰壶运动所带来的乐趣。本书详细阐述了冰壶运动为什么如此特别，揭示了冰壶运动为什么会成为世界上发展最快的冬季运动项目的奥秘。

我希望您能喜欢这本书，它将会激励着您在中国甚至世界范围内发展与推广这项伟大的运动——冰壶运动。

凯特·凯斯内斯（大英帝国司令勋章）
世界冰壶联合会主席
北京体育大学名誉教授

Kate Caithness

自 序

冰壶运动是北京冬奥会正式比赛项目，在世界上66个国家（地区）得到广泛开展。冰壶运动不仅历史悠久，且有着丰富的文化底蕴。16世纪的苏格兰和荷兰已经存在冰壶运动的文字证据。

早在1993年，我国冰壶运动的先驱者就已经认识到：冰壶运动适合我国运动员发挥自身优势。我国从1995年开始引进、推广和发展冰壶运动，取得了举世瞩目的成绩。在“带动三亿人参与冰雪运动”的号召下，我国冰壶运动场地与设施不断完善，后备人才培养体系日益健全，冰壶运动的关注度和参与度将会大幅提升，这项老少皆宜的运动也必将成为人们喜闻乐见、身体力行的运动项目。

冰壶运动是近些年我国发展最快的冬季运动项目之一，技战术水平不断提高，对抗强度不断提升。为此，我们更应该总结经验、不断创新，深入挖掘冰壶运动的历史渊源、文化内涵、本质特征、技术要领和战术思想，进一步提升冰壶运动的理论认知和实践能力，进一步夯实冰壶运动的群众基础和竞技体育人才培养基础。这既是新时代下实现冰壶运动高效、快速和可持续发展的基石，也是中国冰壶人的精神追求和不竭动力。

本书在撰写过程中充分借鉴了加拿大、英国等冰壶运动强国的训练理念与方法，以及世界冰壶联合会和国外知名专家学者对冰壶运动项目特征和项目规律的研究成果，并遵循先进性、科学性、可操作性、针对性、系统性和时效性的原则，旨在追本溯源、析疑匡谬，解读世界冰壶运动的发展历史，还原我国冰壶运动的发展本貌，传播冰壶运动的内涵文化；旨在窥视真理，深刻认识冰壶运动的项目特征与竞技规律，精准地把握冰壶运动的发展方向与发展趋势，规范基本技术，发展战术思维，培养冰壶智慧；旨在推动冰壶运动在全国范围内的推广和普及，促进我国冰壶运动健康、稳定、快速和可持续发展。

本书适用于所有冰壶运动的爱好者和从业人员，既可以作为中国冰壶协会以及其他相关组织的培训用书，也可以作为各类体育院校的教学用书，还可以作为广大冰壶运动爱好者和参与者的参考用书。

本书共分为九章。第一章介绍了冰壶运动的起源与发展；第二章介绍了中国冰壶运动发展史；第三章解读了冰壶运动规则与竞赛规则；第四章至第六章分析了冰壶运动专项技术，包括投壶、扫冰、阅读：冰面与出手；第七章至第九章研究了冰壶运动的战略与战术、先手战术和后手战术。

本书从构思创意、撰写成稿到付梓出版得到了各方面专家和朋友的指导和帮助，感谢在我研习冰壶运动的道路上以及本书撰写和出版过程中给予我支持和帮助的所有人。特别感谢世界冰壶联合会主席凯特·凯斯内斯女士为本书作序，以及我家人的全力支持。在此一并致以崇高的敬意，真诚道一声：谢谢！

目 录

第一章　冰壶运动的起源与发展

冰壶运动确切的起源时间和地点至今尚无定论。目前，有关冰壶运动起源的主要观点有两种：一种观点是冰壶运动起源于苏格兰，有文字记载了1540年在苏格兰的一所修道院开展过这种在结冰的池塘上进行的投石游戏；另一种观点是冰壶运动起源于欧洲低地国家（Low Countries）[①]，16世纪中期的油画作品描绘了类似于现代冰壶运动的民间游戏活动。

冰壶（Curling）的英文拼写从何而来也一直存在争议，可能来自古老的动词“Curr”，特指一种低声嘶哑的声音。今天，许多冰壶运动的参与者将冰壶摩擦冰面的轰隆声与“Roar”（咆哮）联系在一起，因此，冰壶运动的另一个英文名字是“Roaring Game”或“Roarin”。

第一节　冰壶运动的起源及时代背景

一、冰壶运动的起源

（一）苏格兰起源说

大量有关苏格兰或冰壶运动历史的著作和研究都指出冰壶运动起源于苏格兰，原因在于：第一，苏格兰发掘了16世纪的冰壶原型；第二，苏格兰对冰壶运动比赛、冰壶运动器材以及冰壶运动规则与竞赛规则的演变有较为详细的文字记载。

冰壶运动苏格兰起源说的早期研究和证据链条一直受到学术界的质疑。那时，冰壶运动苏格兰起源说的证据主要来自历史书籍、新闻报道、冰壶运动员回忆录、图片，以及诗歌和歌曲等。当将上述资料作为科学研究的证据时，需要经过科学的分析与检验才能验证其真实性。而且，上述史学资料不仅具有历史的局限性，还缺乏连续性。21世纪初期，苏格兰政府和相关研究机构开展了“苏格兰体育运动背景”“21世纪体育评论”“冰壶运动普及”等大规模、高质量的历史研究和调查研究。众多研究报告表明，冰壶运动起源于16世纪的苏格兰，从而使冰壶运动苏格兰起源说以及苏格兰冰壶运动发展历史的证据

① 低地国家是对欧洲西北沿海地区的荷兰、比利时和卢森堡三国的统称。

链条更加完整和科学。

冰壶运动苏格兰起源说的主要证据有以下 3 个方面：冰壶石（Curling Stone）原型的发现、冰壶运动比赛的文字记录和词源分析的结果。

1. 冰壶石原型的发现

图 1-1　刻有“1511”日期字样的冰壶(26 磅)

冰壶石原型的发现表明 16 世纪初的苏格兰已经有与现代冰壶运动相类似的运动器材“冰壶石”和“冰壶运动”。苏格兰在斯特灵（Stirling）西北部约 10 英里（1 英里 =1609.344 米）处的小镇邓布兰（Dunblane）的一个干涸的老池塘里发现了一个刻有“1511”日期字样的“冰壶石”（图 1-1），同时还发现了少量刻有“1551”和“1611”日期字样的“冰壶石”。据推测，这些形状不一的“冰壶石”（当时称为“Kuting Stone”）可能源于 14 世纪已经存在的一种名为“Quoits”的游戏活动。这些“冰壶石”原型的材质均为斯特灵石，且此种石材仅产自苏格兰。

2. 冰壶运动比赛的文字记录

1976 年，英国格拉斯哥大学历史系研究员约翰·德肯（John Durkan）在收集、整理佩斯利修道院（Paisley Abbey）（图 1-2）16 世纪生活方式的资料时发现了一份记载着类似于现代冰壶运动比赛事件的拉丁文手稿。苏格兰佩斯利（位于苏格兰西南部，伦弗鲁郡最大的城镇，行政中心所在）的一名公证人员约翰·麦奎因（John McQuhin）于 1540 年在他的公证簿中记录了佩斯利修道院的僧侣约翰·斯卡特（John Sclater）和修道院院长代表加文·哈密尔顿（Gavin Hamilton）之间的冰上投石挑战赛。公证簿中详细记录了斯卡特在冰面投掷石头 3 次，表示他已经为约定的比赛做好了充分准备。1541 年 2 月 6 日，挑战赛如期举行。这是冰壶运动比赛的最早文字记录，使用的文字是拉丁文。

图 1-2　佩斯利修道院

3. 词源分析的结果

第一，苏格兰著名冰壶历史学者戴维·史密斯（David Smith）在研究中指出：约翰·麦奎因在比赛的公证词中使用“Cotis”代表冰壶具有特殊的意义，并推测它是拉丁语中最接近苏格兰语“Coit”发音的词语。17—18世纪，苏格兰语系中的“Coiting”和“Curling”是同义词，均表示冰壶运动。

第二，“Curling”一词最早出现在苏格兰的文学作品中。1620年，苏格兰著名诗人亨利·亚当森（Henry Adamson）发表的诗文 *Muses Threnodie* 正文和序言中两次使用“Curling”一词。动词性名词“Curling”从苏格兰语（英语）动词“Curl”变形而来，用来表述冰壶运动，并且一直沿用至今。事实上，人们最初并没有注意到冰壶在冰面上的运动轨迹是弧线型。因此，用“Curling”表示冰壶运动并不是源于冰壶在冰面上的弧线运动轨迹。

***Muses Threnodie*（节选）**

A gadareilie, and a whisle,
A trumpe, an Abercome mussel,
His hats, his hoods, his bels, his bones,
His allay bowles, and curling stones,
The sacred games to celebrat,
Which to the Gods are consecrate.

第三，早期的“冰壶石”被称作“Loofies”，来自苏格兰语的“Loof”，表示“手掌”（Palm of Hand）。最初的“冰壶石”是一种平底、手掌形状的，重约2.3千克的物体。此后，“Kuting Stone”取代了“Loofies”，用于表示冰壶石。冰壶石主要特征是表面上存在手指槽口（图1–3）。

图1–3　早期的冰壶石

（二）欧洲低地国家起源说

虽然大量的研究和证据表明冰壶运动起源于16世纪的苏格兰。但是，仍有许多学者认为冰壶运动起源于欧洲低地国家，然后由欧洲低地国家传播到了苏格兰，并经过苏格兰人的改进与推广，得到了进一步发展。

冰壶运动欧洲低地国家起源说的主要证据有以下两个方面。

1. 艺术作品中描绘的场景

1565年，佛兰德（Flanders）[①] 著名艺术家彼得·勃鲁盖尔（Pieter Breughel）（1530—1569）创作的两幅油画作品《有捕鸟器的冬景》和《雪中猎人》中描绘了佛兰德农民正在

① 传统意义的“佛兰德”亦包括法国北部和荷兰南部的一部分。

冰冻的池塘上进行着类似于现代冰壶运动的场景（图 1-4 至图 1-7）。这一时期，苏格兰和欧洲低地国家之间有着很深的贸易和文化联系。因此，有学者认为冰壶运动是从欧洲低地国家传播到了苏格兰。

图 1-4 《雪中猎人》

图 1-5 《雪中猎人》局部特写

图 1-6 《有捕鸟器的冬景》

图 1-7 《有捕鸟器的冬景》局部特写

2. 词源分析的结果

约翰·拉姆齐（John Ramsay）牧师查阅当时贾米森编写的辞典发现“Curl”来源于德国库兹韦尔。那一时期，“Curling”用于表示当时已经广泛开展的一种娱乐活动，进而约翰·拉姆齐提出“Curling”一词并非源自英语。约翰·拉姆齐在他的著作中坚称冰壶运动起源于欧洲大陆，至少是在德语或荷兰语盛行的时候由欧洲低地国家传入苏格兰。发明史中的外来词源存在数量极少，而冰壶运动的词源大多来自欧洲大陆。这也成为冰壶运动欧洲低地国家起源说的主要证据。

二、冰壶运动起源学说的辩证分析

从时间维度来看，苏格兰起源说可以提供 16 世纪早期苏格兰开展冰壶运动的证据，而欧洲低地国家起源说只能提供 16 世纪中期欧洲低地国家开展冰壶运动的证据。而且，彼得·勃鲁盖尔油画作品中描绘的运动是一种称为冰盘（Eisschiessen）的游戏活动，并不是冰壶运动（图 1-8）。冰盘运动在欧洲的部分国家和地区（主要是巴伐利亚和奥地利）已经开展了几个世纪，直到今天仍具有广泛的群众基础。冰盘运动是一种使用名为“Eisstock”的木制“冰壶”和棍形长杆在 30 ~ 54 米的冰场上 18 ~ 54 米的区域内进行的冰上投掷游戏。从表面上来看，冰盘运动与冰壶运动十分相似，但它并不是冰壶运动。

图 1-8　冰盘

从词源的真实性来看，“Kuting”“Coiting”“Kilian”等词虽然与德语单词“Kluyten”“Kallayten”等比较相近，但其所参考的贾米森编写的辞典只修订过一版，以此作为追溯的源头并不具备足够的说服力，进而派生词的分析也就显得较为牵强。再者，经研究学者的进一步考证发现，“Coiting”原指荷兰人在冰面上玩的一种雪球游戏。

当今时代对体育概念的界定具有特定的规则和格式，这并不适用早期对体育运动的界定。人口数量、可用器材、气候条件、闲余时间等都将使体育运动的特点和形式发生预想不到的变化，而不是按照预定的通用模式来发展。因此，世界冰壶联合会（World Curling Federation，WCF）并没有对冰壶运动的起源进行明确说明，只是说：“16 世纪的苏格兰和荷兰已经存在了冰壶运动的文字证据。”

三、冰壶运动产生的时代背景

不论冰壶运动源自何时何地，冰壶运动诞生之初一定是人们在室外自然冰面上进行的一种休闲娱乐活动。一定的水域、极度寒冷的天气和一定数量的人口便成了早期冰壶运动产生和发展的前提条件。15 世纪和 16 世纪的“小冰期”对人们的生活产生了巨大的影响，湖泊、河流、堰塞湖和蓄水池，甚至海洋均会冻结成冰，形成可供人们开展各种冬季娱乐活动的冰面。那个时代的大多数人都聚集生活在农村或山村，人们会因为冬季土地冻结而失去工作的机会。人们在冬季寒冷的自然条件下会因为无法忍受长达数月的室内生活而努力创造条件到室外的新鲜空气中去开展各种各样的娱乐活动。从气候与休闲活动的关系来看，寒冷的气候条件会导致极度的贫困和饥荒，而这正是人们参与休闲娱乐活动的限制条件。但是，寒冷的天气也正是开展冰上运动的前提条件，苏格兰的冰壶运动就是在这种气候条件下产生的，并得到了进一步的传播与发展。

冰壶运动苏格兰起源说之所以占据了主导地位，是因为当时的苏格兰具备了冰壶运动存在的社会条件，即苏格兰的乡村结构。苏格兰富有的农场主经常参与冰壶运动或组织教区间的冰壶比赛，并提供他们的私人池塘作为比赛场地，使冰壶运动在当时得以广泛开展，并流传至今。由此可见，苏格兰冰壶运动所具有的“兄弟情、手足情”的优良传统也很可能是源于早期冰壶运动参与者之间互帮互助的温馨情谊。

第二节　冰壶运动规则与竞赛规则的产生与演变

冰壶运动起源初期的运动规则与竞赛规则暂无史料可查。根据学者推测，冰壶运动诞生初期并无统一的运动规则与竞赛规则，只要比赛双方对规则达成一致意见，便可以开始冰壶比赛。成立于 1795 年的邓丁斯顿冰壶协会（Duddingston Curling Society）撰写了世界上第一版《冰壶竞赛规则》，并于 1806 年 1 月 6 日由协会会员讨论通过，使用于协会内部的冰壶比赛。这一版本的《冰壶竞赛规则》对比赛场地的尺寸、参赛队伍的人员数量、每人的投壶次数以及判定比赛胜负的标准等均没有详细而明确的规定或说明。第一，比赛场地的尺寸可以根据环境的不同而有所不同，其长度为 33 ~ 44 米。第二，每支队伍上场比赛的人数可以是几人，也可以是十几人，每人投掷 1 个或 2 个冰壶。第三，即使比赛已经开始，如果多数运动员提出希望改变竞赛规则的诉求，也可以对比赛所采用的竞赛规则进行临时修订。1809 年，邓丁斯顿冰壶协会对第一版《冰壶竞赛规则》进行了修订，修订版中增加了分数计算的方法和争议的解决办法。在冰壶比赛过程中，比赛双方产生争议的解决程序如下：双方领队先进行协商，如果无法达成一致意见，中立的观察员将进行必要的干预或介入。由此可见，这一时期冰壶竞赛规则并没有形成统一标准，其中，参赛队伍的人员数量、冰场的参数规格等在不同的城镇和俱乐部之间各不相同。规则的不规则性和意见的一致性便成了此时冰壶比赛的主要特征。

19 世纪 20—30 年代，城市之间以及俱乐部之间的冰壶比赛变得较为普遍，关于每队运动员人数、每人投壶数量、冰壶和场地参数规格的争论日趋激烈。为此，喀里多尼亚冰壶俱乐部（Grand Caledonian Curling Club）在 1838 年成立之初就召集 36 支冰壶俱乐部的 44 名代表对邓丁斯顿协会版本的《冰壶竞赛规则》进行了重新修订。喀里多尼亚冰壶俱乐部重新修订《冰壶竞赛规则》的目的是在苏格兰全国范围内推行统一的《冰壶竞赛规则》，但是，它的隶属机构还是延续多年使用各自地方版本的冰壶竞赛规则。直到 1853 年，该版本的《冰壶竞赛规则》才在苏格兰全国范围广泛使用。最为重要的是，1838 年版本的《冰壶竞赛规则》是冰壶领域公认的第一个正式的冰壶竞赛规则，而且此后的所有规则版本皆是该版本的修订版。

一、比赛时长

冰壶运动诞生初期，竞赛规则中重要事项和条款的表述较为简单和宽泛。根据当时的竞赛规则，冰壶比赛中双方运动员的数量各为 4 ~ 20 人，每场比赛中大约投掷 31 个冰壶，每人可以投1个或2个冰壶，通常采用18局以上的赛制，但没有比赛时长方面的相关规定。始于1959年的第一届苏格兰杯（Scotch Cup）冰壶比赛采用12局的赛制，更名为加拿大航空银扫帚赛（Air Canada Silver Broom）后初期也是采用12局的赛制，直到1972年才更改为10局的赛制。

早在1983年，人们就已经开始了冰壶比赛时长方面的探索与研究。1986年，体育网络公司对加拿大举办的“Curling's Skins Game”赛事进行了电视直播。为此，该项赛事引入了“比赛时间”（Game Time）的概念，规定每支参赛队伍的比赛时间。这一举措得到了冰壶大家庭各方成员的广泛认可。

1989年，国际冰壶联合会（International Curling Federation，ICF）[①]将世界男子冰壶锦标赛和世界女子冰壶锦标赛合为一项赛事，即世界冰壶锦标赛。世界冰壶锦标赛的参赛队伍数量成倍数增长，主办方十分担心比赛时间会难以控制，赛程会无限期拖延。为此，国际冰壶联合会主办的赛事首次引入了“比赛时间”的概念，对每场比赛时长进行限制。比赛时间是指比赛中投壶方投出冰壶后，直到投掷壶以及在此期间受到影响的所有冰壶均静止，并且将大本营的掌控权让与对手的全部时长的累计时间。以世界冰壶联合会2002年版的冰壶竞赛规则为例，在一场10局的四人冰壶比赛中，比赛双方的比赛时间各为75分钟，加局比赛时间为前10局比赛中各自的剩余时间加上10分钟。此后，比赛时间再度改为73分钟，加局比赛时间为9分钟，且常规比赛期间有一次2分钟的战术暂停，加局赛期间只有一次60秒的战术暂停。

比赛时间的计算方法主要是累计冰壶在冰面上的滑行时间，这不利于小力量投壶风格的冰壶队伍。为此，世界冰壶联合会2014年版的冰壶竞赛规则中将比赛时间改为思考时间（Thinking Time）。思考时间是指对手的投掷壶以及在此期间受到影响的所有冰壶均静止，并且让出大本营的掌控权至本方投掷壶到达T线的全部时长的累计时间（但不包括轮椅冰壶）。以世界冰壶联合会2021年版的冰壶竞赛规则为例，在每场10局的四人冰壶比赛中，每支参赛队伍的思考时间为38分钟，8局比赛的思考时间为30分钟（混合双人为22分钟，轮椅冰壶为38分钟，轮椅混合双人为30分钟）。如果比赛需要进行加局赛，每支参赛队伍各获得4分30秒的比赛思考时间（混合双人为3分钟，轮椅冰壶为6分钟，轮椅混合双人为4分30秒）。常规比赛和加局比赛中各有一次60秒的战术暂停。

近年来，冰壶比赛还引入了单局思考时间的赛制，俗称“快壶赛”。以2019—2020赛季冰壶世界杯为例，男子四人和女子四人冰壶比赛的前4局每局有4分钟的思考时间，后4局每局有4分15秒的思考时间；混合双人比赛的前4局每局有2分50秒的思考时间，后4局每局有3分钟的思考时间。

---

① 国际冰壶联合会为世界冰壶联合会的前身，于1990年更名为世界冰壶联合会。

二、前掷线

前掷线（Hog Line）的英文表述源于苏格兰农业用语。苏格兰的绵羊饲养业相当发达，他们将出生后第一年的羔羊称为“Hog”。“Hog”一词曾是流浪者或弱者的代名词，是指一个最有可能成为猎物，或者是兽群中最有可能成为淘汰者的动物。由此得知，如果一个投掷壶没有通过比赛端前掷线到达比赛区域而被淘汰出局，亦应称为“Hog”。前掷线的英文表述“Hog Line”也由此而来。

冰壶竞赛规则多以前掷线为基础而制定。因此，有人提出冰壶运动是一项单一规则的体育运动。其实，前掷线规则制定的初衷仅是判断一个冰壶是否是有效壶，而与运动员的投壶过程和出手违例毫无关系。因为，那一时期的冰壶运动员采用的投壶方式是原地静止投壶，而不是滑行投壶。

20 世纪 30—40 年代，加拿大温尼伯（Winnipeg）的一名教师肯·沃森（Ken Watson）发明了滑行投壶方式，使冰壶运动专项技术发生了革命性的变革。运动技术的发展已经逾越了现行的竞赛规则，导致某些运动员通过滑行投壶方式一直滑行到比赛端前掷线才投壶出手。为此，多米宁冰壶协会①（Dominion Curling Association）在 1955 年的年会上对前掷线规则进行了修订。该修订对前掷线规则的描述如下：“每名运动员必须从踏板处启动投壶动作，运动员在投壶过程中不可以超越投壶端前掷线。”由此可见，前掷线不再仅是判断一个冰壶是否是有效壶的标志线，同时也是判定投壶出手违例与否的标志线。至此，前掷线的双重标识作用获得正式认可，并延续至今。但是，这一版本的前掷线规则对投壶运动员到达投壶端前掷线时的身体部位以及是否完成投壶出手动作并没有明确界定。

1957 年，前掷线规则再次被修订。该修订对前掷线规则的描述为：“每名运动员必须从踏板启动投壶动作，运动员在投壶过程中滑行脚的任何部位不可以接触到前掷线。”该修订对前掷线规则表述的问题出现在“接触”（Touch）一词。一些运动员在投壶滑行到达投壶端前掷线时，熟练地抬起滑行脚，然后继续持壶向前滑行。1958 年，前掷线规则又修订为：“每名运动员必须从踏板处启动投壶动作，运动员在投壶过程中滑行脚不能越过前掷线。”冰壶界在接下来的几年时间里展开了关于前掷线规则的各种讨论，并进行了数次修订。1962 年，前掷线规则再次被修订为：“每名运动员必须从踏板处启动投壶动作，运动员在投壶过程中需要保持投壶动作的连续性，任何身体部位都不可以越过投壶端前掷线，运动员既不可以跳过前掷线，也不可以用另一只脚滑过前掷线，甚至用手滑过前掷线。”

1963—1972 年，前掷线规则没有进行实质性的修订，仅增加了“在违规的情况下，由投壶方将投掷壶移出比赛区域”这一项。这也是历史上第一次明确提出前掷线违规的判罚规定。国际冰壶联合会于 1973 年采纳了该项判罚规则，并在 1974 年世界男子冰壶锦标

① 多米宁冰壶协会成立于 1935 年，是加拿大冰壶协会的前身。

赛上首次使用，明确规定运动员投壶时要在冰壶到达投壶端前掷线前松手释放冰壶，但可以按照自己的意愿继续向前滑行。

1974 年以后，前掷线规则几乎没有再进行细节上的修订。直到 20 世纪 70 年代末，前掷线违规判罚并没有被真正执行实施。加拿大冰壶协会规则委员会为了获悉前掷线违规的严重程度，于 1980 年在卡尔加里举行的加拿大全国男子冰壶锦标赛中引入了观察员。观察员的主要职责是记录违规行为，但不进行违规判罚。统计结果令人吃惊，一周的冰壶比赛共记录了 3292 次犯规。运动员位置错误和触碰冰壶等轻微的违规行为占据绝大多数，严重的前掷线违规行为有 120 次。加拿大冰壶协会规则委员会声明：1981 年的加拿大全国男子冰壶锦标赛将首次引入裁判员。根据统计，本次比赛中共出现 591 次犯规行为。1981—1985 年，冰壶比赛中裁判员的执裁手段为警告和停赛，但是对比赛中的违规行为并不进行实质性判罚。加拿大冰壶协会决定为 1986 年的加拿大全国男子冰壶锦标赛派驻裁判组，并行使判罚权，最终约有 55 次投壶因前掷线违规被判为无效壶。

三、自由防守区

比赛端前掷线和 T 线之间不包括大本营的区域称为自由防守区（Free Guard Zone，FGZ）（图 1–9）。自由防守区规则是冰壶运动中的一项重要规则，不仅增加了冰壶比赛的战术选择，还改变了冰壶运动的竞赛方式。

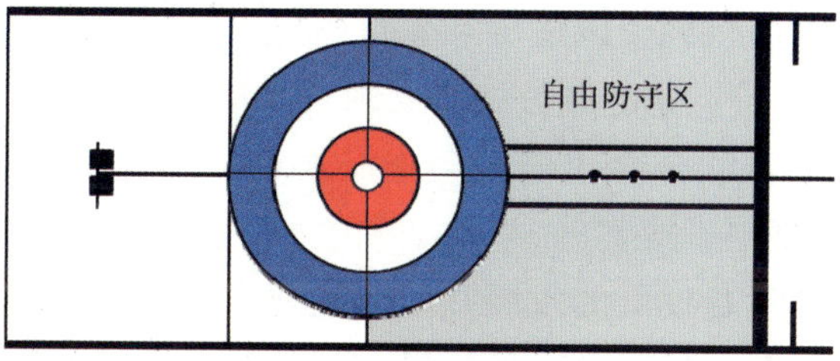

图 1–9　自由防守区

自由防守区规则最初称为蒙克顿修订版规则（或霍华德规则）（Modified Moncton Rule），源于拉斯·霍华德（Russ Howard）为 1990 年 1 月在加拿大新不伦瑞克省（New Brunswick）蒙克顿市举行的百年蒙克顿现金赛（the Moncton 100 Cashspiel）提出的竞赛规则建议。此项赛事是蒙克顿市百年庆典活动的一部分，奖金高达 25 万美元，是当时奖金额度最高的冰壶赛事。提出此项规则的主要目的是避免运动员使用“清壶”战术[①]，增加比赛的观赏性。当时，冰壶比赛中的领先一方通常会采用“清壶”战术，运动员通过击打使比赛中的所用冰壶都成为无效壶，即使对方拥有后手权，最好的情况也只能获得 1 分。反之，拥有后手权的队伍采用“清壶”战术，此局比赛将会形成空局，以便在下一局比赛

① 冰壶比赛中的一种策略，即运动员通过一定角度击打目标壶，使目标壶和投掷壶均变成无效壶，最终导致冰壶道的比赛区域中没有冰壶存在。

中继续拥有后手优势。此时，制冰师已经可以熟练地在冰壶道上制造出完美的冰点，而运动员因扫冰技术的提升可以更加有效地控制冰壶的滑行轨迹。以上两项技术为运动员完成高质量的击打投壶提供了充分的支撑与保障。因此，“清壶”战术在这一时期被冰壶运动员广泛采用，尤其是加拿大的冰壶运动员。然而，这种看似合理的战术却导致冰壶比赛失去了观赏性和不确定性。人们发现：如果比赛的冰面条件较为完美，两支同样擅长“清壶”战术的队伍同场竞技，其比赛结果是可以准确预测的，即哪支队伍在比赛开始阶段的猜硬币环节中获胜，拥有后手权（或是在赛程安排中拥有后手权），便会取得本场比赛的胜利。1990 年，加拿大冰壶协会发现了“清壶”战术给冰壶运动带来的负面影响，即冰壶比赛缺乏观赏性、冰壶迷大量流失。因此，加拿大冰壶协会在 1991 年的加拿大全国男子冰壶锦标赛中引入了自由防守区规则。

蒙克顿修订版规则最初只在冰壶联赛和训练中使用，规则规定：一局比赛的前 4 个冰壶不论是否在大本营内，无论何时、位于何处都不允许被移出比赛区域，但可以击打。此项规则使比赛中的前 4 个冰壶受到了一定程度的保护，也使冰壶运动的竞赛方式发生了改变。不久之后，国际冰壶赛事中也引入了此项规则。一年以后，蒙克顿修订版规则更名为自由防守区规则，经过一次修改，应用于 1992 年法国阿尔贝维尔冬奥会的冰壶比赛，成了本次比赛的一大亮点。冬奥会版本的自由防守区是指前掷线和 T 线之间大本营之外的区域。加拿大一直沿用传统的自由防守区规则，直到 1993—1994 赛季才采用冬奥会版本的 3 壶自由防守区规则。加拿大冰壶锦标赛采用 3 壶自由防守区规则后的几年间，参加世界冰壶锦标赛的队伍必须进行调整以适应 4 壶自由防守区规则。为此，加拿大冰壶协会在 2002—2003 赛季首次采用了 4 壶自由防守区规则。2017 年 9 月 17 日，在斯洛文尼亚布莱德（Bled）举行的世界冰壶联合会代表大会审议通过了 5 壶自由防守区规则，并从 2018 年 10 月起在国际冰壶赛事中正式实施。

总之，冰壶运动随着竞赛规则的发展和演变逐渐从一种民间游戏活动发展成为一项竞技运动。冰壶运动规则与竞赛规则不仅使这项古老的运动更加正规化、标准化，还在不断改变着冰壶运动的竞赛方式，使这项运动更加具有智慧性和观赏性。但是，冰壶运动仍然可能是一项规则最少的竞技运动（无论是书面的，还是非书面的），是一项主要依靠运动员自己遵守运动规则与竞赛规则的竞技运动。

第三节　冰壶运动器材的发展与演变

一、冰壶石

冰壶石（简称冰壶）是冰壶运动最重要的体育器材之一，冰壶的发展与演变推动了冰壶运动的发展与演变。冰壶的尺寸、重量、形状和材质等参数在冰壶运动发展的不同阶段有着明显的变化与区别，通过数百年的发展演变才最终形成统一的标准。

（一）冰壶雏形的原始粗加工阶段（16—17 世纪初期）

这一时期，冰壶的高度和重量、直径和周长等维度都没有明确的规定和要求，冰壶比赛通常使用不同大小、形状各异和重量不等的“石头冰壶”。冰壶主要是河流或山底的石块或卵石，石匠们根据石材的原始形状对其进行简单而粗糙的加工。

大量比标有“1511”日期字样更为古老的冰壶被陆续地挖掘出来，这些古老的冰壶，即砥石（Kuting Stones），重量为 2 ~ 12 千克，厚度约为 15 厘米，通常顶部凿有拇指孔，底部有手指凹槽(图 1-10)。从冰壶的重量来看，妇女和儿童主要使用 5 千克以下的冰壶，成年男子主要使用 5 千克以上的冰壶。从冰壶的数量来看，大重量冰壶占大多数。这表明身体强健的男性是这一时期冰壶运动的主要参与者。大量的科学研究显示，这一时期的人们从未试图对冰壶原料进行打磨或修整形状，以使冰壶的性能得到进一步改进和完善。冰壶运动的参与者几乎无法控制“石头”运行的线路和速度，冰壶比赛的胜利更多地取决于参与者的运气，而不是精准的投壶和精妙的战术。

图 1-10　冰壶

（二）冰壶雏形的改良过渡阶段（17 世纪中期—19 世纪中期）

这一时期，人们逐渐开始对冰壶进行简单的加工和改良，如在冰壶的顶部加装铁质手柄或木质手柄，以及将冰壶打磨成丁字形（图 1-11）、椭圆形、正方形、六边形、锥形或圆形等。冰壶的原材料也不再局限于河石或卵石，出现了铁质冰壶、木质冰壶等。据推测：17 世纪末期，大多数冰壶装上了手柄，而且到 1775 年出现了大量加装金属手柄的圆形冰壶。

图 1-11　丁字形铁质手柄冰壶（1700 年）

1759 年的冬天，加拿大魁北克（Quebec）第 78 高地的士兵将炮弹壳熔化铸成冰壶，开展冰壶运动（图 1-12）。这一事件足以证明铁质冰壶的存在，并且可以成为石质冰壶的替代品。1807 年，加拿大蒙特利尔的 20 个商人组建的蒙特利尔皇家冰壶俱乐部（Royal Montreal Curling Club）专门使用铁质冰壶。铁质冰壶形如茶壶，男子使用的冰壶重 60 ~ 80 磅（1 磅 =0.454 千克），女子使用的冰壶重 40 ~ 48 磅。研究结果显示，铁质冰壶仅出现在加拿大，苏格兰或其他任何地方都没有使用铁质冰壶的文字记载。其实，18 世纪后半叶的加拿大已经开始使用石质冰壶。

图 1-12　铁质冰壶（1759，加拿大魁北克）

图 1-13　圆形木质手柄冰壶（117 磅）

1812 年，加拿大马尼托巴省（Manitoba）的第一批冰壶运动参与者曾使用橡木块制作的冰壶开展冰壶运动。1825 年，苏格兰邓弗里斯（Dumfries）和拉纳克郡（Lanarkshire）的移民将冰壶运动带到了加拿大多伦多。由于无法获得更好的石材，具有创造性的先驱者用铁环加硬木制作冰壶。这些冰壶至今大量存在，均是具有较高价值的收藏品。1832 年，苏格兰移民又将冰壶运动带到了美国，并开始使用山胡桃木制作冰壶。

18 世纪末，每个冰壶运动的参与者几乎都有属于自己的冰壶。他们开始对冰壶手柄进行装扮，并对冰壶进行抛光或打磨处理，圆形冰壶就此出现，并被广泛采用。到 1825 年，大多数冰壶已经是圆形的了。

这一时期，人们对冰壶的改良主要体现在手柄和形状等方面。从本质上而言，冰壶顶部加装手柄并不能明显地改变冰壶的性能，而且由于过度关注冰壶的重量，延缓了对冰壶其他方面进行改良的速度。有证据表明，18 世纪的冰壶不仅越来越重，而且不同冰壶的重量差异巨大。大部分冰壶的重量为 10 ~ 30 千克，但是 50 千克以上的冰壶也较为普遍（图 1-13）。大重量的冰壶不仅在冰面上滑行的速度更快、滑行的距离更远，而且更容易完成高质量的击打投壶。因此，当时冰壶运动的主流投壶技术风格是击打。

（三）现代冰壶的深度加工阶段（19 世纪中后期至今）

冰壶的材质、形状和重量等逐渐统一，局部高度抛光的圆形冰壶逐渐成为主流。现代冰壶的主要特征如下。

1. 凹底

喀里多尼亚冰壶俱乐部（1838 年）成立后不久就启动了冰壶标准化工作，最终确定了统一的形状和型号等参数指标。冰壶的基本参数指标虽已确定，但是却引发了诸多争议。例如，冰壶底部的滑行面应是平面，还是凹形或凸形的？哪种滑行面最好、最有利于预测冰壶的滑行轨迹和滑行距离？ 1870 年，加拿大安大略省多伦多市的拉塞尔（J. S. Russell）首次提出了凹底冰壶的概念。苏格兰石材制造商安德鲁 · 凯（Andrew Kay）采纳了这个，开始制造凹底冰壶。19 世纪 80 年代，凹底冰壶开始逐渐被广大冰壶运动的参与者所接受。

2. 花岗岩材质

苏格兰人安德鲁·凯从 1851 年就已经开始使用不含云母的花岗岩制作冰壶。19 世纪中期，冰壶原材料主要是各种火山岩和产自艾尔萨岩岛（Ailsa Craig）的艾尔萨花岗岩。艾尔萨岩岛位于距离苏格兰西南沿海 16 千米的艾尔郡（Ayrshire）海岸的爱尔兰海（Irish Sea），是克莱德湾（Firth of Clyde）入口处的一个小火山岛（图 1–14）。艾尔萨花岗岩是已知硬度最大、纯度最高、密度最大的花岗岩，吸水率极低，几乎不受潮湿环境的影响。正因如此，艾尔萨花岗岩成了制造冰壶无可替代的原材料，20 世纪初期的冰壶原材料均是艾尔萨花岗岩。

图 1–14　艾尔萨岩岛

目前，用于制造冰壶的花岗岩主要产自苏格兰艾尔郡海岸的艾尔萨岩岛和威尔士特雷弗花岗岩采石场（Trefor Granite Quarry）。20 世纪末，大部分新生产的冰壶使用了产自威尔士特雷弗花岗岩采石场的花岗岩。自 1992 年起，威尔士特雷弗花岗岩采石场专为加拿大冰壶石公司供应石材，并成为 2002 年美国盐湖城冬奥会冰壶石材原料的供应商。

20 世纪末，皇家鸟类保护协会将艾尔萨岩岛列为自然保护区并对其实施管理，禁止开采石材。但是，艾尔萨岩岛的所有者艾丽莎侯爵（Ailsa）授予了安德鲁·凯独家开采权。安德鲁·凯自 2006 年意大利都灵冬奥会以来，一直是冬奥会冰壶的独家供应商。目前，世界冰壶联合会总共拥有 24 套标准冰壶，其中 4 套冰壶永久性地放在北美洲，其他 20 套冰壶则用于世界冰壶联合会在世界各地主办的冰壶比赛。

令人疑惑的是，加拿大的领土至少有一半位于前寒武纪的盾牌区域，花岗岩矿产资源丰富，而且号称“冰壶王国”，拥有数百万的冰壶人口和 1100 多个冰壶俱乐部，但却没有适合制作冰壶的石材原料。

3. 滑行带

花岗岩冰壶的上下两面均有一个称为“杯子”（Cup）的凹面区域，直径为 11 ~ 12 厘米。“杯子”外部区域是一个环形的滑行面，称为滑行带（Rim or Running Edge）（图 1–15）。滑行带最理想的宽度为 0.5 ~ 0.8 厘米，其抛光程度略低于冰壶底部的其他区域。从本质上来讲，冰壶在冰面上的滑行其实是冰壶滑行带在冰壶道的冰点（Pebble）① 上滑行。

① 冰点是指冰壶道冰面上随机大小的冰冻水珠。

冰壶滑行带会因磨损而变得光滑或因腐蚀而在表面形成不规则的锈斑。如果冰壶的使用、储存或运输方法不当，则滑行带会因交替的冻结与融化导致表面纹理因锈蚀而脱落。在冰壶训练和比赛中，如果一个冰壶的反应较为“迟钝”或是在即将静止时随意滑动，则预示该冰壶滑行带出现了问题，需要进行滑行带的重建或修复。早在20世纪中期，滑行带的重建和修复技术就已经较为成熟。滑行带的传统修复工艺可以确保冰壶在报废之前能够进行3次滑行带修复。近年来，嵌入修复工艺应用到了冰壶滑行带修复中。滑行带的嵌入修复工艺是将冰壶滑行带表面挖出并用新的花岗岩嵌入，此工艺可以将冰壶的使用寿命至少再度延长20年。

图 1–15　冰壶滑行带

4. 撞击带

撞击带是冰壶主体外侧周围环形带状略微凸起或略显粗糙的部位，是冰壶最主要的工作区域之一（图 1–16）。每套冰壶撞击带的高度要均匀一致，以便冰壶之间相互撞击时彼此承受相同的撞击力。

冰壶投入使用一段时间以后，撞击带会因冰壶之间的碰撞而出现不同程度的磨损。如果冰壶撞击带已经磨损，则此种冰壶发生碰撞之后的分离角度和运动行为均无法预测。当冰壶撞击带出现凹陷区域时，则此种冰壶必须进行翻新修复。

图 1–16　冰壶撞击带

5. 可掉转的手柄

19世纪80年代，人们逐渐开始为冰壶加装一个可以掉转的手柄。冰壶手柄通过一个垂直穿过石头中心孔的螺栓与冰壶连接在一起。错误地使用、储存或运输方式会损害冰壶滑行带，进而影响到冰壶的性能。为了延长冰壶的使用寿命和降低修复成本，通常会在冰壶使用两年之后将手柄调转，以使冰壶上下两面的滑行带都能得到充分使用。最新研究指出，冰壶手柄需要定期掉转，以便运动员建立一致的投壶感觉。

现代冰壶的手柄通常是塑料材质，分为红色和黄色，并标有冰壶道编号（字母A、B、

C、D……）和数字编码（数字 1~8）用来标识冰壶所属的冰壶道和不同队伍的归属权。世界冰壶联合会从 2004 年开始在主办的冰壶赛事中（但不包括轮椅冰壶）使用电子手柄。电子手柄通过指示灯来判断投壶是否存在前掷线违规行为，以有效杜绝裁判员的误判，从而避免出现由裁判员目测判定投壶前掷线违规所引起的各种争议或申诉。（图 1–17）

图 1–17　编号编码的冰壶和可掉转的手柄

二、踏板

冰壶运动诞生初期，人们投掷冰壶时很难在冰面上保持身体的平衡和稳定。在冰壶运动的发展过程中，人们一直致力于解决这一问题，相继发明了各种各样的投壶启动装置或器材。

最古老的投壶启动装置是固定在冰面上带刺的铁块，与现代的踏板有些相似，称为“Tricker or Trigger”。此种装置又逐渐演变为鞋底固定器，即固定在鞋子或靴子底部带有金属钉的铁片，称为“Crampit or Tramp”。此种装置与攀冰运动员的冰爪类似，但对冰面的破坏程度极大。后来，苏格兰皇家冰壶俱乐部的创始人约翰·凯恩尼（John Cairnie）发明了一种冰面固定器，亦称为“Crampit”（图 1–18）。冰面固定器是一种固定在冰面上布满刺孔的铁片，长约为 114 厘米，宽约为 23 厘米，末端上翻的高度约为 2.5 厘米。投壶者双脚立于冰面固定器上投掷冰壶，不仅可以保持身体的平衡和稳定，不会破坏冰面，还能为比赛中的每一次投壶提供一个稳定和一致的基点。但是，研究发现当时使用最为广泛的投壶基点是刻在冰上的凹槽，其缺点是极易融化。

随着室内冰场的出现，踏板（图 1–19）取代了原始的投壶启动装置。踏板在很大程度上改变了冰壶运动的本质，尤其是改变了冰壶的投壶技术：第一，冰壶运动员通过脚趾的控制可以进行不同角度或线路的投壶；第二，它是滑行投壶方式产生的前提条件之一。

图 1-18 冰面固定器

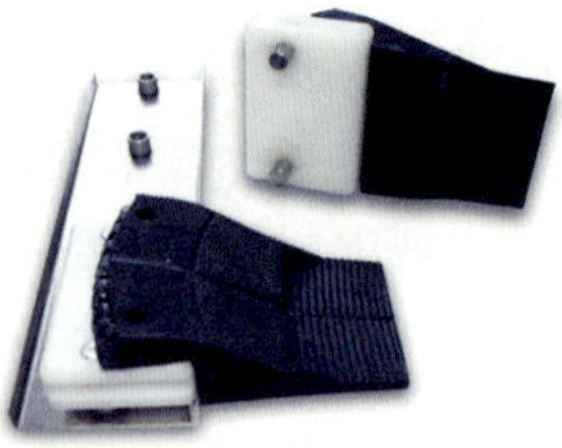

图 1-19 踏板

三、冰壶刷

（一）第一代冰壶刷

冰壶加装手柄之后，扫冰（Sweeping）就成了冰壶运动的一项重要技术。最早的冰壶刷是绳子捆着的绿色枝条或是谷物缕制成的家用扫帚，夏天用于清扫地面，冬天冰壶运动员用于清扫冰面。第一代冰壶刷的主要作用仅是清扫冰面上的积雪和落叶等，这与第二代冰壶刷的主要作用完全不同。

大约 19 世纪，冰壶运动使用的扫帚逐渐缩减到手掌宽度，成了冰壶运动的专用器材。此时，许多冰壶俱乐部都制定了冰壶刷的使用规则。

1985 年，加拿大蒙特利尔的弗恩·马奇索（Fern Marchessault）发明了扫帚中心是谷物秸秆的冰壶刷，称为“Blackjack”。谷物秸秆冰壶刷（图 1-20）在冰面上留下了大量的秸秆碎屑，严重影响了冰壶的运动轨迹。因此，“保持冰面干净”成了当时扫冰运动员的呼喊口号。

图 1-20 谷物秸秆冰壶刷

20 世纪 90 年代早期，第一代冰壶刷几乎退出了冰壶运动的舞台，成为历史的记忆。但是，北美和欧洲仍有一些坚持冰壶传统的运动员会在冰壶比赛中选择使用第一代冰壶刷。

（二）第二代冰壶刷

20 世纪 60 年代，人们发明了第二代冰壶刷。20 世纪 60 年代末以前，仅有苏格兰的冰壶运动员使用第二代冰壶刷，或是在休闲冰壶运动和老年冰壶运动中作为第一代冰壶刷的替代品。这一时期，冰壶领域展开了有关第一代冰壶刷和第二代冰壶刷扫冰效果和作用的激烈讨论。最终，第二代冰壶刷以绝对优势胜出。到 20 世纪 80 年代中期，50% 以上的加拿大顶级冰壶运动员改用第二代冰壶刷。

第二代冰壶刷的刷头材质通常有 3 种：猪鬃、马鬃和合成纤维。刷头宽通常为 6 英寸或 8 英寸（约为 15 厘米或 20 厘米）。刷头越大，与冰面的接触面积就越大；刷头越小，给予冰面的作用力就越大。

鬃毛刷头的冰壶刷（图 1–21）采用木质刷杆、固定刷头的设计，扫冰过程中易产生脱落物，进而逐渐被纤维刷头的冰壶刷（图 1–22）所取代。目前，世界冰壶联合会明令禁止运动员在冰壶比赛中使用鬃毛刷头的冰壶刷进行扫冰。纤维刷头的冰壶刷的刷杆由中空的玻璃纤维或碳纤维制成，长度约为 48 英寸（约为 1.22 米），直径约为 1 英寸（约为 2.54 厘米）。纤维杆比木杆更加轻便和坚固，便于运动员能更加有效地扫冰。

图 1–21　鬃毛刷头的冰壶刷

图 1–22　纤维刷头的冰壶刷

四、冰壶鞋

20 世纪 30—40 年代，随着滑行投壶方式的发明和现代踏板的诞生，冰壶运动员使用的冰壶鞋不再是传统的运动鞋或靴子，而是专供冰壶运动员使用的专业冰壶鞋。苏格兰人率先在冰壶比赛中使用了专业的冰壶鞋。其实，专业的冰壶鞋和普通的运动鞋很相似，只是鞋底有所不同。为了使冰壶运动员获得更加完美的滑行体验，器材制造商尝试过多种方法改进冰壶鞋的鞋底，如液态钎料、老皮革、不锈钢和聚氯乙烯等都曾是制造冰壶鞋底的原材料。

冰壶鞋底的滑行装置通常称为滑板（Slider），聚四氟乙烯（Teflon）是制作滑板的最佳原材料。目前，滑板的类型大致分为全脚掌滑板、全脚掌环形中空滑板、分脚掌滑板和前脚掌滑板 4 种，其中，分脚掌滑板是主流产品，它可以使投壶运动员在屈膝投壶时获得更加舒适的本体感觉。运动员的踏板脚所穿的冰壶鞋的鞋底通常是由摩擦系数较大的皱纹橡胶制成的，称为踏板鞋（Gripper）。运动员在冰壶道以外及非投壶期间会在滑行脚的冰壶鞋上套上一个橡胶鞋套，不仅可以保护滑板，还能增加抓地力、提升稳定性（图 1–23）。目前，世界冰壶联合会对冰壶运动员所穿的冰壶鞋并没有明确的参数规定和具体要求。

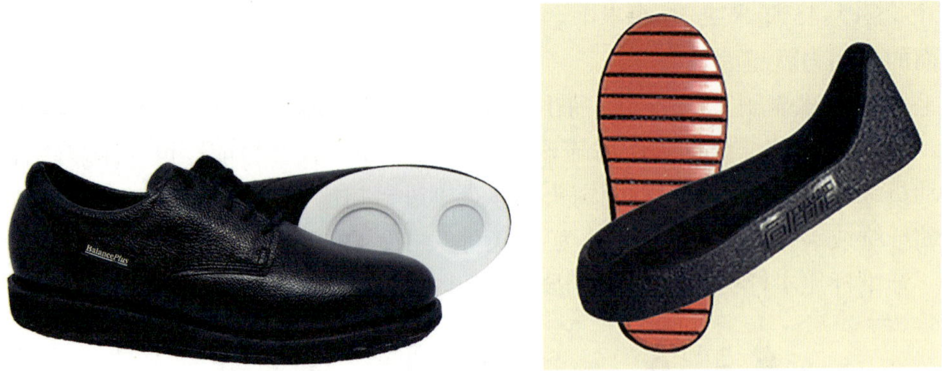

图 1-23 冰壶鞋和鞋套

总而言之，冰壶运动器材的演变对冰壶运动的发展与推广产生了巨大的影响。首先，冰壶运动早期使用形状、材质、尺寸和重量不一的冰壶，无法预测冰壶在冰面上的滑行轨迹，导致冰壶比赛的结果完全取决于运气而不是运动员的竞技能力。不仅如此，大重量的冰壶限制了滑行投壶技术的使用，极大地降低了投壶的精准性，同时也造就了以击打为主的冰壶运动风格，使冰壶比赛丧失了观赏性和智慧性。现代标准参数的花岗岩冰壶则完全改变了冰壶运动专项技术和比赛方式，使投准成为冰壶运动的主要技术风格，且运动员的竞技能力是决定比赛结果的主要因素。而且，运动员通过顺时针或是逆时针旋转手柄，可使冰壶在冰面上滑行时产生弧线运动轨迹，极大地增加了冰壶比赛的魅力。其次，踏板不仅避免了古老投壶启动装置对冰面造成的损坏，还降低了发生运动损伤的概率，而且为滑行投壶方式的发明奠定了基础。再次，第一代冰壶刷的作用仅是清扫冰面，而第二代冰壶刷的主要作用则是改变冰面与冰壶之间的摩擦系数，控制冰壶的滑行轨迹，使投壶成功率得到显著提升。最后，专业冰壶鞋的使用促进了滑行投壶方式的出现和革新，可以使冰壶运动员在冰壶道上更加稳定和平衡地滑行，极大地提升了投壶的精确性和稳定性。

第四节　冰壶运动专项技术的改进与演变

一、投壶

冰壶运动最基本的目的是将一个约 20 千克重的抛光大理石冰壶投掷到比赛端的目标区域，并尽可能地接近圆心或将对手的冰壶击打出计分区域。在冰壶运动的发展过程中，投壶技术随着踏板、冰壶鞋和冰壶的发展演变而逐渐得到改进和完善。

（一）踏板的发展演变对投壶技术的影响

冰壶运动诞生初期，冰壶运动的参与者为了投壶时能够在冰面获得一个稳定的立足点，最初的选择是在冰面上凿出凹槽，其缺点是极容易融化。为了解决这一问题，人们随即发明了一系列的原始投壶启动装置。其中，鞋底固定器的出现使人们在投壶时支撑脚的前脚掌可以抓住冰面并形成不同角度的屈曲。后来，人们还学会了在投壶时随着冰壶的前移，向目标方向摆动大腿，以创造更大的投壶力量。

19 世纪初期，人们无法接受鞋底固定器对冰面造成的破坏，发明了冰面固定器。冰面固定器不仅可以固定投壶运动员的双脚，为比赛中的每一次投壶提供一个稳定和一致的基础起点，还有效地保护了冰面。此时，投壶方式是原地后摆投壶，将冰壶从冰面提起，通过摆动冰壶获得冰壶向前滑行的动能（图 1–24）。踏板发明之后，投壶方式逐渐演变为滑行投壶，通过蹬踏动作使冰壶获得向前滑行的动能。

图 1–24　原地后摆投壶

（二）冰壶鞋的发展演变对投壶技术的影响

20 世纪 30 年代以前，冰壶运动的参与者在进行冰壶运动时脚穿普通的运动鞋或靴子，主要采用原地后摆投壶技术。随着滑行投壶方式的出现，现代专业冰壶鞋不断进行改进与完善，不仅增加了运动员的投壶滑行距离，还使运动的滑行技术动作更加科学、滑行感觉更加舒适。

（三）冰壶的发展演变对投壶技术的影响

19 世纪中期以前，冰壶在材质、形状、重量等方面千差万别，导致运动员在投壶过程中很难控制和预测冰壶的滑行速度和滑行线路。冰壶运动参与者关注的焦点是冰壶的改进与发展，而不是投壶技术的改进与创新。虽然，17 世纪中期加装手柄的冰壶和圆形冰壶已经出现，并且在 1784 年出现了关于投壶出手时转动手柄会产生弧线运动轨迹的记录（此种现象未获认可）。但是，投壶技术在这一时期没有得到较大改进，以原地后摆投壶为主。

直到 19 世纪 80 年代以后，具有凹底、滑行带等现代特征冰壶的出现以及制冰技术的发展等才真正地促进了投壶技术的发展和投壶方式的转变。其主要体现为以下两个方面：

一是滑行投壶技术。滑行投壶技术是 20 世纪冰壶运动最伟大的技术发明。20 世纪 30—40 年代，加拿大温尼伯的肯・沃森发明了起始于踏板的滑行投壶技术，极大地提升了投壶的精确性与稳定性。20 世纪 50—60 年代，滑行投壶技术确保了加拿大在冰壶比赛中对苏格兰的绝对优势。1956 年，滑行投壶技术才由加拿大传到苏格兰。滑行投壶技术一度使"击打"成了冰壶运动的主要技战术风格。此外，滑行投壶技术出现后，一些运动员可以轻松滑到比赛端大本营后端。这也促使前掷线规则的产生、改变与多次修订。

二是旋转投壶技术。18 世纪末期以前，冰壶运动员只是简单地在冰面上将冰壶径直向前投掷，而不是采用旋转冰壶手柄的方式投掷冰壶。苏格兰芬威克教区（Fenwick）的冰壶运动员发明了旋转投壶技术。如果在投壶过程中对冰壶手柄施加旋转，投掷壶将会绕过占位冰壶并藏在后方。旋转投壶技术在诞生初期被认为是一种"非法"的、违背冰壶运动精神的投壶技术，可能会导致冰壶运动的分化，应该禁止使用。但是，也有人认为，如果芬威克教区的冰壶运动员可以掌握和使用旋转投壶技术，那么，其他人同样可以学会此种操控冰壶的方法，并且在比赛中使用旋转投壶技术击败芬威克教区的冰壶运动员。研究发现，大约到 1840 年，旋转投壶技术才由苏格兰传到加拿大。

现今，投壶技术可以分为后摆式投壶（Backswing Delivery）和非后摆式投壶（No-Backswing Delivery）。二者的主要区别是后摆式投壶在投壶时将冰壶提离冰面并向后摆动，而非后摆式投壶在投壶时冰壶仅在冰面上前后滑动。

综上可知，踏板、现代标准参数冰壶和专业冰壶鞋等促进了冰壶投壶技术的改进与创新，而且滑行投壶技术和旋转投壶技术的出现也改变了冰壶运动的技战术风格。例如，小力量投壶能力强的队伍倾向于选择进攻型战术，而大力量投壶能力强的队伍则倾向于选择防守型战术。

二、扫冰

随着扫冰器材和扫冰规则的发展与演变，扫冰的目的、作用以及扫冰的技术动作发生了本质性的改变。

（一）扫冰器材的发展演变对扫冰技术的影响

扫冰器材在冰壶运动的发展历程中发生了巨大的变化，由此对扫冰技术产生了显著性的影响。第一代扫冰器材是捆在一起的树枝或家用扫帚，主要作用是清扫冰面上面的积雪、冰屑和其他杂物等。

20 世纪 60 年代，第二代冰壶刷替代了第一代的"苏格兰扫帚"。第二代冰壶刷的主要作用不再是清扫冰面，而是控制冰壶的滑行速度和运动轨迹。尤为重要的是，现代冰壶刷的可旋转刷头设计能够使运动员的扫冰作用力最大限度地作用于冰面。

（二）扫冰规则的发展与演变对扫冰技术的影响

在冰壶比赛中，每一名运动员都可能参与扫冰。例如，一垒投壶，二垒和三垒主要负责比赛端 T 线之前的扫冰，四垒（指挥）主要负责 T 线之后的扫冰。近年来，扫冰规则发生了明显变化，不仅明确规定了扫冰所用冰壶刷的技术参数，还解除了扫冰技术动作的限制。例如，将扫冰的动作方向从运动冰壶一侧到另一侧修改为任何方向等。

第五节　冰壶运动场地的改进与演变

冰壶运动在诞生之初仅是人们在冰冻的小溪或湖泊上进行的一种冬季户外冰上投石活动。经过几个世纪的发展，冰壶运动最终成了一种具有竞争性、专业性和技术主导性的室内竞技体育运动项目。室内人工制冷冰场的出现与推广使冰壶运动更加符合现代体育运动的基本标准，对冰壶运动的发展与繁荣起到了至关重要的推动作用。

一、冰壶运动场地的发展阶段

（一）天然室外冰场（18 世纪中期以前）

冰壶运动起源初期主要的活动和竞赛场所是户外冰冻的水域，其主要原因有以下 3 个方面。一是极度寒冷的气候条件。中世纪晚期的“小冰期”① 使苏格兰一年的大多数时间都处在极度寒冷的气候条件下，虽然 17 世纪 40—50 年代的气温稍有回升，但是冬季依然漫长。此种气候条件导致包括海洋在内的大多数水域可冻结成冰。二是丰富的水域资源。这一时期，人们生活的聚集地主要在郊野和山村，随处可以见到湖泊、河流和蓄水池。极度寒冷的气候条件使各种自然水域，甚至海洋或人工水域均可以长期冰冻，以供冰壶运动使用。三是一定数量的人口。在农业社会时期，人们大多生活在农村或是郊野，而且相对集中，休闲娱乐活动匮乏。人们在漫长的冬天里因土地冻结而失去工作基础，又无法忍受长达数月的室内生活。为了消磨如此漫长的时间，人类便创造条件到室外的新鲜空气中开展各种各样的冬季休闲娱乐活动。

这一时期，人们的日常生活与自然环境、气候条件之间存在强相关。虽然恶劣的气候条件和贫乏的物质生活条件不利于休闲娱乐活动的开展，但是大量的闲暇和苏格兰的乡村地形结构以及社会组织结构促使了冰壶运动的诞生、延续与发展。那时，农场主经常参与冰壶运动或组织教区间的冰壶比赛，也会免费提供他们的私人池塘作为冰壶活动和竞赛的场地。（图 1–25）

图 1–25　天然室外冰场（加拿大达特茅斯）

（二）人工室外冰场（18 世纪中期—19 世纪中期）

这一时期，冰壶运动的主要活动和竞赛场所仍是冰冻的天然池塘和湖泊等水域，但是由于本节第二部分（即冰壶

① 大约从 15 世纪初开始，全球气候进入一个寒冷时期，通称为“小冰期”。

运动场地演变的原因与影响）所述的各种原因，冰壶运动可用的冰面资源相对减少。为了能让更多的人参与到冰壶运动中，人们开始自建户外冰场。1828 年，苏格兰格拉斯哥（Glasgow）出现了第一个人工室外冰场。人工室外冰场主要是通过往天然或人造洼地注水，以及磨坊池塘和堰塞湖等人工水体，凭借冬季寒冷的气候条件将其一夜之间冻结成冰，以便增加冰壶运动的场地，使更多的人参与冰壶运动，让冰壶运动的发展得以维继。这一时期的制冰技术非常简单，人工室外冰场的冰面条件与天然室外冰场的冰面条件基本一致。（图 1–26）

（三）天然制冷室内冰场（19 世纪中后期—20 世纪中后期）

天然制冷室内冰场仍依赖于自然气候条件将水冻结成冰，其不同点在于制冰工作由技术娴熟的制冰师来完成，而且制冰工序相对复杂。制冰工序大致如下：第一道工序是清除冰冻地面的表层土；第二道工序是铺设大约 15 厘米厚的沙子并压实，或是铺设大约 25 厘米高的松木条托梁（龙骨）并用灰土填满空隙；第三道工序是铺设上油的木地板；第四道工序是多次连续洒水形成薄冰，直到不再渗水，并让水在冰冻之前自然流动达到水平；第五道工序是喷洒冰点。由此可见，天然制冷室内冰场的制冰技术已经较为成熟且相对复杂，还可以通过地板和屋顶的通风设备排出室内的热气和吸入户外的冷空气。

图 1–26　人工室外冰场（加拿大多伦多）

（四）人工制冷室内冰场（20 世纪末以后）

人工制冷室内冰场需要使用人工制冷技术将水冻结成冰，并且制冰工序更加复杂。与其他冬季冰上运动项目相比，冰壶运动使用的冰面并不是光滑的表面，而是布满冰冻小水珠（即冰点）的冰面。冰点对于冰壶运动的作用至关重要。从本质上来讲，冰壶并不是在冰面上滑行，而是在冰面的冰点上滑行。如果没有冰点，大多数运动员很难将沉重的冰壶投掷到比赛端大本营，冰壶也不可能产生大弧线的滑行轨迹。

冰点质量受到水温、喷头型号以及打点速率等因素的影响。例如，如果水温太高，小水珠落到冰面上之后会迅速流淌散开而无法冻结；如果水温太低，小水珠落到冰面上之后会迅速冰冻，形成细小的冰疙瘩（Ice Bumps）。因此，打点是掌握在经验丰富的制冰师手中的一门应用技术。

新制的冰点会有锯齿状的边缘，制冰师通常会使用推壶器（俗称推子、小推车）在冰面上推动 8 个冰壶，通过往返数次的摩擦使冰点变得平坦（图 1–27）。此外，制冰师也会使用一种专业的冰点打磨器（Nipper）来打磨冰点（图 1–28）。如果冰点没有经过打磨处理，冰壶的滑行速度会随着比赛的推进而明显变快、滑行轨迹的弧线会明显变小。

世界冰壶联合会主办的冰壶赛事均会从全球范围精选顶级制冰师来制作比赛冰面。他们具有丰富的制冰经验和专业的制冰知识，不论在何种场馆条件下都能制造出理想的比赛冰面。

图 1-27　推壶器

图 1-28　冰点打磨器

二、冰壶运动场地演变的原因与影响

为了满足花样滑冰和其他冰上运动的发展需求，室内冰场的建造技术水平不断提升。1847 年，加拿大蒙特利尔成立了第一家室内冰壶俱乐部，开展室内冰壶运动。1877 年，英国曼彻斯特鲁什尔姆冰场（Rusholme Rink）举行的冰壶比赛是有记录记载的第一场室内冰壶比赛。不过在很长一段时间里，室内冰场大都是包括冰壶在内的各种冰上运动的共用场所。

20 世纪初，加拿大多数的冰壶运动和冰壶赛事移到了室内进行。寒冬户外冰壶运动的场景和冰壶摩擦冰面的“轰隆隆”声音几乎不复存在。但直到 20 世纪末，世界冰壶运动的主要活动和竞赛场所才真正地从户外转到室内，其主要原因有以下几个方面。

第一，恶劣的气候条件制约了冰壶运动广泛而有序地开展。20 世纪以前，冰壶运动主要是在冰冻的池塘、湖泊、河流和人造冰面上进行的一种户外体育活动。“小冰期”时期的气候条件可以形成大量可供冰壶运动使用的自然冰，这是冰壶运动产生和发展的必要而非充分条件。但是，极度寒冷的气候条件反过来又制约着冰壶运动的开展。户外体育活动常受到自然条件的限制，如风雪交加的天气经常成为冰壶比赛如期举办的限制因素，使既定的比赛不得不因为天气原因而延期举行。

第二，气候条件的变化导致户外活动场所减少和户外活动危险增加。19 世纪中期以后，气候条件有所改善、气温逐渐升高。随着气温的回升，冰壶运动的活动和竞赛场所受到了巨大的影响。一方面，可供冰壶运动使用的冰冻池塘、湖泊等冰域面积逐渐减少；另一方面，波动的气温和大量的聚集人群构成了潜在的致命组合，冰壶运动的过程中时常会发生破冰落水的事故。所以，绳索等救援设备是当时冰壶运动的必备器材。

第三，工业化和城镇化进程使人们工作和生活的聚集地发生了改变。工业化和城镇化进程促使人口从郊野山区转移至城镇，即便部分郊野山区的气候条件可以提供冰壶运动的冰面，但却失去了冰壶运动得以开展的必要人口基数。城镇人口迅速增加，冰壶运动需求随之提升，而城镇不具备供冰壶运动使用的冰面水域。因此，城镇冰壶人口的增加也促使了冰壶运动从户外走向室内。

第四，生产方式和生活方式发生了转变。20 世纪 60 年代，工作时间缩短和家庭汽车拥有量增加，使体育休闲娱乐活动的需求迅速提升，室内冰壶运动的吸引力逐渐超过了室外冰壶运动，室内冰壶运动场所的数量急速增长。此时，冰壶运动参与者改变了“靠天吃饭”的境遇，可以有计划地参与冰壶训练、比赛和各种活动。

第五，冰壶运动规范化的发展趋势需要标准化的体育场地。不论是天然室外冰场还是人造室外冰场，冰场的冰面条件、大小和形状等方面都存在着极大差异。为了达到现代体育运动的界定标准，冰壶运动需要有符合现代体育运动标准的活动和竞赛场所。

第六，改进和完善冰壶专项运动技术的必然需求。滑行投壶技术提高了冰壶投壶的精准性和一致性，并且改变了冰壶运动的技战术风格，逐渐成了主流的投壶技术。然而，运动员要想掌握稳定的滑行投壶技术，就必须有高质量的冰面。

室内冰场可以实时提供全新的冰面，而且没有破冰落水的危险，还可以大大地延长冰壶赛季。尤其是 20 世纪 90 年代初，电灯照明设备的使用更加延长了冰场的使用时间。但是，室内冰场不仅存在建造和维护成本巨大、活动参与人数受场馆规模的限制等缺陷，还使冰壶运动的人为化特征凸显，户外冰壶运动的本质乐趣不复存在。室内与室外冰壶运动在冰面条件、冰壶、冰壶刷、必要装备、技战术风格、运动规则与竞赛规则、服装、风俗礼节、年龄、资金与政治等方面存在很大差异。因此，有人提出，室外和室内冰壶运动是两种截然不同的体育运动。

图 1–29　the Grand Match（1979 年，苏格兰）

曾经有一段时间，室外冰壶运动的吸引力逐渐回升。如果天气条件允许，大量冰壶运动参与者使用古老的冰壶和第一代冰壶刷齐聚在冰冻的湖泊、池塘或人造冰面上进行冰壶比赛。尤其是富有悠久历史传统的户外冰壶比赛——the Grand Match① 备受青睐，参赛队伍有时可以多达 1000 个冰壶俱乐部（图 1–29）。

① 苏格兰皇家冰壶俱乐部早在 1843 年就提案组织 the Grand Match，是苏格兰南北部之间规模最大的户外冰壶赛事和冰壶盛典，但因连年暖冬，直到 1847 年第一届比赛才在苏格兰的佩尼库克（Penicuik）举行。

第六节 冰壶运动的世界进程

目前，人们发现的有关冰壶运动起源的大多数证据均证明冰壶运动起源于苏格兰，一方面，冰壶运动的第一个实物证据说明了16世纪的苏格兰已经开展了冰壶运动。另一方面，这也与体格强健、性格外向、活泼好动、追求自然的苏格兰人民的特征十分相符。我们很容易理解和想象到如此的场景：寒冷的冬季，漫天冰雪覆盖在苏格兰的大地上，身穿格子衫的苏格兰人民在冰冻的池塘或湖面上投掷重重的石头。

冰壶运动的根基和精神在苏格兰，它已经成了苏格兰社会基本结构的重要组成部分。据记载，世界上第一个冰壶俱乐部是苏格兰金罗斯于1668年成立的金罗斯冰壶俱乐部（Kinross Curling Club）。在一定程度上可以说，苏格兰人发明、孕育和发展了冰壶运动，并制定了最初的冰壶运动规则与竞赛规则。但是，一项体育运动只存在于一个国家是不可能成为一项全球性的、伟大的体育运动的。如同许多其他伟大的体育运动一样，冰壶运动最终传播到其他国家，才得到进一步的发展与繁荣。

一、走出苏格兰与区域发展

17—18世纪，苏格兰的内外交通系统均不发达，冰壶运动既没有国家之间的交流与比较，也没有自身改进发展的眼界。这一时期，冰壶运动在苏格兰基本上没有发生任何根本性的变化。

18世纪初期，苏格兰之外的国家对冰壶运动几乎一无所知，最终是苏格兰移民将冰壶运动带到了其他气候同样寒冷的国度。据史料记载，冰壶运动传播到的第一个国家是加拿大。1807年，北美洲第一个冰壶俱乐部——加拿大的蒙特利尔皇家冰壶俱乐部成立。从此，苏格兰移民在加拿大土地公司的支持下迅速建立了许多冰壶俱乐部，如金斯顿（1820），费格斯（1834），西弗兰伯勒（1835），多伦多、密尔顿（1836），高特、圭尔夫（1838），斯卡伯勒（1839）等。冰壶运动在加拿大的西部大草原地区得到了迅速的推广和发展。19世纪末期，冰壶运动沿着西部铁路运输沿线得到进一步发展，人们的兴趣度和参与度逐渐提升，冰壶运动随即成了加拿大的一项全国性体育运动。

此后，苏格兰移民又将冰壶运动带到了美国。19世纪30年代初，美国的冰壶运动最初源于一群乘船迁徙遭遇海难后途经密歇根荒野的苏格兰农民在圣克莱尔湖（Lake St. Clair）岸边进行的冰上投石活动。美国寒冷的冬天为冰壶运动的存在与发展提供了完美的气候条件。1832年1月，冰壶运动的爱好者们在密歇根州庞蒂亚克的罗伯特·彭斯博士（Dr. Robert Burns）家中召开会议创建了美国第一个冰壶俱乐部——奥查德湖冰壶俱乐部（Orchard Lake Curling Club）。这是美国冰壶运动史最早的文字记录。他们将山胡桃木锯断、塑形制成冰壶，开展冰壶运动。在接下来的30年里，美国的诸多城市都成立了冰壶俱乐部，其中包括伊利诺伊州的芝加哥、威斯康星州的密尔沃基市以及纽约等。

19 世纪末，苏格兰移民又将冰壶运动带到了瑞典、瑞士、法国和挪威等欧洲国家。1955 年，冰壶运动首次传入日本，进入亚洲。

由上可知，苏格兰人发明、孕育和推广了冰壶运动，并将这项民族性的休闲体育活动推广到其他国家。但是，冰壶运动却在加拿大得到创新、规范和繁荣与发展。例如，加拿大人发明了滑行投壶技术，创造了带有冰点的冰面等。

二、走向世界与繁荣发展

1838 年，喀里多尼亚冰壶俱乐部的成立标志着冰壶运动成了一项真正的体育运动，而不只是一种民间游戏活动。喀里多尼亚冰壶俱乐部不仅是苏格兰，也是世界上第一个国家性质的冰壶运动管理组织，是冰壶运动现代化进程的决定性因素。1842 年，曼斯菲尔德伯爵在伯斯附近斯康宫（Scone Palace）舞厅的地板上为维多利亚女王展示了冰壶运动。维多利亚女王被冰壶运动的魅力所吸引，为此，她于 1843 年同意将喀里多尼亚冰壶俱乐部更名为苏格兰皇家冰壶俱乐部。同年，加拿大魁北克冰壶协会（1838 年成立）申请加入苏格兰皇家冰壶俱乐部，成了其在加拿大的分支机构，作为加拿大冰壶运动的官方组织，负责在加拿大管理、发展与推广冰壶运动。之后，美国冰球协会也加入苏格兰皇家冰壶俱乐部。直到 20 世纪 60 年代，北美冰壶运动的国际管理组织都是苏格兰皇家冰壶俱乐部。苏格兰皇家冰壶俱乐部实际成了这一时期冰壶运动的世界性管理组织。冰壶比赛也突破了国界限制，开始出现了国家（地区）与国家（地区）之间的冰壶竞赛活动。

1959 年，苏格兰和加拿大达成了一个里程碑的共识，即举办苏格兰杯。它是两国男子冰壶比赛全国冠军队伍之间的系列比赛。之后，美国（1961）、瑞典（1962）、挪威（1964）和瑞士（1964）的冰球协会纷纷加入苏格兰杯，参赛队伍迅速增多，赛事规模迅速扩大。鉴于苏格兰杯的成功，苏格兰皇家冰壶俱乐部于 1965 年 3 月在苏格兰珀斯（Perth）召开会议商讨创建一个冰壶运动的全球性管理机构。最终，苏格兰、加拿大、美国、瑞典、挪威、瑞士 6 个国家的冰球协会同意了组建苏格兰皇家冰壶俱乐部国际冰壶理事会（International Council of Curling）的提案，它当时仅是苏格兰皇家冰壶俱乐部的一个部门。1966 年 4 月 1 日，国际冰壶联合会正式成立。证据显示，美国并不是国际冰壶联合会的创始会员单位，1967 年才正式加入国际冰壶联合会。1982 年，国际冰壶联合会成了一个独立的实体。1990 年，国际冰壶联合会更名为世界冰壶联合会。

三、冰壶运动的奥运之旅

冰壶是 1924 年夏蒙尼冬奥会的比赛项目。此后，冰壶曾多次以表演项目的身份出现在冬奥会的舞台上。原国际冰壶联合会（现世界冰壶联合会）为了使冰壶成为冬奥会正式比赛项目，曾付出过艰辛的努力。在此期间，冰壶分别是 1932 年美国普莱西德湖冬奥会、

1988 年加拿大卡尔加里冬奥会和 1992 年法国阿尔贝维尔冬奥会的表演项目，并最终成为 1998 年日本长野冬奥会正式比赛项目。日本长野冬奥会冰壶比赛在日本轻井泽举行，轻井泽[①]也成了世界上第一个既举办过夏奥会又举办过冬奥会比赛项目的城市。

1924 年夏蒙尼冬奥会（原名称为 1924 国际冬季体育运动周）冰壶比赛是一项户外赛事，以苏格兰人为主的英国队以 46 ：4 打败法国队，以 38 ：7 战胜瑞典队，最终获得金牌，瑞典队和法国队分别获得银牌与铜牌。加拿大队和美国队没有参加第一届冬奥会的冰壶比赛，而瑞士队则在比赛开始前退出了比赛。（图 1–30）

图 1–30　1924 年夏蒙尼冬奥会冰壶比赛

人们曾经一直认为，冰壶运动是 1924 年夏蒙尼冬奥会的表演项目。然而，苏格兰著名体育记者道格·吉隆（Doug Gillon）在 2006 年为《先驱报》（*Herald newspaper*）提供奥运会历史研究报道时发现，冰壶运动是 1924 年夏蒙尼冬奥会正式比赛项目，并得到了国际奥委会的证实。其实，早在 2002 年 2 月，国际奥委会就已将冰壶运动认定为 1924 年夏蒙尼冬奥会正式比赛项目，而不再是表演项目。国际奥委会发言人证实：冰壶运动是 1924 年夏蒙尼冬奥会正式比赛项目，所有项目的获胜者都应是奥运冠军。

1932 年，冰壶运动再度成了冬奥会比赛项目，但此次仅是以表演项目的身份出现在美国普莱西德湖冬奥会的舞台。1932 年普莱西德湖冬奥会只有加拿大和美国参加了冰壶比赛，每个国家各选派 16 名运动员，共 8 支队伍进行了 16 场比赛，最终加拿大队以 12 ：4 战胜美国队。（图 1–31）

图 1–31　1932 年普莱西德湖冬奥会冰壶比赛

① 轻井泽曾是 1964 年东京夏奥会马术项目的举办地。

国际冰壶联合会从1959年初开始尝试推进冰壶运动成为冬奥会正式比赛项目的工作。为此，国际冰壶联合会于1968年第一次向国际奥委会递交了将冰壶运动列入冬奥会正式比赛项目的申请，但却在国际奥委会决策过程以及列入奥运比赛项目的政策方面遇到了众多的政治问题。第一，国际冰壶联合会必须有至少来自三大洲25个国家的会员单位才具备申请和审议资格；第二，国际冰壶联合会需要向国际奥委会会员单位展示冰壶运动的魅力和实力，说服各会员单位为其投票，以便通过必要的表决程序。

20世纪80年代，国际冰壶联合会主席克利夫顿·汤普森（Clifton Thompson）（在任时间：1982—1985年）和菲利普·道森（Philip Dawson）（在任时间：1985—1988年）继续推进冰壶运动列入冬奥会正式比赛项目的工作。汤普森于1984年12月在洛桑会见了当时的国际奥委会主席胡安·安东尼奥·萨马兰奇（Juan Antonio Samaranch）。萨马兰奇尽管愿意接受国际冰壶联合会的意见，但并没有做出任何承诺。此后，道森继续推进“冰壶入奥”事宜。最终，冰壶运动成了1988年卡尔加里冬奥会表演项目，而且还增设了女子冰壶比赛项目。这也表明，冰壶运动要想成为冬奥会正式比赛项目不是一件简单的事情，还有很长的一段路要走。为此，国际冰壶联合会进行了巨大的变革与发展。例如，为了避免与国际独木舟联合会（International Canoe Federation，ICF）混淆，国际冰壶联合会（ICF）于1990年更名为世界冰壶联合会（WCF）。

在此之后，冈瑟·胡梅尔特（Günther Hummelt）主席（在任时间：1990—2000年）努力招募新的会员单位，以达到法定的会员数量的规定（三大洲25个国家），并于1991年实现了这一目标。同时，他积极游说国际奥委会和其他冬季体育项目国际联合会，让他们相信：冰壶运动将会是一项非常有吸引力的冬奥会正式比赛项目。最终，1992年7月21日，在西班牙巴塞罗那召开的国际奥委会会议上，国际奥委会决定授予男子和女子冰壶项目正式奖牌，并将在2002年盐湖城冬奥会前生效。1993年6月22日—23日，国际奥委会执行委员会在洛桑举行会议期间，1998年长野冬奥会组委会正式同意把冰壶运动列为1998年长野冬奥会正式比赛项目，本届冬奥会共有8支男子冰壶队和8支女子冰壶队参加了冰壶项目的比赛。2002年盐湖城冬奥会冰壶项目的男子、女子参赛队伍各扩增到10支。奥林匹克冰壶运动的下一个令人激动不已的变化是2015年国际奥委会将混合双人项目列为2018年平昌冬奥会正式比赛项目。

四、冰壶运动的世界进程对冰壶运动的影响

每一种体育运动项目在成为奥运会正式比赛项目之前都要经历一系列的职业化和国际化发展，并且在成为奥运会正式比赛项目之后还会进一步走向职业化和国际化，冰壶运动也不例外。和其他体育运动项目一样，冰壶运动的职业化和国际化必然包括竞赛规则的精细化、比赛场地的标准化、赛事运作的商业化等。但是，冰壶运动的职业化与国际化进程存在诸多争议，而且对冰壶运动的影响也是多方面的。

在职业化与国际化的进程中，商业赞助、媒体报道等方式确实使冰壶运动越来越专业

化和商业化。但是，冰壶运动的完整性和一致性也受到了巨大冲击。

第一，冰壶运动的优秀传统受到了侵蚀。冰壶运动的职业化与国际化进程确实在一定程度上提升了冰壶运动的形象、知名度与参与度，但也侵蚀着冰壶运动的优秀传统。冰壶运动具有浓厚的苏格兰特色，如冰壶比赛中运动员入场时的风笛表演就是对苏格兰冰壶文化的传承。在冰壶运动国际化的进程中，苏格兰、加拿大等一些国家和国际大型冰壶赛事中虽还保留这一传统，但大多数国家的国内冰壶赛事已经将这一传统抛弃。

第二，小型乡村冰壶俱乐部的生存受到了挑战。由于对竞技冰壶关注度的增加，以休闲冰壶为主的俱乐部失去了存在的基础。尽管，冰壶运动的职业化和国际化使媒体、赞助商和观众对于冰壶运动的关注度迅速提升，但是，小型乡村冰壶俱乐部正在面临财政紧缺和会员流失的双重困境，而且会员费的增加不足以抵消日益增加的运营成本。最重要的是，小型乡村冰壶俱乐部的吸引力受到了严重的冲击。其主要原因如下：一方面，冰壶运动在国际化、专业化和商业化发展之前，高水平冰壶运动员就是小型乡村冰壶俱乐部的会员，普通的冰壶爱好者可以与高水平冰壶运动员同场竞技，并有可能在比赛中打败他们。这也许是人们参与冰壶运动的原因之一，但现已不复存在；另一方面，冰壶运动参与者消费成本的增加、不同体育运动项目之间的观众竞争日趋激烈以及体育运动之外的替代产品日益丰富等都导致小型乡村冰壶俱乐部失去竞争力。

第三，冰壶运动的纯洁性受到了冲击。纯洁性是指冰壶运动参与者所具有的开放、朴实的性格特征，是冰壶运动所承载的休闲娱乐、家庭聚会、兄弟情义的本质属性。但是，冰壶运动的职业化与国际化正在冲击着冰壶运动的纯洁性。现如今，冰壶已被商业化，成为营利的“产品”，完全违背了传统冰壶运动员所代表的价值和信念。

延伸阅读

世界冰壶联合会的发展与里程碑事件

一、世界冰壶联合会的发展

世界冰壶联合会的使命是在国际上作为冰壶运动的代表，促进冰壶运动在世界各国的发展；促进协会会员之间的合作与相互了解，团结全世界冰壶运动爱好者；维护世界冰壶运动的利益；组织冰壶比赛，制定竞赛规则；尊重协会会员的自治。

世界冰壶联合会起源于 1966 年春天，初创会员是当时参加苏格兰杯的 6 个国家（加拿大、法国、挪威、苏格兰、瑞典和瑞士），初定名称为国际冰壶理事会（International Council of Curling），隶属于苏格兰皇家冰壶俱乐部。世界冰壶联合会成为独立实体之前，苏格兰皇家冰壶俱乐部是世界冰壶运动的管理组织。苏格兰皇家冰壶俱乐部曾在 1957 年的爱丁堡会议中提案成立一个部门，负责推进冰壶运动成为冬奥会正式比赛项目的工作，但筹备工作的进展情况没有文字记载。

1959 年，苏格兰和加拿大达成了一个里程碑的共识，即举办苏格兰杯（Scotch Cup）。它是两国男子冰壶比赛全国冠军之间的系列比赛。之后，美国（1961）、瑞典（1962）、挪威（1964）和瑞士（1964）纷纷加入苏格兰杯，参赛队伍迅速增多，赛事规模迅速扩大，赛事吸引力不断增强。苏格兰杯的成功推动了冰壶运动全球性管理机构的组建工作。1965 年 3 月，苏格兰皇家冰壶俱乐部在苏格兰珀斯召开会议，6 个国家（苏格兰、加拿大、美国、瑞典、挪威和瑞士）同意组建苏格兰皇家冰壶俱乐部国际冰壶理事会的提案，最终将该组织的名称定为国际冰壶联合会。

1966 年 3 月，法国同上述 6 个国家在加拿大温哥华召开会议对国际冰壶联合会章程草案进行了审议，并且声明于 1966 年 4 月 1 日成立国际冰壶联合会。国际冰壶联合会的第一任主席是苏格兰的艾伦·卡梅伦（Allan Cameron）少校。事实上，美国并不是国际冰壶联合会的创始会员之一。著名的美国行政长官埃尔默·弗雷塔格（Elmer Freytag）出席了此次会议和其他早期会议，但坚称：他是以“个人身份”出席会议，而不是作为当时名为“美国男子冰壶协会”的官方代表。直到 1967 年，美国才成为国际冰壶联合会的成员，德国也在同年加入国际冰壶联合会。新西兰在 1967 年也有意加入国际冰壶联合会，但是他们更愿意保持苏格兰皇家冰壶俱乐部的会员身份，直到 1991 年才真正成为国际冰壶联合会的会员单位。

1967 年 3 月，在苏格兰珀斯召开的国际冰壶联合会年会上，国际冰壶联合会章程获得批准，并草拟了国际冰壶运动规则与竞赛规则。此规则于 1968 年在加拿大魁北克省潘特克莱尔召开的年度大会上审议通过，但每年都要对现行规则进行必要的修订和修改。

1982 年，国际冰壶联合会对协会章程做出了重大调整，宣布国际冰壶联合会为一个独立的实体，是世界冰壶运动的理事机构，而苏格兰皇家冰壶俱乐部被认定为冰壶俱乐部之母。其实，国际冰壶联合会在1966—1994年是由苏格兰皇家冰壶俱乐部的员工管理的。1994年，世界冰壶联合会（1990年更名）将总部和秘书处设在了苏格兰的爱丁堡。2000年5月，世界冰壶联合会秘书处从苏格兰的爱丁堡搬到珀斯。

截至2021年11月，世界冰壶联合会共有66个国家和地区的会员协会。（表1–1）

表1–1 世界冰壶联合会会员协会列表①

序号	入会时间	会员协会	累计数量
1	1966年	加拿大、法国、挪威、苏格兰、瑞典、瑞士	6
2	1967年	德国、美国	8
3	1971年	丹麦、英格兰	10
4	1972年	意大利	11
5	1975年	荷兰	12
6	1976年	卢森堡	13
7	1979年	芬兰	14
8	1982年	奥地利、威尔士	16
9	1985年	日本	17
10	1986年	澳大利亚	18
11	1989年	匈牙利	19
12	1990年	捷克共和国	20
13	1991年	安道尔、冰岛、列支敦士登、新西兰、美属维尔京群岛	25
14	1992年	俄罗斯	26
15	1994年	韩国	27
16	1997年	白俄罗斯	28
17	1998年	巴西、中国台北	30
18	1999年	西班牙	31
19	2001年	拉脱维亚	32
20	2002年	中国	33
21	2003年	爱沙尼亚、爱尔兰、哈萨克斯坦、立陶宛、波兰②、斯洛伐克	39
22	2004年	克罗地亚	39
23	2005年	比利时、塞尔维亚	41
24	2009年	土耳其	42
25	2010年	罗马尼亚、斯洛文尼亚	44
26	2012年	科索沃、蒙古国	46
27	2013年	保加利亚、以色列、乌克兰、格鲁吉亚	50
28	2014年	中国香港、卡塔尔	52
29	2015年	希腊	53
30	2016年	圭亚那、墨西哥	55
31	2017年	阿富汗、吉尔吉斯斯坦、葡萄牙、沙特阿拉伯	59
32	2018年	尼日利亚	60

① 数据来源：世界冰壶联合会官方网站——https：//worldcurling.org/member–associations/。

② 世界冰壶联合会2020年9月6日召开的年度大会上正式暂停了波兰冰壶协会的会员资格。

续表

序号	入会时间	会员协会	累计数量
33	2019 年	多米尼加共和国、印度、科威特	63
34	2020 年	玻利维亚、土库曼斯坦	65
35	2021 年	肯尼亚	66

二、世界冰壶运动里程碑事件

16 世纪：苏格兰和荷兰发现了冰壶运动的最早文字证据。

1838 年：喀里多尼亚壶俱乐部在苏格兰成立，拟定了第一个冰壶规则。

1843 年：喀里多尼亚冰壶俱乐部更名为苏格兰皇家冰壶俱乐部。

1924 年：冰壶运动是 1924 年夏蒙尼冬奥会的比赛项目。

1959 年：苏格兰和加拿大之间开始了苏格兰杯的争夺。

20 世纪 60 年代：美国、瑞典、挪威、瑞士、法国和德国加入了苏格兰杯的争夺。

1966 年：国际冰壶联合会正式成立，当时是苏格兰皇家冰壶俱乐部的委员会，加拿大、法国、挪威、苏格兰、瑞士和瑞典是创始会员。

1967 年：美国和德国加入国际冰壶联合会，第一个提案是加拿大提出的举办 55 岁以上的世界冰壶锦标赛。

1968 年：苏格兰杯更名为加拿大航空银扫帚赛，第一届加拿大航空银扫帚冰壶赛的决赛进行了电视转播。

1969 年：首次允许第五名球员加入，其职责是队伍的发言人。冰壶电影处女作——詹姆斯・邦德系列电影之《女皇密使》（*On Her Majesty's Secret Service*）上映。

1971 年：首次提案举行欧洲冰壶锦标赛。

1975 年：第一届世界青年男子冰壶锦标赛在加拿大安大略的东约克举行；第一届欧洲冰壶锦标赛在法国的梅杰夫举行，比赛项目为男子四人和女子四人。

1977 年：瑞典卡尔斯塔德举行了首届跨大西洋户外冰壶比赛（Grand Transatlantic Match）。

1979 年：第一届世界女子冰壶锦标赛在苏格兰珀斯举行。

1982 年：国际冰壶联合会成为一个独立实体。

1983 年：世界女子冰壶锦标赛首次在北美举办，举办地是加拿大萨斯喀彻温省的穆斯乔市。

1986 年：澳大利亚加入国际冰壶联合会，会员数量达到 18 个。

1988 年：冰壶运动是 1988 年卡尔加里冬奥会表演项目；首届世界青年女子冰壶锦标赛在法国夏蒙尼举行。

1989 年：世界女子冰壶锦标赛和世界男子冰壶锦标赛首次合并为一个赛事，即世界冰壶锦标赛，举办地是美国威斯康星州的密尔沃基市。

1990 年：国际冰壶联合会更名为世界冰壶联合会。

1991 年：首届泛太平洋冰壶锦标赛在日本的相模原市举行；引入自由防守区概念，改变了冰壶运动的竞赛规则。

1992 年：国际奥委会宣布冰壶运动是冬奥会正式比赛项目。

1995 年：加拿大福特公司开始赞助世界冰壶锦标赛。

1998 年：1998 年长野冬奥会上冰壶运动首次成为现代奥运会的正式比赛项目。

2002 年：首届世界老年冰壶锦标赛（男子和女子）在美国北达科他州的俾斯麦举行。从艾尔萨岩岛挖掘了 1500 吨用于制作冰壶的花岗岩；首届世界轮椅冰壶锦标赛在瑞士苏尔塞举行；《手持扫帚的男人》（*Men with Brooms*）——冰壶主题好莱坞喜剧电影上映。

2003 年：冰壶运动首次成为世界大学生冬运会和亚冬会正式比赛项目。

2005 年：世界女子冰壶锦标赛和世界男子冰壶锦标赛分开举行，各扩展为 12 支参赛队伍；冰壶运动成为欧洲青年奥林匹克节的比赛项目。

2006 年：2006 年都灵冬残奥会上轮椅冰壶首次成为正式比赛项目。

2007 年：世界女子冰壶锦标赛首次在亚洲举行，举办地是日本青森。

2008 年：首届世界混双冰壶锦标赛在芬兰的维耶鲁迈基（Vierumäki）举行。

2009 年：亚太地区首次获得世界冰壶锦标赛冠军——王冰玉领衔的中国女队。

2010 年：凯特·凯思尼斯（Kate Caithness DBE）当选为世界冰壶联合会的首位女性主席。

2012 年：首届冬季青年奥林匹克运动会在奥地利因斯布鲁克举行，冰壶运动是正式比赛项目；第一届世界冰壶大会在苏格兰特恩贝里举行。

2013 年：第二次远征艾尔萨岩岛，挖掘了 2500 吨用于制作冰壶的花岗岩。

2014 年：世界男子冰壶锦标赛首次在亚洲举行，举办地是中国北京。

2015 年：混双比赛成为 2018 年冬奥会正式比赛项目。

2016 年：五十周年庆典在瑞士巴塞尔举行，国际奥委会主席托马斯·巴赫作为贵宾出席；世界冰壶联合会扫冰峰会为扫冰规则新精神的执行铺平了道路。

2018 年：举办首届冰壶世界杯，共分为 4 站——中国苏州（2018）、美国奥哈马（2018）、瑞典延雪平（2019）、中国北京（2019）。

延伸阅读

世界冰壶联合会赛事介绍

一、世界男子冰壶锦标赛

组建国际冰壶联合会的运动源自 1959—1967 年的非官方冰壶世界锦标赛的成功，这一赛事被称为苏格兰杯。

1959 年，苏格兰和加拿大达成了一个里程碑的共识，即组织两国男子全国冰壶冠军队伍之间的冰壶系列比赛，称之为苏格兰杯。其他国家对该项赛事迅速产生了兴趣，包括美国（1961）、瑞典（1962）、挪威（1964）和瑞士（1964）、法国（1966）和德国（1967）纷纷加入苏格兰杯。1959—1967 赛季的成绩在世界男子冰壶锦标赛的历史上得到了认可。1968 年，加拿大航空银扫帚赛取代了苏格兰杯，并且被认定为世界男子冰壶锦标赛。

1967 年在苏格兰珀斯举行了最后一届苏格兰杯，冠军是传奇球员查克·海伊（Chuck Hay）领衔的苏格兰队。1968 年，第一届世界男子冰壶锦标赛在加拿大魁北克省的潘特克莱尔举行，因与加拿大航空公司的赞助协议而被命名为加拿大航空银扫帚赛。加拿大的罗恩·诺斯科特（Ron Northcott）在 8 支男子参赛队伍中排名第一，在决赛中击败了查克·海伊领衔的苏格兰队。

1973 年，世界男子冰壶锦标赛在加拿大的里贾纳举办，参赛队伍第一次增加到 10 支。1979 年，首届世界女子冰壶锦标赛举办。1989 年，两个世锦赛合并在一起举办，举办地是美国的密尔沃基。2004 年，世界冰壶锦标赛最后一次在瑞典的耶夫勒举办。世界冰壶锦标赛分为两个独立赛事之后，世界男子冰壶锦标赛和世界女子冰壶锦标赛各增加到 12 支参赛队伍。这也为逐步发展壮大的亚太地区国家冰壶队提供了更多的参赛机会。

苏格兰杯和世界男子冰壶锦标赛初期仅在加拿大和苏格兰举办。后来，美国（1970）、法国（1971）、德国（1972）、瑞士（1974）、瑞典（1977）、意大利（2010）都举办过世界男子冰壶锦标赛。2014 年，中国北京举办了世界男子冰壶锦标赛，这也是该赛事第一次在亚洲举办。

在过去的几十年里，世界男子冰壶锦标赛得到了一些受人尊敬的商业机构的长期赞助，它们都看到了与冰壶大家庭建立良好关系可以带来的商业利益。首先是苏格兰威士忌协会对苏格兰杯（1959—1967 年）的赞助，接下来是加拿大航空公司对世界男子冰壶锦标赛的赞助（1968—1985 年）。加拿大航空公司撤出赞助后，6 个具有创业精神的冰壶人组建了一个名为“六角冰壶国际”（Hexagon Curling International）的实体，取得了世界男子冰壶锦标赛（1986—1988 年）的赞助权。之后，大型超市公司——加拿大西夫韦公司（Safeway）成了 1991 年和 1992 年世界男子冰壶锦标赛的冠名赞助商。

1994 年，世界冰壶联合会和加拿大冰壶协会、加拿大圣克莱尔集团（St Clair Group）签订了一项协议。加拿大圣克莱尔集团成功地促成了世界冰壶联合会与加拿大福特汽车制造商的合作，并于 1995 年在加拿大马尼托巴州布兰登举行的世界冰壶锦标赛上正式生效。

二、世界女子冰壶锦标赛

1979 年，苏格兰珀斯举办了首届世界女子冰壶锦标赛。世界女子冰壶锦标赛在 1979—1981 年的赛事名称为苏格兰皇家银行世界冰壶锦标赛（Royal Bank of Scotland World Curling Championship），举办地均是苏格兰珀斯。此后，世界女子冰壶锦标赛又先后落户瑞士、加拿大、苏格兰、美国和瑞典。

1989—2004 年，世界女子冰壶锦标赛与世界男子冰壶锦标赛合并为世界冰壶锦标赛。2005 年，世界女子冰壶锦标赛在苏格兰的佩斯利举行，比赛场馆的对面就是佩斯利修道院。

这里是冰壶运动文字记录的起点，可以追溯到 1541 年。

2007 年，世界女子冰壶锦标赛首次在亚洲举行，地点是日本青森。中国北京举办了 2017 年世界女子冰壶锦标赛。除此之外，丹麦埃斯堡（2011）和拉脱维亚里加（2013）也举办过世界女子冰壶锦标赛。

三、世界混双冰壶锦标赛

世界混双冰壶锦标赛是世界冰壶锦标赛大家庭中十分年轻的成员，而且冰壶混双项目还是 2018 年平昌冬奥会正式比赛项目。

2008 年，芬兰维耶鲁迈基举办了首届世界混双冰壶锦标赛，瑞士的托尼·穆勒（Toni Müller）和艾琳·肖里（Irene Schori）在决赛中击败了东道主运动员获得首个冰壶混双项目世锦赛冠军。世界混双冰壶锦标赛是一项开放性赛事，第一届有 24 个协会的代表队参赛，2016 年的参赛队伍达到了 42 支。由此可见，冰壶混双项目为许多世界冰壶联合会会员协会提供了在顶级冰壶赛事自我展示的机会与平台，如奥地利、捷克共和国、法国、新西兰、西班牙和匈牙利等。

截至 2021 年，加拿大（3 届）、芬兰（1 届）、意大利（1 届）、土耳其（1 届）、俄罗斯（2 届）、苏格兰（2 届）、瑞典（2 届）、挪威（1 届）和美国（1 届）9 个不同的国家举办了前 14 届世界混双冰壶锦标赛。

冰壶混双项目是如此的年轻，竞赛规则在每个赛季大多会发生变化，如赛前固定壶的摆放位置和球队排名等。国际奥委会将冰壶混双项目列入冬奥会正式比赛项目。这是对冰壶混双项目发展的最大促进与推动。

四、世界轮椅冰壶锦标赛

2000 年 1 月，在国际轮椅冰壶发展研讨会期间，首届国际轮椅冰壶比赛在瑞士蒙大拿州克莱恩与世界男子滑雪锦标赛（World Handi Ski Championships）同时举行。

2002 年 1 月，第一届世界轮椅冰壶锦标赛在瑞士苏尔塞（Sursee）举行，东道主获得首届世界轮椅冰壶锦标赛冠军。

截至 2021 年，瑞士（4 届）、加拿大（1 届）、捷克共和国（1 届）、芬兰（1 届）、韩国（2 届）、俄罗斯（1 届）、中国（1 届）、苏格兰（2 届）和瑞典（2 届）9 个国家举办了前 15 届世界轮椅冰壶锦标赛（冬残奥会年停办）。俄罗斯共获得 4 枚世锦赛金牌，加拿大和挪威各获得 3 枚世锦赛金牌，中国和苏格兰各获得 2 枚世锦赛金牌，瑞士获得 1 枚世锦赛金牌。

人们对轮椅冰壶运动的兴趣和参与程度随着时间的推移而得到了明显的提升。2015 年，世界冰壶联合会举办了首届世界轮椅冰壶锦标赛 B 组比赛。截至 2021 年，该赛事共举办过 5 届，分别是 2015 年、2016 年、2018 年、2019 年和 2021 年，举办地均为芬兰。

五、世界混合四人冰壶锦标赛

混合四人冰壶运动一直很受欢迎。经世界冰壶联合会批准，2015 年 9 月在瑞士伯尔尼（Berne）举办了第一届世界混合四人冰壶锦标赛，共有 36 支队伍参赛，包括巴西队、哈萨克斯坦队和罗马尼亚队。最终，挪威队击败瑞典队夺得金牌，而中国队则击败俄罗斯队斩获铜牌。

2016 年，世界混合四人冰壶锦标赛在俄罗斯喀山举行，其中安道尔队和克罗地亚队是首次参加世界冰壶锦标赛。

截至 2021 年，世界混合四人冰壶锦标赛共举办了 5 届，其中加拿大队 2 次夺冠，苏格兰队、俄罗斯队和挪威队各获得 1 枚世锦赛金牌。

六、世界青年冰壶锦标赛

1975 年，首届世界青年冰壶锦标赛在加拿大安大略省东约克举办，但只设男子四人项目，共 9 个协会的冰壶队伍参赛。最终，瑞典队击败加拿大队获得首届世界青年冰壶锦标赛的冠军。加拿大尤尼鲁耶尔公司是 U21 世界青年冰壶锦标赛的冠名赞助商，因此该项赛事当时也称尤尼鲁耶尔世界青年冰壶锦标赛（Uniroyal World Junior Curling Championship）。尤尼鲁耶尔公司的公共关系负责人鲍勃·萨瑟兰（Bob Sutherland）在创办世界青年冰壶锦标赛一事中起到了关键性作用，该公司也履行了 1990 年以前一直赞助世界青年冰壶锦标赛的承诺。

1976 年，世界青年冰壶锦标赛在苏格兰的阿维莫尔举行，参赛队伍增加到 10 支，丹麦队首次参加了此项赛事。

1988 年，第一届世界青年女子冰壶锦标赛在法国的夏蒙尼举行，共有 9 支队伍参赛，加拿大队击败瑞士队获得冠军。自 1991 年起，世界青年女子冰壶锦标赛和世界青年男子冰壶锦标赛合并为一个赛事，即世界青年冰壶锦标赛。

渐渐地，世界青年冰壶锦标赛参与的国家越来越多，如日本（1992）、俄罗斯（1999）。此后，中国和韩国也参加了此项赛事。世界青年冰壶锦标赛的举办地也日益增多，如保加利亚索菲亚（1994）、日本轻井泽（1997）、韩国全州（2006）、爱沙尼亚塔林（2015）等。自 1997 年起，世界青年冰壶锦标赛就成了下一年冬奥会冰壶项目的测试赛，并一直延续至今。

纵览世界青年冰壶锦标赛的历史记录可以发现，许多在国际上获得盛名的冰壶运动员都曾参加过此项赛事。

七、世界老年冰壶锦标赛

和混合四人冰壶比赛一样，老年冰壶比赛一直很受欢迎，曾举办过许多次非官方的锦标赛。2002 年，美国北达科他州俾斯麦举行了第一届官方授权的世界老年冰壶锦标赛，当时只有 7 支男子队伍和 4 支女子队伍参赛。到 2019 年，世界老年冰壶锦标赛在瑞典卡尔斯塔德举行，有 27 支男队和 16 支女队参赛。

自 2008 年世界混双冰壶锦标赛举办以来，世界老年冰壶锦标赛与世界混双冰壶锦标赛便经常在同一城市举办。

八、欧洲冰壶锦标赛

1971 年，国际冰壶联合会曾提案举办欧洲冰壶锦标赛，但是没有通过 1972 年国际冰壶联合会全体代表大会的表决。其主要原因是提案中的赛事名称为欧洲大陆锦标赛（Continental Europe Championship），参赛国为法国、德国、挪威、瑞典和瑞士，但却不包括苏格兰。

1975 年，第一届欧洲冰壶锦标赛在法国梅杰夫举行，共有 8 支男队和 7 支女队参赛。瑞士奶酪公司格吕耶尔获得了欧洲冰壶锦标赛 15 年的赛事冠名权。

欧洲冰壶锦标赛的 A 级赛事包括 10 支男队和 10 支女队，B 级赛事包括 16 支男队和 10 支女队。2010 年其开始增设 C 级赛事，11 支男队和 8 支女队参加了 2016 年的欧洲冰壶锦标赛的 C 级赛事。

至今，欧洲冰壶锦标赛已经走遍了欧洲大陆的各个角落，如俄罗斯的莫斯科（2011）、保加利亚的索非亚（2004）和苏格兰的阿维莫尔（1978）。欧洲冰壶锦标赛是欧洲国家冰壶队参加本赛季世界男子冰壶锦标赛和世界女子冰壶锦标赛的资格赛，也是冬奥会的资格积分赛。

九、亚太冰壶锦标赛

1991 年，首届泛太平洋冰壶锦标赛（Pacific Curling Championship）在日本相模原举行，男子四人比赛的参赛国家有澳大利亚、日本和新西兰，女子四人比赛的参赛国家是澳大利亚和日本。2011 年，泛太平洋冰壶锦标赛更名为亚太冰壶锦标赛（Pacific-Asia Curling Championship）。

亚太冰壶锦标赛虽然赛事规模很小，但在冰壶运动对奥林匹克的认可方面有着巨大的重要战略意义，这使世界冰壶联合会能够证明世锦赛级别的冰壶赛事已经覆盖到了亚洲和澳大拉西亚（Australasia）①。

亚太冰壶锦标赛是世界冰壶联合会亚太地区各会员单位参加世界冰壶锦标赛的资格赛。近年来，其赛事规模逐年扩大。2019 年，亚太冰壶锦标赛女子项目的参赛队伍达到 8 支，男子项目的参赛队伍达到 10 支。

截至 2021 年，亚太冰壶锦标赛共举办 30 届，其中 9 届在日本，5 届在韩国，新西兰和中国各 4 届，澳大利亚 3 届，哈萨克斯坦 2 届，以及中国台北 1 届。此外，1998 年和 2000 年亚太冰壶锦标赛的举办地是加拿大的不列颠哥伦比亚省。

---

① 拉丁语，一般指大洋洲的一个地区，澳大利亚、新西兰和邻近的太平洋岛屿，有时也泛指大洋洲和太平洋岛屿。

十、其他赛事

世界冰壶联合会参与或主办的其他冰壶赛事如下：

- 奥运会资格赛
- 冬奥会
- 冬残奥会
- 冬青奥会
- 美洲挑战赛
- 世界青年和轮椅资格赛
- 大学生冬季运动会
- 亚洲冬季运动会
- 欧洲青年奥林匹克节
- 新西兰全国冬季运动会

世界冰壶联合会主要赛事见表 1-2。

表 1–2　世界冰壶联合会主要赛事一览表

赛事	首届	项目	备注
世界男子冰壶锦标赛	1968 年	男子四人	1. 起源于苏格兰杯（1959—1967 年）
世界女子冰壶锦标赛	1979 年	女子四人	2. 世界冰壶锦标赛（1989—2004 年）
世界混双冰壶锦标赛	2008 年	混合双人	
世界轮椅冰壶锦标赛	2002 年	混合四人	
世界混合四人冰壶锦标赛	2015 年	混合四人	
世界青年男子冰壶锦标赛	1975 年	男子四人	世界青年冰壶锦标赛（1991 年至今）
世界青年女子冰壶锦标赛	1988 年	女子四人	
世界老年冰壶锦标赛	2002 年	男子四人 女子四人	年龄要求：50 周岁以上
冬奥会	1998 年	男子四人 女子四人	1. 1924 年法国夏蒙尼冬奥会正式奖牌项目（男子四人） 2. 1932 年、1988 年、1992 年冬奥会表演项目
	2018 年	混合双人	
亚太冰壶锦标赛	1991 年	男子四人 女子四人	泛太平洋冰壶锦标赛（1991—2010 年）
冰壶世界杯	2018 年	男子四人 女子四人 混合双人	

第二章　中国冰壶运动发展史

第一节　中国冰壶运动发展历程

据悉，冰壶运动发源于欧洲、发展于加拿大，经过了漫长的发展过程，最终成了冬奥会正式比赛项目。冰壶运动是集健身、娱乐和竞技于一体的运动项目，静中有动，文雅中蕴藏对抗，具有极高的健身和观赏价值。

1993年，国人第一次接触冰壶运动。从此，一段充满艰辛、泪水、荆棘，却又不乏荣耀、笑容、甜蜜的中国冰壶运动发展的奋斗之路就此展开。在这条追寻光荣与梦想的道路上，所有中国冰壶人不离不弃、顽强拼搏、团结一心，以一种令全世界感叹的速度，在世界冰壶赛场上证明了中国冰壶人的存在和价值。

一、中国对冰壶运动的认知

（一）初步认识阶段（1980—1992年）

冰壶运动作为一项冬季运动项目进入国人视野的最早时间可以追溯到1980年，中央电视台程志明先生所著的《百种世界趣味体育运动》一书中对冰壶运动进行了简要介绍，这也是我国介绍冰壶运动最早的文字资料，此书将冰壶运动译为"冰上溜石"。同年，1980年版的《新编当代法语词典》也收录了"Curling"一词，并将其译为"冰上溜石游戏"。韩丹（1986）在发表的学术论文中提到"冰上溜石"是一种冬季运动项目。张晓光（1987）在发表的学术论文中使用"掷冰壶"的概念来表示冰壶运动。

1989年，国家体委（现国家体育总局）内部发行的《国外体育动态》中刊登了两篇与冰壶运动有关的短文，不仅简要介绍了冰壶运动，还较为详细地介绍了日本冰壶运动发展的基本情况。这两篇短文均使用"冰上溜石运动"表示冰壶运动。

这一时期，体育、新闻传播等领域已经开始关注冰壶运动，并通过图书、期刊和内参等多种形式介绍冰壶运动。但是，国人此时对冰壶运动的认识还比较浅显，也没有引起各级体育主管部门的重视。

（二）尝试探索阶段（1993—1994 年）

1993 年，国人第一次接触到冰壶运动，从此它开始慢慢进入国人的视野。鉴于国际奥委会在 1992 年 7 月 21 日西班牙巴塞罗那会议上将冰壶运动列为冬奥会正式比赛项目，并声明于 2002 年盐湖城冬奥会前生效的决议等原因，伍绍祖同志高度关注我国冰壶运动立项事宜，曾多次做出重要指导。这对我国冰壶运动的引进、立项与发展工作起到了至关重要的作用。

1. 沈阳体育学院的试探与尝试

1993 年 8 月 6 日，沈阳体育学院向国家体委递交了《关于修建冰壶场地、组建冰壶队的报告》，报告中明确指出："为填补我国冰雪项目的空白，在冬季奥运会上为国争光。根据国家体委有关领导指示，结合我院具体情况。我院经反复论证研究，拟上冬季奥运会项目——冰壶。"此外，该报告还提出了修建冰壶场地、组建冰壶队和购买冰壶器材 3 项建议。根据中国人工制冷冰场技术委员会副主席吕恩光同志的实地考察，冰壶场地的修建工程预算为 28 万元。此报告于 1993 年 9 月和 10 月经国家体委五司、综合司、计划司等多部门商议，终因无法解决经费问题而搁浅。

1993 年 8 月 30 日，沈阳体育学院郭亦农同志受国家体委的委托，随中国跳台滑雪夏季训练团访问日本长野县轻井泽冰上俱乐部，调研了世界冰壶运动发展现状以及世界冰壶联合会唯一的亚洲会员——日本的冰壶运动开展情况，并向日本冰壶运动员学习了冰壶运动的基本知识、技术和战术，研习了冰壶运动的基本运动规则和竞赛方法，同时还与日本冰壶运动员共同进行了专项技战术训练和友谊赛。

沈阳体育学院在赴日本研习冰壶运动的基础上，经过进一步的调研与分析，撰写了《我国开展冰壶运动可行性的初步分析》，并于 1993 年 9 月 21 日上报国家体委五司其他项目处。该文件从 6 个方面陈述了我国开展冰壶运动的潜在优势条件：①冰壶运动场地器材、技术动作、规则与裁判方法简单；②冰壶运动是一项冰上技巧项目，比较适合我国运动员发挥自身优势；③世界各国冰壶运动的开展尚处在俱乐部的业余活动阶段，我国运动员容易取得竞技成绩的突破；④冰壶运动已被列为 1998 年长野冬奥会正式比赛项目，势必将引起世界各国的重视；⑤亚洲仅有日本开展了冰壶运动；⑥冰壶运动员的运动寿命较长。此外，该文件还从 3 个方面分析了我国开展冰壶运动的不利因素：①我国尚未开展冰壶运动，不利于运动员的选拔、训练与赛事组织；②没有冰壶运动的训练经验，开始可能会走弯路；③冰壶运动专项器材虽然简单，但价格昂贵，且来源主要依靠进口。

为了进一步推动我国冰壶运动的立项工作，1993 年 9 月 23 日，国家体委五司在沈阳体育学院递交的《我国开展冰壶运动可行性的初步分析》等材料的基础上向国家体委领导报送了《关于在我国开展冰壶运动的请示》，建议我国将冰壶运动列为正式开展的体育项目，并提出沈阳体育学院可以承担此项任务。国家体委综合司、计划司、训练处和竞赛处等部门鉴于冰壶项目发展经费尚未落实，以及只有沈阳体育学院开展冰壶运动必将无法组织冰壶赛事活动等原因，最终驳回了《关于在我国开展冰壶运动的请示》。至此，沈阳体育学院意欲率先在中国发展冰壶运动的探索与尝试无果而终。

2. 黑龙江省的探索与推进

黑龙江省外事办与黑龙江省体委（现黑龙江体育局）通力协作，通过国际交流活动为引入冰壶运动做了大量卓有成效的前期铺垫工作。

1993 年 4 月，黑龙江省外事办对外友好协会的丹硕同志作为国际交流员在日本北海道进行工作交流。工作交流期间，丹硕同志访问了北方圈中心。在其与时任日本北方圈中心事业部代理部长太田勇先生交流时，日方向丹硕同志介绍了“冰壶”（又称“冰上溜石”）运动。丹硕同志也因此成了中国真正接触到冰壶运动的第一人。时任黑龙江省体委外事科科长的杨晓明同志建议将此项体育运动的中文名称定为“冰上溜石”，亦称“冰壶”。这是我国使用中文“冰壶”来称谓此项运动的最早记载。

当时，我国尚未开展冰壶运动。鉴于黑龙江省与北海道的气候相近，开展冬季运动具有得天独厚的自然优势，黑龙江省外事办对外友好协会提出了探讨三方（中国黑龙江省、日本北海道、加拿大阿尔伯塔省）合作，共同开展冰壶运动交流的工作设想。

黑龙江省外事办对外友好协会于 1993 年 5 月派出工作组访问北海道，针对“三方合作，共同开展冰壶运动交流”进行了深入细致的研讨。时任北方圈中心理事长、日本冰壶协会副会长的土居博昭先生向黑龙江省外事办工作组详细介绍了北海道冰壶运动的推广方案、冰壶运动讲习班的开办形式和冰壶运动的竞技发展等方面的基本情况，并向中方赠送了冰壶运动教学录像带。中日双方在商讨“黑龙江省和北海道 1993 年‘省道交流’协议”时，太田勇先生向黑龙江省外事办副主任韩广儒同志、日本处副处长韩子玉同志提出引入、开展冰壶运动的建议。同年 9 月，中国黑龙江省、日本北海道、加拿大阿尔伯塔省在中国哈尔滨举行三方友好城市会谈，签署了“三方在冰雪项目上开展交流与合作的优势巨大、可操作性强，初步拟定开展冬季体育运动交流”的意向性协议。

1994 年 1 月，黑龙江省外事办副主任刘忠原同志在访问北方圈中心时进一步向日方转达了黑龙江省体委希望尽快启动冰壶运动项目交流的愿望，并表示会将其作为黑龙江省与北海道交流的新项目，同时希望北方圈中心能够给予适当的协助与帮助。此后不久，土居博昭先生来访黑龙江省期间再度与刘忠原同志等有关人员针对冰壶运动项目交流事宜进行了操作性会谈。后经与黑龙江省体委外事科科长杨晓明同志等有关人员协商，最终初步定于 1995 年 3 月在中国哈尔滨举办冰壶讲习班，加拿大阿尔伯塔省负责提供冰壶运动器材，日本北海道负责派遣冰壶教练员来黑龙江省进行冰壶专项训练技术指导并提供冰壶运动专项技术资料。黑龙江省体委外事科科长杨晓明同志和冰雪处邹东同志负责冰壶讲习班的具体操作事宜。至此，黑龙江省对我国发展冰壶运动的探索与推进工作取得了一定的实质性进展。

二、冰壶运动的中国进程

（一）萌芽阶段（1995—1999 年）

直到 1995 年，我国才在加拿大和日本的帮助下开始逐步认识、了解并真正引进冰壶运动。

1. 举办冰壶讲习班和组织冰壶赛事

1995 年 3 月 11 日—15 日，黑龙江省利用加拿大阿尔伯塔省提供的部分冰壶器材，在土居博昭先生、日本冰壶协会 A 级教练员阿布周次先生及加拿大冬季体育用品公司的顿·艾德瓦德先生（制冰师）的指导下，克服了经费、场地和器材等诸多困难，在哈尔滨冰上基地举办了中国体育史上第一届冰壶讲习班，即全国首届冰壶项目教练员裁判员学习班。我国当时并没有正式立项开展冰壶运动，国家体委和黑龙江省体委均无法提供专项经费支持，时任黑龙江省体委外事科科长的杨晓明同志协同冰雪处邹东同志通过学员集资的形式举办了第一届冰壶讲习班，来自北京市、沈阳市、吉林省和黑龙江省近 50 多名学员自费参加了本次冰壶学习与培训活动。日本冰壶协会 A 级教练员阿布周次先生传授了冰壶项目的比赛方法和竞技方法。加拿大阿尔伯塔省无偿提供了 2 套冰壶（16 个）、50 把扫帚（冰壶刷）、50 块战术板、50 双冰壶鞋和 50 个助滑器等。第一届冰壶讲习班的成功举办标志着冰壶运动真正进入中国，冰壶运动从此在中国的土地上扎下了根，也拉开了冰壶运动中国进程的序幕。（图 2–1、图 2–2）

图 2–1　全国首届冰壶项目教练员裁判员学习班

图 2–2　日本冰壶教练员阿布周次示范教学

此后，黑龙江省又分别于 1996 年、1998 年和 1999 年举办了 3 届冰壶讲习班，冰壶运动在黑龙江省得到了快速推广与发展。

1996 年 3 月举办的第二届冰壶讲习班约有 50 人参加，培训讲师是来自日本北海道冰上溜石协会的山填先生和木野乘二先生①（图 2–3）。第二届冰壶讲习班培训课程结束之后，在新华房地产开发黑龙江分公司的资助下，全国首届“冰上溜石”邀请赛于 1996 年 4 月 6 日—7 日在哈尔滨市冰上训练基地举行，哈尔滨市运动学校、哈尔滨体育学院、哈尔滨师范大学、黑龙江省中龙制药厂、新华房地产开发黑龙江分公司和黑龙江省体育记者协会来自黑龙江省的 6 支冰壶队，共计 24 名冰壶爱好者参加了本次比赛。经过两轮 10 场的激烈角逐，黑龙江省体育记者协会冰壶队以较大的优势获得冠军，哈尔滨市运动学校和新华房地产开发黑龙江分公司冰壶队分获亚军和季军。

① 第二届冰壶讲习班的具体信息有待进一步考证，此处仅做参考。

1998 年第三届和 1999 年第四届冰壶讲习班参加培训和学习的人数分别约为 50 人和 30 人，阿布周次先生自行承担旅费并无偿来到哈尔滨进行教学指导，阿尔伯塔省也派出了制冰专家来哈尔滨提供专业制冰技术支持与培训。（图 2–4）

图 2–3　第二届冰壶讲习班

图 2–4　第四届冰壶讲习班

1999 年 1 月 28 日，在日本青森县青森冰壶协会的佐滕健一先生到哈尔滨参加北方圈市长会议之际，黑龙江省中日冰上溜石友谊赛在哈尔滨冰上训练基地滑冰馆举行，日本青森县队、哈尔滨男子一队、哈尔滨男子二队、哈尔滨女子一队共 4 支队伍的 17 名运动员参加了本次冰壶比赛。其中，佐滕健一先生既是日本青森县队的教练员，又是日本青森县队的运动员，而哈尔滨 3 支冰壶队的教练员均是阿布周次先生。

这一时期，时任黑龙江省外事办日本处处长的赵尔力同志对发展冰壶运动一事非常重视，要求处内干部都学习冰壶。日本冰壶协会与黑龙江省在冰壶运动方面持续与深入的交流进一步促进了黑龙江省冰壶运动的发展，我国冰壶运动的竞技水平也得到了较大程度的提升。

2. 冰壶运动正式立项

值得一提的是，中国冰壶运动在发展初期就受到了冰壶运动国际组织的关注。1996 年 2 月 27 日，世界冰壶联合会主席的冈瑟・胡梅尔特先生致电时任国家体委主任的伍绍祖同志：希望能提供中国冰壶运动项目发展负责人的联系方式，以便进一步商洽中国冰壶运动发展事宜，并希望中国能尽快加入泛太平洋冰壶联合会（Pacific Curling Federation）。

此时，冰壶运动项目属于国家体委冬季运动管理中心其他项目处的管辖范围（1999 年划归到冰球部）。1996 年 3 月 14 日，国家体委冬季运动管理中心其他项目处向中心领导呈报了《关于我国开展冰壶项目的情况和几项建议》。该文既概要性地介绍了我国冰壶运动的发展现状，又从 4 个方面阐述了我国适合开展冰壶运动的缘由，同时也提出了我国发展冰壶运动的不利因素和 4 项发展建议。其中，最重要的两项建议分别是报请国家体委对冰壶运动项目进行立项和申请加入泛太平洋冰壶联合会。

1996 年 7 月 29 日，国家体委冬季运动管理中心向国家体委递交了《关于在我国开展冰壶运动的请示》。国家体委计划财务司、综合司及国家体委领导经过了近一年的反复协商与调研，于 1997 年 8 月 29 日下发了《关于同意在我国开展冰壶运动的通知》。该通知明确指出：同意在我国正式开展冰壶运动。

此外，中央电视台对 1998 年长野冬奥会两场冰壶比赛进行了电视转播，冰壶运动的趣味性和观赏性极大地吸引了我国观众的目光。至此，冰壶运动才真正被我国大众所熟知。

（二）攀登阶段（2000—2007 年）

冰壶运动的正式立项，以及中央电视台对 1998 年长野冬奥会冰壶比赛的电视转播都极大地促进了我国冰壶运动的快速发展。

1. 组建专业冰壶队，聘请国外高水平教练员执教，开展专业化、科学化冰壶专项训练

哈尔滨市体育运动学校于 2000 年 3 月成立了我国第一支业余冰壶队。2001 年 8 月，哈尔滨市体育局选拔了 20 多名水平较高的运动员进入哈尔滨市体工一队，组建了我国冰壶史上第一支专业冰壶队，开始冰壶运动项目的专业化训练。专业冰壶队的成立标志着我国正式启动了竞技冰壶项目，这也是当时世界上第一支专业冰壶队。为了参加国际冰壶赛事，中国冰壶协会于 2002 年组建了中国男子冰壶队，又于 2003 年 3 月正式成立了中国女子冰壶队。并从 2004 年开始组建国家冰壶集训队，聘请国外高水平冰壶教练员执教中国冰壶队。同年，中国冰壶队开始走出国门到加拿大等冰壶强国进行海外训练与比赛。这些标志着我国冰壶运动正在逐步与国际冰壶运动接轨。（图 2–5、图 2–6）

图 2–5 第一支业余冰壶队进行冰上训练

图 2–6 第一支专业冰壶队

2007 年，中国聘请了加拿大籍冰壶教练员丹尼尔·拉斐尔（Daniel Rafael）执教中国冰壶队。丹尼尔教练为中国冰壶队带来了先进的训练方法和训练理念，并且通过言传身教使中国冰壶队的运动员及中方教练员领会到了冰壶运动的文化真谛，从而使我国的冰壶运动发生了质的变化，竞技成绩迅速攀升。中国男子和女子冰壶队在 2007 年中国北京泛太平洋冰壶锦标赛上双双夺冠。

2. 举办全国冰壶比赛，承接洲际冰壶赛事

2000 年 6 月 28 日—30 日，由国家体育总局冬季运动管理中心主办、哈尔滨市体育运动委员会（体育运动委员会简称体委）承办、哈尔滨“天一”裘皮有限公司协办的“天一”杯首届全国冰壶比赛在哈尔滨市滑冰训练馆开赛。哈尔滨市、哈尔滨市体育运动学校、龙丹乳业、哈尔滨冰上俱乐部、哈尔滨一汽君安、东北轻合金加工厂、清华紫光、沈阳体育学院 8 个参赛单位的 8 支男子冰壶队和 3 支女子冰壶队，共计 45 名运动员（男运动员 32 名、

女运动员 13 名）参加了本次比赛。

为了配合哈尔滨国际冰雪节，哈尔滨市体委在黑龙江省体育局（2000 年黑龙江省体委改名为黑龙江省体育局）的协助下于 2001 年 2 月 10 日—12 日在哈尔滨市冰球馆举办了 2001 年中国哈尔滨国际冰壶邀请赛，共有 1 支韩国代表队、4 支日本代表队和 5 支中国代表队参加了本次冰壶邀请赛。中国的 5 支代表队分别是哈尔滨市队、哈尔滨市体育运动学校队、哈尔滨体育学院队、东北轻合金队和哈尔滨市冬季项目青少年俱乐部队。（图 2–7）

图 2–7　2001 年中国哈尔滨国际冰壶邀请赛

2001 年 5 月 25 日—30 日，国家体育总局冬季运动管理中心主办、哈尔滨市体委承办的 2001 年全国冰壶比赛即第一届全国冰壶锦标赛在哈尔滨八区体育馆举办。北京紫龙冰壶俱乐部、哈尔滨体育学院、哈尔滨市冬季青少年俱乐部、哈尔滨市第一重点体校、哈尔滨市、哈尔滨学院、哈尔滨市体育运动学校 7 个参赛单位的 11 支男子冰壶队和 6 支女子冰壶队，共计 46 名男运动员和 29 名女运动员参加了此项赛事。男子组前三名分别为哈尔滨体育运动学校、哈尔滨第一重点体校、哈尔滨市；女子组前三名分别为哈尔滨市第一重点体校、哈尔滨市、哈尔滨市体育运动学校；北京紫龙冰壶俱乐部获得了体育道德风尚奖。（图 2–8）

冰壶运动是全国第十届冬季运动会的正式比赛项目，冰壶比赛于 2003 年 1 月 2 日—5 日在哈尔滨冰上基地滑冰馆举行，共有 7 支男子冰壶队和 5 支女子冰壶队的 57 名运动员参加了本次赛事。男子四人项目最终排名为哈尔滨市队、伊春市队、鸡西市队、白山市队、牡丹江市队、吉林市队和中国林业体育协会队；女子四人项目最终排名为哈尔滨市队、牡丹江市队、鸡西市队、中国林业体育协会队和吉林市队。

国内冰壶赛事冉冉升起，洲际冰壶赛事相继落户中国。中国北京于 2006 年 1 月 15 日—20 日承办了泛太平洋青年冰壶锦标赛（Pacific Junior Curling Championship，PJCC）①（图 2–9），于 2007 年 11 月 19 日—24 日承办了泛太平洋冰壶锦标赛（Pacific Curling Junior Championship，PJCC）。而且，中国长春于 2007 年 1 月 29 日—2 月 7 日举办了第六届亚冬会冰壶比赛。洲际冰壶赛事的成功举办标志着我国冰壶运动赛事组织能力得到了国际认可，标志着我国冰壶项目进入了正规化、国际化发展阶段。（表 2–1）

① 泛太平洋青年冰壶锦标赛始于 2005 年，2011 年更名为亚太青年冰壶锦标赛（Pacific–Asia Junior Curling Championship，PAJCC），从 2016 年开始停止办赛，共举办过 11 届。

图 2-8　第一届全国冰壶锦标赛

图 2-9　2006 年泛太平洋青年冰壶锦标赛（中国北京）

表 2-1　中国举办或承办的重点冰壶赛事统计表（2000—2007 年）

赛事名称	时间	地点
“天一杯”首届全国冰壶比赛	2000 年 6 月 28 日—30 日	哈尔滨
2001 年中国哈尔滨国际冰壶邀请赛	2001 年 2 月 10 日—12 日	哈尔滨
2001 年全国冰壶比赛	2001 年 5 月 25 日—30 日	哈尔滨
全国第十届冬季运动会冰壶比赛	2003 年 1 月 2 日—5 日	哈尔滨
全国冰壶锦标赛暨国家队选拔赛	2003 年 8 月 20 日—23 日	哈尔滨
全国冰壶冠军赛	2004 年 2 月 27 日—29 日	沈阳
泛太平洋青年冰壶锦标赛	2006 年 1 月 15 日—20 日	北京
第六届亚洲冬季运动会冰壶比赛	2007 年 1 月 29 日—2 月 7 日	长春
泛太平洋冰壶锦标赛	2007 年 11 月 19 日—24 日	北京

3. 竞技成绩逐级攀升，冲出亚洲，走向世界

2000 年 1 月末，黑龙江省体委办公室在无经费支持的情况下，与日方多次沟通与协调，最终以日本冰壶协会和参赛单位各自承担一部分费用的方式，使我国的冰壶运动走出了国门，第一次组团出国参加冰壶比赛。时任黑龙江省体委副主任的姜可义同志担任代表团团长，办公室主任杨晓明同志担任领队，哈尔滨市体委冰雪处处长佘选新同志担任管理，黑龙江省体委办公室曲强同志担任翻译，男运动员为王志强、王石、张唯和王珂，女运动员为赵艳虹、赵贞贞、张越男和史亚楠，随团出访的还有时任哈尔滨体育学院党委书记的宋佳林同志以及教师代表苏和、姜海兰、刘春华和赵金萍等。中国冰壶代表团先赴日本青森参加“东北地区公开赛”，后赴长野县轻井泽参加“冬奥会纪念杯国际冰壶冠军赛”，男队最终获得第四名的优异成绩，震惊了各国参赛代表团。

我国从 2002 年开始正式组队参加洲际和国际冰壶赛事。中国冰壶队参加的第一项世界冰壶联合会级别的赛事是 2002 年的泛太平洋冰壶锦标赛。邢其运同志担任领队，教练员为张为和谭伟东，男运动员为马永骏、刘锐、王奉春、徐晓明和朱宇，女运动员是岳清爽、周妍、詹婧、赵贞贞和柳荫，中国男子和女子冰壶队首次参赛均获得第五名。中国女子冰壶队在 2004 年泛太平洋冰壶锦标赛中获得亚军，取得了 2005 年世界女子冰壶锦标赛的参赛资格，首次参赛获得第七名。同年，中国女子冰壶队获得了 2005 年泛太平洋青年冰壶锦标赛冠军。这是中国冰壶运动的第一个洲际锦标赛冠军。更值得一提的是，中国男子和女子冰壶队在2007年泛太平洋青年冰壶锦标赛和泛太平洋冰壶锦标赛上均问鼎冠军，也都获得了2008年世界冰壶锦标赛的参赛资格（表2–2）。

4. 成立中国冰壶协会，加入世界冰壶联合会

黑龙江省体委曾于2000年建议国家体育总局冬季运动管理中心成立中国冰壶协会。此后，国家体育总局冬季运动管理中心进行了大量的筹建准备工作。最终，国家体育总局办公厅于2001年7月24日正式批复同意成立中国冰壶协会。中国冰壶协会的成立不仅有利于中国冰壶运动与世界冰壶联合会、泛太平洋冰壶联合会等国际组织接轨，还有利于中国参加冬奥会、亚洲冬季运动会和世界冰壶锦标赛等赛事，对我国冰壶运动的快速发展起到了极大的促进和保障作用。

2002年4月10日，世界冰壶联合会在美国俾斯麦举行的年度全体代表大会上宣布中国为世界冰壶联合会协会会员，中国冰壶协会正式加入世界冰壶联合会。同年，冰壶被列为2003年全国第十届冬季运动会正式比赛项目。2004年，国家体育总局又将冰壶列为重点发展的冰上项目。

2001—2004年，黑龙江省体育局与日本冰壶协会反复沟通协商，达成了黑龙江省体育局与日本冰壶协会双方有关冰壶运动队互访、竞赛和培训等方面的交流协议。日本冰壶协会和北海道冰壶协会为此做出了巨大努力和无私奉献。在此期间，黑龙江省体育局办公室负责牵头组织，协调黑龙江省冬季运动管理中心、黑龙江省冰雪训练中心、哈尔滨冰上训练基地、哈尔滨市体育局和哈尔滨市体校等单位克服无专项经费、运动器材和场地及人员短缺等各种困难，采取双方运动团体隔年互访、连续参加“冬奥会纪念杯国际冰壶冠军赛”等形式，为我国暨黑龙江省在冰壶器材引进、冰壶场地设计和制冰、冰壶教练员和运动员的技战术培养与提高、规则的翻译与修改、项目的推广普及和认知度的提升、高水平运动员及后备人才储备等方面奠定了坚实而雄厚的基础。

5. 兴建专业冰壶馆，成立大众冰壶俱乐部

冰壶运动引入我国之初，我国开展冰壶运动的主要场馆是黑龙江省冰上基地滑冰馆和哈尔滨市冰球馆。

2005年，北京中体奥冰壶运动中心专业冰壶馆的建立填补了我国冰壶专业训练和比赛场馆的空白，也使我国具有了承办国际冰壶赛事的专业场馆。在此期间，北京中体奥冰壶运动中心专业冰壶馆不仅先后承办了2006年泛太平洋青年冰壶锦标赛和2007年泛太平洋冰壶锦标赛，还是中国冰壶队训练基地，为我国冰壶运动培养了大批优秀竞技体育人才。

我国竞技冰壶运动的蓬勃发展推动了大众冰壶运动的普及与提高。2001年2月，北京冰壶运动爱好者自发组织成立了我国第一家大众冰壶俱乐部——北京紫龙冰壶俱乐部，使我国的冰壶运动走出黑龙江，对我国冰壶运动的普及起到了积极的推动作用。北京紫龙冰壶俱乐部的训练场馆是北京紫龙祥滑冰馆，这是当时我国唯一一座开展冰壶运动的营业性滑冰馆。

表 2-2　中国冰壶队 2002—2007 年参赛情况统计

年份	赛事名称	地点	项目设置	队伍数量 / 支	名次	运动员
2002 年	泛太平洋冰壶锦标赛	新西兰皇后镇	男子四人	6	5	徐晓明　王奉春　朱　宇　刘　锐　马永骏
			女子四人	5	5	岳清爽　周　妍　赵贞贞　詹　婧　柳　荫
2003 年	泛太平洋冰壶锦标赛	日本青森	男子四人	6	5	王海成　马永骏　张志鹏　曹熠伦　田　强
			女子四人	6	5	宋克璐　于鑫娜　孙　悦　李　雪　刘金莉
	亚洲冬季运动会	日本青森	男子四人	4	3	王滨江　王奉春　马永骏　徐晓明　王海成
			女子四人	4	3	赵贞贞　柳　荫　詹　婧　岳清爽　王冰玉
2004 年	泛太平洋冰壶锦标赛	韩国春川	男子四人	6	4	徐晓明　王奉春　马永骏　吴　昊　王滨江
			女子四人	6	2	王冰玉　柳　荫　岳清爽　周　妍　于鑫娜
	世界青年冰壶锦标赛（B 组）	丹麦托恩比	男子四人	13	5	王滨江　徐晓明　王　子　苏雪峰
			女子四人	9	5	王冰玉　陈寅洁　董欣欣　孙　玲
2005 年	泛太平洋青年冰壶锦标赛	日本常吕郡	男子四人	5	3	徐晓明　王滨江　王　子　臧嘉亮
			女子四人	5	1	王冰玉　岳清爽　于鑫娜　孙　悦
	泛太平洋冰壶锦标赛	中国台北	男子四人	6	4	徐晓明　李洪臣　王奉春　刘　锐　马永骏
			女子四人	6	2	王冰玉　岳清爽　周　妍　柳　荫　张　薇
	世界青年冰壶锦标赛	意大利皮内罗洛	女子四人	10	9	王冰玉　岳清爽　孙　悦　于鑫娜
	世界女子冰壶锦标赛	苏格兰佩斯利	女子四人	12	7	王冰玉　岳清爽　柳　荫　周　妍　于鑫娜

续表

年份	赛事名称	地点	项目设置	队伍数量 / 支	名次	运动员
2006 年	泛太平洋青年冰壶锦标赛	中国北京	男子四人	5	1	王滨江　徐晓明　王　子　臧嘉亮
			女子四人	4	1	王冰玉　岳清爽　孙　悦　于鑫娜
	泛太平洋冰壶锦标赛	日本东京	男子四人	6	3	王滨江　王奉春　徐晓明　刘　锐　臧嘉亮
			女子四人	5	1	柳　荫　王冰玉　岳清爽　周　妍　孙　悦
	世界青年冰壶锦标赛	韩国全州	男子四人	10	4	王滨江　徐晓明　王　子　臧嘉亮
			女子四人	10	9	孙　悦　于鑫娜　陈寅洁　李　雪
	世界女子冰壶锦标赛	加拿大大草原	女子四人	12	5	王冰玉　柳　荫　岳清爽　周　妍　孙　悦
2007 年	泛太平洋青年冰壶锦标赛	新西兰内斯比	男子四人	4	1	王滨江　臧嘉亮　王　子　杨　拓　苏雪峰
			女子四人	4	1	孙　悦　于鑫娜　李　雪　陈寅洁
	泛太平洋冰壶锦标赛	中国北京	男子四人	6	1	王奉春　徐晓明　刘　锐　张志鹏　臧嘉亮
			女子四人	5	1	王冰玉　岳清爽　柳　荫　周　妍　刘金莉
	亚洲冬季运动会	中国长春	男子四人	4	3	王滨江　王奉春　刘　锐　徐晓明　臧嘉亮
			女子四人	4	3	柳　荫　王冰玉　岳清爽　周　妍　孙　悦
	世界大学生冬季运动会	意大利皮内罗洛	男子四人	10	5	邹德佳　王　子　张志鹏　杨　拓　陈路安
			女子四人	10	6	孙　悦　于鑫娜　李　雪　陈寅洁　路春玉
	世界青年冰壶锦标赛	美国埃弗莱斯	男子四人	10	9	王滨江　臧嘉亮　王　子　杨　拓
			女子四人	10	8	孙　悦　李　雪　于鑫娜　陈寅洁
	世界女子冰壶锦标赛	日本青森	女子四人	12	7	柳　荫　王冰玉　岳清爽　周　妍　孙　悦

三、冰壶运动的中国时代

（一）突破阶段（2008—2014 年）

经过我国冰壶运动从业人员的不懈努力，中国男子和女子冰壶队均获得了 2008 年世界冰壶锦标赛的参赛资格。这不仅是中国男子和女子冰壶队第一次同时出现在世界冰壶锦标赛的赛场上，也是中国男子冰壶队首次参加世界冰壶锦标赛。中国女子冰壶队在 2008 年世界女子冰壶锦标赛上一路过关斩将，仅在决赛中以 4：7 负于加拿大队，获得了一枚宝贵的银牌。这是中国女子冰壶队首次在世界冰壶锦标赛上夺得奖牌，也是当时我国运动健儿在冬季集体运动项目的世界大赛中创造的最好成绩。中国男子冰壶队首次参赛便杀进四强，在佩奇制复赛和铜牌争夺赛中分别以 5：7 和 3：8 负于挪威队，获得了 2008 年世界男子冰壶锦标赛的第四名，这是我国在冬季男子集体运动项目上的历史性突破。中国冰壶队在 2008 年世界冰壶锦标赛上取得的成绩标志着我国冰壶运动的竞技水平和竞技实力已跻身世界冰壶强队之列。

2009 年世界大学生冬季运动会在中国哈尔滨举行，冰壶作为传统冬季运动项目列入其中。2009 年 2 月 27 日，2009 年哈尔滨世界大学生冬季运动会女子冰壶比赛完美收官，中国女子冰壶队以 6：5 击败了世界冰壶强队加拿大女队夺得冠军，这是我国在世界综合性冬季运动会集体项目上的首枚金牌。中国男子冰壶队在铜牌战中以 9：5 击败韩国队获得铜牌，这是我国在世界综合性冬季运动会男子集体项目上获得的首枚奖牌。值得一提的是，中国女子冰壶队在 2009 年世界女子冰壶锦标赛小组循环赛阶段豪取十连胜，以小组排名第一的惊人战绩晋级四强，并在决赛中以 8：6 战胜世界强队瑞典队，历史性地登上了世锦赛冠军的领奖台，使我国冰壶运动一举为世人所瞩目，这也是我国第一个冬季集体竞技项目的世锦赛冠军，中国女子冰壶队也因此获得了 2009 年 CCTV 体坛风云人物最佳团队奖。（图 2–10）

图 2–10　中国女子冰壶队荣获 2009 年世界女子冰壶锦标赛冠军

随后，中国男子和女子冰壶队均凭借前三年的奥运积分获得了 2010 年温哥华冬奥会参赛资格。中国男子冰壶队首次参赛名列第八名。中国女子冰壶队在小组循环赛中加局 6:5 险胜最具实力的东道主加拿大队获得四强名额，又在铜牌争夺赛中以 12∶6 轻取瑞士队，夺得中国冬奥会历史上集体项目的一枚宝贵奖牌，这也是中国冬季集体项目冬奥史上的首枚奖牌。

中国冰壶队经过大约 7 年的探索，历经挫折与失败，使我国迅速崛起进入了世界冰壶运动强国行列，这是中国在世界冰壶运动史上创造的一个奇迹。

与此同时，我国的办赛能力与办赛实力也得到了国际冰壶运动组织的认可。我国在这一历史阶段承办的主要冰壶赛事有 2009 年哈尔滨世界大学生冬季运动会和泛太平洋青年冰壶锦标赛（哈尔滨），2011 年亚太冰壶锦标赛（南京），2013 年亚太冰壶锦标赛（上海），2014 年北京世界男子冰壶锦标赛和亚太青年冰壶锦标赛（哈尔滨）。众多洲际和国际冰壶赛事的成功举办极大地促进了冰壶运动在我国乃至亚洲的普及和推广，以及与世界冰壶联合会及各成员协会的沟通和交流。这一时期，我国媒体对世界冰壶锦标赛、世界大学生冬季运动会冰壶比赛和冬奥会冰壶比赛等重要冰壶赛事进行了全方位报道，冰壶运动在我国人民心目中的知名度、吸引力与影响力逐步提升，渐渐成为我国大众所熟知的冬季运动项目。以 2011 年亚太冰壶锦标赛为例，到南京奥体中心现场观看冰壶比赛的观众达到了 3 万人次以上。

这一时期，中国冰壶队在泛太平洋地区几乎处于统治地位，中国男子冰壶队取得全部 7 届泛太平洋冰壶锦标赛（亚太冰壶锦标赛）的冠军，中国女子冰壶队取得 5 届泛太平洋冰壶锦标赛（亚太冰壶锦标赛）的冠军。但是，中国冰壶队在世界赛场上的表现却起伏不定。例如，中国女子冰壶队勇夺 2009 年世界女子冰壶锦标赛冠军，但到 2012 年时仅获得第十一名；中国男子冰壶队在 2008 年世界男子冰壶锦标赛上首次参赛获得第四名，但到 2011 年时也只获得第十一名。（表 2–3）

（二）沉淀阶段（2015 年至今）

2015 年 7 月 31 日，在马来西亚吉隆坡举行的国际奥委会第 128 次全会上，国际奥委会主席托马斯·巴赫宣布：中国北京获得 2022 年第 24 届冬季奥林匹克运动会举办权。北京就此成为历史上第一个既举办过夏季奥林匹克运动会，又将举办冬季奥林匹克运动会的双奥之城。中国申办冬奥的成功原本将会对中国冰壶运动的发展起到极大的带动作用。但从 2015 年开始，中国竞技冰壶运动的发展陷入了低谷。其主要原因如下：一方面，我国冰壶运动竞技水平的快速提升使世界冰壶强国开始重点“关注”中国冰壶队，并对中国冰壶队的技术风格和战术特点进行了针对性研究；另一方面，中国冰壶队不论是“新老交替”的过渡转型，还是将一些优秀的、有潜力的年轻运动员纳入国家集训队伍都没有收到预期效果。

2015 年，中国青年冰壶队在亚太青年冰壶锦标赛上双双失利，没有获得 2015 年世界青年冰壶锦标赛的参赛资格。从某种意义上来说，我国冰壶运动后备人才培养已经落后于亚太地区的日本和韩国。同年，中国男子和女子冰壶队也均在亚太冰壶锦标赛上双双失

表 2-3　中国冰壶队 2008—2014 年参赛情况统计

年份	赛事名称	地点	项目设置	队伍数量 / 支	名次	运动员
2008 年	世界青年冰壶锦标赛	瑞典 厄斯特松德	男子四人	10	8	臧嘉亮　王　子　杨　拓　陈路安　汲岩松
	世界男子冰壶锦标赛	美国 福克斯	男子四人	12	4	王奉春　刘　锐　徐晓明　臧嘉亮　李东岩
	世界女子冰壶锦标赛	加拿大 佛农	女子四人	12	2	王冰玉　柳　荫　岳清爽　周　妍　刘金莉
	世界混合双人冰壶锦标赛	芬兰 维耶鲁迈基	混合双人	24	10	李广旭　张新娣
	泛太平洋青年冰壶锦标赛	韩国全州	男子四人	4	1	臧嘉亮　王　子　陈路安　杨　拓　汲岩松
			女子四人	4	2	孙　悦　李　雪　刘金莉　刘斯佳　黄偲宁
	泛太平洋冰壶锦标赛	新西兰内斯比	男子四人	6	1	王奉春　刘　锐　徐晓明　臧嘉亮　陈路安
			女子四人	5	1	王冰玉　柳　荫　岳清爽　周　妍　刘金莉
2009 年	世界大学生冬季运动会	中国哈尔滨	男子四人	10	3	王奉春　刘　锐　徐晓明　臧嘉亮　陈路安
			女子四人	10	1	王冰玉　柳　荫　岳清爽　周　妍　刘金莉
	世界青年冰壶锦标赛	加拿大温哥华	男子四人	10	8	臧嘉亮　汲岩松　陈路安　李广旭　黄继辉
	世界男子冰壶锦标赛	加拿大蒙克顿	男子四人	12	9	王奉春　刘锐　徐晓明　臧嘉亮　陈路安
	世界女子冰壶锦标赛	韩国江陵	女子四人	12	1	王冰玉　柳　荫　岳清爽　周　妍　刘金莉
	世界混合双人冰壶锦标赛	意大利 科尔蒂纳丹佩佐	混合双人	27	4	张志鹏　孙　悦
	泛太平洋青年冰壶锦标赛	中国哈尔滨	男子四人	4	1	臧嘉亮　汲岩松　陈路安　李广旭　黄继辉
			女子四人	5	2	刘金莉　郑春梅　黄偲宁　佘秋彤　刘斯佳
	泛太平洋冰壶锦标赛	日本轻井泽	男子四人	6	1	王奉春　刘　锐　徐晓明　李洪臣　臧嘉亮
			女子四人	5	1	王冰玉　柳　荫　岳清爽　周　妍　刘金莉

续表

年份	赛事名称	地点	项目设置	队伍数量 / 支	名次	运动员
2010 年	冬季奥林匹克运动会	加拿大温哥华	男子四人	10	8	刘　锐　王奉春　徐晓明　臧嘉亮　李洪臣
			女子四人	10	3	王冰玉　柳　荫　岳清爽　周　妍　刘金莉
	世界青年冰壶锦标赛	瑞士弗利姆斯	男子四人	10	4	汲岩松　黄继辉　巴德鑫　郭文利　韩玉峻
			女子四人	10	7	刘斯佳　刘金莉　郑春梅　姜懿伦　佘秋彤
	世界男子冰壶锦标赛	意大利科尔蒂纳丹佩佐	男子四人	12	11	刘　锐　徐晓明　王奉春　臧嘉亮　巴德鑫
	世界女子冰壶锦标赛	加拿大斯威夫特卡伦特	女子四人	12	7	王冰玉　柳　荫　岳清爽　周　妍　张新娣
	世界混合双人冰壶锦标赛	俄罗斯车里雅宾斯克	混合双人	18	3	张志鹏　孙　悦
	泛太平洋青年冰壶锦标赛	日本名寄	男子四人	5	1	汲岩松　黄继辉　巴德鑫　郭文利　韩玉峻
			女子四人	4	1	刘斯佳　刘金莉　郑春梅　姜懿伦　佘秋彤
	泛太平洋冰壶锦标赛	韩国义城	男子四人	6	1	王奉春　臧嘉亮　徐晓明　巴德鑫　陈路安
			女子四人	5	2	王冰玉　柳　荫　岳清爽　刘斯佳　孙　悦
2011 年	世界大学生冬季运动会	土耳其埃尔祖鲁姆	女子四人	10	5	孙　悦　刘斯佳　陈寅洁　佘秋彤　姜懿伦
	世界青年冰壶锦标赛	苏格兰珀斯	男子四人	10	7	黄继辉　马永骏　王金波　马秀月　张容睿
	世界男子冰壶锦标赛	加拿大里贾纳	男子四人	12	9	汲岩松　巴德鑫　李广旭　陈路安　郭文利
	世界女子冰壶锦标赛	丹麦埃斯比约	女子四人	12	3	王冰玉　柳　荫　岳清爽　周　妍　于鑫娜
	世界混合双人冰壶锦标赛	美国圣保罗	混合双人	24	6	邹德佳　李　雪
	泛太平洋青年冰壶锦标赛	新西兰内斯比	男子四人	5	1	黄继辉　巴德鑫　马秀月　张容睿　王金波
			女子四人	5	4	佘秋彤　姜懿伦　王　芮　赵兮扬　姜馨迪
	亚太冰壶锦标赛	中国南京	男子四人	6	1	刘　锐　徐晓明　巴德鑫　陈路安　臧嘉亮
			女子四人	4	1	王冰玉　岳清爽　孙　悦　周　妍　刘金莉

续表

年份	赛事名称	地点	项目设置	队伍数量 / 支	名次	运动员
2012 年	冬季青年奥林匹克运动会	奥地利因斯布鲁克	混合四人	16	9	王金波 杨莹 白杨 曹熠伦
	世界青年冰壶锦标赛	瑞典厄斯特松德	男子四人	10	7	马秀月 肖世成 姜东旭 邵致霖 张忠宝
	世界男子冰壶锦标赛	瑞士巴塞尔	男子四人	12	6	刘锐 徐晓明 巴德鑫 臧嘉亮 邹德佳 陈路安
	世界女子冰壶锦标赛	加拿大莱斯布里奇	女子四人	12	11	王冰玉 岳清爽 刘金莉 周妍 孙悦
	世界混合双人冰壶锦标赛	土耳其埃尔祖鲁姆	混合双人	27	7	汲岩松 刘斯佳
	亚太青年冰壶锦标赛	韩国全州	男子四人	5	1	马秀月 肖世成 姜东旭 邵致霖 张忠宝
			女子四人	6	3	姜懿伦 佘秋彤 王芮 姚茗悦 梅杰
	亚太冰壶锦标赛	新西兰内斯比	男子四人	7	1	刘锐 徐晓明 臧嘉亮 巴德鑫 邹德佳
			女子四人	6	1	王冰玉 柳荫 岳清爽 周妍 刘金莉
2013 年	世界大学生冬季运动会	意大利特伦蒂诺	男子四人	10	9	马秀月 马彦龙 肖世成 王金波 潘佳琪
			女子四人	10	9	王雪伊 欧媛 赵晴柔 鲁雅倩 陈依娜
	世界青年冰壶锦标赛	俄罗斯索契	男子四人	10	9	姜东旭 王金波 张忠宝 许静韬 张容睿
	世界男子冰壶锦标赛	加拿大维多利亚	男子四人	12	6	刘锐 徐晓明 巴德鑫 臧嘉亮 邹德佳
	世界女子冰壶锦标赛	拉脱维亚里加	女子四人	12	9	王冰玉 柳荫 岳清爽 周妍 刘金莉
	世界混合双人冰壶锦标赛	加拿大弗雷德里克顿	混合双人	27	13	马彦龙 于鑫娜
	亚太青年冰壶锦标赛	日本常吕郡	男子四人	5	1	邹强 邵致霖 张天宇 梁书铭 凌智
			女子四人	5	2	姜馨迪 赵兮扬 付一玮 董子齐 姚茗悦
	亚太冰壶锦标赛	中国上海	男子四人	6	1	刘锐 徐晓明 巴德鑫 臧嘉亮 邹德佳
			女子四人	5	2	王冰玉 柳荫 岳清爽 周妍 刘金莉

续表

年份	赛事名称	地点	项目设置	队伍数量 / 支	名次	运动员
2014 年	世界青年冰壶锦标赛	瑞士弗利姆斯	男子四人	10	10	邵致霖　张天域　王金波　凌　智　梁书铭
	冬季奥林匹克运动会	俄罗斯索契	男子四人	10	4	刘　锐　徐晓明　巴德鑫　臧嘉亮　邹德佳
			女子四人	10	7	王冰玉　柳　荫　岳清爽　周　妍　刘金莉
	世界男子冰壶锦标赛	中国北京	男子四人	12	6	刘　锐　徐晓明　巴德鑫　臧嘉亮　邹德佳
	世界女子冰壶锦标赛	加拿大圣约翰	女子四人	12	7	刘斯佳　姜懿伦　王　芮　刘金莉　佘秋彤
	世界混合双人冰壶锦标赛	苏格兰邓弗里斯	混合双人	34	11	郭文利　刘斯佳
	亚太青年冰壶锦标赛	中国哈尔滨	男子四人	5	1	王金波　邵致霖　张天域　梁书铭　凌　智
			女子四人	5	2	姜懿伦　王　芮　赵兮扬　姚茗悦　佘秋彤
	亚太冰壶锦标赛	日本・轻井泽	男子四人	7	1	臧嘉亮　邹德佳　巴德鑫　邹　强　王金波
			女子四人	5	1	刘斯佳　刘金莉　于鑫娜　王　芮　梅　杰

利，没有获得 2016 年世界冰壶锦标赛的参赛资格，这是中国冰壶队组建以来的历史最低点。中国冰壶队不仅在 2017—2020 年失去了亚洲的绝对“霸主”地位，而且在国际赛场上的竞技成绩也不理想。这一阶段，中国女子冰壶队在世界冰壶锦标赛的赛场上取得的最好成绩是第六名，中国男子冰壶队没能获得 2018 年平昌冬奥会的参赛资格。唯一存在的亮点就是，中国混合双人冰壶队不仅获得了 2016 年世界混合双人冰壶锦标赛亚军，而且在 2018 年平昌冬奥会上斩获第四名。

尽管中国冰壶队正处在“新老交替”的更迭时期，竞技成绩的失衡是必然出现的规律性现象，但我们也不能忽视中国冰壶运动快速发展过程中存在的瓶颈与问题，如冰壶专业场馆与专项运动器材较为匮乏、竞技冰壶后备人才培养体系尚不完善、冰壶运动群众基础薄弱，以及冰壶运动的专业师资、学科建设、科研工作几乎空白等。因此，与冰壶运动强国相比，中国冰壶运动虽然取得过辉煌的竞技成绩，但还处于基础实力不足且整体运动水平有待提高的初级阶段。

为了能够实现中国冰壶运动竞技成绩的强势反弹，中国冰壶协会直视问题所在，提出了一系列改革措施，如加快推动专业冰壶场馆建设的步伐、切实提升国内冰壶赛事质量和数量等。在中国冰壶协会的大力推动下，中国现有冰壶赛事包括：（1）综合性运动会：全国冬季运动会冰壶比赛、省（区、市）冬季运动会冰壶比赛、全国青年运动会冰壶比赛等；（2）单项赛事：全国冰壶冠军赛、全国冰壶锦标赛、全国混合双人冰壶锦标赛、全国混合四人冰壶锦标赛、全国青年冰壶锦标赛、全国青少年冰壶锦标赛、全国大学生冰壶锦标赛、全国中学生冰壶锦标赛、全国 U 系列冰壶比赛，以及全国冰壶巡回赛、中国冰壶公开赛等，每年参赛运动员可达 1000 人次以上，这也从另一个方面开创了中国冰壶运动的历史。简而言之，高质量、多种类的冰壶赛事必将成为中国冰壶队再创辉煌的牢固基石，必将有助于中国冰壶运动竞技成绩的快速回升。

借奥运“冬”风，中国冰壶场馆和冰壶道的数量也在逐年增加。截至 2021 年，中国现有冰壶场馆 29 个，冰壶道已达到 117 条。（表 2–4）

表 2–4　冰壶场馆（道）一览表（截至 2021 年）

序号	场馆名称	地点	冰壶道 / 条	备注
1	奥禹冰壶运动中心	黑龙江哈尔滨	5	专用
2	黑龙江省冰上训练基地花样滑冰馆冰壶场	黑龙江哈尔滨	2	专用
3	哈尔滨动力区冰壶馆	黑龙江哈尔滨	2	专用
4	传世冰壶乐园	黑龙江哈尔滨	2	专用
5	大庆市滑冰馆	黑龙江大庆	6	共用
6	长春冰上训练基地速滑馆冰壶场	吉林长春	6	共用
7	内蒙古冰上运动训练中心冰球冰壶馆	内蒙古呼伦贝尔	4	专用
8	世纪星国际冰雪体育中心冰壶馆	北京昌平区	5	专用
9	首钢园运动中心冰壶馆	北京石景山区	6	专用
10	石景山区市民冰雪体育中心冰壶馆	北京石景山区	2	专用

续表

序号	场馆名称	地点	冰壶道 / 条	备注
11	地坛体育中心冰壶馆	北京东城区	3	专用
12	国家游泳中心“冰立方”	北京朝阳区	4	共用
13	“冰立方”冰上运动中心冰壶馆	北京朝阳区	4	专用
14	冬季运动管理中心综合训练馆	北京海淀区	4	专用
15	北京体育大学冰上运动中心冰壶馆	北京海淀区	2	专用
16	奥悦国际冰壶馆	北京大兴区	5	专用
17	北京市残疾人文化体育指导中心冰壶馆	北京大兴区	5	专用
18	国家残疾人冰上运动比赛训练馆轮椅冰壶训练馆	北京顺义区	6	专用
19	北京市冰上项目训练基地冰壶馆	北京延庆区	8	专用
20	天津冰壶馆	天津南开区	4	专用
21	蓟州国家冬季运动专项训练基地冰壶馆	天津蓟县（现天津蓟州区）	5	专用
22	杭州黄龙体育中心冰上训练基地	浙江杭州	4	专用
23	徐汇区青少年体育运动学校冰壶馆	上海徐汇区	4	专用
24	卢湾少体校青少年冰壶训练馆	上海黄浦区	1.5	专用
25	零碳冰壶俱乐部	上海青浦区	1.5	专用
26	青海多巴基地滑冰馆	青海西宁	4	共用
27	西宁市市民中心冰壶馆	青海西宁	4	专用
28	河北承德塞罕坝国家冰上项目训练中心	河北承德	4	共用
29	新疆冰上运动中心冰壶馆	新疆乌鲁木齐	4	专用

第二节　中国冰壶运动的辉煌成就

中国开展冰壶运动的时间虽然相对较晚，普及程度也不高，但中国冰壶队却在各类世界冰壶赛场上相继取得了优异的竞技成绩，大众对冰壶运动的关注和热情也在逐年攀升。在二十多年的时间里，中国冰壶队由默默无闻到频频跻身世界冰壶大赛前列，引起了欧美老牌劲旅的密切关注。他们纷纷把中国冰壶队当作强有力的竞争对手。这也是对我国冰壶运动繁荣发展的一种肯定。

一、洲际级冰壶赛事

中国冰壶队从 2002 年开始组队参加正规洲际级冰壶比赛。截至 2021 年，中国冰壶队共参加 64 次各项洲际级冰壶赛事，获得 31 个冠军。其中，中国男子冰壶队共参加 32 次各项洲际级冰壶赛事，获得 18 个冠军；中国女子冰壶队共参加 32 次各项洲际级冰壶赛事，获得 13 个冠军。

中国男子冰壶队从 2002 年开始参加泛太平洋冰壶锦标赛（亚太冰壶锦标赛），从 2007 年开始连续 8 次蝉联泛太平洋冰壶锦标赛（亚太冰壶锦标赛）冠军。2003 年，中国男子冰壶队首次参加亚洲冬季运动会获得铜牌，并在 2017 年第 8 届亚洲冬季运动会问鼎冠军。中国青年男子冰壶队从 2005 年开始参加泛太平洋青年冰壶锦标赛（亚太青年冰壶锦标赛），2006—2014 年豪取九连冠。（表 2–5）

表 2–5　中国男子冰壶队参加洲际级赛事情况统计

赛事名称	参赛次数 / 次	冠军 / 个	亚军 / 个	季军 / 个
亚洲冬季运动会	3	1	0	2
泛太平洋冰壶锦标赛	18	8	3	3
泛太平洋青年冰壶锦标赛	11	9	1	1
合计	32	18	4	6

中国女子冰壶队从 2002 年开始参加泛太平洋冰壶锦标赛（亚太冰壶锦标赛），先后 8 次获得泛太平洋冰壶锦标赛（亚太冰壶锦标赛）冠军，而且 2006—2009 年勇夺四连冠。2003 年第 5 届亚洲冬季运动会在日本青森举行，冰壶首次成为此项赛事的正式比赛项目，中国女子冰壶队获得铜牌，并在 2017 年第 8 届亚洲冬季运动会上问鼎冠军。中国青年女子冰壶队从 2005 年开始参加泛太平洋青年冰壶锦标赛（亚太青年冰壶锦标赛），先后 4 次获得泛太平洋青年冰壶锦标赛（亚太青年冰壶锦标赛）冠军。（表 2–6）

表 2–6　中国女子冰壶队参加洲际级赛事情况统计

赛事名称	参赛次数 / 次	冠军 / 个	亚军 / 个	季军 / 个
亚洲冬季运动会	3	1	0	2
泛太平洋冰壶锦标赛	18	8	5	3
泛太平洋青年冰壶锦标赛	11	4	5	1
合计	32	13	10	6

二、国际级冰壶赛事

中国冰壶队从 2005 年开始组队参加正规国际级冰壶比赛[①]。截至 2021 年，中国冰壶队共参加 90 次各项国际级冰壶赛事，获得 2 个冠军、3 个亚军和 7 个季军（不包括中国混合四人冰壶队的参赛数据）。

2008 年，中国男子冰壶队首次参加世界男子冰壶锦标赛就获得第四名的好成绩。这是中国男子冬季集体项目在世界锦标赛上取得的最好成绩。之后，中国男子冰壶队又在 2014 年索契冬奥会上取得第四名，并获得 2018—2019 赛季冰壶世界杯总决赛亚军（图

① 中国青年男子和女子冰壶队曾于 2004 年参加了世界青年冰壶锦标赛（B 组）的比赛，因为是 B 级别的赛事，所以没有纳入统计范围。

2–11）。此外，中国男子冰壶队曾于 2007 年首次参加世界大学生冬季运动会，并在 2009 年第 24 届世界大学生冬季运动会上获得季军。（表 2–7）

图 2–11　中国男子冰壶队获得 2018—2019 赛季冰壶世界杯总决赛亚军

表 2–7　中国男子冰壶队参加国际级赛事情况统计

赛事名称	参赛次数 / 次	冠军 / 个	亚军 / 个	季军 / 个
冬季奥林匹克运动会	2	0	0	0
大学生冬季运动会	4	0	0	1
冰壶世界杯	4	0	1	0
世界青年冰壶锦标赛	12	0	0	0
世界男子冰壶锦标赛	12	0	0	0
合计	34	0	1	1

中国青年女子冰壶队于 2005 年首次参加世界青年冰壶锦标赛，同年，中国女子冰壶队也参加了 2005 年世界女子冰壶锦标赛。这是中国女子冰壶队首次参加国际级冰壶顶级赛事。中国女子冰壶队在 2008 年世界女子冰壶锦标赛上获得了亚军。中国女子冰壶队在 2009 年第 24 届世界大学生冬季运动会上成功击败加拿大队获得冠军。这是我国在世界综合性冬季运动会集体竞技项目上取得的第一枚金牌，实现了冬季集体项目金牌“零”的突破。同年，中国女子冰壶队又在韩国江陵举行的世界女子冰壶锦标赛上获得冠军。这是我国第一个冬季集体竞技项目的世锦赛冠军。2010 年，中国女子冰壶队又在温哥华冬奥会上获得季军。这也是我国第一枚冬季集体竞技项目的奥运会奖牌。（表 2–8）

中国混合双人冰壶队共参加过 12 届世界混合双人冰壶锦标赛、4 届冰壶世界杯和 1 届冬季奥林匹克运动会，分别获得 2016 年世界混合双人冰壶锦标赛亚军，2010 年和 2017 年世界混合双人冰壶锦标赛季军，2018 年平昌冬奥会第四名（表 2–9）。此外，中国混合四人冰壶队共参加过 2 届世界混合四人冰壶锦标赛和 3 届青年冬季奥林匹克运动会，最好成绩是 2015 年世界混合四人冰壶锦标赛季军。

表 2-8　中国女子冰壶队参加国际级赛事情况统计

赛事名称	参赛次数 / 次	冠军 / 个	亚军 / 个	季军 / 个
冬季奥林匹克运动会	3	0	0	1
大学生冬季运动会	6	1	0	0
冰壶世界杯	4	0	0	0
世界青年冰壶锦标赛	6	0	0	1
世界女子冰壶锦标赛	15	1	1	1
合计	34	2	1	3

表 2-9　中国混合双人冰壶队参加国际级赛事情况统计

赛事名称	参赛次数 / 次	冠军 / 个	亚军 / 个	季军 / 个
冬季奥林匹克运动会	1	0	0	0
冰壶世界杯	4	0	0	0
世界混合双人冰壶锦标赛	12	0	1	2
合计	17	0	1	2

中国男子、女子，以及混合双人冰壶队等在国际级冰壶赛场上展现了顽强拼搏的精神，凭借精彩的投壶、高效的扫冰、巧妙的战术、默契的配合与淋漓尽致的发挥，取得了优异而辉煌的竞技成绩。这足以说明冰壶运动是一项适合中国开展的冬季冰上集体运动项目。

延伸阅读

中国冰壶协会的诞生与发展之旅

2000 年，国家体育总局冬季运动管理中心开始筹划成立中国冰壶协会，并于 2001 年 7 月 24 日获得国家体育总局办公厅的正式批复。《关于同意筹备成立中国冰壶协会的通知》中明确列出：协会负责人为主席 1 人、副主席 7 人、秘书长 1 人。根据民政部的规定，新成立的国家级协会首次申报拟任负责人的职数为主席 1 人、副主席 2 人、秘书长 1 人。中国冰壶协会在民政部备案的成立日期为 2004 年 12 月 24 日。

中国冰壶协会的成立与发展得到了泛太平洋冰壶协会主席孔春燮（韩国）的大力支持与帮助。孔春燮主席在 2000 年 12 月 15 日致电中国国家奥委会主席、国家体育总局主任袁伟民同志，希望中国能够组建冰壶队、成立冰壶协会，真诚希望中国冰壶队能够参加 2001 年泛太平洋冰壶锦标赛和 2003 年亚洲冬季运动会。此外，孔春燮主席在 2001 中国哈尔滨国际冰壶邀请赛举办期间又再次提出：希望中国加入泛太平洋冰壶协会和世界冰壶联合会。2001 年 3 月 15 日，孔春燮主席再次致电中华全国体育总会，希望中国申请加入世界冰壶联合会，而且告知 2001 年 4 月 4 日世界冰壶联合会年度全体代表大会将在瑞士洛桑召开，每年只有这样一次批准新会员加入的机会。同时，他还希望中国组队参加 2001 年 11 月 7 日—10 日在韩国举行的泛太平洋冰壶锦标赛，赛会冠军将获得 2002 年世界冰壶锦标赛的参赛资格。

在孔春燮的建议下，中国立即向世界冰壶联合会咨询申请入会事宜。世界冰壶联合会于 2001 年 5 月 4 日回电，电文中明确指出：中国要想成为世界冰壶联合会的会员协会必须要先成立中国冰壶协会，同时还要提供国家奥委会的书面证明材料，包括冰壶馆、冰壶道和冰壶人口，以及国家冰壶协会章程、注册和人员等相关信息。

经过报审与精心的准备，中国冰壶协会向世界冰壶联合会递交了入会申请。但是，世界冰壶联合会于 2002 年 1 月 28 日致电中国冰壶协会，告知：世界冰壶联合会仅在每年 12 月的半年大会和 4 月的年度全体代表大会上才会讨论新会员申请入会事宜，2001 年 12 月份在芬兰举行的世界冰壶联合会半年大会的讨论议题确定之前没有收到中国冰壶协会的入会申请，但经过世界冰壶联合会执委会的先行商议，已经将中国冰壶协会的入会列为 2002 年 4 月 10 日举行的世界冰壶联合会年度全体代表大会的会议议题。

2002 年 3 月 12 日，国家体育总局冬季运动管理中心向国家体育总局递交了《关于申请加入世界冰壶联合会的请示》，同时附上了《关于台湾参加世界冰壶联合会有关活动情况的说明》。中国台湾地区在 1998 年以“中国台北”的名义加入了世界冰壶联合会。国家体育总局批复：申请加入国际组织需要报送外交部。

2002 年 4 月 10 日，世界冰壶联合会年度全体代表大会在美国的俾斯麦举行。国家体育总局相关人士参加了此次会议。这也是中国人首次参加世界冰壶联合会年度全体代表大会。按照国家体育总局外联司的要求，他们与世界冰壶联合会主席罗伊·辛克莱尔

（Roysinclair）先生、秘书长迈克·汤姆森（Mike Thomson）先生进行了会谈，提出了中方的诉求，并提供了国际奥委会关于“台湾问题”的“名古屋决议”。2002年4月6日，世界冰壶联合会主席和秘书长亲笔签署承诺函：我们保证世界冰壶联合会将在关于中国台北的问题上遵守国际奥委会1979年10月25日在日本名古屋做出的有关决定。2002年世界冰壶联合会全体大会的一项议程就是讨论并表决中国冰壶协会加入世界冰壶联合会事宜。最终，大会决定接纳中国冰壶协会为世界冰壶联合会的正式会员。中国冰壶协会在会上承诺将遵守世界冰壶联合会章程、推动冰壶运动在中国的普及和发展，为世界冰壶运动的发展做出贡献。

2002年5月8日，国家体育总局致外交部《关于申请加入世界冰壶联合会的函》，告知了中国冰壶协会申请加入世界冰壶联合会事宜。2002年9月14日，外交部致国家体育总局《关于申请加入世界冰壶联合会的复函》中明确指出：世界冰壶联合会需修订章程中“国家会员（Member Nation）”，并妥善解决台湾问题，然后再考虑加入事宜。

2002年10月28日，冬季运动管理中心再次向国家体育总局呈报《关于申请加入世界冰壶联合会问题的请示》，并派代表参加了2002年12月6日—12日在瑞士举行的世界冰壶联合会半年大会。中国冰壶协会代表到会后询问世界冰壶联合会秘书长得知：根据世界冰壶联合会章程，必须提前2个月把本次会议要讨论的事情以及要投票的议题以文本形式发给各会员协会，以便各会员协会能有足够的时间进行考虑和酝酿。由于世界冰壶联合会是在会前20天才收到中方的提案，因此，本次会议将不会对章程的修改事宜进行投票，但会在开放会议阶段就此议题进行讨论。秘书长还向中方代表透露：世界冰壶联合会已对修改章程事宜进行了讨论，并基本达成一致意见，同意将章程中“国家会员（Member Nation）”修改为“会员（Member）”。

会议结束后，世界冰壶联合会主席罗伊·辛克莱尔先生再次向中方代表表示：希望中方能够耐心等待，中方将会在2003年1月底或2月初收到年度全体代表大会的会议议题，4月份就可以对章程的修订进行投票。

2003年4月4日—13日，世界冰壶联合会2003年年度全体代表大会在加拿大温尼伯举行，其中一项重要的议程是审议并表决由中国冰壶协会在2002年半年大会上提出的将原世界冰壶联合会章程中的“国家会员”（Member Nations）更改为“协会会员”（Member Associations）的章程修改提案。

本届年度全体代表大会的前半部分是开放会议阶段，中方代表与世界冰壶联合会主席罗伊·辛克莱尔先生、秘书长迈克·罗宾逊森先等多位世界冰壶联合会的主要官员以及日本、韩国、澳大利亚、新西兰、美国和加拿大等协会的代表进行了深入接触与交流，进一步重申了中国提出上述提案的原因：第一，“台湾不是一个国家，而只是中国的一部分”这一事实已为联合国、国际奥委会等主要国际组织和世界绝大多数国家所认同，中国台北冰壶协会是世界冰壶联合会的会员之一，因此，世界冰壶联合会章程中再出现“国家会员”（Member Nations）的表述显然欠妥；第二，中国冰壶协会参阅了大量其他国际单项体育组织章程，“协会会员”（Member Associations）已成为各个组织对其成员单位的标准表述，因此，世界冰壶联合会章程在该表述上的修订也是符合国际惯例的。绝大多数世界冰壶联合会的官员和各协会代表对中国冰壶协会的原则与立场表示充分理解和支持。另有一些存在疑惑和不同意见者，经过中方代表进一步解释并出示有关文件和其他国际体育组织章程后也没有再提出异议。2003 年 4 月 9 日，世界冰壶联合会 2003 年年度全体代表大会正式举行，中国冰壶协会提出的章程修订提案顺利通过。

世界冰壶联合会对于章程修改的审定程序较为复杂，根据有关规定，经过修改后的章程需要重新印制并将于当年 12 月 10 日在意大利举行的世界冰壶联合会半年大会上由全体会员协会最后审定确认后才能完成全部的修订程序。因此，国家体育总局冬季运动管理中心在全部的章程修订程序完成后才办理加入世界冰壶联合会的正式手续。

综上可知，国家体育总局办公厅于 2001 年 7 月 24 日批示同意成立中国冰壶协会。但因种种原因，民政部直到 2004 年 12 月 24 日才正式批准。虽然，世界冰壶联合会于 2002 年 4 月 10 日宣布中国冰壶协会为世界冰壶联合会的正式会员，但是由于章程中的某些政治问题，中国冰壶协会在 2003 年 12 月 10 日之后才办理加入世界冰壶联合会的正式手续。

延伸阅读

中国冰壶运动里程碑事件

1995 年：全国首届冰壶项目教练员裁判员学习班在哈尔滨举办，冰壶运动正式进入中国。

1996 年：全国首届“冰上溜石”邀请赛在哈尔滨市冰上训练基地举行。

1997 年：国家体委正式批复同意在中国开展冰壶运动。

2000 年：第一支冰壶代表团出访日本，也是中国（黑龙江省）第一次组团出国参加冰壶比赛。

2001 年：中国冰壶协会成立；全国冰壶比赛（第一届全国冰壶锦标赛）在哈尔滨举行；哈尔滨市体育局成立了专业冰壶队。

2002 年：中国冰壶协会加入世界冰壶联合会；确定冰壶是第 10 届全国冬季运动会正式比赛项目；中国男子和女子冰壶队参加第 12 届泛太平洋冰壶锦标赛，这是中国冰壶队首次参加世界冰壶联合会赛事。

2003 年：第 10 届全国冬季运动会冰壶比赛在哈尔滨举行；中国男子和女子冰壶队参加第 5 届亚洲冬季运动会冰壶比赛。

2004 年：国家体育总局将冰壶项目列为重点发展的冰上项目。

2005 年：中国首家专业冰壶馆——北京中体奥冰壶运动中心落成。

2006 年：中国北京承办第 2 届泛太平洋青年冰壶锦标赛，这是中国首次举办世界冰壶联合会级别的赛事。

2007 年：中国北京承办泛太平洋冰壶锦标赛；第 6 届亚洲冬季运动会冰壶比赛在中国长春举办。

2009 年：中国女子冰壶队夺得第 24 届世界大学生冬季运动会冰壶比赛冠军和世界女子冰壶锦标赛冠军。

2010 年：中国女子冰壶队获得加拿大温哥华冬奥会冰壶比赛季军。

2014 年：中国北京承办世界男子冰壶锦标赛，这不仅是亚洲地区首次举办世界男子冰壶锦标赛，也是我国首次承办世界锦标赛级别的冰壶赛事。

2017 年：中国北京承办世界女子冰壶锦标赛。

2019 年：中国男子冰壶队获得冰壶世界杯总决赛亚军。

第三章　冰壶运动规则与竞赛规则

邓丁斯顿冰壶协会撰写的《冰壶竞赛规则》是有史料记载以来最早的冰壶规则，并于 1806 年 1 月 6 日经协会会员讨论通过，在协会内部的比赛中使用。但是，1838 年由喀里多尼亚冰壶俱乐部所撰写的《冰壶竞赛规则》是冰壶领域公认的第一个正式的冰壶规则，而且此后的所有规则版本皆是此版的修订版本。

《冰壶运动规则与竞赛规则》是冰壶运动与竞赛的法则，裁判员、教练员、运动员必须以它为准绳来处理与协调冰壶运动和冰壶竞赛中的一切问题，以确保运动员或参与者在同等条件下进行公平、公正的冰壶运动和冰壶竞赛活动。

目前，世界冰壶联合会竞赛和规则委员会逐年对《冰壶运动规则与竞赛规则》① 进行修订。世界冰壶联合会成员协会可在每年 5 月 15 日之前向世界冰壶联合会秘书处提交规则修订的书面建议，这些建议将在世界冰壶联合会年度全体代表大会上讨论，并在年度全体会议上投票表决。

第一节　冰壶运动规则

一、冰壶道、器材与装备

（一）冰壶道

冰壶运动所使用的场地或赛道称为冰壶道（Sheet）（图 3–1）。冰壶道的设计是双向对称布局，包括 2 个由 4 个同心圆组成的大本营（House）、1 条中线、2 条底线、2 条 T 线、2 条前掷线、2 条踏板线（起踏线）、2 条边线（侧挡板）、2 个底板（后挡板）、4 条轮椅线、4 条限制线，以及 4 个踏板和防撞条（冰枕）等。

---

① 本章节中所有规则条款和撰写依据：世界冰壶联合会颁布的《冰壶运动规则与竞赛规则》（2021 年 10 月版）。

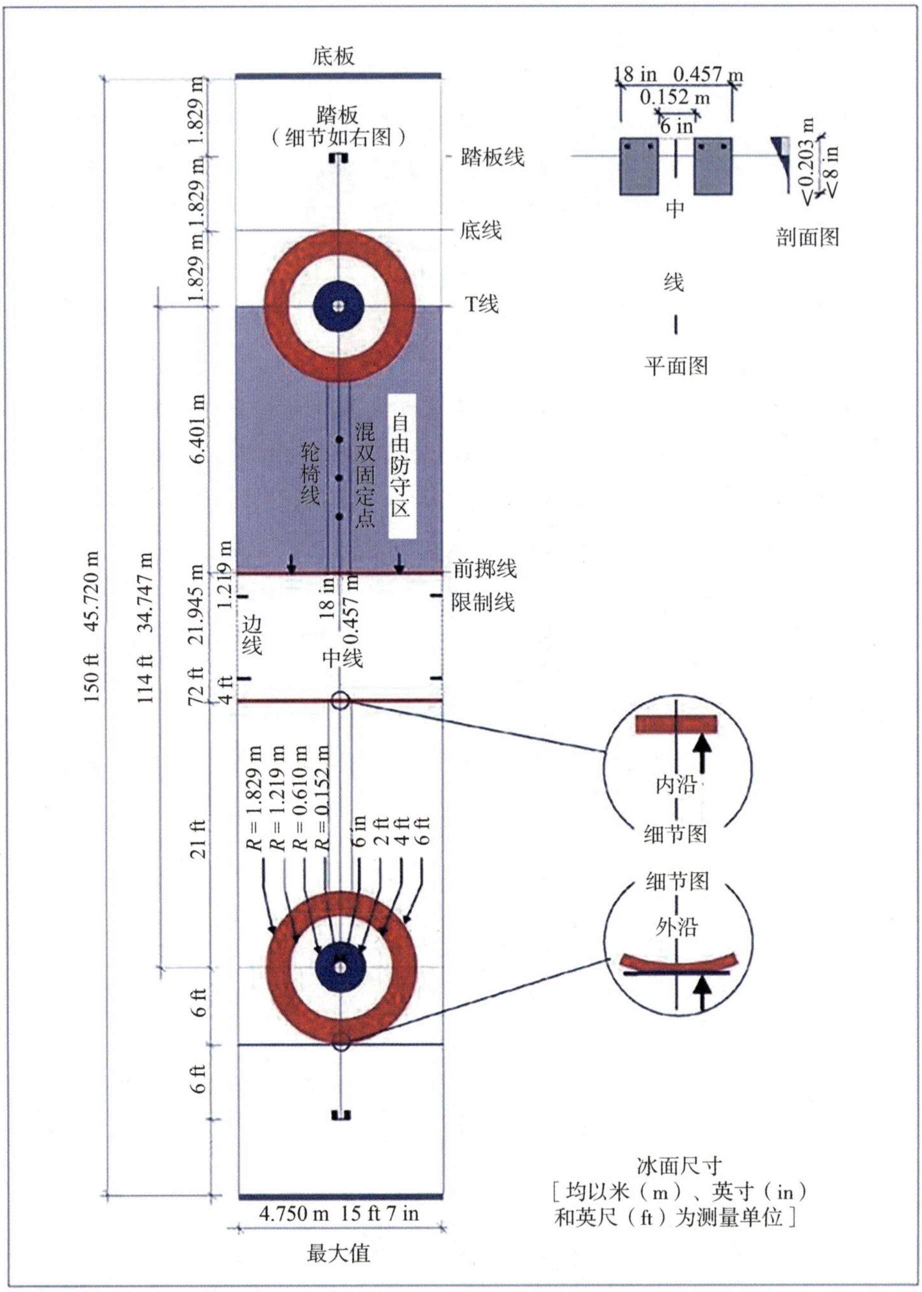

图 3–1 冰壶道

冰壶道的标准长度为 45.720 米（150 英尺），宽度为 4.750 米（15 英尺 7 英寸）。如果现有设施达不到上述尺寸要求，冰壶道长度最短可为 44.501 米（146 英尺），宽度最窄可为 4.420 米（14 英尺 6 英寸）。大本营中心（圆心）位于 T 线与中线的交叉点，称为 T 点或圆心点。组成大本营的 4 个同心圆从外至内的半径依次是 1.829 米（6 英尺）、1.219 米（4 英尺）、610 毫米（2 英尺）和 152 毫米（6 英寸）。

踏板位于踏板线上，分置中线两侧，每个踏板的内沿距中线 76 毫米（3 英寸）。每个踏板的宽度不超过 152 毫米（6 英寸）。踏板固定在适当的材料上，此材料的内侧位于踏板线的内侧，踏板在踏板线前端不能超出 203 毫米（8 英寸）。如果踏板陷入冰内，其深度不能超过 38 毫米（1.5 英寸）。T 线的最大宽度为 13 毫米（1/2 英寸），其中心点距冰壶道中心点为 17.375 米（57 英尺）。底线的最大宽度为 13 毫米（1/2 英寸），其外沿距 T 线中心点为 1.829 米（6 英尺）。前掷线的宽度为 102 毫米（4 英寸），其内沿距 T 线中心点 6.401 米（21 英尺）。

一条冰壶道的两端又可分别称为比赛端与投壶端，或近端与远端。比赛端前掷线、边线和底线所构建的长方形称为有效区域，其中底线在有效区域内，而边线和前掷线则在有效区域外。有效区域内的静止冰壶称为有效壶。比赛端 T 线和前掷线之间、大本营外的区域称为自由防守区。在与自由防守区的冰壶触碰后，停在前掷线上或前掷线前的冰壶也认定在自由防守区内。根据自由防守区规则，在每局比赛的第 6 次投壶之前，由投掷壶直接或间接导致对方的冰壶从自由防守区移动到无效位置，该投掷壶需要从比赛中移出，任何被移动的冰壶由未犯规队伍放回犯规发生前的位置。

T 线除了具备上述作用之外，其作用还体现在以下两个方面。一是判定可否重新投壶。经过 T 线的投掷壶即进入比赛之中，不可以重新投壶。二是判定可否为对方冰壶扫冰。运动员只能为对方通过比赛端 T 线的运动冰壶扫冰，而且仅有此时才可以为对方冰壶扫冰。前掷线的一个重要作用是判定运动员投壶出手违例与否。运动员投掷冰壶时，必须在前掷线之前投壶出手，否则前掷线违规，该投掷壶为无效壶。

轮椅线与中线平行且位于中线两侧，从前掷线到 6 英尺圆的最外侧，每条线的外沿到中线距离为 457 毫米（18 英寸），是轮椅冰壶运动员在大本营前半区最外沿和投壶端前掷线之间投壶时，投掷壶摆放位置的限制线。

中线的最大宽度为 13 毫米（1/2 英寸），交于 T 线中点，并穿过 T 线中点向外延伸 3.658 米（12 英尺）。对于《冰壶运动规则与竞赛规则》而言，中线及大本营内部的 3 个同心圆并没有实际意义，但可以起到辅助判定冰壶位置的作用：其一，中线可以起到判定中区和边区的辅助作用；其二，大本营内部的 3 个同心圆可以起到判定大本营内静止冰壶距离 T 点远近的辅助作用。

（二）器材与装备

1. 冰壶

冰壶呈圆壶状，由不含云母的天然大理石花岗岩制成。世界冰壶联合会主办的赛事使用的冰壶维度如下：周长不超过 914 毫米（36 英寸），高度不低于 114 毫米（4.5 英寸），包括手柄和螺钉的重量不超过 19.96 千克（44 磅），不低于 17.24 千克（38 磅）。

一条冰壶道配备 16 个冰壶，通过手柄颜色分为 2 组，每组各 8 个。手柄通常是红色和黄色，用来标记比赛双方冰壶的归属权。目前，高水平的国家级冰壶赛事和国际级冰壶赛事均使用电子手柄。电子手柄通过指示灯的指示来判断运动员的投壶是否前掷线违规，这样可以有效避免裁判员的误判（图 3–2）。

图 3-2　电子手柄

电子手柄的使用方法如下：运动员首先需要将冰壶倾斜 70° 以激活电子元件，然后持壶手离开手柄，先红灯后绿灯闪烁 10 秒表示电子元件准备就绪。如果持壶手在 120 秒内没有再次接触手柄，则电子元件自动关闭。电子手柄正确激活之后，指示灯在投壶过程中处于熄灭状态。运动员投壶出手之后，如果绿色指示灯亮则表示投壶有效，如果红色指示灯闪烁则表示出手违例，即前掷线违规。

运动员投壶之前，电子手柄必须被正确激活，以便在投壶过程中能正常运行，否则该投壶也视为前掷线违规。

2. 冰壶鞋

运动员在参与冰壶运动时要穿着专业冰壶鞋。其实，《冰壶运动规则与竞赛规则》对冰壶鞋并没有具体的参数规定或要求。但是，运动员的鞋底需要进行特殊处理，以便运动员可以获得稳定的滑行和动力。而且，运动员的双脚所穿的专业冰壶鞋在鞋底材质和质地上截然不同。冰壶运动员的一只脚是滑行脚，另一只脚是驱动脚。滑行脚的鞋底上贴有一种可以使冰面与鞋底产生较小摩擦力的材料，称为滑板。用于制作滑板的原材料有很多种，其中，聚四氟乙烯是最受欢迎、最常用的一种滑板材料。驱动脚的鞋底上有一层摩擦系数较大的皱纹橡胶，有利于运动员获得更好的驱动力或制动力。（图 3-3）

运动员需要根据惯用手来选择冰壶鞋，惯用手是右手的运动员，左脚是滑行脚；惯用手是左手的运动员，右脚是滑行脚。滑行脚的鞋上通常带有一个可拆卸的橡胶鞋套。运动员投壶或者在冰上滑行时需要取下滑行脚上的鞋套，除此之外均需要穿戴好鞋套。其一，鞋套可以对滑板起到覆盖和保护作用；其二，鞋套可以为运动员在冰面上行走或扫冰时提供一个稳定的支撑面。

图 3-3　冰壶鞋

3. 冰壶刷

理想情况下，冰壶刷的结构和材质应该能帮助扫冰运动员最大限度地将热量传递到冰点，而又不破坏冰点。例如，某些粗糙的布料虽然有很好的摩擦效果，但是几次全力扫冰之后就会对冰面产生严重破坏。因此，这种布料不适合用于制作冰壶刷。

冰壶刷的刷头角度是可以调整的。如此一来，冰壶运动员在扫冰时不仅可以调整刷头的方向，还有助于不同身高的运动员能最大限度地将作用力施加到冰面。

在冰壶运动中，运动员将冰壶通过力的作用投向投壶目标点（队长的冰壶刷），在其到达预定位置的过程中，通过对冰面施加作用力（扫冰）可以影响冰壶的运动轨迹。冰壶运动所具有的这种特质，使世界冰壶联合会于 2016 年 5 月在加拿大安大略省的肯普特维尔（Kemptville）召开了一次扫冰峰会，探讨冰壶刷的性能与参数规范以及扫冰规则的修订等一系列相关事项。最终，世界冰壶联合会基于不降低投壶技术的重要性和持续保护冰壶运动的冰面质量等原因，制定了具体而详细的冰壶刷性能规范和技术参数指标。

冰壶刷的部分技术参数指标如下：

（1）冰壶刷由刷杆和刷头组成(图 3–4)。刷头包括面料、泡沫和基座 3 部分(图 3–5)。

（2）基座长度：17.78 ~ 22.86 厘米（7 ~ 9 英寸）；宽度：6.35 ~ 7.62 厘米（2.5 ~ 3 英寸）；长宽比：2.5：1 ~ 3.5：1。

（3）刷杆要求笔直，材质与参数指标没有具体规定。

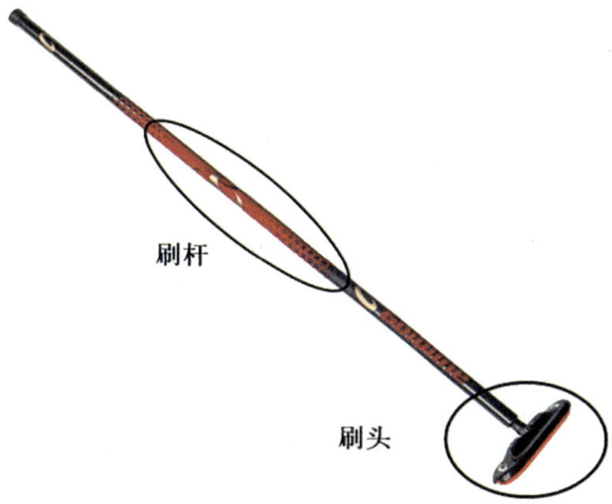

图 3–4　冰壶刷

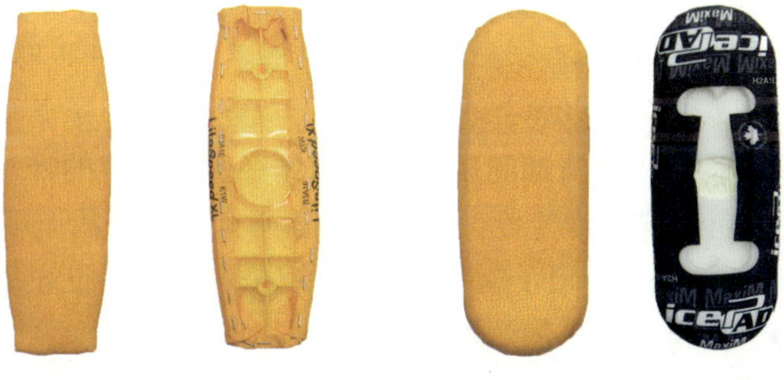
图 3–5　刷头

4. 投壶杆

除轮椅冰壶项目外，不能在任何世界冰壶联合会主办的赛事或其资格赛中使用投壶杆。投壶杆由杆头、杆和把手 3 个部分组成(图 3–6)。投壶杆从杆头至把手，最长不得超过 2.45 米（8 英尺）。目前，轮椅冰壶运动员允许使用的杆头有不需要加旋转（GTX）和需要主动加旋转（EX）两种（图 3–7）。

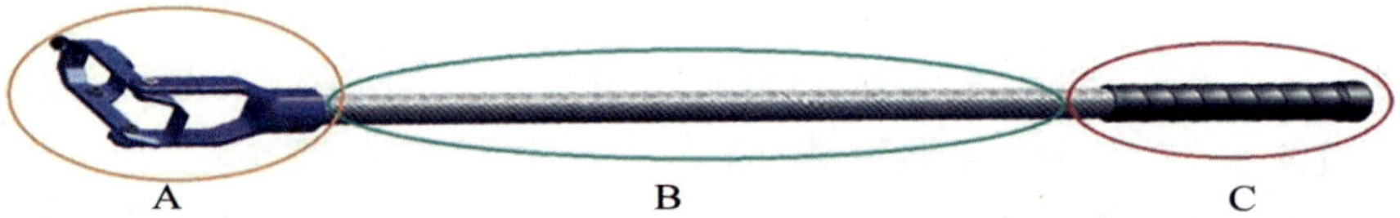

图 3–6　投壶杆

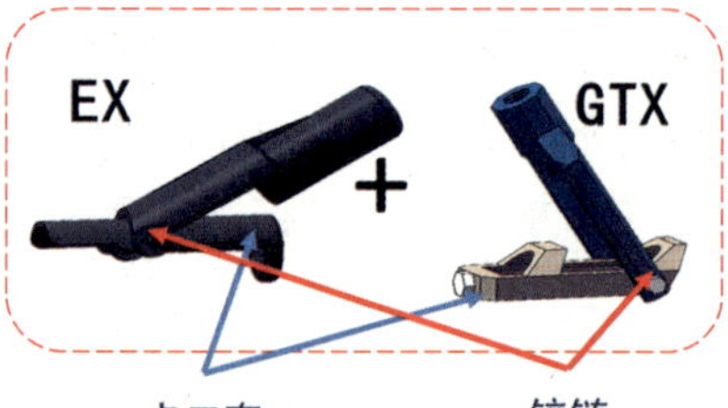

图 3–7　杆头

在轮椅冰壶比赛中，如果运动员选择使用投壶杆，那么在整场比赛中每次投壶时都必须使用投壶杆。投壶杆只可用作手臂或手的延伸，不可以借用任何机械优势，包括但不限于弹簧和活塞。

投壶杆的标准如下。

（1）不能包含任何自动瞄准或辅助瞄准冰壶的设备或部件。

（2）不能包含任何校正投壶力量和速度的设备或部件。

（3）投壶杆的总长度不能大于 2.45 米（8 英尺）。测量投壶杆长度时，需要将投壶杆放在水平面上。总长度是从把手末端到杆头展开后末端的长度。

（4）在投壶过程，杆必须为中空，且长度固定不变。然而，不同投壶之间可以调整杆的长度。

（5）把手、杆和杆头可以定制，但必须符合世界冰壶联合会制定的“轮椅冰壶政策”中的相关规定。例如，胶带、尼龙搭扣和硅胶。

（6）如果投壶杆符合“轮椅冰壶政策”中的相关规定，那么冰壶手柄的受力位置并不是很重要。

（7）在投壶过程中，轮椅冰壶运动员必须通过把手、杆和杆头形成固定连接。

5. 助滑器

冰壶刷并不是运动员投壶滑行期间用于维持身体平衡与稳定的唯一专项运动器材。目前，市场上有很多产品可以起到维持投壶运动员身体平衡与稳定的作用。对于初学者而言，助滑器（图 3–8）是一个很好的辅助工具，它的作用是运动员在投壶滑行阶段用来维持身体的平衡与稳定，而且要比冰壶刷的效果更好。

助滑器扶手的高度与冰壶手柄的高度大致相同。和冰壶刷相比较，助滑器可以为投壶运动员提供更大的身体支撑，特别是可以为由于身体原因不能依靠滑行脚支撑身体全部重量的运动员或大众冰壶运动参与者提供更好的滑行稳定性。

6. 计时器

在冰壶运动中，计时器的主要作用是测量冰面的滑涩度和投壶力量（图 3–9）。理论上，冰壶运动员如果知道冰壶在冰壶道上固定距离之间的滑行时间，也就知道了冰壶的滑行速度，这将有助于运动员评估将冰壶滑行到冰壶道远端指定位置所需要的投壶力量。

图 3–8 助滑器

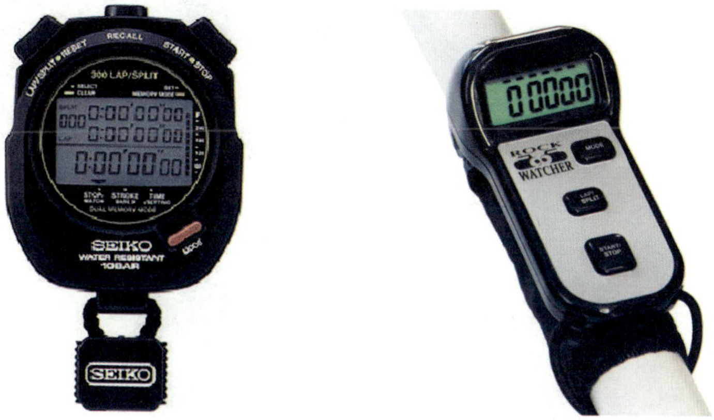

图 3–9 计时器

扫冰运动员用来评估投壶力量的方法称为分段时间法。第一种分段时间是投掷壶从投壶端底线或T线滑行到投壶端前掷线的时间，通常称为短表。当投掷壶越过投壶端底线（或T线）时扫冰运动员启动计时，并于投掷壶到达投壶端前掷线时停止计时。短表时间不仅可以用于判断冰面的滑涩度，还是判定扫冰与否的依据。第二种分段时间是投掷壶从投壶端前掷线滑行到比赛端前掷线的时间，通常称为长表。指挥（副指挥）在冰壶越过投壶端前掷线时启动计时，当冰壶到达比赛端前掷线时停止计时。运动员根据长表时间判断整条冰壶道的滑涩度。

对于专业冰壶运动员而言，计时器仅仅是一个工具，而且也不是用来判断冰面滑涩度与投壶力量的唯一方法，运动员需要结合自身的专项运动经验进行综合分析与判断。

7. 冰壶手套

冰壶运动员在进行冰壶运动时通常会佩戴分指手套或连指手套，手套不仅可以用来在运动期间保持手温，还可以保护扫冰运动员的手免于磨损。为此，有的手套会在手心处再增加一些填充物。鹿皮和小牛皮制成的手套更加受到运动员的青睐。小牛皮手套的价格虽然相对便宜一些，但耐磨性较差。（图 3–10）

8. 服装

运动员在参与冰壶运动时需要身穿便于身体进行全方位运动的服装。冰壶运动员的裤子通常要具有很好的延展性，以便于运动员能舒适地进入伸展状态的滑行姿势。上衣同样需要具备一定的延展性，以便进行有效的扫冰。冰壶运动员的服装应使运动员体感舒适，且具有良好的排汗功能和保暖功能。因为，冰壶运动场馆的温度较低，冰壶运动的服装需要能够很好地锁住运动员的身体热量。（图 3–11）

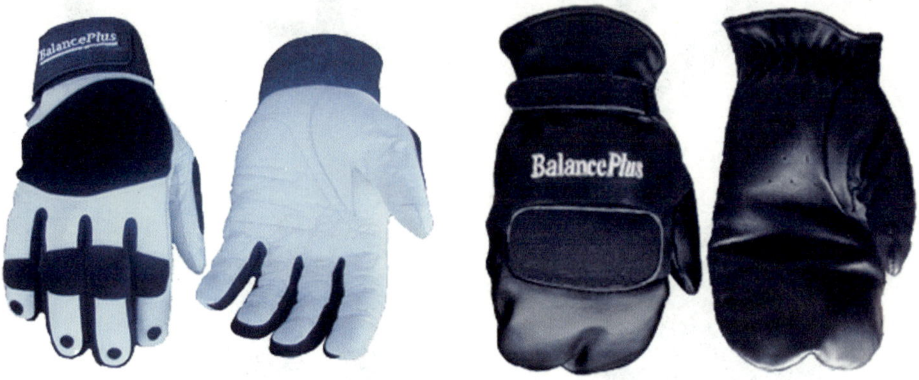

图 3–10　冰壶手套

图 3–11　服装

在正式的冰壶比赛中，一支参赛队伍的所有成员要在赛前练习和比赛时穿着统一的服装和适当的专业用鞋进入比赛场地。如果参赛队伍分配到浅色手柄冰壶，则穿着浅色衬衫、比赛用夹克衫和（或）运动衫；如果参赛队伍分配到深色手柄冰壶，则穿着深色衬衫、比赛用夹克衫和（或）运动衫。在世界冰壶联合会主办的赛事中，除非经世界冰壶联合会（或组委会）批准，否则浅色服装必须以白色或黄色为主，并且前后两面都至少有 70% 的白色或黄色。每件衬衫和夹克衫和（或）运动衫背面上方要有运动员的姓氏，字母尺寸不小于 5.08 厘米（2 英寸），背面腰上位置标注协会或联合会名称，字母尺寸不小于 5.08 厘米（2 英寸）。如有需要，服装背面也可增加国家标志，但仅限附加于协会或联合会名称，且放置于协会或联合会名称和运动员姓氏之间。当同一支参赛队伍有 2 名或多名队员姓氏相同时，名字的首字母也要标出。运动员的服装或器材上允许出现广告，但必须严格遵循世界冰壶联合会或赛事组委会公布的参赛指导手册中的相关规定与要求。而且，运动员或教练员未穿着符合规定的比赛服装禁止进入比赛场地和教练员席。

此外，根据冰壶运动规则，运动员不得通过装备、手或身体导致冰面损坏。如有违规，第一次和第二次进行正式的场上警告，修复冰面。当第三次违规时，修复冰面并取消运动员本场比赛资格。除仅限于提供“时间”数据的秒表外，运动员在比赛中严禁使用电子通信器材及任何改变声音的装置。

二、主要规则与判罚

（一）投壶规则与判罚

1. 与冰壶有关的规则与判罚

在冰壶比赛中，比赛双方队伍各使用一组相同颜色手柄并用数字 1 ～ 8 标记的 8 个冰壶（不包括混合双人）。比赛进行期间，冰壶可能会出现损坏、翻倒、手柄脱离以及电子手柄指示灯失效等意外情况。

（1）损坏：如果冰壶被损坏不适合比赛，可以使用备用冰壶。如果没有备用冰壶，可使用本局已投掷过的冰壶。如果比赛进行期间冰壶出现损坏，比赛双方队伍应秉承冰壶精神来决定此冰壶的位置。如果双方队伍无法达成一致意见，则该局比赛重赛。

（2）翻倒：如果冰壶在运动中翻倒或侧立在冰面上，则立即将此冰壶从比赛中移出，此冰壶成为无效壶。

（3）手柄脱离：如果冰壶的手柄在投壶过程中完全脱离壶体，投壶运动员待冰壶静止后可以选择保持现状，或是将所有被触动的冰壶放回犯规发生前的位置，然后选择重新投壶。

（4）电子手柄指示灯失效：电子手柄必须被正确激活，以便在投壶过程中能正常运行，否则此投壶为前掷线违规。如果投壶运动员在投壶之前发现电子手柄指示灯失效，场上运动员可以申请技术暂停，由执场裁判员进行相应处理。

2. 与投壶有关的规则与判罚

在冰壶比赛中，比赛双方运动员按照预定顺序每名运动员各投掷 2 个冰壶，双方运动员交替投壶。如果某支参赛队伍在比赛中蓄意改变投壶顺序和垒次，则本场比赛判负。但是，当参赛队伍使用替补运动员进行比赛或是一名运动员无法继续比赛时，可以改变投壶顺序。此外，运动员投壶时投壶手禁止佩戴手套。如果运动员投壶时投壶手佩戴手套，所投冰壶将会从比赛中移出，任何被移动的冰壶由未犯规队伍放回犯规发生前的位置。

运动员在比赛中还可能出现投壶踏板、出手时机、冰壶颜色、投壶顺序、投壶数量等与投壶有关的违规违例情况。

（1）投壶踏板：右手投壶的运动员从中线左侧的踏板投壶，左手投壶的运动员从中线右侧的踏板投壶。如果运动员出现了投壶踏板错误，从错误的踏板投出的冰壶是无效壶，需要从比赛中移出，由此导致的所有被移动的冰壶由未犯规队伍放回犯规发生前的位置。

（2）出手时机：投掷壶到达投壶端前掷线之前必须清晰明确地投壶出手。如果运动员犯规，投壶方需要立即将此冰壶从比赛中移出。如果前掷线违规的投掷壶没能立即从比赛中移出而触碰到了其他比赛中的静止冰壶，此投掷壶由投壶方将其从比赛中移出，所有被移动的冰壶由未犯规队伍放回犯规发生前的位置。此外，冰壶到达投壶端 T 线（轮椅冰壶为前掷线）时，即视为进入比赛状态且已投壶。如果冰壶未到投壶端 T 线（轮椅冰壶为前掷线），投壶运动员可以选择重新投壶。

（3）冰壶颜色：如果投壶运动员误投了对方的冰壶，待此投掷壶静止后，需要使用本方的冰壶进行替换。

（4）投壶顺序：第一种情况是非故意投壶顺序错误。如果比赛中某支参赛队伍出现此种错误，则该局比赛继续，视为错误没有发生，轮空的运动员需要为此队伍投掷本局比赛的最后一个冰壶。如果无法确定是哪一名运动员出现了投壶顺序错误，投掷第一个冰壶的运动员投掷本局比赛的最后一个冰壶。第二种情况是连续投出 2 个冰壶。如果比赛中某支参赛队伍出现此种错误，则需要将投掷的第二个冰壶拿回投壶端，任何被移动的冰壶将由未犯规队伍放回犯规发生前的位置。投壶失误的运动员为本队投掷本局比赛的最后一个冰壶。如果该犯规直至下次投壶完成后才发现，则该局比赛重赛。第三种情况是一局比赛的先后手发生错误。如果错误仅在第一个冰壶投出后被发现，则该局比赛重赛。如果错误在第二个冰壶投出后才被发现，则该局比赛继续，视为错误没有发生。

（5）投壶数量：如果在一局比赛中运动员无意识地多投了冰壶，该局比赛继续，视为错误没有发生，但犯规队伍最后一名投壶运动员（四垒）的投壶数量相应减少。如果一局比赛中最后投壶的运动员（四垒）无意识地多投了冰壶，最后投出的冰壶将从比赛中移出，任何被移动的冰壶将由未犯规队伍放回犯规发生前的位置。

（二）扫冰规则与判罚

在冰壶比赛中，运动员只能为运动中的冰壶扫冰。当运动员扫冰时，冰壶刷的运动方向可以是任何方向，冰壶刷的运动幅度也不需要完全超过冰壶的直径。扫冰运动员必须在冰壶运动方向的任意一侧结束扫冰动作，而不能在冰壶运动方向的正前方结束扫冰动作，以避免在运动冰壶前方留下碎渣、冰屑等杂物。

运动员在比赛端 T 线前只能为本方运动中的冰壶扫冰，参与扫冰的运动员人数不限。运动员在比赛端 T 线后才可以为对方运动中的冰壶扫冰，且每队每次只可有一名运动员扫冰。此时，投壶方可以是任意运动员，但非投壶方只能是指挥或副指挥。双方队伍均有为本方冰壶进行扫冰的优先权，但不可妨碍或阻止对方运动员为其扫冰。

如果在冰壶比赛中发生扫冰犯规，未犯规队伍可以选择保持现状，或将该冰壶和所有可能受其影响的冰壶放到假设未发生犯规的合理位置。

（三）触碰或移动冰壶的规则与判罚

1. 触碰本方运动中的冰壶

（1）如果该冰壶在投壶端 T 线和比赛端前掷线之间，则队伍应立即将该冰壶从比赛中移出。

（2）如果该冰壶位于比赛端前掷线后方，待所有冰壶静止后，非犯规队伍可以进行如下选择：一是将该冰壶从比赛中移出，所有被移动的冰壶放回犯规发生前的位置；二是保持现状；三是将所有冰壶放在假设未发生触碰的合理位置。

（3）如果是点球投壶（LSD），则将该冰壶的测量距离记录为 1.996 米（6 英尺 6.5 英寸）。

2. 触碰对方运动中的冰壶

（1）如果该冰壶在投壶端 T 线和比赛端前掷线之间，而该冰壶又是投掷壶，则重新投壶。如果该冰壶不是投掷壶，则由其所属队伍将其放在假设未发生触碰的合理位置。

（2）如果该冰壶位于比赛端前掷线后方，待所有冰壶静止后，由非犯规队伍将其放在假设未发生触碰的合理位置。

（3）如果是点球投壶（LSD），则重新投壶。

3. 移动比赛中的静止冰壶

（1）如果该冰壶对运动冰壶的结果没有影响，则由未犯规队伍放回犯规发生前的位置。

（2）如果该冰壶原本会改变运动冰壶的滑行线路，待所有冰壶静止后，非犯规队伍可进行如下选择：一是保持现状；二是将线路原本会被改变的冰壶从比赛中移出，并将所有犯规后被移动的冰壶放回犯规发生前的位置；三是将所有冰壶放在假设静止冰壶位置未发生变化的合理位置。

（3）点球投壶（LSD）：如果是投壶方移动了静止冰壶，则将该冰壶的测量距离记录为 1.996 米（6 英尺 6.5 英寸）；如果是非投壶方移动了静止冰壶，则由投壶方将该冰壶放回犯规发生前的位置。

（四）队伍组成与运动员位置的规则与判罚

冰壶是分别由 4 名运动员组成的 2 支队伍在冰面上进行的一种回合制体育运动（不包括混合双人）。在每局冰壶比赛中，每支参赛队伍各投掷 8 个冰壶，且双方运动员交替投壶。冰壶队伍的 4 名运动员分属 4 个不同的位置：一垒、二垒、三垒和四垒。一垒投掷第一、第二个冰壶，二垒投掷第三、第四个冰壶，三垒投掷第五、第六个冰壶，四垒投掷最后两个冰壶。而且，指挥（通常是四垒）要站在比赛端大本营，负责制定比赛战术和指定投壶线路。当指挥投壶时，副指挥（通常是三垒）要站在比赛端大本营，负责指定投壶线路。冰壶比赛中的每名运动员都参与到每次投壶中，所以冰壶是一项名副其实的团队运动。例如，一垒投壶时，二垒和三垒扫冰，四垒位于大本营内指定投壶线路和观察冰壶滑行轨迹等。

在冰壶比赛中，每名运动员在投壶轮投掷 2 个冰壶，并与对手交替投掷冰壶。因此，当冰壶比赛中一方为投壶方时，则另一方必然为非投壶方。冰壶规则中对投壶方和非投壶方运动员在冰壶道上的所处位置有明确规定，如果出现错误，则会受到相应的判罚。

（1）非投壶方：在对方投壶期间，指挥和（或）副指挥可站在比赛端底线后，其他运动员则要站在冰壶道任意一侧边区的 2 条限制线之间，但是下一位投壶的运动员也可以站在投壶端踏板后的冰壶道上。当投壶方投壶时，非投壶方运动员不可以随意站位，如果出现此种错误，投壶方可以选择重新投壶。

（2）投壶方：负责掌管大本营的指挥或副指挥必须位于前掷线以内，且至少有一只脚在冰壶道比赛端的冰面上。投壶方如果出现此种错误，该投掷壶将被从比赛中移出。

三、项目分类与特殊规则

冰壶运动可以分为男子四人、女子四人、混合双人、混合四人，以及轮椅冰壶和轮椅混合双人等不同的竞赛项目。《冰壶运动规则与竞赛规则》是以四人项目为蓝本，其他项目的运动规则与竞赛规则仅会依据自身的特殊性进行局部或是细节的修订。

（一）混合双人

在混合双人冰壶比赛中，每支参赛队伍由 2 名运动员组成，即 1 名男运动员和 1 名女运动员。混合双人冰壶比赛没有替补运动员。如果 2 名运动员无法完成整场比赛，则本场比赛判负。混合双人冰壶比赛采取 8 局制，每支参赛队伍在每局比赛中投掷 5 个冰壶。投掷第一个冰壶的运动员必须投掷最后一个冰壶，且每局比赛都可以更换投壶顺序。投掷第一个冰壶的运动员的投壶次数不能超过 2 次。当投壶方投壶时，非投壶方运动员可以位于冰壶道的任意位置，但不可以干扰投壶方的投壶。投壶出手后，1 名或 2 名队员可以在比赛端 T 线前对投出的冰壶和己方运动的冰壶进行扫冰。本条规则适用于所有投壶，包括点球投壶（LSD）。

根据自由防守区规则，从一局比赛的第四次投壶开始才可以将比赛中的有效壶击打成为无效壶。如果违反自由防守区规则，该投掷壶从比赛中移出，任何被移动的冰壶由未犯规队伍放回犯规发生前的位置。

混合双人冰壶比赛的冰壶道上有 9 个“固定壶”摆放点，具体位置如图 3-12 所示。“固定壶”放在位置 A（大本营前）的队伍在本局比赛中投掷第一个冰壶，“固定壶”放在位置 B（大本营中）的队伍在本局比赛中投掷第二个冰壶。每场比赛中每支参赛队伍仅有 1 次，且当有“固定壶”位置选择权时，可以使用进攻局（Power Play）。加局比赛中不能使用进攻局。

“固定壶”摆放位置决定权的确定方式如下。

（1）比赛双方队伍通过点球投壶（LSD）确定第一局比赛中“固定壶”的摆放权。点球投壶（LSD）距离较短的队伍拥有“固定壶”的摆放权。

（2）第一局比赛之后，在前一局比赛中未得分的队伍拥有“固定壶”的摆放权。

（3）如果双方队伍在一局比赛中均未得分，则该比赛局中先投壶的队伍拥有下一局“固定壶”的摆放权。由于测量值相等形成的空局，下一局“固定壶”的摆放权不变。

（二）混合四人

在混合四人冰壶比赛中，每支参赛队伍由 2 名男运动员和 2 名女运动员组成。男运动员和女运动员必须轮流投壶，投壶顺序可以是男、女、男、女，也可以是女、男、女、男。混合四人冰壶比赛没有替补运动员，采取 8 局制。在混合四人冰壶比赛过程中，如果某支参赛队伍只剩 3 名运动员，投壶顺序应为男、女、男，或者女、男、女。指挥和副指挥可以是任何垒次的运动员，但必须是不同性别。

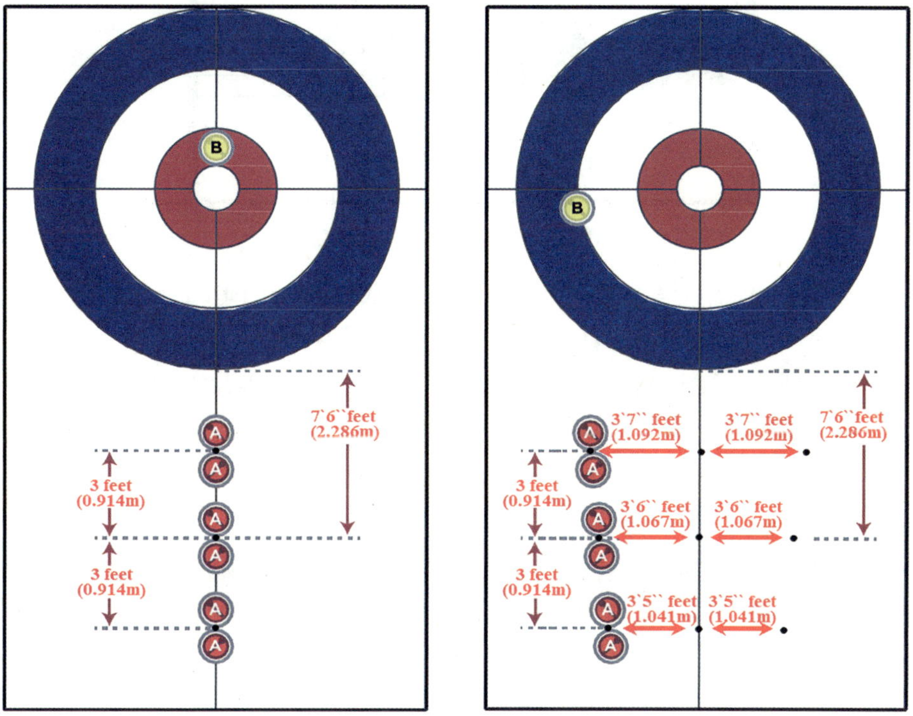

图 3-12　固定壶摆放位置

（三）轮椅冰壶与轮椅混合双人

在轮椅冰壶比赛中，每支参赛队伍必须由 4 名运动员组成，可以申报 1 名替补运动员，而且在整场比赛中都必须包括男运动员和女运动员，否则违规队伍本场比赛判负。在轮椅混合双人比赛中，每支参赛队伍必须由 2 名运动员组成，男、女运动员各 1 名，且没有替补运动员。如果一支参赛队伍的 2 名运动员不能一起完成整场比赛，则本场比赛判负。

1. 冰壶道

轮椅冰壶使用的冰壶道没有踏板，但是有 2 条轮椅冰壶专用的轮椅线。轮椅线从前掷线一直延伸到大本营前区最外沿，与中线平行且在中线的两侧。每条线的外沿到中线的距离为 457 毫米（18 英寸）。《冰壶运动规则与竞赛规则》规定：在踏板和投壶端大本营前区最外沿之间投壶时，轮椅必须固定，以保证开始投壶时冰壶固定在中线上。在大本营前区最外沿和投壶端前掷线之间投壶时，轮椅必须固定，开始投壶时使冰壶位于 2 条轮椅线之间。（图 3-13）

2. 器材与装备

（1）比赛用壶：轮椅冰壶不使用电子手柄冰壶。

（2）轮椅：轮椅冰壶对运动员所使用的轮椅无特殊规定与要求。除非运动员在日常生活中以电动轮椅作为行动工具，否则不得在比赛中使用电动轮椅。当运动员投壶时，轮椅需要固定在冰面上。因此，轮椅冰壶运动员不采用滑行投壶出手的投壶技术。

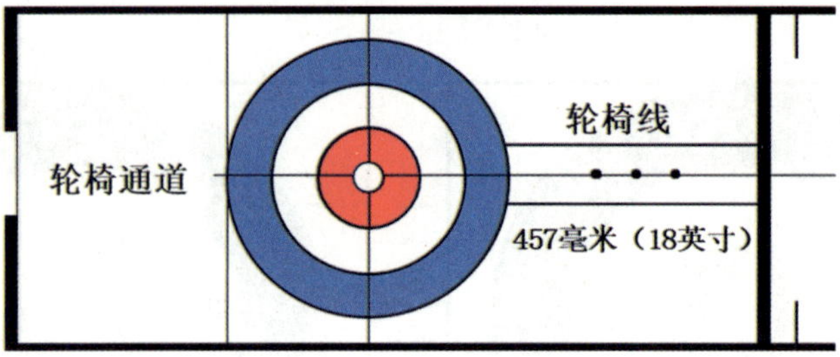

图 3–13　轮椅冰壶的冰壶道

（3）冰壶刷：轮椅冰壶不允许扫冰，冰壶刷通常只是用来指点。许多国家的轮椅冰壶运动员用作指点的冰壶刷并不是符合世界冰壶联合会所规定的冰壶刷，而是根据其各自特点自制的指点装备，尺寸各异、大小有别。《冰壶运动规则与竞赛规则》中对此并没有明确规定，只要不破坏冰面，都在允许范围之内。

（4）手套：轮椅冰壶不使用电子手柄冰壶，根据《冰壶运动规则与竞赛规则》，轮椅冰壶运动员在投壶时可以佩戴手套。

（5）投壶杆：轮椅冰壶运动员可以使用投壶杆进行投壶。如果运动员选择使用投壶杆，那么整场比赛中的每次投壶都必须使用投壶杆。如果运动员想要使用新款杆头，则需提前向世界冰壶联合会申请，审核通过后方可使用。

3. 运动规则

在轮椅冰壶运动中，投壶运动员需要在固定的轮椅上将冰壶投出，轮椅的轮子必须与冰面直接接触，并且投壶运动员的脚禁止接触冰面。轮椅冰壶运动员既可以使用手臂进行投壶，也可以使用符合轮椅冰壶规则要求的投壶杆进行投壶。如果运动员在踏板和投壶端大本营前区最外沿之间投壶，开始投壶时冰壶固定在中线上；如果运动员在大本营前区最外沿和投壶端前掷线之间投壶，开始投壶时冰壶位于 2 条轮椅线之间。

投掷壶到达投壶端前掷线之前，必须明显脱离手或投壶杆。冰壶到达投壶端前掷线后即进入比赛状态，未达到投壶端前掷线的冰壶可由投壶运动员重新投壶。

世界冰壶联合会轮椅冰壶比赛采取 8 局制，每支参赛队伍必须由 4 名队员组成，而且在整场比赛中都必须包括男运动员和女运动员。如果某支参赛队伍无法满足性别的规定，本场比赛判负。

轮椅冰壶比赛不仅增加了冰上助力（IPA）岗位，而且还需要裁判员及时向前移动以阻止冰壶遇到障碍物后的反弹运动。如果比赛需要测量，冰上助力需要待在原地，向其他工作人员寻求测量工具（如果可能），以免静止冰壶在测量之前被移动。

四、计分方法

在冰壶比赛中，每局比赛只有一支参赛队伍可以获得分数。如果一支参赛队伍的任何一个冰壶到 T 点的距离比对手的冰壶更近，则此队伍在本局比赛得到 1 分，而且每个冰壶计作 1 分，这些冰壶称为得分壶。有些冰壶虽然在比赛中，但不是计分壶。因为，它们虽然停在前掷线内，但是没有触及大本营。只有在大本营内或是与大本营相连的冰壶才是计分壶。需要明确的是，计分壶不一定就是得分壶，但得分壶一定是计分壶。静止在圆心或 T 点的冰壶不会获得额外的分数，大本营内同心圆的作用仅是帮助判断冰壶到达 T 点的距离或是比较不同冰壶距离T点的远近。在一局冰壶比赛中，一支参赛队伍最高可以得到8分，当然这种情况极少出现。冰壶比赛的计分方法详见下列图示：图 3–14 示例中的黄壶方在本局比赛中得 1 分，大本营内的红壶虽是计分壶，但不是得分壶；图 3–15 示例中的红壶方在本局比赛中得 2 分；图 3–16 示例中的比赛局为空局，双方在有效区域内的冰壶均不是计分壶。

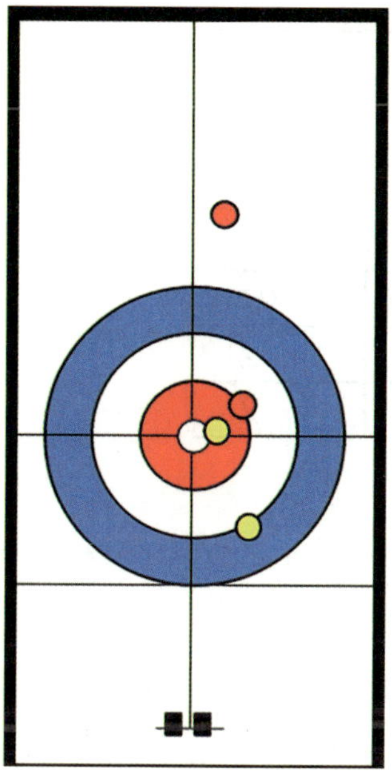

图 3–14　黄壶 1 分

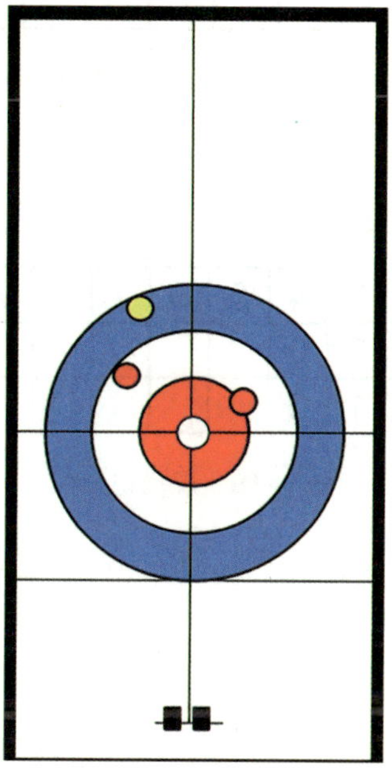

图 3–15　红壶 2 分

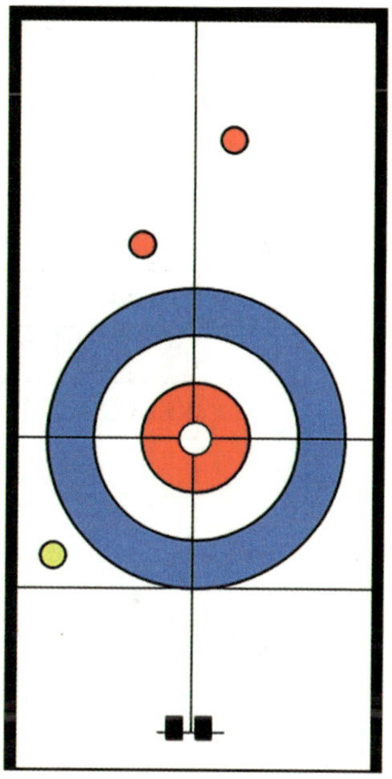

图 3–16　空局

在冰壶比赛中，完成既定比赛局数，得分较多的队伍获胜，或在完成最少比赛局数后，某支参赛队伍认输或理论上没有获胜可能，也可决定比赛结果。如果某支参赛队伍理论上无获胜可能，可以完成当前比赛局的比赛，但不能开始新一局的比赛。然而，如果在最后一局比赛中出现某支参赛队伍理论上无获胜可能，则比赛立即终止，该局比赛和本场比赛均结束。如果既定比赛局数完成时，双方得分相同，比赛进入加局阶段或是通过“点球”决定胜负。加局比赛中先得分的一方获胜。

参赛队伍只有在本队投壶时才可以认输。当某支参赛队伍在一局比赛结束前认输，该局分数按照下列方式决定：除了当有一支参赛队伍已经投出本队所有冰壶，而没有投完所有冰壶的队伍有得分壶，或该局当前分数影响比赛结果时，将该局比赛分数记录到记分板以外，其他情况记分板上用“×”记录。

冰壶比赛的记分板可以分为传统记分板和现代记分板。传统记分板多用于欧美地区的俱乐部赛事，优点是数字号码牌的需求数量较少；现代记分板多用于世界冰壶联合会赛事，优点是便于理解。

（1）传统记分板：记分板中间的数字代表的是累计得分，共有 10 个数字号码牌，每局比赛使用 1 个。如果一支参赛队伍在一局比赛中获得分数，此队伍累计总分上方或下方挂上代表局数的数字号码牌。如果本局比赛是空局，会将局数号码牌挂在侧面一个特殊的位置。（图 3–17）

RED		2									4
	1	2	3	4	5	6	7	8	9	10	11
YELLOW	1	3									

图 3–17　传统记分板

（2）现代记分板：记分板最上方的数字代表局数。每局比赛结束后，得分方挂上相应的得分数字，未得分方挂上数字 0，并在每局比赛结束后更新比赛总分。（图 3–18）

END	1	2	3	4	5	6	7	8	9	10	11	TOTAL
RED	0	2	0	0								2
YELLOW	1	0	1	0								2

图 3–18　现代记分板

图 3–17 和图 3–18 所展示的是同一场比赛，第一局比赛黄队得 1 分，第二局比赛红队得 2 分，第三局比赛黄队得 1 分，第四局比赛是空局，当前总比分为 2 ∶ 2。

第二节　冰壶竞赛规则

冰壶竞赛规则是冰壶竞赛所有参加人员必须遵守的行为准则，是冰壶竞赛场上的“法”，以保证冰壶竞赛活动的有序进行和持续发展，其好坏可以直接影响冰壶竞赛的结果和质量。

一、参赛队伍与冰壶分配

冰壶比赛的参赛队伍需要按照规定，参加赛前的参赛队队会。每支参赛队伍的 1 名运动员和 1 名队伍官员必须参加赛前队会。如果一支参赛队伍没有注册任何队伍官员，则必须派 2 名运动员参加赛前队会。未经裁判长批准不参加会议，取消该参赛队伍第一场比赛的后手选择权。

冰壶比赛的参赛队伍要在赛前队会结束时将初始阵容表上交给裁判长。初始阵容表上要填写投壶顺序、指挥和副指挥的垒次、替补运动员、教练员，有时也要填写参赛队伍的领队、国家队教练员或翻译等。至少在赛前练习前 15 分钟，参赛队伍还需要向裁判长提交参赛阵容表（纸质或电子版），以确认初始阵容或表明阵容变动情况。

循环赛后晋级复赛的队伍必须有 1 名或 2 名成员（运动员、教练员均可）参加复赛阶段会议，不参加会议的队伍将失去原本可能拥有的选择权。

参赛队伍如果少于 4 名运动员（混双两人）不能开始任何一场比赛，直到该队有 4 名有资格的参赛运动员才可以开始比赛。在特殊情况下，经过三方批准（世界冰壶联合会赛事主管或其代表、技术代表和裁判长），可以允许只有 3 名运动员的参赛队伍开始比赛。

冰壶比赛进行过程中，除指定休息时间和暂停时间以外，教练员、替补运动员和所有其他队伍官员禁止与场上运动员交流或在比赛区域停留。禁止任何语言、视觉、书面和电子通信，包括任何试图要求比赛暂停的信号。教练员、替补运动员和队伍官员可以参与场地适应性训练和赛前练习，但点球投壶（LSD）期间不得与运动员交流。比赛进行过程中，教练员席上的人员也不得与教练员席以外的人员以任何形式进行未授权的交流或传递信息。教练员席上的教练员和其他人员不能观看或收听转播。如果出现上述违规行为，违规人员将会被驱逐出教练员席。

此外，一支参赛队伍的所有成员要在赛前练习和比赛时穿着统一的服装和适当的专业用鞋进入场地。运动员或教练员未穿着符合规定的服装禁止进入比赛场地和教练员席。循环赛竞赛日程表中列在前面的参赛队伍使用深色手柄冰壶，列在后面的参赛队伍使用浅色手柄冰壶。

二、时间规则

（一）场地适应性训练

场地适应性训练通常为比赛前一天，每支参赛队伍的训练时长通常为 1 小时（具体时长可有不同）。每组训练时长通常为 15 分钟（具体时长可有不同），每支参赛队伍在不同的冰壶道之间轮换，顺序为 A 道→ B 道→ C 道→ D 道。

（二）赛前练习

世界冰壶联合会赛事比赛开始前，参赛双方队伍均要进行赛前练习。赛前练习的时间通常为 9 分钟（混合双人为 7 分钟）。赛前练习通常在竞赛时间表上显示的开始时间前 30 分钟进行，竞赛时间表上排在前面的队伍首先进行 9 分钟赛前练习，然后点球投壶（LSD）。之后，竞赛时间表上排在后面的队伍进行 9 分钟赛前练习，然后点球投壶（LSD）。

（三）思考时间

每支参赛队伍在每场 10 局的比赛中拥有的思考时间为 38 分钟，每场 8 局的比赛中拥有的思考时间为 30 分钟（轮椅冰壶为 38 分钟，轮椅混合双人为 30 分钟，混合双人为 22 分钟）。整场比赛中比赛时间都需要记录，以便于参赛队伍的运动员和教练员随时可以掌握比赛进度。

如果某支参赛队伍没有按照规定的时间开始比赛，视为该局比赛完成。每认定完成 1

局比赛，双方比赛时间均被扣除 3 分 45 秒（轮椅冰壶为 4 分 45 秒，轮椅混合双人为 3 分 45 秒，混合双人为 2 分 45 秒）。

如果需要进行加局，每个加局比赛都要调节比赛计时器，每个加局每支参赛队伍获得 4 分 30 秒的比赛思考时间（轮椅冰壶为 6 分钟，轮椅混合双人为 4 分 30 秒，混合双人为 3 分钟）。

每场比赛和每局比赛都要在休息时间结束时开始投壶。参赛队伍只有在其计时器启动或计划启动时才能投壶。如果裁判员认定某支参赛队伍毫无必要地拖延比赛，应通知该参赛队伍的指挥。此后，如果该参赛队伍的下一次投壶没有在 45 秒内到达投壶端 T 线（轮椅冰壶为前掷线），该投掷壶需要立即从比赛中移出。

在时间允许的情况下，参赛队伍必须完成应当完成的比赛部分，或者认输，否则本场比赛判负。如果一个冰壶在思考时间结束之前到达投壶端 T 线（轮椅冰壶为前掷线），认定该冰壶已及时投出，且是有效投壶。

（四）战术暂停与技术暂停

在一场冰壶比赛中，每支参赛队伍有一次 60 秒的战术暂停，每个加局比赛有一次 60 秒的战术暂停。只有当本队计时器启动时才可由此队伍在冰面的运动员通过“T”型手势信号申请战术暂停（图 3–19）。暂停时间包含 60 秒和行走时间。行走时间的时长由裁判长决定，并适用于所有参赛队伍，不论是否有教练员或教练员是否进入比赛场地。在战术暂停时间还剩 10 秒时，裁判员应通知该参赛队伍。当战术暂停时间结束时，教练员应立刻停止与运动员交流，并立即离开比赛场地。

参赛队伍可在要求裁决、运动员受伤或其他特殊情况时使用技术暂停，手势为两臂交叉（图 3–20）。技术暂停期间计时器停止运行。

图 3–19　战术暂停手势

图 3–20　技术暂停手势

（五）计时规则与依据

投壶方的比赛计时器在一场比赛或一局比赛开始时不计时。如果投壶方拖延比赛开始时间（在踏板上没有向前的动作或冰壶未从投壶杆投出），则此时需要启动此队伍的计时器。如果投壶方没有拖延比赛的开始时间，则此队伍的计时器从第二次投壶时开始计时。

非投壶方成为投壶方，启动计时的依据为：①所有冰壶均静止或越过底线；②由于投壶方碰触冰壶犯规而被移动的冰壶重新摆放到犯规发生前的位置；③比赛区域交给对方，掌管大本营的运动员退到底线后，投壶和扫冰运动员移动到冰壶道两边。停止计时的依据是投掷壶到达投壶端T线（轮椅冰壶为前掷线）。

比赛双方队伍确认一局比赛的比分之后，双方计时器均停止，进入局间（中场）休息时间。如果需要通过测量确定最终比分，测量完成后才进入局间（中场）休息时间。在混合双人比赛中，当由运动员在每局比赛前摆放固定壶时，局间休息时间增加30秒。如果冰壶由于外力造成移动需要重新摆放，双方计时器均停止计时。此外，只要裁判员介入比赛都要暂停计时。

如果允许运动员重新投壶，裁判员决定是否需要扣除此队伍的思考时间。如果一局比赛重赛，比赛计时器应恢复到上一局比赛结束时的时间。如果一支队伍的计时器被错误开启（开错计时器），给此队伍增加2倍认可的错误时间。如果因计时错误导致一支队伍的计时器没有开启（没开计时器），此队伍思考时间不会被扣除，但给另一支队伍加上适当的思考时间。

三、扫冰规则

参赛队伍的每名运动员在一场比赛开始时必须申报一个符合规定的用于扫冰的运动器材，在比赛期间只有该名运动员可以使用这一扫冰设备。运动员在赛前练习前需要使用不同颜色的胶带缠绕在冰壶刷的刷杆上以作区分，其中四垒为绿色、三垒（混双中的男运动员）为蓝色、二垒（混双中的女运动员）为黄色、一垒为红色，替补运动员和教练员为黑色。（图3–21）

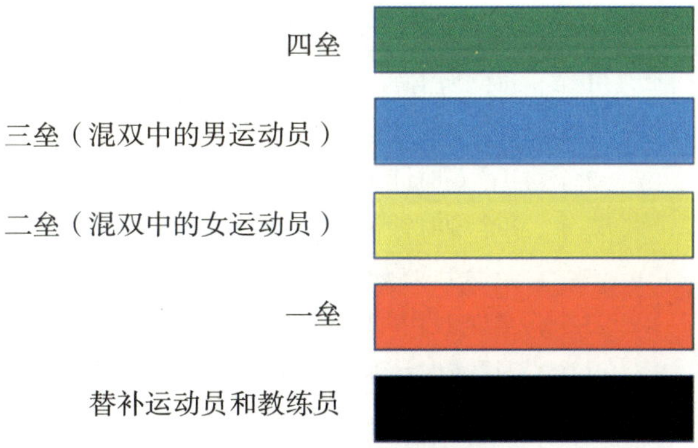

图3–21 冰壶刷胶带颜色

如果运动员使用其他运动员的冰壶刷为本队的冰壶扫冰，需将该冰壶从比赛中移出。如果运动员使用其他运动员的冰壶刷为对方的冰壶扫冰，该冰壶由未犯规队伍放到假设未发生犯规的合理位置。

除非经过裁判长特别允许，否则运动员在比赛期间不得更换冰壶刷的刷头。如果运动员未经允许更换刷头，则违规队伍本场比赛判负。如果替补运动员在比赛进行期间进入比赛，该运动员必须使用被替换运动员的刷头，若是使用新的刷头，则违规队伍本场比赛判负。

参赛队伍如果在比赛中使用不符合赛事器材规定的冰壶刷，第一次犯规将取消该名运动员本次赛事的参赛资格，违规队伍本场比赛判负；第二次犯规将取消违规队伍本次赛事的参赛资格，全体运动员在世界冰壶联合会比赛中禁赛 12 个月。

四、点球投壶（LSD）与全队投壶赛（DSC）

点球投壶（LSD）的作用是确定第一局比赛的先后手选择权，以及用于计算全队投壶赛（DSC）成绩。

每支参赛队伍在赛前练习结束之后，由 2 名运动员分别向第 1 局比赛的投壶端各投 1 个冰壶，第一个冰壶顺时针投出，第二个冰壶逆时针投出。参与点球投壶（LSD）或扫冰的运动员（包括替补运动员）可以不参加本场比赛。点球投壶（LSD）时，混合双人项目 2 名运动员都必须在冰壶道上，而其他项目至少要有 3 名运动员在冰壶道上（最多为 4 名运动员）。如果不是，点球投壶（LSD）的测量距离记录为 1.996 米（6 英尺 6.5 英寸）。

循环赛场次的数量决定了一名运动员在一项冰壶赛事中点球投壶（LSD）的总数量以及顺时针和逆时针投壶数量。基于初始阵容表，一支参赛队伍的 4 名运动员（混双为 2 名运动员）都必须完成点球投壶（LSD）的最少投壶数量（表 3–1）。如果某支参赛队伍因未能完成点球投壶（LSD）最少数量而犯规，则相应的点球投壶（LSD）成绩记录为 1.996 米（6 英尺 6.5 英寸）。

表 3–1　点球投壶（LSD）分配及数量要求

循环赛场次	投壶数量 / 个	每名运动员最少的投壶数量
3	6	1 个，每队所需的 4 个冰壶必须 2 个顺时针 + 2 个逆时针
4	8	2 个，1 个顺时针 +1 个逆时针
5	10	2 个，1 个顺时针 +1 个逆时针
6	12	2 个，1 个顺时针 +1 个逆时针
7	14	3 个，至少 1 个顺时针 + 至少 1 个逆时针
8	16	3 个，至少 1 个顺时针 + 至少 1 个逆时针
9	18	4 个，2 个顺时针 +2 个逆时针
10	20	4 个，2 个顺时针 +2 个逆时针
11	22	4 个，2 个顺时针 +2 个逆时针
12	24	5 个，至少 2 个顺时针 + 至少 2 个逆时针
13	26	6 个，至少 3 个顺时针 + 至少 3 个逆时针

全队投壶赛（DSC）是全队所有运动员在循环赛期间所有点球投壶（LSD）测量距离的平均值。如果点球投壶（LSD）数量超过 11 个，计算平均距离时需剔除 2 个最差的点球投壶（LSD）成绩；如果点球投壶（LSD）数量为 11 个或以下，计算平均距离时需剔除

1 个最差的点球投壶（LSD）成绩。

如果循环赛阶段采用的是分组循环赛制，且每组参赛队伍数量不等，为确保以同样的方式计算全队投壶赛（DSC），只以循环赛中参赛队伍的最少比赛场次为基数，采用最少比赛场次的点球投壶（LSD）数据来计算全队投壶赛（DSC）。基于初始阵容表，一支参赛队伍的 4 名运动员（混双为 2 名运动员）必须在最少场次数量的比赛中达到点球投壶（LSD）最少投壶数量的要求与规定。

第三节　裁判员岗位职责与工作流程

裁判员的角色是确保 2 支或 2 支以上队伍在公平的条件下进行公平、公正的竞技与博弈。裁判员作为竞赛的一部分，要以公正和中立的态度执行规则所规定的内容，测量和干预比赛只是为了更正不当行为或使运动员和教练员等能够履行规则。

冰壶裁判员必须要全面理解和熟知《冰壶运动规则与竞赛规则》。不同岗位的裁判员应该对所分配的工作岗位职责有更加清晰、明确的认识，要做到“专业化”，并能够熟练掌握相应竞赛表格和竞赛仪器的操作与使用方法。

冰壶裁判员执裁与判罚的依据与准则是世界冰壶联合会印发的《冰壶运动规则与竞赛规则》。

一、岗位类型与行为准则

（一）岗位类型

根据工作性质的差异，冰壶裁判员可以分为如下 11 种：技术代表（TD）、裁判长（CU）、副裁判长（DCU）、执场裁判员（GU）、计时长（CT）、统计长（CS）、计时裁判员（GT）、统计裁判员（STATS）、观察裁判员（EIA）、前掷线裁判员（HLO）和冰上助理（IPA）。

不同级别的赛事所需要的裁判员的类型和数量各不相同，如俱乐部级别的赛事不需要统计裁判员、世界冰壶联合会级别的赛事则不需要前掷线裁判员等。以奥运会和世锦赛为例，所需要的裁判员岗位类型和数量如表 3-2 和表 3-3 所示。其中，国际技术官员（International Technical Officials，ITOs）是指由世界冰壶联合会指派的裁判员和技术人员，国内技术官员（National Technical Officials，NTOs）是指由赛事主办方选派的裁判员、技术人员和专业志愿者。

（二）行为准则

裁判员的行为准则是裁判员绅士风度的基本标准。在任何体育项目中，裁判员的工作都是非常重要的，这就要求身为执法者的裁判员要诚实、富有责任感。优秀的裁判员值得尊重，他们在比赛的执裁过程中执法如山，不会受到运动员、观众、媒体以及自己所在国家、单位或协会的影响。为此，冰壶裁判员应遵守以下行为准则。

表 3-2 国际技术官员的岗位与人员数量一览表

岗位	奥运会 / 人	残奥会 / 人	世锦赛 / 人	备注
技术代表（TD）	2	2	1	
裁判长（CU）	1	1	1	
副裁判长（DCU）	1	1	1	
执场裁判员（GU）	9	7	5 ~ 6	
首席制冰师（CIT）	1	1	1	技术人员
副制冰师（DCIT）	2	1	1	技术人员
计时长（CT）	1	1	1	
副计时长（DCT）	1	1	1	
统计长（CS）	1	1		
医务人员（MO）	1	1		技术人员

表 3-3 国内技术官员的岗位与人员数量一览表

岗位	奥运会 / 人	残奥会 / 人	世锦赛 / 人	备注
计时裁判员（GT）	10	10	10	
统计裁判员（STATS）	16 ~ 20	16 ~ 20	10	
制冰助理（IC）	12	12	8	技术人员
冰上助理（IPA）		20	18	志愿者

（1）禁止执场与自己有任何关系的比赛。如果裁判员与所执场比赛的运动员、教练员有个人或商业联系，应提前提供充分且详细的说明。

（2）裁判员在工作过程中应与运动员、教练员、领队、制冰师、其他裁判员、媒体以及现场工作人员保持良好的人际关系。

（3）在任何情况下都不要偏袒比赛双方的任何一方。

（4）裁判员禁止参与与所执场比赛有关的任何赌博行为。

（5）有工作任务的裁判员，在比赛开始前的 6 小时内禁止饮用酒精类饮料。对于违反此项规定的裁判员，裁判长有权暂停该裁判员的执场工作。

（6）所有裁判员在冰场内和冰场外的着装均由裁判长确定。除了驻地和场馆的往返交通以外，裁判员在冰壶场地以外的其他公共场所不可以穿着裁判员的工作服装。

（7）对任何裁判工作方面的评论仅限于裁判员之间，如有其他人在场，禁止谈论此事。不回答运动员、领队和媒体提出的任何与赛事无关的问题。

（8）依据规则快速、公正地做出判罚决定，而不能受到个人观点、观众偏好等方面因素的影响。

（9）裁判员在任何情况下都要保持良好的精神风貌和行为规范。

（10）执裁过程中裁判员应保持标准的站姿或坐姿，不要身体依靠墙板。执裁过程中，裁判员禁止在比赛场地拍摄照片。

（11）时刻遵守裁判员工作守则，同时保持适度灵活性，避免与组委会、代表队以及媒体等方面产生不必要的对抗或矛盾。

（12）裁判员禁止在赛事期间与某个代表队或运动员频繁交往。

（13）裁判员作为观众出现在比赛现场时，不享有任何裁决特权。

（14）在循环赛阶段，裁判长和裁判员应该按照竞赛日程表上的开赛时间至少提前60分钟到达比赛场馆。半决赛和决赛阶段，裁判长和裁判员应该按照竞赛日程表上的开赛时间至少提前90分钟到达比赛场馆。

（三）职责与权力

冰壶比赛中的裁判员是冰壶运动规则与竞赛规则的执行者，要始终如一地按照相关条款执行规则，以使冰壶比赛更加精彩、顺畅，以便运动员、教练员和观众都能全身心地投入比赛和享受比赛。

（1）裁判员有权对参赛队伍之间的任何争议做出裁决，无论争议是否与规则相关。

（2）裁判员可以在赛事中任何时间介入比赛，指导冰壶摆放、运动员行为和遵守规则。

（3）裁判长有权在任何时间干预或介入比赛，并对比赛给予指导。

（4）裁判员可以以任何理由推迟比赛，并决定推迟的时间长度。

（5）任何与规则相关的事情都由裁判员裁定。如果对裁判员的裁定有异议，裁判长的判决为最终裁定。

（6）裁判长可以将有不礼貌行为或言语的运动员、教练员及队伍官员驱逐出比赛场地。被驱逐出场的人员必须离开比赛场地，并且不得参与本场剩余比赛。运动员被驱逐时，本场比赛禁止使用替补运动员替换离场运动员。

（7）裁判长可向有执法权的冰壶组织建议在当前或今后比赛中对运动员、教练员及队伍官员给予取消参赛资格或停赛的处罚。

（四）器材与装备

不同岗位的裁判员在执裁过程中所需要的器材与装备有所不同，综合所有岗位的工作需求，裁判员所需器材与装备清单如表3–4、图3–22所示。

（五）着装规范

裁判员的着装是裁判员身份的体现，是裁判员专业形象的象征。裁判员着装的具体要求如下。

（1）裁判员服装上不能出现无关标志，也不可以佩戴任何徽章。

（2）裁判员服装应具有良好的保暖功能。

（3）裁判员仅在执场比赛以及驻地和场馆往返时穿着裁判员服装，其他任何时间禁止穿着裁判员服装。

（4）裁判员服装包括黑色（深色）制服，以及黑色裤子和黑色运动鞋或冰壶鞋。

（5）鞋底应保持洁净，并具有防滑和保暖功能。

（6）裁判员最好不戴帽子、围巾和手套，如有必要也均应是黑色的。

表 3–4　裁判员所需器材与装备

裁判员所需器材与装备清单		
点球测量尺	订书器	螺丝刀
测量杆	剪刀	六角扳手和其他小工具
千分测量尺	胶带座	裁判长工作手册
直角测量块	滚轮胶带	世界冰壶联合会冰壶规则手册
对讲机	打孔器	小型急救包
秒表	文具（曲别针等）	小型针线包
文件夹、写字板	计算器	电源适配器
铅笔	战术板（配有红色和黄色磁扣）	小刀
削笔刀	25 米非金属卷尺	胶带
橡皮		

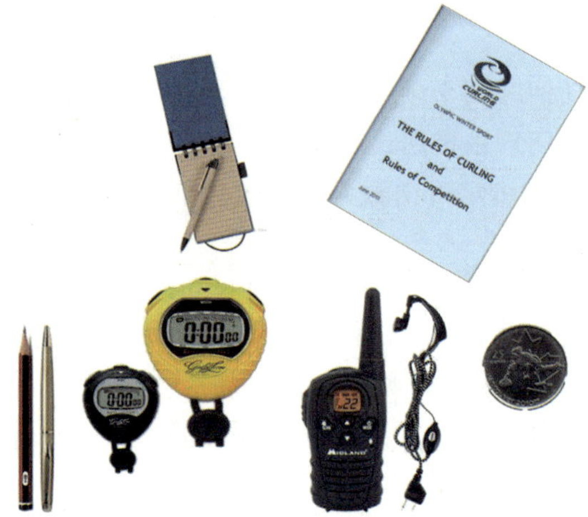

图 3–22　器材与装备（部分）

二、工作内容与职责

（一）裁判长

裁判长代表赛事组织方负责控制和掌管比赛，应受到运动员、教练员、其他裁判员和组委会的尊重。为了获得和保有这种尊重，裁判长在竞赛期间需要 24 小时注意自己的言行举止，并做到以下事宜。

第一，裁判长必须具备出色的领导才能和高效的沟通与裁决能力。

第二，裁判长应为裁判员队伍确定相应的裁判员服装。比赛期间只能穿着指定的执场服装，非比赛期间的着装也要合适与得体。

第三，裁判长在竞赛期间不要随意与任何参赛队伍或运动员有过多交往，时刻铭记：避免对任何参赛队伍产生偏爱或抵触倾向。

1. 赛事开始前主要工作内容与职责

（1）与组委会保持密切联系，准备赛前参赛队队会的会议文件（TMD），并在发给各支参赛队伍前上交赛事主办方或赛事主管进行审议。

（2）与赛事主办方和组委会共同商议裁判员的工作用餐，以及裁判员驻地和场馆之间的往返交通事宜。

（3）制定裁判员的工作时间表，检查各种竞赛表格的储备情况，并于比赛前下发给裁判员。

（4）确认裁判员的抵达时间，告知必须参加的相关活动和着装要求，并与裁判员一同布置裁判员休息室。

（5）核查冰壶道、器材和设备的明细清单，向制冰师了解冰壶道和比赛用壶的具体情况。

（6）召开赛前全体裁判员工作会议，分享、解读竞赛规则和竞赛程序，分配裁判员在赛前队会和场地适应性训练期间的工作任务。

（7）主持赛前队会，并核对参赛队伍服装的深浅颜色。

2. 赛事期间主要工作内容与职责

（1）确认教练员和运动员在比赛前至少 45 分钟抵达比赛场馆。

（2）收集阵容变更表（如果有）并告知统计裁判员和媒体协调员。

（3）实时更新点球投壶（LSD）数据。

（4）为执场裁判员和计时裁判员提供必要的帮助与支持。

（5）检查运动员和教练员的服装，以确保符合规定。

（6）监督赛场上所有人员的动作和行为，包括教练员席上的所有人员。

（7）解决比赛中出现的突发事件，当裁判员的裁决受到质疑时做出判罚决定并记录所有裁决。

（8）循环赛最后一轮之前准备好麦克风和复赛阶段具体事宜的宣告文稿。

（9）除非事先确定，否则与首席制冰师和技术官员商定复赛阶段使用的冰壶道，并安排复赛阶段和特定练习的裁判员，核查复赛阶段冰壶道的冰壶情况。

（10）循环赛结束后，召集并主持晋级复赛队伍代表会议，商讨复赛时冰壶颜色的选择、冰壶道的分配以及特定的训练时间等。复赛阶段的每场比赛后都要重复此过程。

（11）如果需要，做好兴奋剂检测的辅助性工作并与医务官员保持联络。

（12）循环赛最后一轮时，向所有运动员分发并收回体育道德风尚奖选票。

3. 赛事结束后主要工作内容与职责

（1）撰写裁判长工作报告，归纳总结赛事中出现的问题并提出相应的建议，以便在以后的赛事中能更好地处理类似情况或避免类似情况的发生。

（2）向竞赛主管部门汇报裁判员的个人工作表现。

（二）执场裁判员

执场裁判员通常是由赛事组委会或组织机构任命或指派，协助裁判长组织好赛场内外的竞赛工作。他们需要对冰壶规则、竞赛手册、技术官员手册、赛前队会文件以及赛事程序都非常熟悉。所有执场裁判员在赛事期间都需要统一着装，驻地和场馆的往返途中可以穿着统一制服，但是非工作期间或作为观众时不可以穿着裁判员工作服装。

1. 赛事开始前主要工作内容与职责

（1）到达赛区之后进行充分休息，熟悉赛前队会的会议文件，特别是本次赛事的特定程序或规定。

（2）协助裁判长完成参赛队伍的场地适应性训练和赛前练习的时间控制。

（3）核查比赛用壶、裁判员休息室、裁判器材、竞赛表格、记分板、计时器以及测量工具等，检查竞赛器材及用具是否齐全完备，且处于可用状态。

（4）协助计时长组织开展赛前的计时裁判员培训工作。

2. 比赛开始前主要工作内容与职责

（1）按照执场分工表进行执裁，提前到场，调试对讲机，组织赛前练习，并在赛前练习开始之前通过对讲机与所有相关人员进行沟通（包括制冰师和成绩处理团队）。

（2）收集参赛阵容表，复印件交至成绩处理团队。

（3）按照点球投壶（LSD）测量的分工完成测量工作，并向比赛双方队伍的四垒（指挥）进行自我介绍。

3. 比赛期间主要工作内容与职责

（1）只关注所负责冰壶道的比赛，与裁判长、副裁判长、计时台、统计台、制冰团队、媒体转播团队保持良好的沟通，并在具体时间节点进行相应提示，协助团队解答疑问，对具体事件进行妥善处理。

（2）公平、公正地对待比赛双方队伍并以中立和公正的态度执行裁决，而且仅在违反竞赛规则或需要更正时干预比赛，以确保比赛的公正性和观赏性。

（3）避免与运动员、教练员、其他裁判员或观众进行非必要的交流，及时报告教练员和运动员之间任何的不当沟通。

（4）执行测量并负责掌控运动队的战术暂停、技术暂停和局间（中场）休息等。

（5）记录赛场上任何违规、违例以及不恰当行为并告知裁判长（轻微的违规行为可以在比赛结束后处理）。

（6）比赛双方队伍确认本局分数后再公布分数并记录总分的变化。比赛双方队伍签字确认本场比赛分数，填写必要信息后将计分表以及相应表格上交裁判长。整理场地记分板，为下场比赛做好准备。

（7）如果没有电子计时系统，掌控局间休息时间（通常 1 分钟），掌控中场休息时间（通常 5 分钟），中场休息还剩 1 分钟时告知参赛队伍。

（8）每局比赛结束后更新记分板的分数，如果有未完成的比赛局，确认是否需要悬挂“X”字牌。

（9）根据裁判长的要求参加相关会议，负责掌控其他特定训练（晚间训练或循环赛之后的训练）。

（10）如果媒体询问比赛中的任何情况或事件，礼貌地拒绝发表评论，并告诉他们裁判长将会回答他们可能提出的任何问题。

特别说明：赛事如果配备观察裁判员，某些工作将由观察裁判员来完成。

4. 赛事结束后主要工作内容与职责

（1）根据组委会的要求，协助引导参赛队伍参加闭幕式和（或）颁奖仪式。

（2）清洁裁判员休息室，帮助整理所有器材（数字牌、对讲机等）。

（三）计时长

计时长通常是由赛事组委会或组织机构任命或指派，计时长对裁判长负责并听从裁判长和执场裁判员的指令。计时长负责确保所有计时设备的正常运行，对主办方或组委会指定的计时裁判员进行执场分工，并准确地记录所有比赛时间。

1. 赛事开始前主要工作内容与职责

（1）检查岗位所需器材和所有计时设备。

（2）组织计时裁判员的赛前学习，解读计时规则与准则，并组织计时裁判员进行赛前实习。

（3）根据赛程制作计时裁判员的执场分工表，分为 A 组和 B 组，每一轮比赛要有一名替补计时裁判员。

（4）如果没有副计时长，指定一位经验丰富的计时裁判员承担副计时长的工作职责。

（5）与裁判长确认以下事宜：①比赛时间记录表的数量，如果不够，则应提前做好准备；②赛前练习和点球投壶（LSD）时显示屏的主控冰壶道等；③如果负责赛前对讲机的检查与联通（裁判长、执场裁判员和制冰师），通常是在第 2 组练习开始之后进行此项工作。

2. 比赛开始前主要工作内容与职责

（1）赛前 1 小时到达比赛场地，调试设备并检查比赛计时计分系统的参数设置。

（2）比赛开始前 35 分钟向裁判长和组委会报告计时裁判员的到岗和缺席情况。

（3）比赛开始前 30 分钟启动赛前练习。

（4）确认所有计时裁判员都拿到了正确的比赛时间记录表，并与记分板进行数据信息的对比核实。

3. 比赛期间主要工作内容与职责

（1）点球投壶（LSD）测量后，确认所有计时裁判员都已知晓第一局比赛后手方和先手方的冰壶颜色。

（2）检查所有计时器是否正确启动，抽检计时裁判员并进行问题预判。

（3）出现犯规时，确保计时裁判员对计时器进行了正确的操作。每局比赛结束后，记录好剩余的思考时间，并确保计时裁判员对休息时间的操作无误。

（4）确保计时裁判员能在中场休息还剩 1 分 10 秒时通知计时长，以便通知执场裁判员。

（5）确保技术暂停的程序正确，并记录所有暂停。

（6）出现任何计时错误或故障时，立即通知执场裁判员，监督并记录计时器的调整。

（7）当一支参赛队伍剩余比赛时间较少时，立即通知裁判长。例如，最后一局比赛开始时，一支参赛队伍只剩下 5 分钟的思考时间，或一支参赛队伍只剩下 2 分钟的思考时间。

（8）如有需要，监督加局比赛的系统创建和加局比赛前的局间休息时间设置。

（9）收集并上交填写完整的比赛时间记录表。

4. 比赛结束后主要工作内容与职责

（1）与裁判长和执场裁判员一同处理任何有关计时方面的争议。

（2）重置计时系统，为下场比赛做好准备工作。每天比赛结束后都要关掉并维护所有计时设备。

（3）循环赛结束后，需要制定附加赛、半决赛和决赛阶段计时裁判员的执场分工表。

（四）计时裁判员

计时裁判员负责操控指定冰壶道的计时器，必须能够熟练操作计时器和熟知计时规则。比赛期间，计时裁判员应确保计时设备的正常运行，并高度关注比赛，而不受任何干扰。

1. 赛事开始前主要工作内容与职责

（1）熟知所有程序，包括赛前练习和点球投壶（LSD）。

（2）赛事开始前，学习相关知识，并进行计时设备的操作演练。

（3）熟知岗位职责、表格填写规范和秒表的使用方法，遵守着装要求和裁判员行为准则。

2. 比赛开始前主要工作内容与职责

（1）比赛开始前 40 分钟与计时长一同检查仪器设备，比赛开始前 10 分钟到达指定工作岗位。

（2）再次确认计时系统的参数设置。

3. 比赛期间主要工作内容与职责

（1）全神贯注，避免与任何人交谈，只关注所负责的冰壶道。

（2）正确操作计时系统，实时更新比赛时间记录表。

（3）出现下列情况及时通知计时长，如出现违规情况以及一局比赛不足 3 分钟等。

4. 比赛结束后主要工作内容与职责

（1）保留记分板（显示器）上的信息，切记不要重置。

（2）按照要求填写比赛时间记录表，并上交给计时长。

（3）归还所有裁判器材与设备。

（五）统计长

统计长通常是由赛事组委会或组织机构任命或指派，为参赛队伍、媒体、裁判员、组委会、技术代表等提供复杂而全面的比赛结果和数据分析，培训和监督统计裁判员，负责成绩处理团队和裁判长之间的联络，确保赛事运转流畅。

1. 赛事开始前主要工作内容与职责

（1）组织统计裁判员的赛前实习和培训，协助制作裁判员的执裁分工表。

（2）与相关的工作人员对接统计裁判员和统计长的操作台位置与摆放，正确设置和连接计算机与打印机。

（3）确定成绩处理团队或裁判长是否已经提供下列竞赛表格：初始阵容表、阵容变更表、参赛阵容表、个人投壶记录表、比赛时间记录表、冰上官员计分表等。

（4）赛前队会时，确定并告知竞赛表格的分发与回收，以及电子版或纸版成绩册的分发程序。

（5）明确比赛期间记分板信息更新的具体要求。

（6）与计时裁判员核准确定比赛时间结束的具体条件。

2. 赛事期间主要工作内容与职责

（1）保持与裁判长、执场裁判员之间的沟通，以获取如下信息：阵容变更，确认一场比赛或一局比赛的分数，确认冰上突发事件，如碰壶、前掷线违规等。

（2）确定各支参赛队伍提交参赛阵容表的时间。

（3）监测计算机程序，以确保输入的数据正确无误，并按要求将结果上传到统计网站和相关媒体。

（4）将冰上记分表和比赛时间记录表交给成绩处理团队。

（5）每轮比赛结束后，将比分和排名交给裁判长。

（6）计算并更新全队投壶赛（DSC）结果。

（7）循环赛结束后，完成队伍胜负关系排名以及包含全队投壶赛（DSC）成绩的排名，并向裁判长提供附加赛和复赛阶段的冰壶道次选择建议。

3. 赛事结束后主要工作内容与职责

（1）为所有参赛队伍、媒体、组委会和技术代表等提供成绩册（电子版或纸质版）。

（2）归还所有裁判器材与设备。

（六）统计裁判员

统计裁判员负责操控指定冰壶道的统计设备，必须能够熟练操作技术统计软件、熟知相关规则、熟悉冰壶运动，知晓投壶队伍的投壶选择。比赛期间，统计裁判员应确保统计设备的正常运行，并高度关注比赛，而不受任何干扰。工作期间 2 人 1 组，统计投壶成功率，其结果会在媒体上实时播报或显示。统计裁判员在进行投壶技术统计时，只考虑投壶执行情况，而不考虑战术是否合理，并且要保持中立，不偏袒任何一支参赛队伍。

（七）观察裁判员

观察裁判员的主要职责是观察。观察裁判员是执场裁判员和运动员之间的联结纽带，是执场裁判员的眼睛。切记：观察裁判员没有裁决权。

1. 比赛开始前主要工作内容与职责

（1）按照裁判长指定的时间向主管报到并领取必备的器材：板夹、记分卡（表）、铅笔、战术板，也可能包括秒表、违规记录表和参赛阵容表。

（2）核查记分卡上的比赛轮次、日期、冰壶道和参赛队伍名称等信息。

（3）检查战术板上的 16 块磁扣是否齐全和完备。

（4）在规定时间到达比赛场地的指定位置。

（5）穿着保暖且合乎规定的服装，包括黑色裤子和干净的鞋子。

2. 比赛期间主要工作内容与职责

（1）根据执场裁判员提供的信息在记分板上正确悬挂后手标识。每局比赛结束后，不得变动记分板上的后手标识（不包括混合双人比赛）。

（2）在计分表上记录比赛实际开始时间，并填写所需要的信息。

（3）集中注意力只观察所负责的比赛。如果出现争议，需要立即向执场裁判员汇报。

（4）用战术板上的磁扣记录比赛中冰壶的位置。若发现磁扣位置不准确，可以进行微调。调整战术板上磁扣的最佳时机是下一位运动员正在或正要投壶时。

（5）确认运动员的装备、服装和背包等个人物品摆放在记分板后方或远离步行区域。

（6）如有需要，填写犯规记录表。当观察裁判员位于比赛端时，记录比赛端前掷线到比赛端挡板的所有犯规；当观察裁判员位于投壶端时，记录投壶端挡板到比赛端前掷线的所有犯规。如果每条冰壶道只有一名观察裁判员，则要位于比赛端并记录冰壶道上的所有犯规，同时也需要记录运动员和教练员之间所有的“非法”交流。

（7）尽量保持坐姿，但当冰壶投出后，可以移动到一个更加清晰的观察位置，以便于观察关键投壶，但要确保不要影响到相邻冰壶道的运动员。

（8）比赛中不要随意与双方队伍、裁判员、观众和教练员谈话。

（9）如果出现意外情况，不要干涉，观察并等待咨询争议冰壶投出前的有效壶位置。若双方运动员无法自行解决，则寻求执场裁判员的帮助。在没有被咨询的情况下，唯一可以干涉的情况是冰壶触碰到边线，已成为无效壶，但比赛双方的运动员均没有察觉。

（10）比赛期间如果需要离开比赛场地的工作岗位，需要先通知执场裁判员并等待替补人员。

（11）如果参赛队伍要求测量或进行裁决，应当立即通知执场裁判员。

（12）分数确认之后，尽快标记本局比赛成绩并调整记分板末端的总分。

（13）如果计时器无法使用，在局间休息剩余 10 秒时通知参赛队伍，在中场休息剩余 1 分钟时通知参赛队伍。

3. 比赛结束后主要工作内容与职责

（1）观察裁判员、双方队长共同核对计分表上的比分并签字，然后上交裁判长签字。观察裁判员所记录的比分是赛场中唯一得到比赛双方队伍和裁判长签字确认的第一手资料，是比赛成绩的唯一有效记录，不能有任何错误。

（2）如果比赛在远端结束，告知运动员应将冰壶留在原处，禁止将冰壶移动到近端以免影响其他冰壶道正在进行的比赛。

（3）检查战术板上的 16 个磁扣，归还所有器材。

（4）禁止向（与）媒体或观众描述或讨论比赛中的任何事情或突发事件。

（八）前掷线裁判员

前掷线裁判员只负责观察运动员投壶出手时是否存在违规行为。前掷线裁判员位于前掷线延长线上，集中注意力观察前掷线而不是投壶运动员。前掷线裁判员通过对讲机与执场裁判员和裁判长保持联系，并报告任何违反投壶规则的行为。前掷线裁判员在比赛进行期间需要高度集中注意力，并具有良好的判断力和快速的反应力。前掷线裁判员必须首先确认，并确定发生了犯规行为。前掷线裁判员的判决是非常敏感的，必须坚决，且不惧怕恐吓。如果可能的话，对面的前掷线裁判员应与其就判决进行确认和证实。

前掷线违规对讲机报告程序：前掷线——赛道——颜色。例如，前掷线——A 道——红壶，表明 A 道的红壶方前掷线违规。

（九）冰上助理

冰上助理是轮椅冰壶比赛必要的组成部分，对轮椅冰壶比赛的流畅运行起着至关重要的作用。在轮椅冰壶比赛中，每条冰壶道配备 2 名冰上助理，分别位于投壶端和比赛端。

1. 比赛开始前主要工作内容与职责

（1）按照规定时间向主管报到并领取必备设备，进入指定工作岗位。

（2）身穿保暖、得体的服装，包括黑色裤子和干净的防滑鞋。

（3）核对比赛双方运动员的投壶顺序，填写投壶顺序表。

2. 比赛期间投壶端的主要工作内容与职责

（1）将冰壶按照正确的顺序整齐地排列成 2 排，最后一投的冰壶与 T 线相切，其余冰壶按照投壶顺序向前掷线方向摆成一条直线，并且手柄要与中线保持平行。此外，先手方的冰壶应该靠近中线摆放（图 3–23）。

（2）按照运动员的期望，将投掷壶放置在指定的投掷位置。除非运动员另有指示，否则均使用软布擦拭冰壶滑行带以及冰壶所放置的冰面。投壶运动员得到投掷壶后，冰上助理应静止站立于不阻碍投壶运动员视线的位置，即运动员身后靠近边线的位置。

（3）每局比赛的第一个投掷壶需要首先擦拭干净并摆放就位，且最后一个冰壶投出后，投壶端的冰上助理应该沿着冰壶道一侧走到比赛端，辅助另一位冰上助理完成冰壶排列工作，以为下局比赛做好充分准备。

（4）在轮椅混合双人冰壶比赛中，按照运动员要求帮助投壶运动员扶住轮椅。

3. 比赛期间比赛端的主要工作内容与职责

（1）站在冰壶道一侧，投壶运动员视线以外，靠近冰壶放置区的角落处。

（2）协助运动员清理冰壶道上的无效壶并将无效壶在侧挡板处按照要求排列成 2 排，手柄在冰面上呈一条直线，且与中线保持平行。

（3）如果是击打投壶，向碰撞后冰壶可能行进的方向移动，防止冰壶进入相邻的冰壶道。

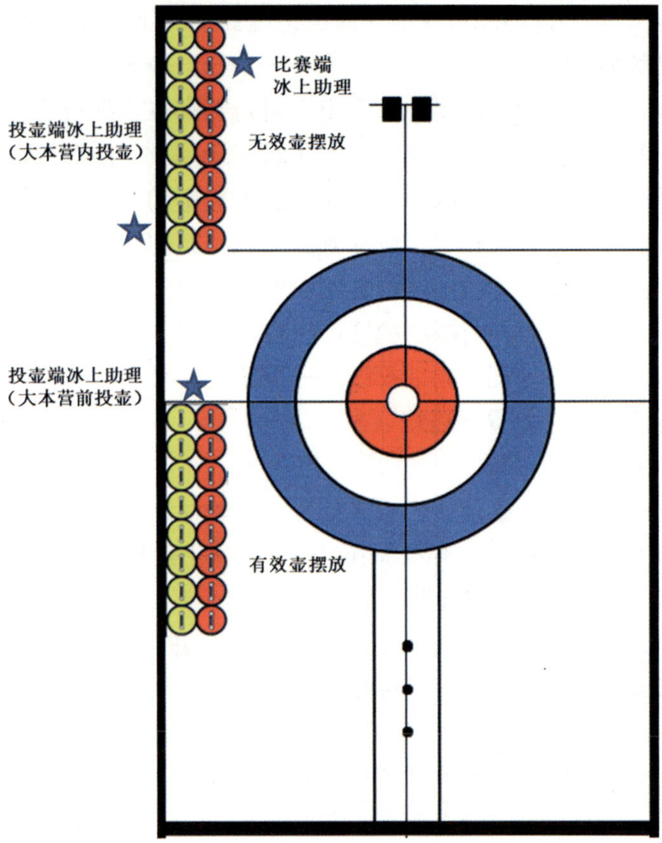

图 3-23　冰上助理站位与冰壶摆放

（4）仅在运动员提出需求时才提供帮助。如果需要测量，不要移动任何冰壶并立即通知裁判员。

（5）不要对场上局势和冰壶位置发表任何评论，这是执场裁判员的工作职责。但是，如果执场裁判员不在现场，运动员询问某个冰壶是否碰触到侧挡板，裁判员可以根据自己的所见如实回答。

（6）比赛双方队伍确认一局比赛分数后，立即通知执场裁判员。2 位冰上助理立即共同将冰壶移至投壶端右侧，为下一局比赛做好充分准备，而且 1 名冰上助理需跟随第一个投掷壶回到冰壶道的另一端。

三、测量的基本要求与工作流程

（一）测量的基本要求及测量用具分类

1. 测量前的准备与基本要求

执场裁判员通常是执行测量工作的裁判员，测量前要确保测量用具干净、性能良好，存放条件符合要求，测量时要保持冷静且不可以戴手套。上冰之前要清理鞋底，上冰后要转动鞋底，进行鞋底预冷程序，告知裁判长运动员要求测量并保持无线电联络畅通。

2. 测量用具的分类与功能

（1）测量杆：用于测量静止冰壶与大本营的关系，主要适用于以下 3 种情况：第一种情况是测量静止冰壶是否位于自由防守区内；第二种情况是测量冰壶是否是得分壶；第三种情况是测量冰壶是否是有效壶，此时冰壶位于大本营后方中心处。

（2）千分测量尺：用于测量大本营内 2 个及以上静止冰壶距离 T 点的距离，以此来确定一局比赛的分数。

（3）点球测量尺：点球投壶（LSD）时，用于测量静止冰壶距离 T 点的距离，以此来决定第一局比赛的后手选择权和计算全队投壶赛（DSC）。

（4）直角测量块：用于测量冰壶与冰壶道上各条直线（前掷线、底线或边线）的关系，主要适用于以下两种情况：第一种情况是确定静止冰壶是否位于自由防守区内；第二种情况是确定静止冰壶是否是有效壶。

（5）视觉：无法使用测量工具进行测量时使用视觉测量，主要适用于以下两种情况：第一种情况是其他冰壶的静止位置导致无法使用测量工具进行测量；第二种情况是非点球投壶（LSD）时 T 点的中心孔被静止冰壶遮挡导致无法使用测量工具进行测量。

（二）点球投壶（LSD）测量

参赛队伍赛前练习结束后，选派 2 名运动员进行点球投壶（LSD）：第一名运动员采用顺时针投壶，第二名运动员采用逆时针投壶。

如果循环赛阶段使用多个点球测量尺，每条冰壶道所使用的点球测量尺要固定不变，也就是说 A 赛道的点球测量尺只能用于测量 A 赛道，以避免由测量仪器自身的误差所产生的测量差异。

裁判员 2 人 1 组，进行分组测量。在使用 4 条冰壶道的比赛中，A 道和 B 道的裁判员共同完成这 2 条冰壶道的点球投壶（LSD）测量工作，C 道和 D 道的裁判员共同完成另外 2 条冰壶道的点球投壶（LSD）测量工作。测量结果将被明显标记为“A—B”“C—D”。

所有的点球测量尺均设定为公制单位，箭头方向朝向冰壶进行测量。裁判员要确保测量结果精确到 0.1 厘米，在每次测量前要确保点球测量尺被重新设定为 0 刻度。

测量时，点球测量尺要匀速拉出，测量尺应接触到冰壶并与冰壶撞击带齐平。如果冰壶遮挡住了 T 点的中心孔，则需要进行直角测量（两点测量）（图 3-24）。

数字表盘读数固定，即测量结果已经产生，2 名裁判员应当共同查看和证实读数。一名裁判员将测量结果直接录入 App 小程序“Curl Distance”中，该程序将自行计算出最终结果。如果点球投壶（LSD）不在大本营内，直接记录为 1.996 米。（图 3-25）

（三）自由防守区测量

自由防守区测量用于自由防守区规则有效期内确定静止冰壶是否位于自由防守区。裁判员和运动员如果要确定静止冰壶是否接触到大本营前端最外沿，则需要使用测量杆；如果要测量静止冰壶与前掷线和 T 线的关系，则需要使用直角测量块。

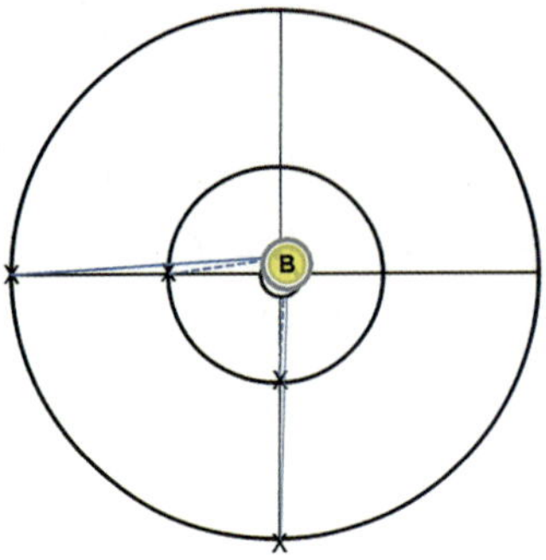

图 3-24　点球投壶（LSD）的两点测量

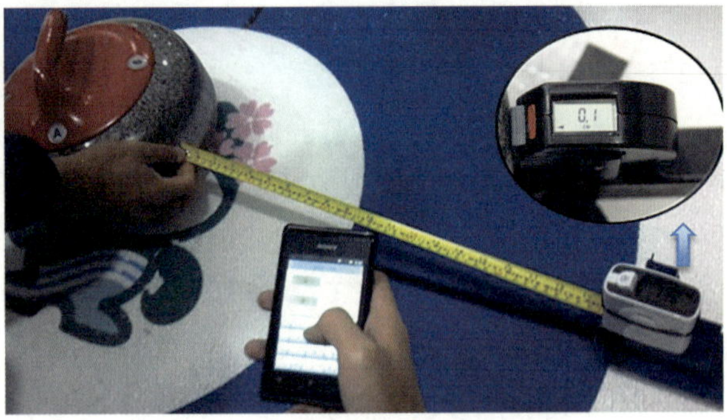

图 3-25　点球投壶（LSD）测量

在进行测量时，裁判员双手持握测量杆从 6 点钟方向（冰壶道底端）进入冰面，先将滑动端放置在冰面上，再将固定端放在 T 点处，顺时针移动测量杆。如果大本营内其他静止冰壶阻碍测量工具的使用，则采用视觉测量。视觉测量的结果即是最终结果。裁判员在实施测量时禁止移动冰壶，测量结束后，使用手势信号指明冰壶是否位于自由防守区。（图 3-26）

图 3-26　自由防守区测量

（四）有效壶测量

有效壶是指完全越过前掷线，或者因为碰撞到前掷线内的冰壶而没有越过前掷线，而且没有接触到边线（侧挡板），也没有完全越过底线的静止冰壶。测量工具是直角测量块。

裁判员将直角测量块放置在需要进行测量的基准线（前掷线、底线、边线）上，轻轻移动直角测量块，观察测量的基准线是否位于静止冰壶与直角测量块之间。如果冰壶恰好在大本营后方的中线上，并且此区域中线上没有其他静止冰壶时，可以使用测量杆进行测量。其测量程序与自由防守区测量相同。（图 3-27）

（五）大本营得分壶测量

裁判员双手持握千分测量尺且固定端位于右手侧（确保测量沿着顺时针方向完成，这是测量的首选方向），从 6 点钟方向进入冰壶道。如果裁判员是从室温区域进入冰面，则必须先进行鞋底预冷。

图 3–27　有效壶测量

比赛双方队伍首先要清除大本营内不需要测量的冰壶，再将千分测量尺的滑动端放在冰面上，然后将固定端放在 T 点的中心孔内。裁判员在实施测量时既可以按照顺时针方向（首选）旋转千分测量尺进行测量，也可以按照逆时针方向旋转千分测量尺进行测量，但是测量过程中旋转方向要保持不变。裁判员通过测量确定距离圆心最近的冰壶，并与双方确认测量结果，然后将非得分壶移出大本营或将得分壶移向 T 点（图 3–28）。测量结果确定之后，裁判员首先要从冰面上抬起千分测量尺的固定端，然后再将千分测量尺放置到指定储藏区域。

图 3–28　得分壶测量

假如需要测量的冰壶贴近圆心，无法使用测量工具进行测量，则只能使用视觉测量。假如裁判员不能做出决定或者是参赛队伍有其他不同意见，则由裁判长进行最终裁决。

一局比赛结束后，如果需要判定冰壶是否进入大本营，则使用测量杆。假设通过参照其他冰壶能够判定此冰壶不可能是得分壶，则不需要进行测量。此外，对于 3 个冰壶的测量首先要从奇数颜色的冰壶启动测量程序。

四、计时工作流程

（一）计时系统的设置

根据裁判长和计时长的要求，计时裁判员需要对计时系统进行设置。计时裁判员需要进行设置的项目有赛前练习时间、比赛长度（局数）、局间休息时间、中场休息时间、思考时间、暂停时间、教练员行走时间、加局时间、冰壶道、参赛队伍名称、冰壶颜色与分配等。

（二）计时裁判员的工作流程

参赛队伍在进行赛前练习和点球投壶（LSD）时，由一条冰壶道的计时裁判员控制时间和显示屏幕。流程如下。

（1）裁判员发出 “第一组练习开始”指令，启动赛前练习时间。

（2）裁判员发出 “顺时针投壶开始”指令，启动 1 分钟点球投壶（LSD）时间。

（3）裁判员发出 “逆时针投壶开始”指令，启动 1 分钟点球投壶（LSD）时间。

（4）裁判员发出 “第二组练习开始”指令，启动赛前练习时间。

（5）裁判员发出 “顺时针投壶开始”指令，启动 1 分钟点球投壶（LSD）时间。

（6）裁判员发出 “逆时针投壶开始”指令，启动 1 分钟点球投壶（LSD）时间。

点球投壶（LSD）测量结束后，其他冰壶道的计时裁判员关闭各自冰壶道显示屏幕上的显示标识。当裁判员发出“距比赛开始还有 1 分钟”的指令时，所有计时裁判员同时启动 1 分钟局间休息时间。

比赛开始后，计时裁判员按照《冰壶运动规则与竞赛规则》中开表与停表的相关规定操控计时软件，并填写比赛时间记录表（详见本章第二节中的“计时规则与依据”）。

延伸阅读

冰壶计时软件操作说明

世界冰壶联合会赛事指定计时软件是“CurlTime”，目前的最新版本是CurlTime 2015。计时裁判员的工作就是根据世界冰壶联合会制定的《冰壶运动规则与竞赛规则》，熟练操作计时软件，记录冰壶比赛中的各种时间，包括比赛时间、战术暂停、技术暂停和休息时间等，并根据特定情况进行时间的微调。

CurlTime2015 系统界面操作说明如下：

系统设置界面

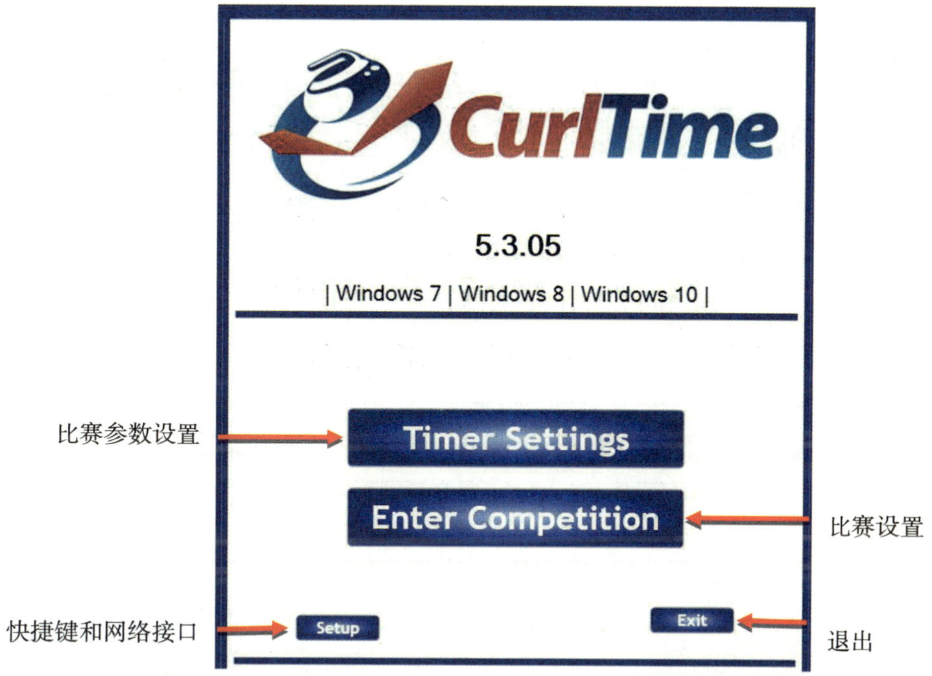

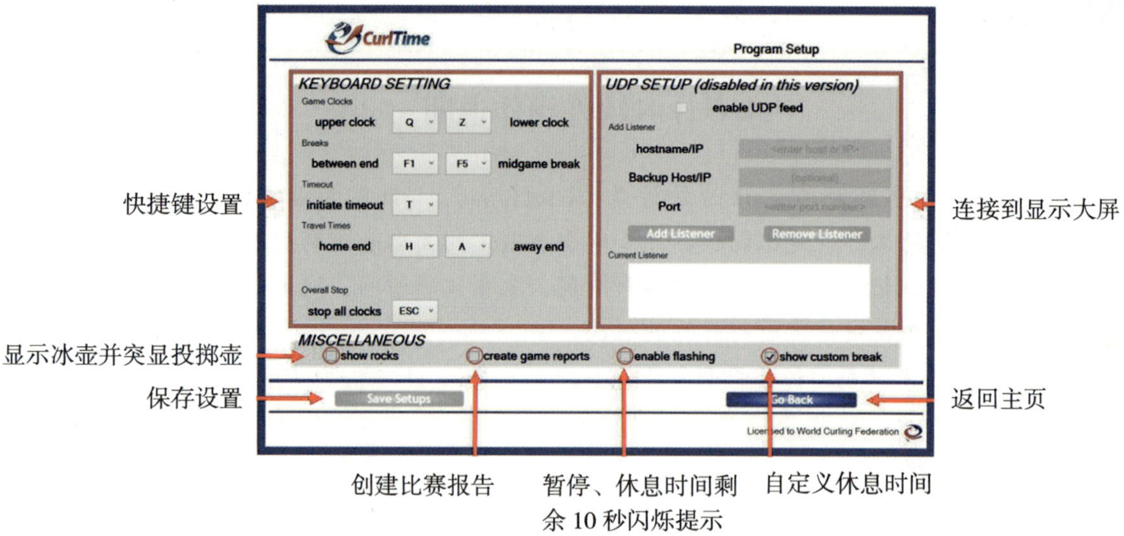
CurlTime
Program Setup
KEYBOARD SETTING
Game Clocks
upper clock
Q
Z
lower clock
Breaks
between end
F1
F5
midgame break
Timeout
initiate timeout
T
Travel Times
home end
H
A
away end
Overall Stop
stop all clocks
ESC
UDP SETUP (disabled in this version)
enable UDP feed
Add Listener
hostname/IP
Backup Host/IP
Port
Add Listener
Remove Listener
Current Listener
MISCELLANEOUS
show rocks
create game reports
enable flashing
show custom break
Save Setups
Go Back
Licensed to World Curling Federation
快捷键设置
连接到显示大屏
显示冰壶并突显投掷壶
保存设置
返回主页
创建比赛报告
暂停、休息时间剩余 10 秒闪烁提示
自定义休息时间

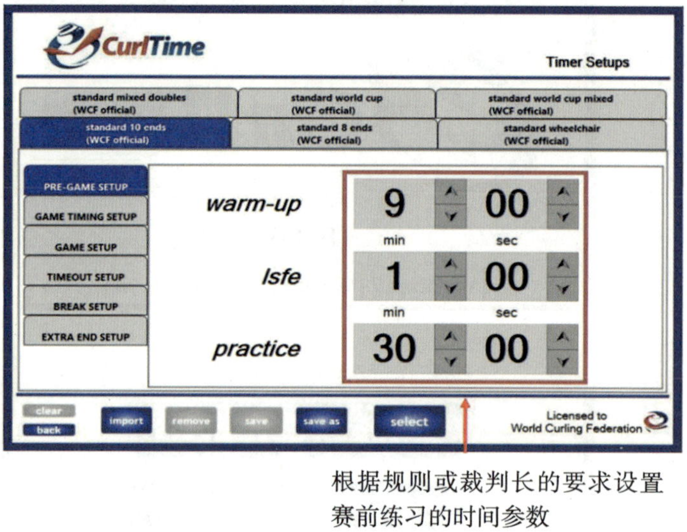
CurlTime
Timer Setups
standard mixed doubles (WCF official)
standard world cup (WCF official)
standard world cup mixed (WCF official)
standard 10 ends (WCF official)
standard 8 ends (WCF official)
standard wheelchair (WCF official)
PRE-GAME SETUP
GAME TIMING SETUP
GAME SETUP
TIMEOUT SETUP
BREAK SETUP
EXTRA END SETUP
warm-up
9 min 00 sec
lsfe
1 min 00 sec
practice
30 min 00 sec
clear
back
import
remove
save
save as
select
Licensed to World Curling Federation
根据规则或裁判长的要求设置赛前练习的时间参数

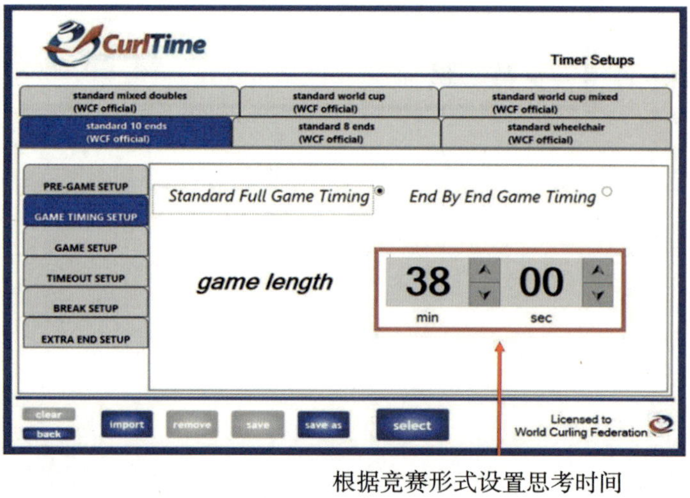
CurlTime
Timer Setups
standard mixed doubles (WCF official)
standard world cup (WCF official)
standard world cup mixed (WCF official)
standard 10 ends (WCF official)
standard 8 ends (WCF official)
standard wheelchair (WCF official)
PRE-GAME SETUP
GAME TIMING SETUP
GAME SETUP
TIMEOUT SETUP
BREAK SETUP
EXTRA END SETUP
Standard Full Game Timing
End By End Game Timing
game length
38 min 00 sec
clear
back
import
remove
save
save as
select
Licensed to World Curling Federation
根据竞赛形式设置思考时间

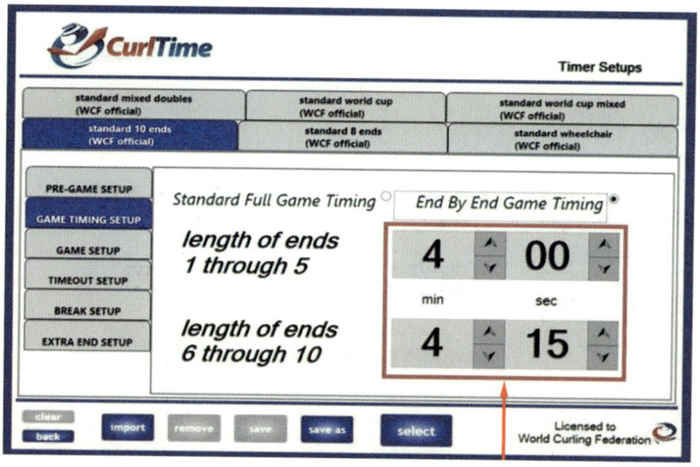

世界杯赛事每局思考时间

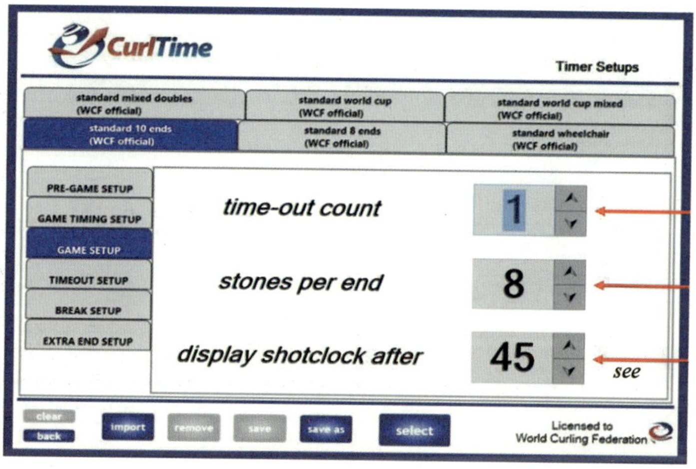

暂停次数

每局每队冰壶数量

每次投壶时间

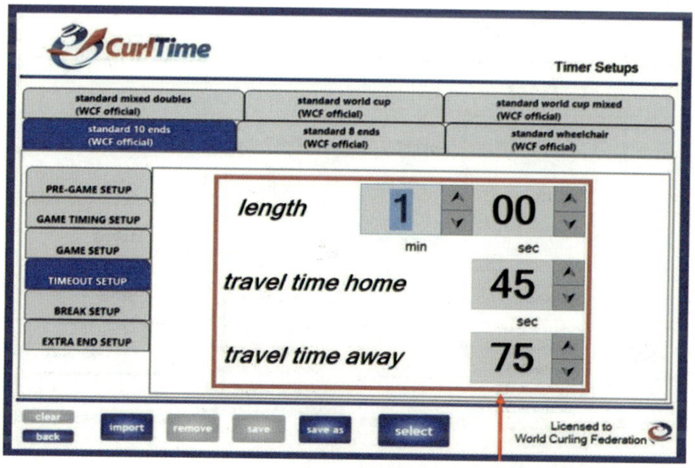

暂停时间与近端和远端的行走时间

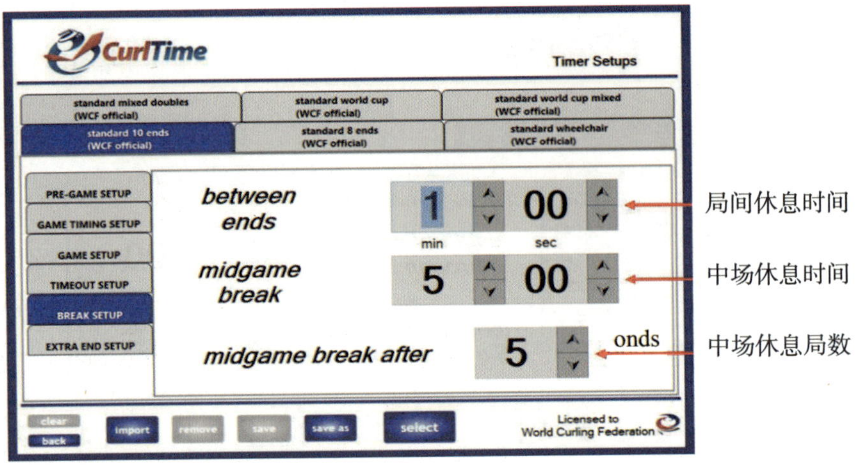
CurlTime
Timer Setups
standard mixed doubles (WCF official)
standard world cup (WCF official)
standard world cup mixed (WCF official)
standard 10 ends (WCF official)
standard 8 ends (WCF official)
standard wheelchair (WCF official)
PRE-GAME SETUP
GAME TIMING SETUP
GAME SETUP
TIMEOUT SETUP
BREAK SETUP
EXTRA END SETUP
between ends
1 00
min sec
midgame break
5 00
midgame break after
5 onds
clear
back
import
remove
save
save as
select
Licensed to World Curling Federation
局间休息时间
中场休息时间
中场休息局数

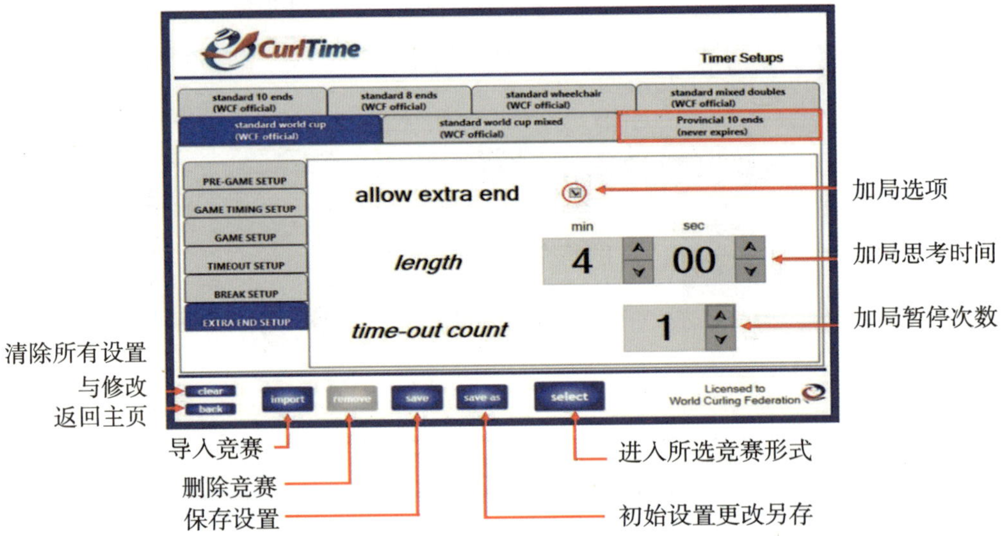
CurlTime
Timer Setups
standard 10 ends (WCF official)
standard 8 ends (WCF official)
standard wheelchair (WCF official)
standard mixed doubles (WCF official)
standard world cup (WCF official)
standard world cup mixed (WCF official)
Provincial 10 ends (never expires)
PRE-GAME SETUP
GAME TIMING SETUP
GAME SETUP
TIMEOUT SETUP
BREAK SETUP
EXTRA END SETUP
allow extra end
min sec
length
4 00
time-out count
1
clear
back
import
remove
save
save as
select
Licensed to World Curling Federation
加局选项
加局思考时间
加局暂停次数
清除所有设置与修改
返回主页
导入竞赛
删除竞赛
保存设置
进入所选竞赛形式
初始设置更改另存

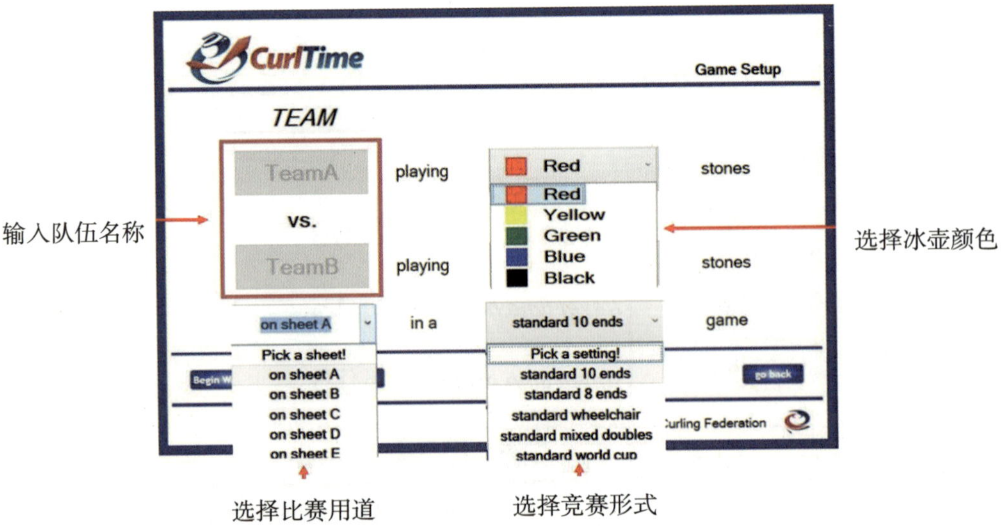
CurlTime
Game Setup
TEAM
TeamA
vs.
TeamB
playing
playing
Red
Red
Yellow
Green
Blue
Black
stones
stones
on sheet A
in a
standard 10 ends
game
Pick a sheet!
on sheet A
on sheet B
on sheet C
on sheet D
on sheet E
Pick a setting!
standard 10 ends
standard 8 ends
standard wheelchair
standard mixed doubles
standard world cup
go back
输入队伍名称
选择冰壶颜色
选择比赛用道
选择竞赛形式

CurlTime
Game Setup
TEAM
Team A
playing
Red
stones
vs.
Team B
playing
Blue
stones
on sheet C
in a
standard 10 ends
game
Begin Warm-Up
Display Logo
Begin Game
go back
Licensed to World Curling Federation
返回主页
进入热身界面
显示 WCF 标识
进入比赛界面

热身练习界面

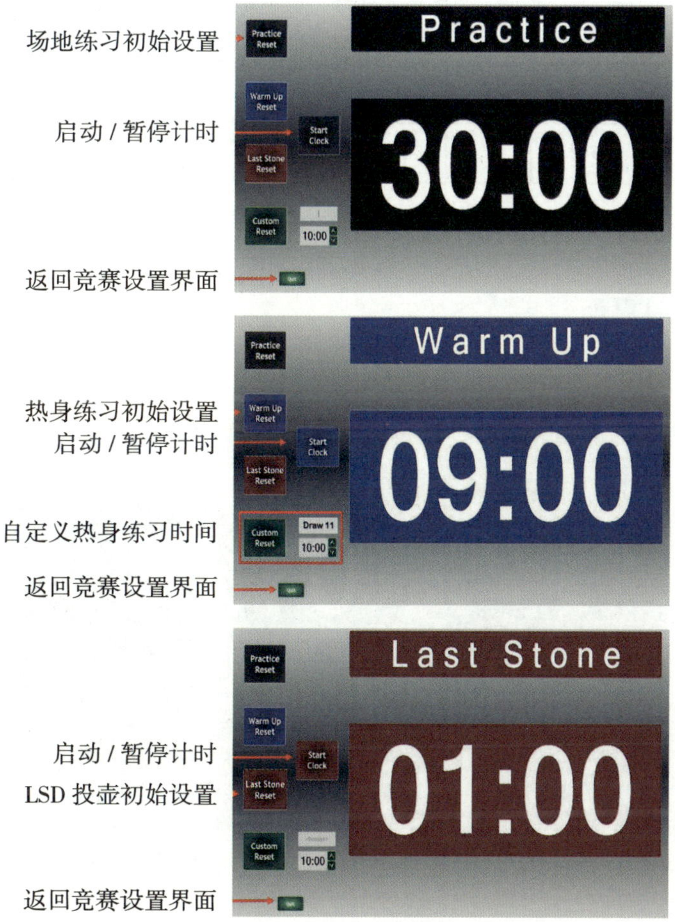
场地练习初始设置
启动 / 暂停计时
返回竞赛设置界面
Practice
30:00
Practice Reset
Warm Up Reset
Start Clock
Last Stone Reset
Custom Reset
10:00
热身练习初始设置
启动 / 暂停计时
自定义热身练习时间
返回竞赛设置界面
Warm Up
09:00
Draw 11
启动 / 暂停计时
LSD 投壶初始设置
返回竞赛设置界面
Last Stone
01:00

比赛计时界面

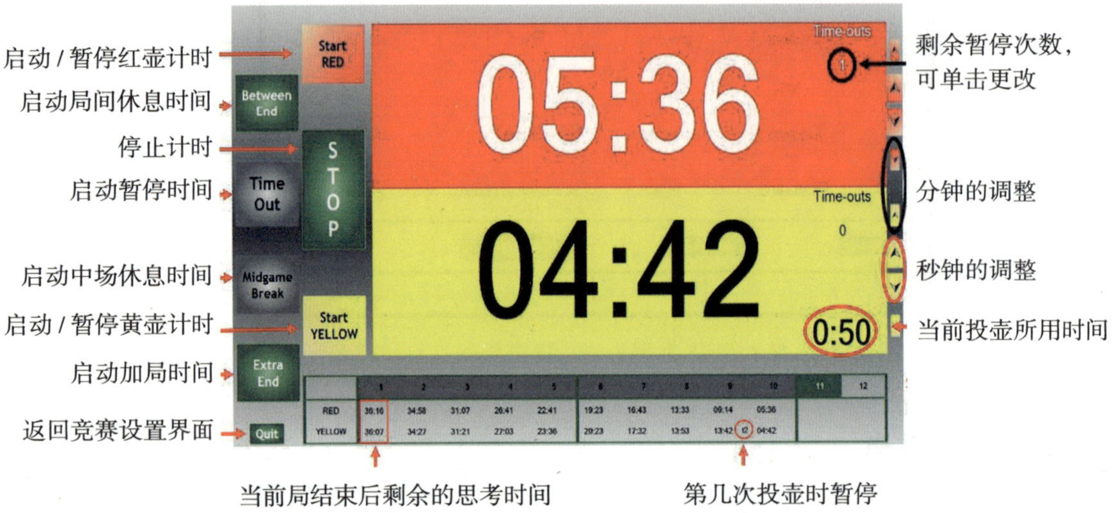

END	1	2	3	4	5	6	7	8	9	10	11										TOTAL
BC	1	1	0	3	1	1															6
ON	0	0	1	0	2	0															3

当电脑连接到电子记分板时会显示此界面，及时更新分数与后手标识。

局间休息计时界面

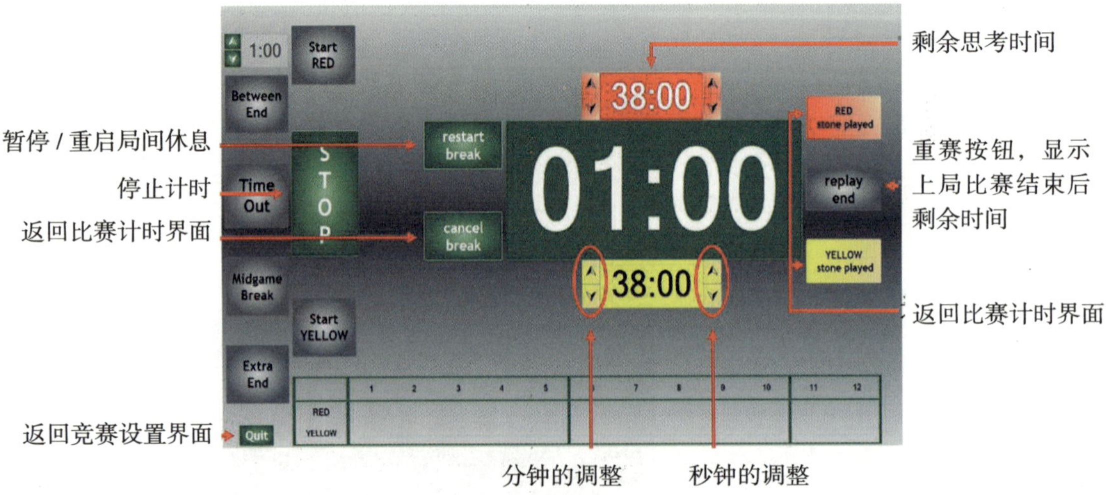

战术暂停计时界面

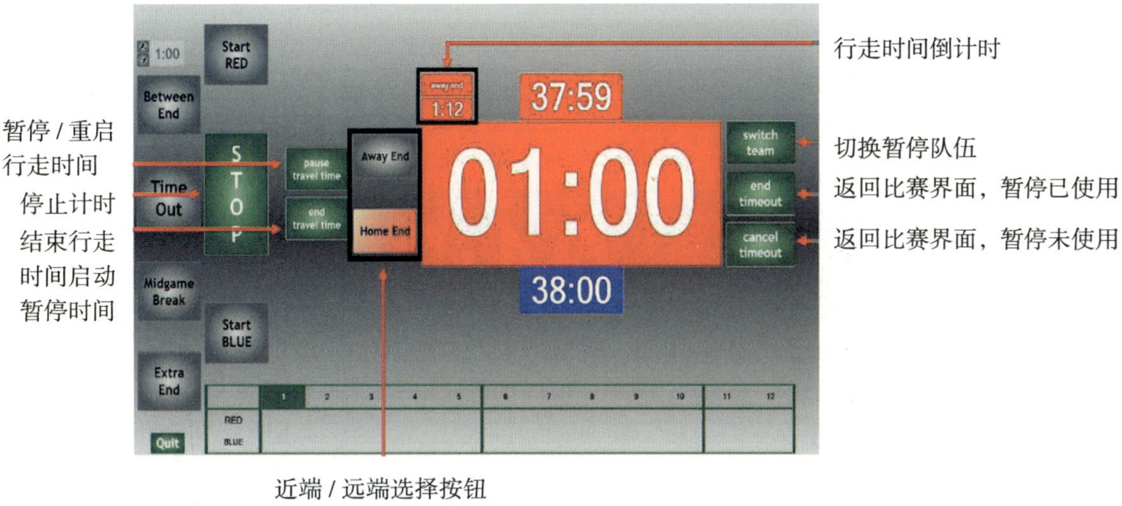

中场休息计时界面

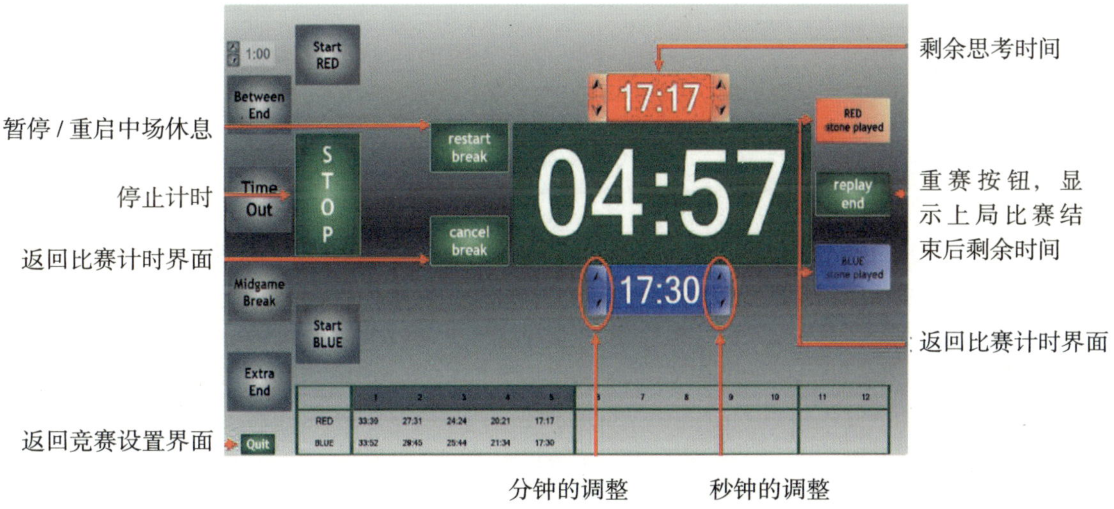

加局计时界面

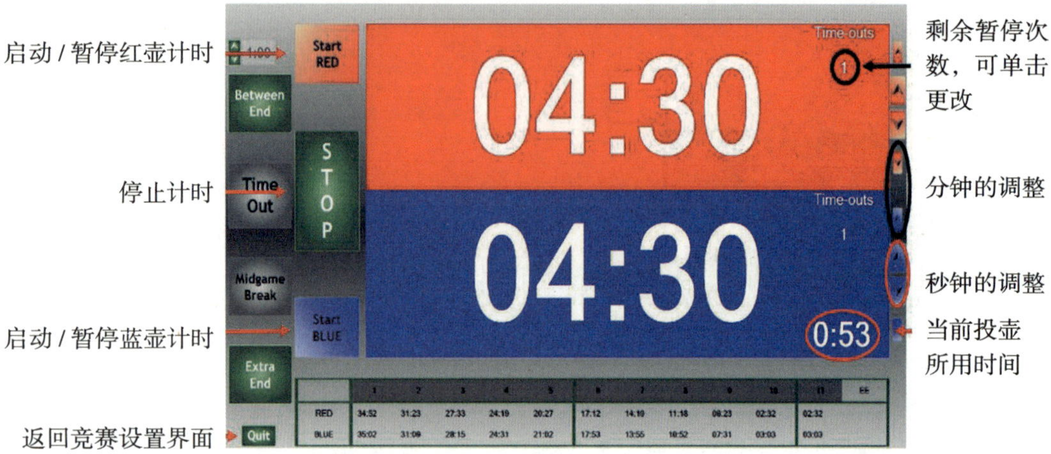
启动 / 暂停红壶计时
停止计时
启动 / 暂停蓝壶计时
返回竞赛设置界面
剩余暂停次数，可单击更改
分钟的调整
秒钟的调整
当前投壶所用时间
Start RED
Between End
Time Out
STOP
Midgame Break
Start BLUE
Extra End
Quit
Time-outs
04:30
04:30
0:53
RED
BLUE
EE

延伸阅读

冰壶裁判员工作用表

一、初始阵容表

赛事名称：________________________________

时间 / 地点：________________________________

初始阵容表

参赛队伍：____________________　男子：□　　女子：□

垒次	名	姓
四垒		
三垒		
二垒		
一垒		
替补		

L/R	TC

指挥		
副指挥		

			TC
教练员			
第二官员			
第三官员			

签名	
电话号码 / 房间号：	
邮箱：	

备注：

（1）L/R，即左 / 右，是指投壶运动员的惯用手。

（2）TC，指裁判员可以联系到的赛场外的一名人员。

（3）每场比赛前阵容变更，请使用参赛阵容表。

（4）初始阵容表用于“冰壶历史”、队伍展示和授奖仪式。

（5）只有表格中的运动员和两名官员才可以进入教练员席。

二、混双初始阵容表

赛事名称：________________________________

时间 / 地点：________________________________

混双初始阵容表

参赛队伍：____________________

	名	姓	L/R	TC
女				
男				

教练员				
第二官员				

签名	
电话号码 / 房间号：	

备注：

（1）L/R：即 – 左 / 右，是指投壶运动员的惯用手。

（2）TC：指裁判员可以联系到的赛场外的一名人员。

（3）初始阵容表用于“冰壶历史”，队伍展示和授奖仪式。

（4）只有表格中的运动员和两名官员才可以进入教练员席。

（5）如果需要翻译，请在表格的“第二官员”处填写。

三、参赛阵容表

赛事名称：______________________________

时间 / 地点：______________________________

参赛阵容表

参赛队伍：____________________　男子：□　　女子：□

日期：__________ 时间：__________ 赛道：__________

垒次	名	姓
四垒		
三垒		
二垒		
一垒		
替补		

指挥		
副指挥		

教练员		

签名	

备注：此表需在第一场赛前练习开始前 15 分钟交给裁判员。

四、阵容变更表

赛事名称：______________________________

时间 / 地点：______________________________

阵容变更表

参赛队伍：____________________ 男子：□ 女子：□

日期：__________ 时间：__________ 赛道：__________

阵容变更局：__________

垒次变更	名	姓
四垒		
三垒		
二垒		
一垒		
替补		

指挥		
副指挥		

签名		

备注：此表需在允许替补运动员进入比赛场地前交给裁判长或副裁判长。

五、个人投壶赛（LSD）

赛事名称：________________________________

时间 / 地点：________________________________

个人投壶赛（LSD）

日期：________________　　时间：________________

赛道：________________　　男子：□　　女子：□　　混合：□

队伍	运动员	时针	距离
		↻	
		↺	
	合计		

队伍	运动员	时针	距离
		↻	
		↺	
	合计		

赛道：________________　　男子：□　　女子：□　　混合：□

队伍	运动员	时针	距离
		↻	
		↺	
	合计		

队伍	运动员	时针	距离
		↻	
		↺	
	合计		

赛道：________________　　男子：□　　女子：□　　混合：□

队伍	运动员	时针	距离
		↻	
		↺	
	合计		

队伍	运动员	时针	距离
		↻	
		↺	
	合计		

赛道：________________　　男子：□　　女子：□　　混合：□

队伍	运动员	时针	距离
		↻	
		↺	
	合计		

队伍	运动员	时针	距离
		↻	
		↺	
	合计		

大本营外的冰壶记录为 199.6 cm

六、冰上官员计分表

赛事名称：____

时间 / 地点：____

冰上官员计分表

赛道：______________　　　　男子：□　　　　女子：□

日期：______________　　　　时间：______________

后手	局	1	2	3	4	5	6	7	8	9	10	11	12	总分

LSD	时针	运动员	距离
______	合计		

LSD	时针	运动员	距离
______	合计		

战术暂停	局	壶
	第 1 个加局	
______	第 2 个加局	

战术暂停	局	壶
	第 1 个加局	
______	第 2 个加局	

参赛队伍：______________　　　　签名：______________

参赛队伍：______________　　　　签名：______________

违规 技术暂停	局	壶	行为
______			

违规 技术暂停	局	壶	行为
______			

裁判员：______________　　　　裁判长：______________

七、混双冰上官员计分表

赛事名称：____

时间 / 地点：____

混双冰上官员计分表

赛道：________________　日期：________________　时间：________________

后手	局	1	2	3	4	5	6	7	8	9	10	11	12	总分

LSD	时针	运动员	距离
	↺		
	↻		
________	合计		

LSD	时针	运动员	距离
	↺		
	↻		
________	合计		

战术暂停	局	壶
	第 1 个加局	
________	第 2 个加局	

签名：________________

战术暂停	局	壶
	第 1 个加局	
________	第 2 个加局	

签名：________________

投壶顺序

局	第 1 投壶					
1	○ Yes					
2	○ Yes					
3	○ Yes					
4	○ Yes					
5	○ Yes					
6	○ Yes					
7	○ Yes					
8	○ Yes					
9	○ Yes					
10	○ Yes					

局	第 1 投壶					
1	○ Yes					
2	○ Yes					
3	○ Yes					
4	○ Yes					
5	○ Yes					
6	○ Yes					
7	○ Yes					
8	○ Yes					
9	○ Yes					
10	○ Yes					

裁判员：________________　裁判长：________________

八、比赛时间记录表

赛事名称：____________________

时间 / 地点：____________________

比赛时间记录表

赛道：__________　　男子：□　　女子：□

日期：__________　　时间：__________

参赛队伍：		
每局结束时间		战术暂停
第 1 局		
第 2 局		
第 3 局		
第 4 局		
第 5 局		
第 6 局		
第 7 局		
第 8 局		
第 9 局		
第 10 局		
第 11 局		
第 12 局		

参赛队伍：		
每局结束时间		战术暂停
第 1 局		
第 2 局		
第 3 局		
第 4 局		
第 5 局		
第 6 局		
第 7 局		
第 8 局		
第 9 局		
第 10 局		
第 11 局		
第 12 局		

备注：____________________

计时裁判员：__________　　计时长：__________

九、轮椅冰壶 - 投壶顺序表

轮椅冰壶 – 投壶顺序表

参赛队伍		
垒次	R/L	红壶
一垒 第 1 投壶		
一垒 第 2 投壶		
二垒 第 1 投壶		
二垒 第 2 投壶		
三垒 第 1 投壶		
三垒 第 2 投壶		
四垒 第 1 投壶		
四垒 第 2 投壶		

参赛队伍		
垒次	R/L	黄壶
一垒 第 1 投壶		
一垒 第 2 投壶		
二垒 第 1 投壶		
二垒 第 2 投壶		
三垒 第 1 投壶		
三垒 第 2 投壶		
四垒 第 1 投壶		
四垒 第 2 投壶		

十、前掷线记录表

赛事名称：______________________________

日期：______________时间：______________

赛道	参赛队伍	运动员	End 1	End 2	End 3	End 4	End 5	End 6	End 7	End 8	End 9	End 10	End 11	End 12	比分
		1.													
		2.													
		3.													
		4.													

赛道	参赛队伍	运动员	End 1	End 2	End 3	End 4	End 5	End 6	End 7	End 8	End 9	End 10	End 11	End 12	比分
		1.													
		2.													
		3.													
		4.													

OK—√　　CLOSE—／　　前掷线违规—X　　未投壶—O

裁判员：______________　　签名：______________

第四章　投壶

有些人认为冰壶运动是一项非常容易上手的简单运动。从某种意义上来讲，冰壶运动的核心要义确实较简单，不仅竞赛规则浅显易懂，而且运动目的也一目了然。冰壶运动最基本的目的就是将一个冰壶投掷到冰壶道比赛端的目标区域，并通过不同的技术与战术使本方的冰壶比对手的冰壶更加接近圆心。这也正是冰壶运动能够吸引众多人群参与其中的强大魅力所在。

然而，伴随着对冰壶运动的深入了解，人们就会逐渐发现要想精准地掌握冰壶运动的各项技术，并达到一流的竞技水平并不像最初想象的那么简单和容易。冰壶运动所具有的复杂性、智慧性和精细性等特性才是人们持续参与冰壶运动并不断提升冰壶运动专项技术的动因所在。因为，不论参与者的冰壶运动专项技术达到了何种水平，总是需要不断去面对新的挑战，总能激起不断进取的动力。

第一节　投壶基础知识

投壶是冰壶运动最基本、最重要的技术，它需要经过多次的反复练习来强化肌肉记忆以达到高度的精确性和一致的稳定性。

众所周知，冰壶运动属于技能主导类表现精准性项目。每局比赛的双方队伍不仅要围绕谁能将冰壶更精准地投到冰壶道比赛端的预定位置而展开博弈，而且还要全力以赴地使每次投壶的完成质量都要比对手的投壶更加完美。既定投壶的失误趋向通常只有几分之一英尺，成功投壶和失败投壶之间的差别就发生在这个很小的范围空间。因此，冰壶运动员应具备操控冰壶到达冰壶道比赛端精确位置的运动能力，这是决定运动员竞技表现和比赛成绩的重要因素。

一、投壶过程的阶段划分

运动员投掷冰壶时需要借助冰壶道投壶端的踏板产生滑向冰壶道比赛端指挥或副指挥指定投壶目标点的助推力量。投壶目标点是指挥或副指挥将冰壶刷放在冰面上的投壶点位，是投壶运动员投壶滑行的方向，而不是冰壶最终的静止位置。

投壶运动员首先要在踏板处进入投壶准备姿势，继而从踏板蹬出，使冰壶在身体前方与身体一同向前滑行，同时体会和观察冰壶滑行路线、力量和速度并最终完成投壶出手动作。投壶滑行过程中，运动员主要通过滑行脚来控制身体平衡。右手投壶的运动员，左脚是滑行脚；左手投壶的运动员，右脚是滑行脚。滑行脚的膝关节此时要达到最大限度的弯曲，驱动侧的髋关节充分向后伸展。投壶运动员需要在冰壶到达投壶端前掷线之前，在适当的时机完成投壶出手动作。冰壶将会根据运动员给予冰壶的速度（动能）及手柄的指令（顺时针或逆时针旋转）在冰面上呈弧线轨迹滑行。如果冰壶完全通过底线、接触到边线或是没有完全通过比赛端前掷线，则此冰壶是无效壶，需要移出比赛区域。此外，冰壶在其前沿到达投壶端前掷线前必须出手，前掷线出手则违规，此冰壶也是无效壶，投壶方需要立即将此冰壶移出比赛区域。

与其他体育运动相类似，冰壶运动的投壶技术并不像看起来那样简单，它包括多个相互独立的基本动作，每一个动作都高度复杂，且又极为精细，只有将它们标准规范、有机顺畅地整合在一起，才能掌握完整的、高质量的投壶技术，才能获得高质量的投壶。

按照投壶过程中动作或程序的次序，投壶动作可以分解为：常规动作、踏板准备姿势、前压、提臀、后引冰壶和肩部、后引滑行脚、停顿、前移冰壶和肩部、前移滑行脚、蹬离、滑行、旋转、出手和跟滑 14 个基本动作或程序。根据每一动作或程序的特点，投壶过程可以划分为 4 个阶段，即准备阶段、驱动阶段、滑行阶段和出手阶段（图 4–1）。

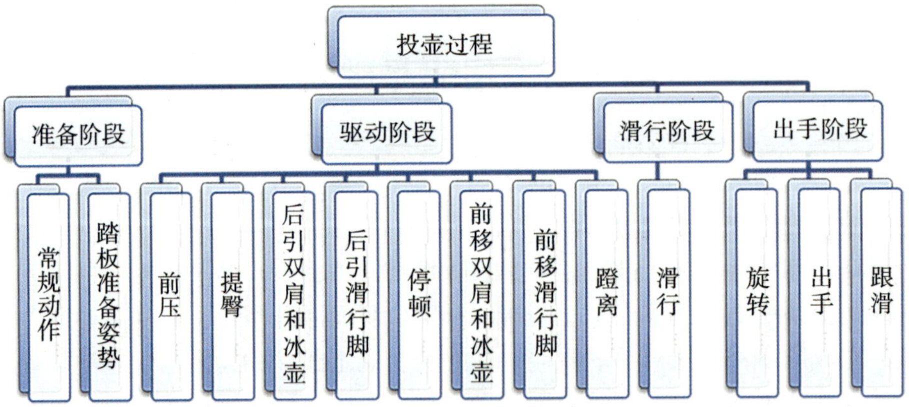

图 4–1　投壶过程

二、投壶类型解读

根据投壶力量，投壶可以分为两大类：投准和击打。投壶力量是指冰壶的速度或动能。大力量投壶时，冰壶运动速度快、弧线小；小力量投壶时，冰壶运动速度慢、弧线大。

投准是指投掷壶自身停在有效区域的投壶。投准投壶意味着需要精准的力量控制，投掷壶在不触碰其他冰壶的情况下可以停在有效区域内。投准投壶是为了使更多的冰壶留在比赛中而采用的一种小力量投壶技术。

击打是指投掷壶需要撞击到比赛中其他静止冰壶的投壶，通常情况下要将目标壶移出比赛区域。击打投壶所需的投壶力量要大于投准投壶，如果没有碰触到比赛中的静止冰壶，这种力量足够使投掷壶滑出比赛区域。击打投壶是为了将比赛中的冰壶移出比赛区域而采用的一种大力量投壶技术。

此种分类方法是最简单的投壶类型分类方法。事实上，任何分类方法都无法将所有投壶类型全部涵盖其中。

为了实现既定的战术目标，投壶运动员会使用最适宜的投壶力量来完成既定的投壶任务。冰壶运动的一个迷人之处就在于使用不同的投壶技术可以实现不同的战术目的，而且有时不同的投壶技术又可以实现相同的战术目的。顶级冰壶赛事中的运动员都具备精准完成各种力量和线路的投壶的能力。因此，他们会有更多的投壶选择去实现既定的战术目标。所以，要想成为优秀的冰壶运动员就要进行持续不断的投壶技术训练从而精确掌握各种力量和线路的投壶技术，以便在比赛中的投壶选择更加宽泛。

（一）投准

投准的目的是投掷壶自身停在比赛区域内，尤其是在大本营内。此种投壶技术需要投壶运动员具有良好的速度感知能力和精确的力量控制能力。根据具体的投壶力量和目的，投准投壶又可以细分为占位（Front/Guard）、保护（Guard）、进营（Draw）、旋进（Come Around）、粘壶（Freeze）、轻传（Tap）、传进（Raise）、轻磕（Bump）、分营（Split）9 种。

1. 占位

占位是指投掷壶自身停在大本营前方的投壶技术，其目的是后续投壶可以“躲藏”在此占位冰壶的后方或是封锁对方的投壶线路。队伍在一局比赛的开局阶段、自由防守区规则有效期内通常会选择占位投壶并主要由一垒运动员完成占位投壶。根据冰壶的横向位置差异，占位可以细分为中区占位和边区占位（图 4–2）；根据冰壶到大本营的距离差异，占位又可以分为高占位、中占位和低占位，或是一区占位、二区占位和三区占位（图 4–3）。与保护投壶相比较，相对投壶线路而言，占位投壶需要运动员具备更为精准的力量控制能力。

2. 保护

保护是指投掷壶自身停在大本营前方的投壶技术，其目的通常是对本方比赛中的潜在得分壶提供保护（图 4–4）。在冰壶比赛中，起到保护作用的冰壶既有可能为本方的冰壶提供保护，也有可能为对手的冰壶提供保护。队伍在一局比赛的收官阶段通常会选择保护投壶。与占位投壶相比较，相对投壶力量而言，保护投壶需要运动员具备更为精准的线路控制能力。当占位冰壶后方有需要保护的冰壶时，此时占位冰壶应称为保护冰壶。

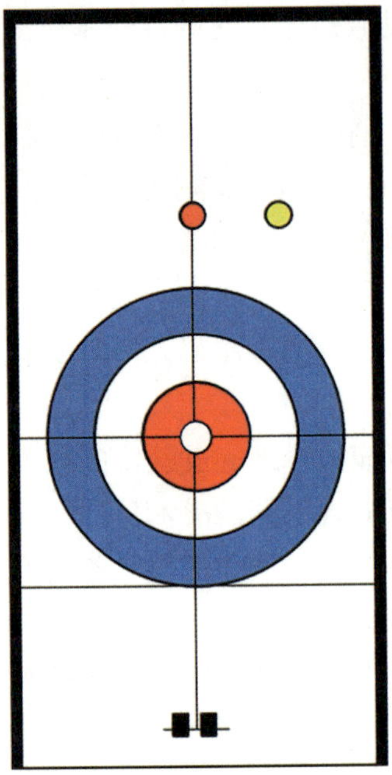

图 4-2　中区占位（红壶）、边区占位（黄壶）

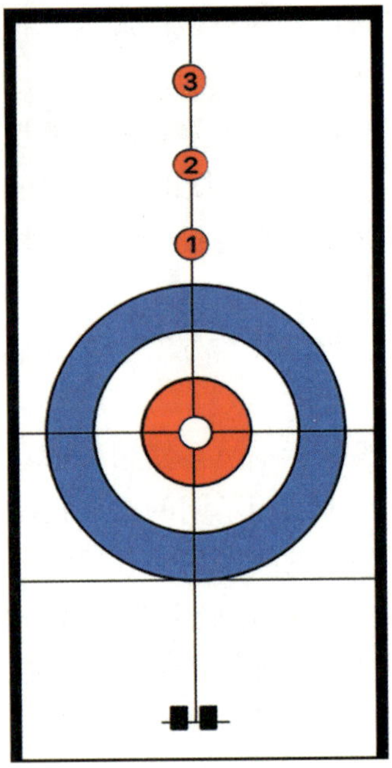

图 4-3　低占位（1）、中占位（2）、高占位（3）

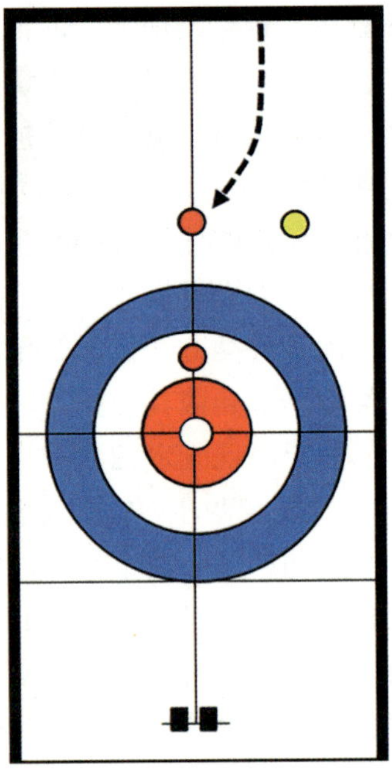

图 4-4　保护

3. 进营

进营是指投掷壶自身停在大本营内，但不触碰比赛中其他任何静止冰壶，且无占位冰壶为其提供保护的投壶技术（图 4-5）。

距离圆心最近的冰壶称为第一计分壶，第二近的冰壶称为第二计分壶，依次类推（图 4-6）。计分壶也称为潜在得分壶。只有一局比赛的最后一次投壶完成之后，计分壶或是潜在得分壶才有可能最终转化为得分壶。

4. 旋进

旋进是指投掷壶自身停在大本营内，并位于比赛中其他静止冰壶正后方的投壶技术（图 4-7）。旋进与进营的区别在于投掷壶预期静止位置的前方在投壶前是否有其他冰壶，如果有冰壶是旋进，如果没有冰壶则是进营。

5. 粘壶

粘壶是指投掷壶尽可能地靠近大本营内静止冰壶的投壶技术。投掷壶与目标壶之间的距离应该小于 15 厘米（6 英寸）。如果投掷壶停在目标壶的正前方称为正粘（Nose Freeze）；如果投掷壶停在目标壶的侧前方称为侧粘（Corner Freeze）。（图 4-8）

粘壶是冰壶运动中最难掌握的一种投壶技术。完美的粘壶是投壶线路、投壶力量、旋转和扫冰等多因素共同作用的结果。队伍通常会在一局比赛的收官阶段采用粘壶投壶。在冰壶比赛中，一次完美的粘壶可以力挽狂澜、扭转败局。但是，如果粘壶投壶失误，则可能会导致大比分输掉本局比赛。

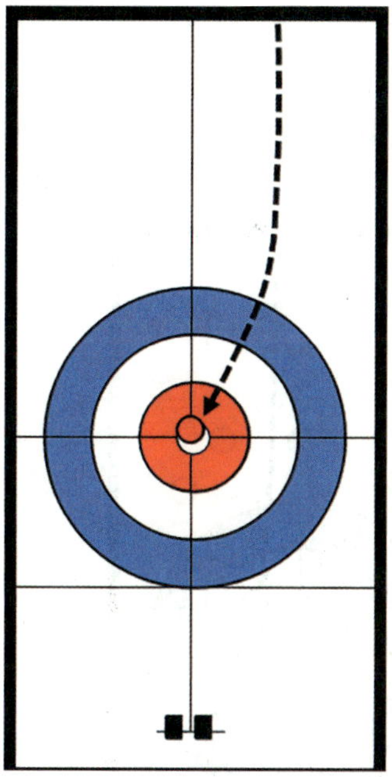

图 4-5　进营

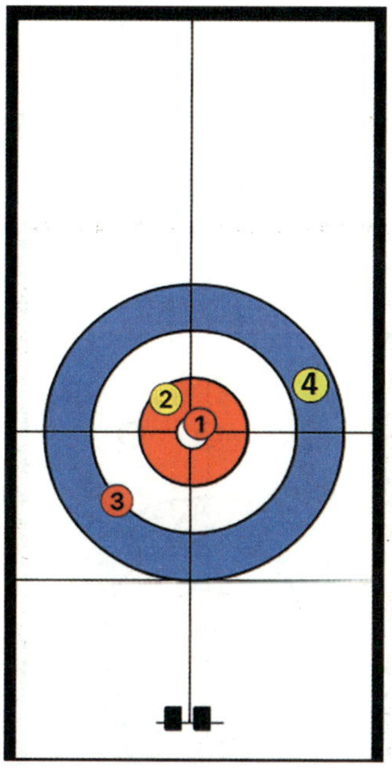

图 4-6　第一计分壶（1）、第二计分壶（2）等

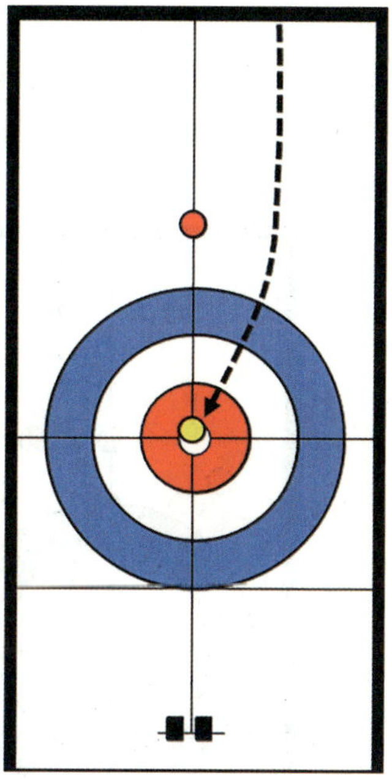

图 4-7　旋进

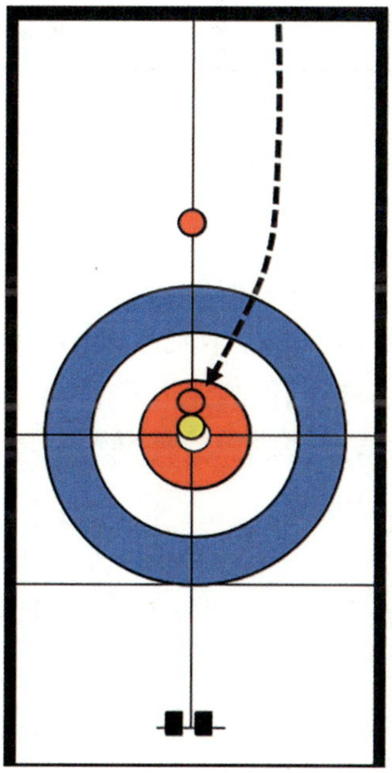

A.正粘

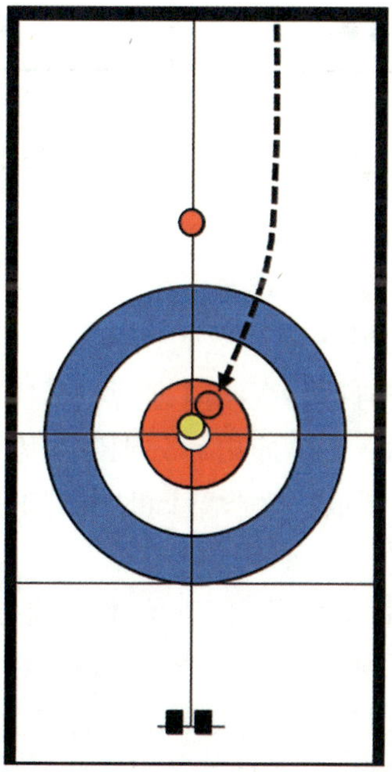

B.侧粘

图 4-8　粘壶

6. 轻传、传进与轻磕

轻传是指投掷壶撞击大本营前方或大本营内的目标壶，但目标壶仍留在比赛之中的

投壶技术。如果目标壶在撞击之前位于大本营前方，则通常称为传进。如果目标壶在撞击之前位于大本营中区附近，且是对手的冰壶，则通常称为轻磕。轻传或传进的目的是将本方的目标壶转化为潜在得分壶或是第一计分壶，而轻磕的目的是将对手的冰壶撞击到大本营后区形成后保护或是失去第一计分壶的位置等。（图 4-9）

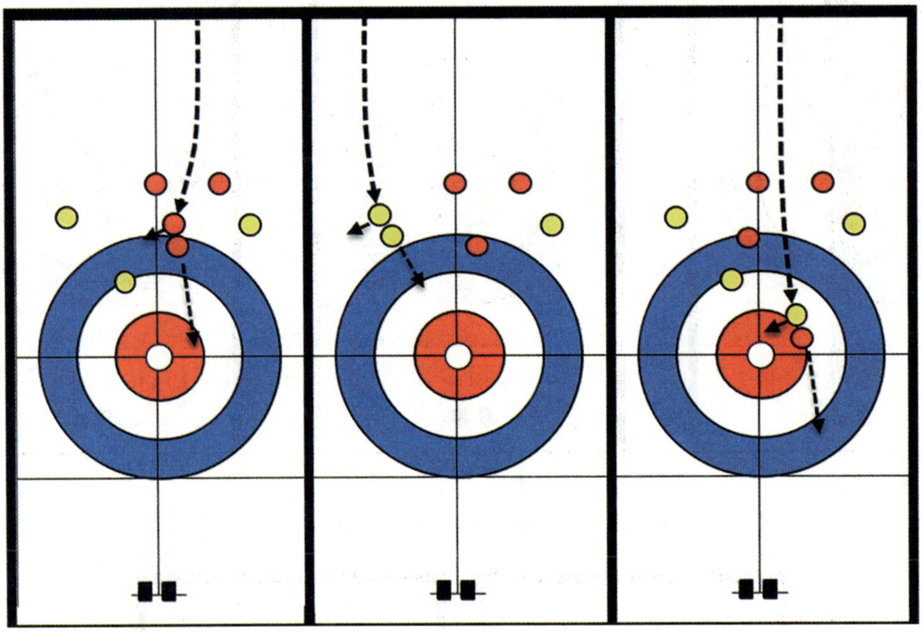

图 4-9　轻传、传进与轻磕

7. 分营

分营是指投掷壶将本方静止在大本营前方或大本营内的目标壶移动到大本营边区，且投掷壶停在大本营另一侧边区的投壶技术（图 4-10）。例如，队伍可以通过分营投壶技术使本方的占位壶与投掷壶同时进营，形成 2 分牵制的战术布局；也可以将本方大本营中区的冰壶在与投掷壶发生撞击后分别停在大本营的两侧，以便两个冰壶之间没有双飞击打的角度，不会被对手的一次投壶同时击打出比赛区域。

（二）击打

击打投壶的目标壶既可以在大本营前方也可以在大本营内。击打大本营内目标壶的主要目的是将对手的潜在得分壶或其他相关冰壶移出比赛区域；击打大本营前方目标壶的主要目的是移动或重置比赛区域内冰壶的位置，以获得更好地进入大本营的路线或是改变大本营内冰壶的排列方式。在某些情况下，击打投壶可能是为了同时实现以上两个目的，如传击投壶等。根据具体的投壶力量和目的，击打投壶又可以细分为打定（Hit and Stick）、打甩留壶（Hit and Roll）、打甩溜壶（Hit and Roll Away）、双飞（Double Takeout）、清球（Clearing / Peel）、传击（Run Back / Promotion Takeout）、分球（Tick）、分进（Tick-Bump）和折击（In-Off）9 种。

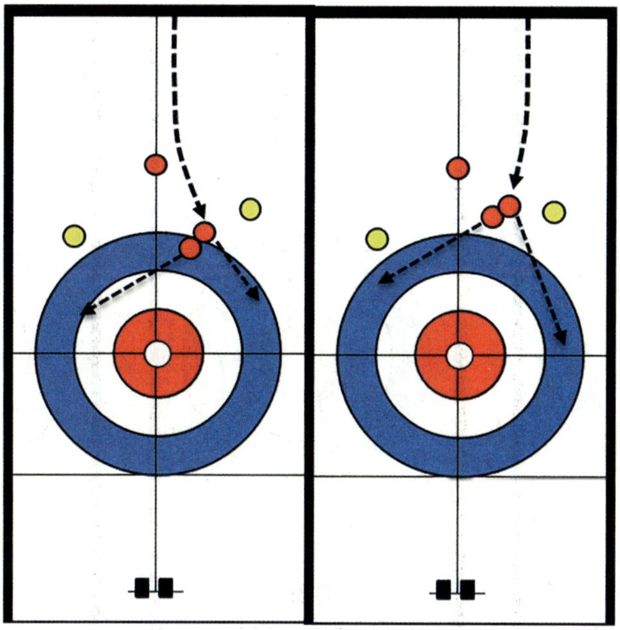

图 4–10 分营

1. 打定

打定是指投掷壶正面击打比赛中的目标壶，投掷壶在撞击到目标壶之后静止在撞击点原地，而将目标壶移出比赛区域的投壶技术（图 4–11）。例如，当一局比赛最后一次投壶时，先手队伍的一个冰壶静止在圆心，后手队伍可能会选择打定投壶，从而在本局比赛中得到 1 分。

2. 打甩留壶

打甩留壶是指投掷壶击打比赛中的目标壶，投掷壶甩离撞击点但留在大本营内，而将目标壶移出比赛区域的投壶技术（图 4–12）。投掷壶通常需要甩到占位壶或大本营内静止冰壶的后方，但也可能甩到一个有利于本方队伍战略布局的位置。打甩留壶是最常用的一种击打投壶技术。

3. 打甩溜壶

打甩溜壶是指投掷壶击打比赛中的目标壶，目标壶被移出比赛区域，而投掷壶同时也甩出比赛区域，或至少甩出大本营的投壶技术（图 4–13）。当队伍选择防守型战略时通常会采用打甩溜壶的投壶技术，以使比赛局势变得简单，不给对手留下打定、打甩留壶或粘壶的机会。打甩溜壶和打甩留壶一般统称为打甩。

4. 双飞

双飞是指投掷壶将大本营内两个及以上的目标壶同时移出比赛区域的投壶技术（图 4–14）。双飞投壶时需要清晰地识别冰壶碰撞后的分离角，尤其是投掷壶击打第一个目标壶的分离角，以便发生撞击后可以再次击打到第二个目标壶的正确位置。此外，投壶力量也是至关重要的，双飞击打投壶需要具有将两个目标壶同时移出比赛区域的足够力量。

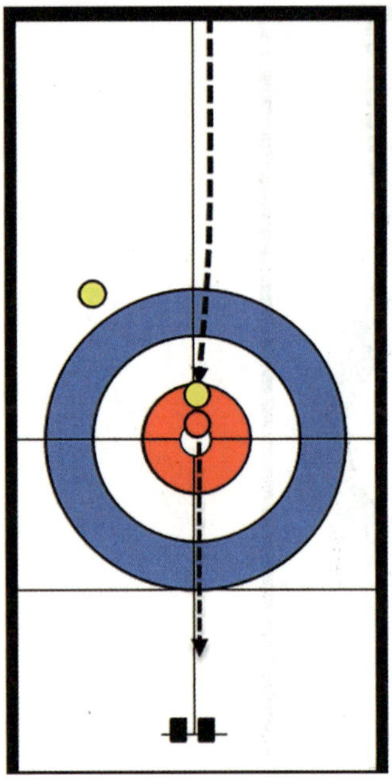

图 4–11　打定

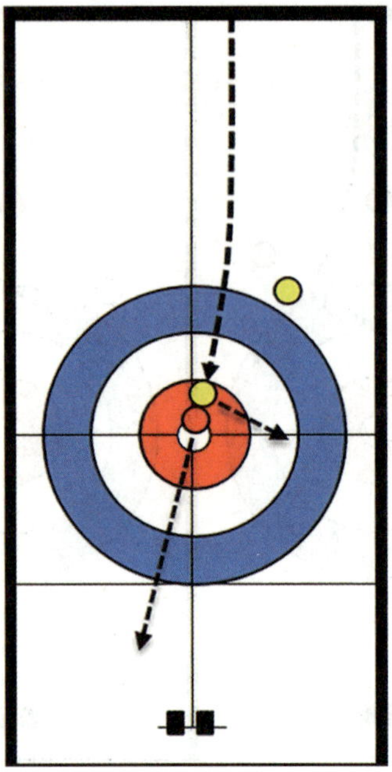

图 4–12　打甩留壶

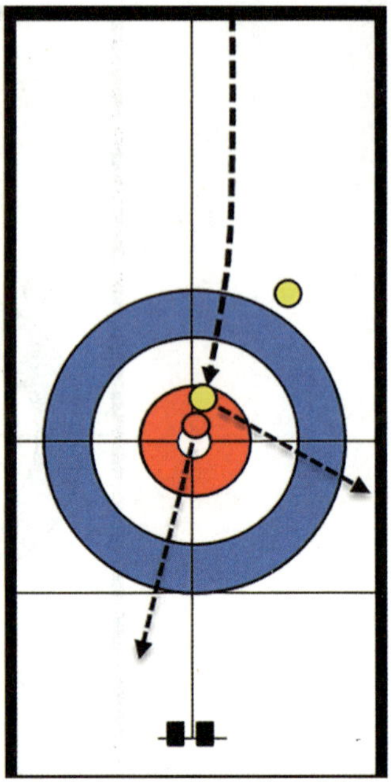

图 4–13　打甩溜壶

5. 清球

清球是指投掷壶击打占位（保护）壶，投掷壶和占位（保护）壶都移出比赛区域的投壶技术（图 4–15）。清球投壶的主要目的是打开进入大本营的通道或是简化布局。清球投壶对投壶力量和投壶线路都有严苛的要求。清球与打甩溜壶的区别在于清球投壶击打的目标壶在大本营前方，而打甩溜壶击打的目标壶在大本营内。

6. 传击

传击是指投掷壶击打第一目标壶，使其移动并将第二目标壶移出比赛区域的投壶技术（图 4–16）。传击投壶需要通过第一目标壶将第二目标壶移出比赛区域，因此，投壶力量和投壶线路都是完成传击投壶的关键所在。

7. 分球与分进

分球是指投掷壶将受到自由防守区规则保护的占位（保护）壶进行位置重置的投壶技术（图 4–17）。分球是在自由防守区规则生效期内移动对方占位（保护）壶（但不是清除）的一种特殊的投壶技术。如果队伍的投壶目的不仅是重置占位（保护）壶的位置，还要将投掷壶留在大本营内，则此种投壶称为分进（图 4–18）。通常情况下，只有一垒和二垒会使用到分球投壶技术，他们一般会选用踏板力量。例如，先手队伍的局计划是偷分，第一个冰壶的投壶选择是中区占位，后手队伍因为自由防守区规则的限制不能将其击打成无效壶，但可以选择分球投壶，使它远离中区。

8. 折击

折击通常是指投掷壶通过撞击大本营内或大本营前方的目标壶，改变投掷壶的运行方向，且进入大本营中区的投壶技术（图 4–19）。折击投壶的目的是将投掷壶甩到增加或减少本局分数的位置。

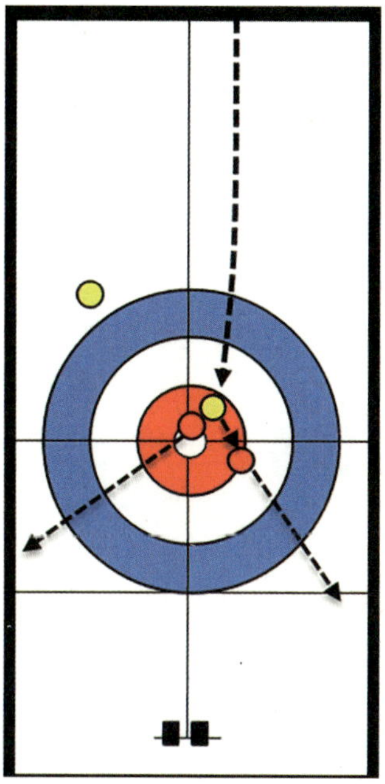

图 4–14　双飞

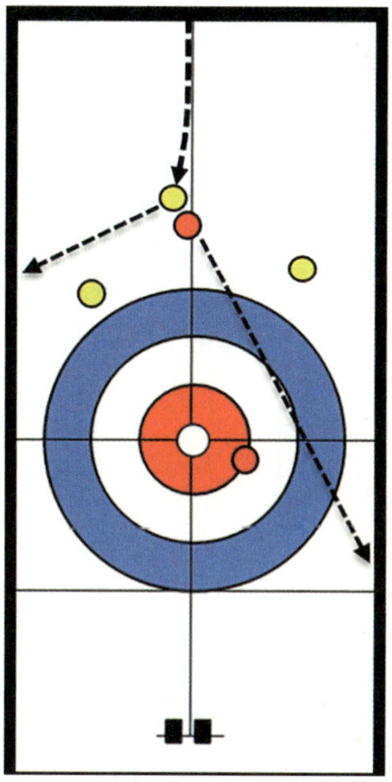

图 4–15　清球

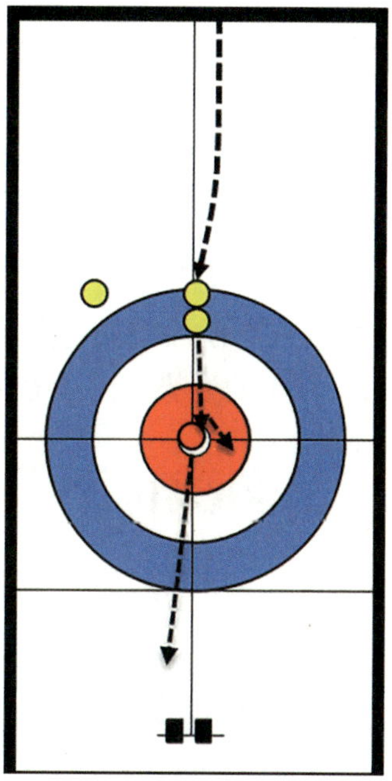

图 4–16　传击

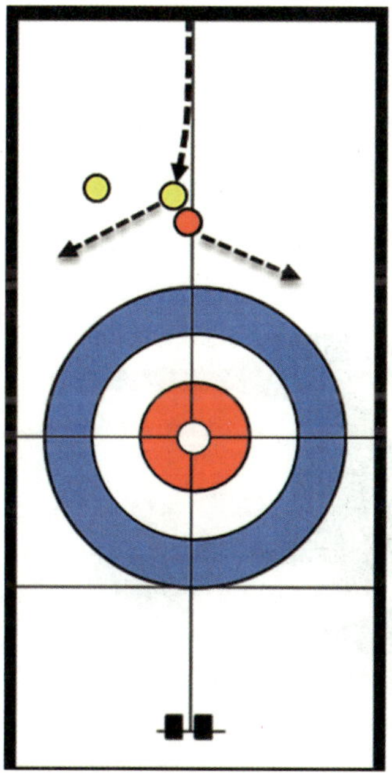

图 4–17　分球

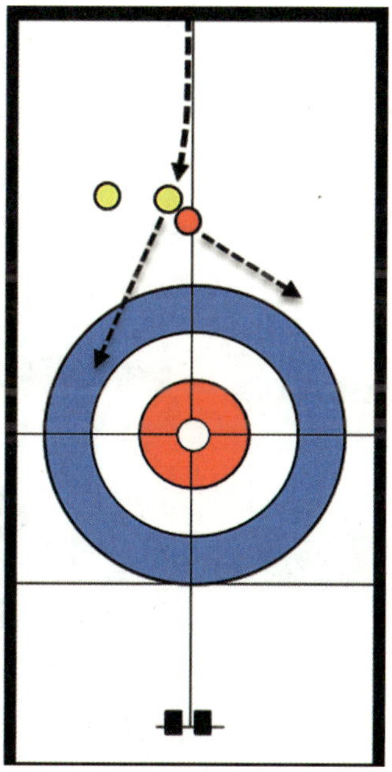

图 4–18　分进

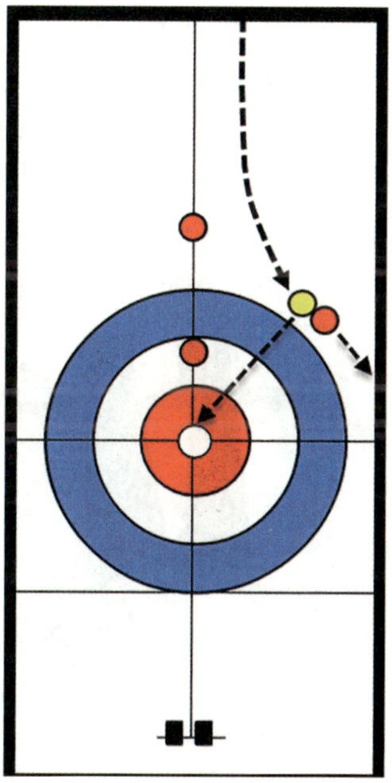

图 4–19　折击

第二节　投壶准备阶段

准备阶段是指投壶运动员在启动投壶动作之前的一系列常规动作并最终使身体处于踏板准备姿势的过程。踏板准备姿势是指投壶运动员在进入第二阶段之前身体各关键部位在踏板上的位置与姿势。准备阶段将会对投壶运动员的身体和投掷壶的滑行线路产生巨大影响，是前三个阶段中最重要的一个阶段。准备阶段的首要目标是确保投壶运动员能以稳定、平衡和方正的姿势指向投壶目标点。

一、常规动作

投壶过程中的动作细节将会决定投壶的成败。高质量的投壶是多种因素共同作用的结果。为此，投壶运动员在进入踏板准备姿势前需要做好以下投壶准备工作。

（一）投掷壶放置于踏板前方的适当位置

投壶运动员在启动投壶动作之前的第一件事情就是从冰壶摆放区域把即将要投掷的冰壶摆放在踏板前方，且位于投壶运动员启动投壶准备动作时可以轻松抓握到冰壶的位置。如果投壶运动员需要向前明显移动身体才能够抓握到冰壶，则会增加改变踏板准备姿势以及影响投壶动作质量的风险。

（二）采用正确方式进入踏板

投壶运动员应从踏板后方进入踏板。投壶运动员从后方进入踏板有多种原因，其中最主要的原因是安全。如果投壶运动员从前方或是侧方进入踏板，则会存在绊到踏板并摔倒在冰面上的潜在风险。（图 4–20）

图 4–20　进入踏板

（三）清洁冰壶滑行带和冰面

冰壶与冰面接触的部位是冰壶底部的滑行带。冰壶滑行带上有可能会附着某种杂质、冰、霜等物质。如果冰壶滑行带上附着了这些物质，则会对冰壶的滑行线路和滑行速度产生极大的负面影响，也必然无法准确预测冰壶滑行轨迹。为了避免出现此种情况，投壶运动员在投壶之前需要将冰壶滑行带和放置冰壶的冰面区域清理干净。具体操作如下：投壶运动员首先将冰壶倾斜，然后用手或刷头擦拭滑行带（图 4–21A）。冰壶滑行带的附着物有时会很牢固，需要用力地擦拭才能去除。投壶运动员通过快速旋转冰壶所产生的离心力在某种程度上也能起到清除冰壶滑行带上附着物的作用。冰壶滑行带上清除掉的物质会掉落在冰面上。因此，投壶运动员在放正冰壶之前需要对冰面区域进行清扫，否则刚刚从冰壶滑行带上清除的物质会再次附着到冰壶滑行带上。（图 4–21B）

A. 清洁冰壶滑行带

B. 清洁冰面

图 4–21　清洁冰壶滑行带和冰面

（四）撤出踏板

投壶运动员在清洁冰壶滑行带和冰面时很难校正和保持身体姿势。为此，投壶运动员完成清洁工作之后需要后退撤出踏板，以便能够更加精准地校正身体姿势和投壶线路，而无须在清洁冰壶滑行带和冰面期间去尽力维持身体姿势。

二、踏板准备姿势

精准的投壶始于卓越的投壶基本技术动作，更源于规范的踏板准备姿势。投壶运动员在踏板上的准备姿势并不是简单地站或蹲在踏板之上，而是一切平衡和校准的源头。此阶段出现的任何微小错误会在后续投壶阶段无限放大，最终导致投壶失败。

投壶运动员首先应从踏板后方进入踏板，并将驱动脚放在正确的踏板上。右手投壶的运动员，右脚放在左侧踏板上；左手投壶的运动员，左脚放在右侧踏板上。除了安全之外，从踏板后方进入踏板是投壶运动员校准投壶线路的最佳方法。

（一）动作分析与动作要领

持续而稳定的平衡是投壶动作和投壶过程的基础性前提条件。为此，运动员必须在投壶准备阶段就精准地校正冰壶与身体各关键部位的位置与姿势并建立和保持稳定的平衡。

1. 双脚与膝关节

驱动脚和驱动腿将会驱动身体滑向比赛端的投壶目标点。驱动脚在踏板上的位置是影响投壶运动员和投掷壶滑行线路的关键因素之一。投壶运动员一定要从踏板后方进入踏板，进入踏板时要确保脚趾指向投壶目标点，前脚掌稳稳地、笔直地位于踏板之上。驱动脚在踏板上的确切位置因人而异，并与投壶力量和投壶线路有很大关系。此外，投壶运动员一定要确保驱动脚的所有脚趾都与踏板紧密接触。

滑行脚和驱动脚要保持平行，且双脚之间的距离要有助于身体获得和保持平衡姿势。运动员双脚之间的距离取决于运动员的体型，关键是要能建立一个初始的平衡姿势。确保体重均匀分布在双脚之上，以使双腿共同支撑和保持臀部的方正姿势。运动员双脚之间的合理距离大致是双脚外侧位于双肩的下方。尽管双脚之间的距离因人而异，但是运动员的双脚绝不能相互接触。谨记：本阶段的主要目标是建立一个稳定的、平衡的姿势并校准身体与投壶线路。

滑行脚的脚跟与驱动脚的脚趾处于水平或略微靠前的位置，滑行脚的全脚掌接触冰面，且滑行脚在投壶过程中要始终保持全脚掌接触冰面。在双脚处于正确位置后，运动员需要确保身体方正指向投壶目标点并能进入期望的舒适蹲姿。

驱动腿的膝关节平行于滑行腿的膝关节并径直指向投壶目标点。运动员不论是以深蹲姿势还是半蹲姿势启动投壶，膝关节都应呈舒适的屈曲姿势。运动员为了确保进入第二阶段时能够顺畅地完成后引动作，两膝之间需要预留出足够的空间，这一点是非常重要的。为此，运动员两膝之间应保持一拳的距离。

2. 臀部与双肩

运动员的臀部应在所有平面上保持方正指向投壶目标点，并确保不会发生水平扭转。如果投壶运动员的体重均匀分布在双脚之上，臀部会在垂直面上保持水平，这有助于运动员进入投壶滑行阶段时获得并保持正确的滑行线路。

投壶运动员在踏板准备姿势阶段要确保肩部保持挺直，并在所有平面上保持方正，且头部保持挺直，眼睛注视投壶目标点。同时，投壶运动员还要确保肩部不会出现水平扭转或是垂直扭转并以此为标准来调整冰壶刷、冰壶与身体的相对位置。

3. 双手与手臂

踏板准备姿势期间身体的平衡与稳定主要源于驱动脚与滑行脚的位置与姿势。此外，持刷手臂也可为运动员在完成投壶动作期间提供一个额外的支撑点。持刷手臂的姿势主要有以下 3 种。

（1）冰壶刷的刷杆自然抵住腰背部。持刷手臂侧向伸展，冰壶刷的刷杆固定在手臂下方，并以 30° ~ 40° 抵住腰背部。根据运动员的体型，手抓握在距刷头 30 ~ 46 厘米（12 ~ 18 英寸）的位置，且要保持刷头与冰壶处于同一水平线上。刷头轻轻地放在冰面上，冰壶刷与目标线的夹角大约是 33°。切记：刷头翻转、刷面朝上，使冰壶刷刷头的滑行面与冰面接触，以减小刷头与冰面之间的摩擦力。

（2）冰壶刷的刷杆锁住腰背部。如果投壶运动员向前滑行时很难将刷杆抵住背部，此时应将手臂微微弯曲，通过手、手臂和肘关节将刷杆紧紧压靠在腰背部，以辅助保持身体的平衡与稳定。

（3）冰壶刷平放在冰面上。在投壶过程中，某些运动员更喜欢将冰壶刷平放在冰面上，这种方法也会起到辅助身体平衡的作用，但是投壶运动员需要进一步降低身体重心。此外，某些运动员还会选择使用助滑器，辅助身体获得和保持平衡姿态（图 4–22）。助滑器的优点在于其高度与冰壶手柄的高度一致，可以帮助那些喜欢将冰壶刷放在冰面滑行的运动员保持上身挺直和肩部水平。但是，选择使用助滑器的运动员可能很难使肩部保持方正，并指向投壶目标点。因为，助滑器无法对手臂的外侧延展进行锁定，肩部可以自由旋转。

图 4–22　助滑器

投壶手臂必须有力而笔直地伸向目标。投壶运动员在抓握冰壶手柄之前，手臂和手应该以肩部为轴进行旋转。顺时针旋转投壶时，投壶运动员的肩部应充分内旋；逆时针旋转投壶时，投壶运动员的肩部应充分外旋。

对于投壶运动员来说，正确地抓握冰壶手柄是非常重要的。投壶运动员如果没有正确地抓握冰壶手柄，投掷壶就不可能获得正确的出手与旋转。由于冰壶场馆的室温较低，冰壶运动员通常会戴上连指手套或分指手套，用于手部保暖和防止扫冰期间手部的磨损。但是，投壶运动员在投壶前需要摘下手套。如果运动员戴着手套投掷冰壶，不可能实现正确的握壶姿势，也很难获得良好的投壶本体感受及做出精准的投壶出手动作。

投壶手的拇指应位于冰壶手柄一侧，其余四指并拢位于冰壶手柄另一侧，且其余四指的第二指节位于冰壶手柄正下方，中指位于冰壶手柄中心（手柄螺栓的正上方）。手掌与冰壶手柄之间应留有一定空隙。冰壶手柄所承受的作用力主要来自中指、食指与拇指，它们对冰壶手柄施加均等的作用力，共同控制冰壶。如果投壶运动员握壶姿势正确，那么投壶手的手腕将位于冰壶手柄上方（图 4–23）。

图 4–23　握壶姿势

4. 冰壶位置

冰壶位置是一个非常重要但又经常被忽视的因素，可以通过横向维度和纵向维度来评估冰壶位置是否正确。从纵向视角（正面）来看，投壶运动员投壶手臂的腋窝应与冰壶中心位于一条直线，此时投壶手臂处于最有力、最自然的位置。从横向视角（侧面）来看，冰壶到运动员的距离应能确保投壶手臂自然伸直，且躯干稍微前倾，而不是让投壶手臂笔直垂直于冰面。冰壶中心需要径直指向投壶目标点，且根据既定投壶所需的旋转方向调整冰壶手柄的位置。顺时针投壶时，冰壶手柄指向 10 点钟方向；逆时针投壶时，冰壶手柄指向 2 点钟方向（图 4–24）。

踏板准备姿势动作要领概要性总结如下（图 4–25）。

（1）投掷壶应放在踏板前方，且不改变投壶运动员准备姿势的正确位置。

（2）运动员从踏板后方进入踏板，驱动脚放在踏板上，脚趾指向指挥（副指挥）的冰壶刷。

（3）滑行脚平行于驱动脚，且平放于冰面上，滑行脚的脚跟约与驱动脚的脚趾齐平。

（4）体重均匀分布在双脚之上，建立舒适、稳定和平衡的踏板准备姿势。

A. 顺时针旋转

B. 逆时针旋转

图 4-24 旋转

A. 正面

B. 侧面

C. 背面

图 4-25 准备姿势

（5）持刷手抓握在距刷头 1/3 处，刷头滑行面与冰面接触，且刷杆抵住腰背部，刷杆与身体大约成 33° 角向外伸展，保持刷头约与冰壶齐平。

（6）投壶手裸手持握冰壶，中指位于手柄中心，四指并拢，且第二指节与冰壶手柄底部相接触，拇指位于手柄侧面，手掌与手柄之间留有空隙，手腕抬起，手臂稍微伸展，肘关节略微弯曲。

（7）臀部与肩部保持方正，并指向投壶目标点。

（8）抬头，注视投壶目标点。

（二）常见错误与纠正方法

1. 滑行脚与驱动脚的横向或纵向距离偏大或偏小

在踏板准备姿势阶段，投壶运动员的滑行脚与驱动脚之间的距离至少约为 5 厘米（2 英寸），滑行脚的脚跟几乎与驱动脚的脚趾齐平，体重均匀分布在双脚之上。如果出现滑行脚与驱动脚的横向或纵向距离偏大或偏小的错误动作，可以通过如下方法进行纠正：一是通过队友或教练员（教师）的提醒和观看动作视频分析来建立正确的动作感知；二是将冰壶刷或标志杆等器材放在双脚之间进行辅助矫正。

2. 滑行脚脚尖内扣或外展

投壶运动员的双脚、双膝应保持平行，且指向投壶目标点。如果出现滑行脚脚尖内扣或外展的错误动作，可以通过如下方法进行纠正：一是投壶运动员再次核查双脚是否保持平行，进行自我动作纠正；二是通过队友或教练员（教师）的提醒和观看动作视频分析来建立正确的动作感知；三是将冰壶刷或标志杆等器材放在双脚之间进行辅助矫正。

3. 滑行脚脚跟抬离冰面

投壶运动员在投壶准备阶段出现滑行脚脚跟抬离冰面的主要原因是滑行脚的位置和身体重心分布出现了问题。主要纠正方法如下：投壶运动员或教练员（教师）核查滑行脚脚跟与驱动脚脚趾的关系，并进行适当调整，确保滑行脚脚跟几乎与驱动脚的脚趾齐平，而且需要用滑行脚的全脚掌支撑所分配的体重。

4. 臀部发生旋转

在踏板准备姿势阶段，运动员的臀部应保持方正姿势，且指向投壶目标点。如果出现臀部发生旋转的错误动作，首先投壶运动员或教练员（教师）要核查踏板上的驱动脚是否对准投壶目标点，并且滑行脚与驱动脚要保持平行。其次，教练员（教师）将冰壶刷平放在投壶运动员双脚之间的投壶线路上，为投壶运动员的臀部自我校正提供视觉指引。

5. 肩部发生旋转（高低肩）

在踏板准备姿势阶段，投壶运动员的肩部应保持方正姿势且指向投壶目标点。如果出现肩部发生旋转（高低肩）的错误动作，首先，投壶运动员需要核查冰壶刷的抓握位置、冰壶刷的方向以及投掷壶的位置，进行适当而且必要的调整，使肩部保持水平且方正的姿势。其次，队友或教练员（教师）站在投壶运动员身后，并将冰壶刷平放在投壶运动员的双肩上方，评估双肩的水平程度，以帮助投壶运动员建立正确的动作感知。

6. 冰壶位置偏离既定的投壶线路

冰壶中心应位于投壶目标点和踏板的连线上，即投壶线路上。如果出现冰壶位置偏离既定的投壶线路的错误动作，可以通过如下方法进行纠正：第一，通过队友或教练员（教师）的协助将冰壶放在正确的线路之上；第二，借助视觉辅助装置进行线路校正，如激光笔或冰壶刷等。

7. 投壶手四指分开

投壶运动员的投壶手持握冰壶手柄时应做到四指并拢，彼此之间不留空隙。如果投壶运动员的投壶手出现四指分开的错误动作，可以使用运动绷带或是皮筋等将四指缠在一起，进行动作强化训练。

（三）动作诊断与评估

准备阶段技术要点核查清单见表 4–1。

表 4–1 准备阶段技术要点核查清单

序号	技术要点	原理
1	从踏板后方进入并站在踏板之上	确保身体正对投壶目标点并能清晰地看到投壶目标点和接收指挥（副指挥）的指令
2	驱动脚的前脚掌位于踏板上，脚趾和膝关节指向投壶目标点；驱动脚的所有脚趾都要对踏板的平面施加作用力	确保身体正对投壶目标点，确保向前驱动期间能够充分利用踏板的斜面产生动力

续表

序号	技术要点	原理
3	滑行脚的脚跟稍前于驱动脚的脚趾，全脚掌平踩在冰面上，并与驱动脚保持平行	确保身体稳定且身体正对投壶目标点
4	体重均匀分布在双脚之上	确保身体稳定，使用双腿力量提升臀部
5	驱动脚的膝关节应该径直指向投壶目标点并与滑行脚的膝关节保持平行；两膝之间保持运动员一拳头的距离	确保身体正对投壶目标点
6	臀部和肩部在垂直平面与水平平面上均保持方正	确保身体和冰壶正对投壶目标点
7	冰壶刷 / 助滑器处于正确位置，确保肩部方正和身体稳定；刷头向上，与冰壶平行；刷杆抵住腰背部，与目标线成 30° ~ 40° 角	确保身体在运动中保持稳定；确保身体正对投壶目标点
8	冰壶中心指向投壶目标点；冰壶中心位于投壶手臂腋窝前方	确保身体和冰壶校正到同一线路
9	投壶手臂舒适地、有力地、笔直地位于身体前方	确保在启动投壶动作之前，冰壶位于正确位置
10	手指的第二指节控制手柄，拇指和其余四指分别位于手柄的相对面；稳固抓握冰壶手柄弯曲处后方冰壶中心的位置；冰壶正确旋转：顺时针为 10 点钟方向；逆时针为 2 点钟方向	确保已经掌控冰壶，可以通过冰壶中心施加旋转；确保出手时可以施加正确的旋转

第三节　投壶驱动阶段

投壶过程包含了一系列复杂动作，投壶运动员关键身体部位的动作细节和动作精准程度都会对投壶效果产生巨大影响。投壶驱动阶段的技术动作必须按照特定的顺序进行。投壶运动员按照特定顺序执行投壶动作对保持平衡和线路，以及在最佳时机向投掷壶施加预期的力量和旋转都是非常重要的。正如投壶准备阶段，本节也会将驱动阶段的动作技术逐一分解、逐一讲解，最终整合为完整的投壶驱动动作。

投壶驱动阶段始于投壶运动员在踏板处的最初运动，是产生投壶力量的主要过程。本阶段的主要目的是保持投壶运动员的身体关键部位和冰壶均位于目标线上并能产生正确的驱动力量。

一、前压

（一）动作分析与动作要领

前压是指投壶运动员将冰壶沿着投壶线路向投壶目标点的短距离移动动作。冰壶向前的移动距离不能超过 5 厘米（2 英寸），并不能偏离投壶线路。前压的第一种方法是运动员适度向前移动身体重心，但要保持正确的肩部位置与姿势。然而，运动员的体重分布并没有发生改变，双脚仍然要保持均匀受力支撑身体。运动员的臀部和双脚在前压动作期间不应发生移动和旋转，只有肩部在运动，而且肩部移动的距离也只需要确保冰壶能够向前移动 5 厘米（2 英寸）即可。前压的第二种方法是通过弯曲的肘关节略微向前推动冰壶，肩部既不发生移动，也不能出现旋转。如果运动员通过肘关节推动完成前压动作，向前推动冰壶时一定要避免冰壶偏离投壶线路。如果在这一过程中运动员的肘关节始终指向冰面，那么冰壶将不会偏离预期的投壶线路。切记，运动员的肩部此时不要发生旋转。

在踏板准备姿势阶段，如果冰壶在踏板前方的冰面上停留时间太长就会粘到冰面上，特别是踏板前方的冰点存在严重的磨损区域时。当投壶运动员启动投壶动作时，冰壶粘到冰面上会导致流畅的投壶动作产生停顿，会对后续投壶动作产生严重影响，并最终可能导致投壶失败。此外，前压也是启动投壶动作的一种心理和生理暗示。这可能看起来微不足道，但却可以帮助运动员建立一致的投壶程序和获得动作过程的一致性。

前压动作要领概要性总结如下（图 4–26）。

（1）冰壶沿着投壶线路向前移动大约 5 厘米（2 英寸）。

（2）双肩略微向前移动，肘关节指向冰面。

（3）身体重心轻微向前移动，但臀部和双脚保持静止不动，而且体重均匀分布在双脚之上。

图 4–26 前压

（二）常见错误与纠正方法

1. 冰壶偏离投壶线路

运动员在前压动作过程中必须确保冰壶沿着投壶线路直线向前移动。如果采用前压的第一种方法，要确保双肩没有出现旋转动作。如果采用前压的第二种方法，还要确保肘关节在整个动作期间始终指向冰面。

2. 头部降低或体重向前转移过多

如果运动员在前压动作过程中头部降低，或体重向前转移过多都会影响身体重心的分布，因此要确保前压时冰壶向前移动的距离不超过 5 厘米（2 英寸）。如果出现头部降低或体重向前转移过多的错误动作，可以通过如下方法进行纠正：第一，可在冰壶前方 5 厘米处放置一个标志物，限定冰壶的移动距离；第二，通过适宜长度的橡皮筋将冰壶手柄与滑行脚连接在一起。

二、提臀

（一）动作分析与动作要领

投壶运动员通过双腿发力提升臀部，呈半蹲姿势。滑行脚和驱动脚均保持静止不动，且均匀支撑身体重量。臀部提升的高度因人而异，但完美的高度是驱动脚的膝关节保持屈曲，且臀部和肩部平行于冰面，保持方正指向投壶目标点。投壶运动员的背部不需要绝对平直，但臀部不应高于肩部。提臀期间，投壶运动员不要改变冰壶的抓握姿势，也不要移动冰壶。运动员通常需要优先进行无壶提臀动作练习，待动作规范熟练后，再进行有壶提臀动作练习。

运动员通过提臀动作可以将身体重心移动到踏板后方，进而增加身体向前滑行的速度。提臀动作期间，臀部在任何时候都要低于肩部，以确保运动员在创造投壶力量的过程中进行向前的驱动，而不是向下的驱动。

提臀动作要领概要性总结如下（图 4–27）。

（1）臀部提升至背部平行于冰面，且双眼注视投壶目标点。

（2）体重均匀分布在双脚之上。

（3）保持双膝弯曲。

（4）臀部提升至最终位置时，驱动脚的膝关节应小于或等于 90°。

图 4–27　提臀

（二）常见错误与纠正方法

1. 肩部发生旋转

运动员在提臀动作期间如果出现身体前倾，则有可能引发肩部旋转。为此，运动员在提臀动作期间要确保刷头和冰壶始终位于同一水平线上。

2. 提臀时伴有肩部和头部的同步提升

第一，运动员在提臀动作期间要确保双脚的位置没有发生移动，始终保持双脚平行，且滑行脚的脚跟与驱动脚的脚趾大约在同一水平线上。第二，运动员需要通过双腿同时发力提升臀部，伴随臀部同步略微向后移动，以确保双脚均匀支撑身体重量，且头部和肩部的位置不发生改变。第三，队友或教练员（教师）站在投壶运动员身后手持冰壶刷以肩部为支点限定投壶运动员的提臀动作，以帮助运动员建立正确的动作感知。

3. 后移冰壶

如果运动员在提臀动作期间向后移动冰壶，则需要重置冰壶位置，重新启动准备阶段的动作。

三、后引

（一）动作分析与动作要领

后引是指投壶运动员的双肩和冰壶径直向后移动，以及滑行脚径直向后移动的动作。

1. 后引双肩和冰壶

运动员臀部提升到背部与冰面水平时，双脚保持静止不动，通过肩部轻微地向后移动和投壶手臂的略微弯曲实现向踏板方向拉动冰壶。投壶运动员在投壶过程中需将身体和冰壶看作一个整体，协同工作。在后引动作中，投壶手臂并不起主导作用，而仅是身体与冰壶的物理连接。后引双肩和冰壶期间最重要的是用身体的大肌肉群来控制所有动作，即运动员的臀部将通过一个明显的接近水平方向的向后移动来控制后引双肩和冰壶的动作。如果运动员只用投壶手臂后引冰壶，运动员的双肩会发生轻微的转动，从而使身体姿态发生改变，进而偏离预期的投壶线路。

后引时，运动员需要确保冰壶沿着投壶线路向后直线移动。此时，冰壶不应偏离预期的投壶线路。后引双肩和冰壶时，冰壶只需要向后直线移动几英寸且不可以碰触到踏板或是驱动脚（图 4–28）。初学者首先需要通过多次的无壶徒手练习，以强化后引动作。此时，初学者应专注于双肩的向后移动，而不是专注于冰壶的向后移动。

2. 后引滑行脚

运动员的滑行脚要配合臀部协同径直向后移动，且保持全脚掌接触冰面，并与驱动脚始终保持平行，以确保双腿均匀支撑身体重量。臀部和滑行脚向后移动时，运动员的投壶手臂或双肩同时向后运动，这样会使冰壶略微朝向驱动脚的方向径直向后移动。投壶运动员在后引动作期间必须确保冰壶在目标线上径直向后移动（图 4–29）。切记，不论是何种旋转，冰壶手柄都要始终保持在 60° 的方向。

图 4–28　后引双肩和冰壶

图 4–29　后引滑行脚

运动员滑行脚后引的距离取决于所需要的投壶力量，后引的距离越大，产生的驱动力量就会越大。在此期间，投壶运动员的身体重心要略微地向滑行脚转移。身体重心向后转移可以为运动员储备向前的驱动力量，增加身体和冰壶的滑行速度，具体的转移量取决于所需要的投壶力量。较小力量的投壶只需要向滑行脚上转移较少的体重，较大力量的投壶则需要向滑行脚上转移较多的体重。此外，运动员要确保滑行脚向后直线移动。如果运动员的滑行脚移动到身体侧方或是踏板后方则会使臀部和肩部发生转动，从而使身体偏离预期的投壶线路。此种错误动作会对滑行的稳定性及滑行线路产生严重的不良影响。滑行脚后引期间，运动员需要确保背部平行于冰面，且双眼始终注视投壶目标点。

后引动作要领概要性总结如下。

（1）双肩保持方正，略微后引，投壶手臂保持微屈。

（2）沿着投壶线路向后直线移动冰壶，大约距离脚趾 2.5 厘米（1 英寸），但不要触碰到驱动脚或踏板。

（3）双肩与冰壶启动后引动作之后，滑行脚协同径直向后移动并要确保与驱动脚始终保持平行。

（4）身体重心略微转移向滑行脚，转移量由投壶力量而定。

（5）背部保持平直，双眼注视投壶目标点。

（二）常见错误与纠正方法

1. 双肩发生转动

如果运动员只用投壶手臂后引冰壶，双肩会偏离预期的投壶线路。为了避免出现此种错误动作，运动员要确保双肩同时向后直线移动，注意力要专注于双肩，而不只是投壶手臂向后拉动冰壶。

2. 臀部发生旋转

运动员的滑行脚需平行于驱动脚径直向后移动。如果运动员的滑行脚没有平行于驱动脚向后直线移动，臀部会出现旋转，并偏离预期的投壶线路。运动员脚趾轻微外展都可能会引起臀部的扭转。主要纠正方法如下：一是将冰壶刷放置于双脚之间，确保滑行脚后引动作时不会绕到踏板后方；二是将冰壶刷放置在滑行脚外侧，确保滑行脚后引动作时不会向身体外侧移动。

3. 冰壶侧向移动

后引动作期间，运动员的肩部旋转或肘关节外展可能造成冰壶的侧向移动。主要纠正方法如下：一是要确保投壶手臂适度伸展，肘关节适度轻微弯曲；二是要确保投壶手臂的肘关节始终指向冰面；三是要确保通过肩部而不仅是投壶手臂向后直线移动冰壶。

4. 身体重心保持不动

运动员的滑行脚与驱动脚要始终保持平行，并径直向后移动，同时伴随着身体重心的向后移动，即将身体重心移到踏板后方。移动量取决于所需的投壶力量。队友或教练员（教师）可以将冰壶刷直立于滑行脚和臀部后引的预设位置，以帮助运动员建立正确的动作感知。

四、停顿

伴随着滑行脚的后引，臀部后引到预期位置时，运动员的投壶动作要有一个略微的停顿，这有利于运动员以恰当的时机和清晰的节奏启动肩部、臀部、滑行脚和冰壶的前移以及腿部驱动等动作。运动员在投壶动作过程中的停顿同射箭运动员拉满弓弦后的停顿一样，可以有效积蓄能量。停顿时间越长，产生的投壶力量就越大，但是停顿时间不宜超过 2 秒。此时，运动员的双膝保持屈曲的静止姿势，臀部的高度可能会稍微下降，但一定要确保背部平行于冰面。

五、前移

（一）动作分析与动作要领

前移是指双肩和冰壶向前直线移动，以及滑行脚向前移动。

1. 前移双肩和冰壶

运动员的臀部和滑行脚后撤到踏板后方，经过节奏性的停顿之后，投壶运动员需要沿着投壶线路径直向前移动冰壶。第一，投壶运动员需要通过肩部启动冰壶向前的移动。运动员为了保持身体方正指向投壶目标点的姿势，随着肩部的向前运动，冰壶、投壶手臂和臀部需要同步向前移动。第二，投壶运动员前移期间的关注点是控制与冰壶前移运动相关联的肩部和臀部的运动，而不是投壶手臂向前推动冰壶的动作。第三，投壶运动员前移期间的关键点是身体向前移动时，冰壶沿着预期的投壶线路径直向前移动。

投壶运动员通过肩部启动前移动作，在保持半蹲、方正姿势的前提下，身体重心也需同步向前移动到驱动脚，以保持身体的平衡和后续动作的连贯。投壶运动员身体重心的移动必须是渐进且可控的。此时，运动员的滑行脚一定要做到全脚掌接触冰面，并且驱动腿的膝关节大约成 90° 角，即便是身体前倾以推动冰壶向前移动，但也不要让身体失去平衡（图 4–30）。

2. 前移滑行脚

当运动员的身体重心位于踏板前方，或是臀部移动到踏板前方时，运动员的滑行脚开始逐渐向前移动，并定位在身体重心下方，以支撑运动员的大部分身体重量，使运动员可以较为轻松地定位身体姿势和保持身体平衡，并能够产生所需要的驱动力量（图 4–31）。

图 4–30　前移双肩和冰壶

图 4–31　前移滑行脚

运动员的滑行脚一旦开始向前移动，就需要将体重以循序渐进又非常迅速的方式转移到滑行脚。投壶运动员在这一动作过程中必须确保动作顺序正确、动作节奏清晰。此时，运动员和冰壶向前的运动，源自身体重心沿着投壶线路径直向前的转移，而不是驱动脚腿部的伸展动作。

运动员的滑行脚前移到冰壶后方、驱动脚前方、身体重心正下方，且滑行脚的前移运动应该是可控的，而不是简单地移至身体重心下方。滑行脚的位置是投壶运动员获得稳定且平衡的投壶滑行动作的基础。如果滑行脚的位置超过了运动员身体下方的平衡点，将会导致身体晃动，致使身体和冰壶偏离预期的投壶线路。初学者通常无法精准地掌握滑行脚的位置，会本能地依靠冰壶和冰壶刷获得平衡。因此，对于冰壶运动的初学者而言，无壶徒手训练是非常必要的。运动员的滑行脚进入正确位置时，滑行脚的脚趾应该稍稍外展以增加脚部支撑面的宽度，这将更有利于在投壶滑行过程中保持身体的平衡与稳定。

前移动作要领概要性总结如下。

（1）双肩和臀部同时推动冰壶在投壶线路上径直向前移动。

（2）身体前倾，身体重心向前转移。

（3）驱动脚的膝关节大约为 90° 或略小于 90°。

（4）滑行脚的全脚掌接触冰面并平行于驱动脚向前移动到冰壶后方、驱动脚前方、身体重心的下方。

（5）体重转移到滑行脚，滑行脚的脚趾轻微外展，以便更好地保持身体平衡。

（6）投壶手臂向前伸展，肘关节略微弯曲并指向冰面。

（二）常见错误与纠正方法

1. 交叉脚

以右手投壶为例，交叉脚是指运动员的滑行脚向前移动时，横向移动过大，定位在身体重心和投壶线路右侧。此种错误会导致投壶运动员出现摔倒、滑行线路向右侧漂移及失去稳定的平衡等问题。投壶训练时可以在踏板前方、投壶线路右侧放置若干标志块，一方面可以起到视觉辅助作用，另一方面限制了滑行脚向身体右侧的横向移动距离。

2. 投壶手臂肩部下沉

如果冰壶前移的动力源自投壶手臂肩部会出现此种错误，最终导致身体失去平衡或偏离既定的投壶线路。正确的做法是收紧核心，双肩共同驱动冰壶沿着投壶线路径直向前移动。

六、蹬离

（一）动作分析与动作要领

蹬离是指运动员向前蹬出踏板，在投壶线路上获得预期的投壶力量并建立投壶滑行姿势的过程（图 4–32）。前移和蹬离是确保运动员获得正确投壶线路和投壶力量的关键。前移期间的所有动作都是蹬离的预备动作。

图 4–32　蹬离

当运动员的臀部已经移动到踏板前方，且滑行脚正在移向身体重心下方的平衡位置时，运动员驱动脚的膝关节开始主动伸展，从踏板处获得向前的推力，并且臀部开始逐渐下降到达最终的滑行位置。投壶的动力主要来自蹬离动作的腿部驱动，而不是手臂推动。腿部驱动是通过身体最大肌肉群产生推动身体和冰壶沿冰面滑行所需主要力量的动作过程。投壶出手时的手臂推动则主要用于投壶力量的细微调整，而不是主要力量的来源。如果投壶力量主要来自手臂推动冰壶，则无法完美地控制冰壶的力量和线路，而这两者是实现成功投壶的关键。

许多初学者不能很好地调节腿部驱动去控制投壶力量。他们通常无法控制蹬出踏板的力量，而是沿着冰面猛推冰壶，结果必定是无法始终如一地控制投壶力量和投壶线路。对于初学者而言，无壶徒手练习是强化通过腿部驱动来调整投壶力量和投壶线路的重要方法之一。

蹬离过程中腿部驱动的时机也是至关重要的，以确保能够获得恰当的动力、完美的平衡和精准的投壶。运动员的腿部驱动过早，会因为滑行脚没有处于正确位置，导致失去平衡和偏离线路。运动员的腿部驱动过晚，会因为驱动脚的膝关节已经完全伸展，导致无法创造出投壶所需的力量或速度。除此之外，运动员在进行腿部驱动时要保持驱动脚和膝关节始终指向投壶目标点，以确保运动员能在正确的投壶线路上产生投壶驱动力。

此时，运动员的投壶手臂应在身体前方保持伸展且肘关节略微弯曲，并指向冰面。纵观整个投壶过程，冰壶能够始终保持在预期的投壶线路上是非常重要的。当蹬离踏板时，投壶运动员需要设想从指挥的冰壶刷到踏板上的驱动脚之间有一条假想线，并且位于冰壶的正中心，将冰壶一分为二。运动员投壶手臂肘关节的位置与姿势也会对投壶的精准性产生一定影响。在投壶过程中，运动员投壶手臂的肘关节要始终垂直指向冰面，以确保投壶手臂和冰壶只能沿着投壶线路直线运动。如果运动员投壶手臂的肘关节外展，就会存在向冰壶施加横向作用力的风险，最终导致冰壶偏离预期的投壶线路。

在投壶过程中，投壶运动员的持刷手臂要稍稍弯曲，刷头与冰壶保持在同一水平线上。冰壶刷的刷杆抵住腰背部，手握刷杆的位置应能使肩部保持方正姿势指向投壶目标点。冰壶刷虽然可以支撑运动员的身体重量，但应该使其最小化，确保身体的绝大部分体重落在身体重心下方的滑行脚上。

蹬离动作要领概要性总结如下。

（1）滑行脚移动到最终的支撑位置，驱动脚离开踏板之前始终指向投壶目标点。

（2）臀部位置下降至最终的滑行位置，驱动脚离开踏板之后在投壶线路上向后充分伸展。

（3）投壶手臂向前伸展，肘关节略微弯曲并始终指向冰面。

（4）手腕位于冰壶手柄上方。

（二）常见错误与纠正方法

1. 驱动脚的前脚掌发生转动

运动员在后引动作期间，驱动脚的前脚掌要始终保持完全接触踏板的姿势。如果运动员驱动脚的前脚掌在后引动作期间离开了踏板，那么在前移和蹬离时就会存在内扣或外展的风险，最终导致身体失去平衡或是偏离既定的投壶线路。常用的纠正方法如下：一是增强踝关节的稳定性，以提升踝关节的控制能力；二是通过动作视频分析和陆地模拟训练，建立正确的动作感知。

2. 驱动脚的膝关节发生转动

投壶运动员驱动脚的膝关节发生转动会导致身体失去平衡或是偏离既定的投壶线路。常用的纠正方法如下：一是增强腿部力量和膝关节的稳定性，以提升膝关节的控制能力；二是通过动作视频分析和陆地模拟训练，建立正确的动作感知。

七、动作诊断与评估

驱动阶段技术要点核查清单见表 4–2。

表 4–2 驱动阶段技术要点核查清单

序号	技术要点	原理
1	身体前压（自选动作）	为运动员启动投壶动作进行心理触发；确保运动员肩部保持方正、直指投壶目标点；脚部静止不动
2	双腿发力提升臀部	舒适提升身体；确保臀部校正到预期的投壶线路
3	臀部提升到最佳高度时，驱动脚膝关节保持屈曲姿势，臀部保持方正与冰面平行	驱动脚膝关节弯曲便于腿部发力驱动；臀部方正，以确保运动员校正到预期的投壶线路
4	身体后移时，臀部保持稳定与水平	确保臀部稳定；确保校正到预期的投壶线路
5	投壶手臂笔直而有力	确保冰壶位于投壶线路
6	冰壶沿着投壶线路径直后移	确保冰壶位于投壶线路
7	滑行脚伴随臀部径直向后移动，全脚掌接触冰面，且与驱动脚平行	确保体重均匀分布，臀部方正指向投壶目标点；滑行脚径直向后移动，确保臀部和肩部保持方正
8	后引动作结束时，要有略微停顿	建立后续动作的心理准备；思考后续动作的最佳时机
9	动作期间，肩部保持水平和方正	确保身体位于正确的投壶线路，维持最佳的平衡
10	直到投壶出手，冰壶手柄均保持在正确的旋转位置	确保投壶出手时，冰壶可以获得正确的旋转
11	肩部引导向前的运动	当肩部向前移动时，体重自动向前移动到驱动脚
12	冰壶先于滑行脚向前移动	确保冰壶和身体位于投壶线路
13	冰壶沿着预期的投壶线路直线向前运动	确保冰壶位于投壶线路
14	当腿部施加驱动时，驱动脚应指向投壶目标点	确保身体位于投壶线路
15	根据投壶需求，在适当时机施加腿部驱动。臀部位于驱动脚前方，滑行脚位于身体垂直轴下方，保持身体平衡。动作始于肩部，力量源于腿部（尤其是大力量投壶）	确保运动员以最佳的速度 / 动力向前平衡滑行

续表

序号	技术要点	原理
16	臀部和滑行脚同步向前运动	臀部保持方正，指向投壶目标点；体重均匀分布到双脚；确保按照正确动作顺序获得最终的投壶姿势
17	滑行脚要逐渐移到身体重心下方	确保臀部姿势正确，且滑行脚位于投壶线路之上。如果滑行脚向前移动太快，臀部会发生转动，导致身体偏离正确的投壶线路
18	滑行脚的最终位置是身体垂直轴下方	确保投壶期间获得良好的平衡；确保身体校正到投壶线路之上

第四节　投壶滑行阶段

顺畅、稳定而平衡的投壶滑行姿势是运动员保持在既定的投壶线路上完成既定投壶所需出手动作的重要基础性条件。

一、投壶滑行方式

滑行脚的位置和姿势是运动员获得顺畅、稳定而平衡的投壶滑行姿势的关键所在。运动员的滑行脚在投壶滑行期间应位于胸部和腹部之间，身体垂直轴的正下方。根据投壶滑行期间滑行脚与冰面接触部位的不同，投壶滑行方式可以分为以下 3 种：全脚掌滑行、前脚掌滑行和脚趾滑行（图 4–33）。

全脚掌滑行是指投壶运动员在投壶滑行期间，滑行脚的全脚掌接触冰面的投壶滑行方式。前脚掌滑行是指投壶运动员在投壶滑行期间，滑行脚的脚跟略微抬离冰面的投壶滑行方式。脚趾滑行是指投壶运动员在投壶滑行期间，滑行脚的脚趾接触冰面的投壶滑行方式。全脚掌滑行和前脚掌滑行在投壶滑行期间的脚部支撑面积较大，运动员可以较为容易地建立和保持稳定而平衡的投壶滑行姿势；脚趾滑行在投壶滑行期间的脚部支撑面积变得很小，是最难掌握的投壶滑行方式。

不论采用何种投壶滑行方式，滑行脚的位置都极为重要。从横向维度来看，运动员滑行脚的踝关节应位于身体垂直轴的正下方。从纵向维度来看，如果运动员采用全脚掌滑行，滑行脚应位于胸骨底部的下方；如果运动员采用前脚掌滑行，滑行脚应位于肚脐的下方；如果运动员采用脚趾滑行，滑行脚应位于盆骨下方。

二、动作分析与动作要领

投壶滑行时，运动员驱动脚的腿部和脚趾应在身体后方的投壶线路上充分向后伸展，且脚尖指向冰面。运动员的肩部和臀部要保持方正姿势，指向投壶目标点。蹬离阶段的最

A. 全脚掌滑行

B. 前脚掌滑行

C. 脚趾滑行

图 4–33　投壶滑行方式

后动作是驱动脚的脚趾轻弹踏板，使运动员进入最终的滑行姿势，以确保驱动脚和腿在投壶线路上向后充分伸直。在投壶滑行过程中，运动员驱动脚的脚趾与冰面接触，膝关节最好不要接触冰面，即使膝关节接触冰面，也不应支撑任何身体重量。在投壶滑行阶段，运动员的支撑点有 3 个：（1）身体正下方的滑行脚；（2）冰壶刷或助滑器；（3）驱动脚。此种滑行姿势可以避免驱动侧的膝关节、小腿和鞋带产生摩擦阻力。提示：运动员可以使用胶带或鞋尖套对踏板鞋进行进一步处理，以降低摩擦阻力。

在蹬离动作的初始阶段，运动员的投壶手臂要有力地伸向投壶目标点。进入投壶滑行姿势后，运动员的投壶手臂大约在投壶端 T 线位置处，要随着肩部高度的下降运动逐渐放松并使冰壶略微靠近运动员的滑行脚。运动员投壶手臂的适度放松可以对投壶力量和投壶线路进行细微而且必要的调整。不论要进行何种旋转的投壶，直到启动投壶出手旋转动作之前，手柄都保持旋转到 60° 角的位置（2 点钟方向或 10 点钟方向）。

投壶运动员从踏板处向前运动时，冰壶刷的刷杆应抵住腰背部，刷头的滑行面放置在冰面上，手握刷杆的位置应能使肩部保持方正姿势，指向投壶目标点。在投壶滑行期间，运动员持刷手臂稍稍弯曲，刷头必须位于滑行脚的斜前方，与冰壶保持在同一水平线上。如果刷头与滑行脚平行或位于之后，则很可能导致肩部发生旋转。如果运动员使用助滑器辅助滑行和投壶，助滑器也应位于滑行脚的斜前方。在投壶滑行期间，运动员应尽力获得并保持稳定的平衡。虽然，冰壶刷或助滑器可以支撑部分身体重量，但应该使其最小化。身体的绝大部分重量应由身体重心下方的滑行脚来支撑。在投壶滑行期间，运动员肩部必须始终保持方正姿势，且位于投壶线路之上并与冰面保持平行。

投壶滑行过程中，运动员要始终保持冰壶在身体前方的投壶线路上，引导滑行脚的滑行，而且眼睛要始终注视投壶目标点。在此期间，冰壶不可以支撑任何身体重量。如果冰壶是维持身体平衡的支点，一旦投壶出手，身体将会立刻失去平衡，不仅会影响投壶力量的本体感知，还会影响冰壶的滑行线路。

滑行阶段动作要领概要性总结如下（图 4–34）。

（1）滑行脚应位于身体重心下方，脚趾略微外展，并承担绝大部分体重。

（2）驱动脚和腿在投壶线路上充分向后伸展，并确保肩部和臀部保持方正指向投壶目标点。

（3）刷头几乎与冰壶在同一水平线上。

（4）投壶手臂略微弯曲，肘关节指向冰面，双眼注视投壶目标点。

A. 正面

B. 侧面

C. 背面

图 4–34　滑行姿势

三、常见错误与纠正方法

1. 冰壶是身体平衡的支点

如果冰壶是身体平衡的支点，将会对冰壶的滑行线路和滑行速度产生不良影响。常用的纠正方法如下：通过无壶滑行或徒手滑行建立正确的动作感知，保持肩部和臀部方正指向投壶目标点。

2. 驱动脚膝关节外展

如果运动员驱动脚膝关节外展，会使身体产生横向的作用力，进而偏移既定的滑行线路。常用的纠正方法如下：一是提升髋关节灵活度和腿部柔韧性；二是投壶滑行期间保持驱动侧臀部和核心处于收紧状态。

四、动作诊断与评估

滑行阶段技术要点核查清单见表 4–3。

表 4–3　滑行阶段技术要点核查清单

序号	技术要点	原理
1	滑行脚的最终位置是身体垂直轴下方	确保投壶期间获得良好的平衡；确保身体校正到投壶线路之上
2	身体和冰壶保持在预期的投壶线路之上	确保冰壶指向投壶目标点
3	核心收紧，上体挺直	确保正确地抓握冰壶，施加正确的旋转
4	直到肩部下落时，投壶手臂保持伸直（大约在 T 线附近），向前滑行期间保持适度弯曲	确保冰壶向前运动，并位于正确位置；确保运动员在出手时可以进一步伸展手臂，进行投壶力量的细微调整
5	刷杆抵住腰背部，刷头与冰壶齐平	向前滑行时保持肩部的方正姿势
6	驱动脚和腿在身体后方充分且舒适地伸直	确保运动员在向前滑行时获得正确的校正

第五节　投壶出手阶段

投壶出手阶段是投壶运动员在投壶过程中能够对冰壶施加影响的最后阶段。投壶出手并不是滑行期间持壶手简单地松开冰壶，正确的、一贯的出手动作是实现高质量投壶的必然条件。如果运动员投壶出手动作错误，不论其他投壶技术掌握得多么精湛，都可能无法实现既定的投壶意图。运动员要想提升投壶成功率，就要熟练掌握投壶出手阶段的动作细节与动作要领。

投壶出手阶段的重点是在对冰壶施加正确的旋转时，能够保持或微调投壶力量或冰壶滑行线路。投壶出手动作始于投壶手臂指向投壶目标点的向前伸展，重要的是伸展动作不仅源于投壶手臂的肘部，而且还源于投壶手臂的肩部的向前延伸。通常情况下，运动员要在投壶手臂的肘部和肩部大约向前伸展到一半时，开始对冰壶手柄施加旋转并在伸展动作结束时，完成对冰壶的旋转和投壶出手动作。

一、旋转

（一）旋转与冰壶滑行轨迹

冰壶在冰面上的滑行速度和滑行轨迹其实是冰点和冰壶滑行带相互作用的结果，冰面条件和冰壶滑行带的打磨程度及投壶出手阶段的技术动作都会对其产生一定的影响。投壶运动员无法改变或干预冰壶和冰面的基本性能。因此，对投壶运动员而言，重点是要专注于控制冰壶和出手阶段的技术动作。随着投壶技术水平的不断提升，运动员会逐渐掌握控制不同冰面和冰壶的方法，从而进一步提升投壶成功率。

冰壶滑行轨迹背后的物理原理至今无法科学解读，但可以确定的是，冰壶会沿着旋转方向按照弧线轨迹滑行。运动员不论是左手投壶，还是右手投壶，逆时针旋转的冰壶会产生向左的弧线，顺时针旋转的冰壶会产生向右的弧线（图 4–35）。在极少情况下，冰壶会出现非弧线的滑行轨迹或反弧线的滑行轨迹，这种情况通常是由糟糕的冰面和冰壶所造成的。

顺时针旋转和逆时针旋转或内旋和外旋都是冰壶出手旋转的专业术语，这些术语经常混淆，因此有必要进行说明。右手投壶运动员给冰壶施加顺时针旋转，称为内旋。混淆之处是左手投壶运动员给冰壶施加逆时针旋转是内旋。右手投壶运动员给冰壶施加逆时针旋转是外旋，左手投壶运动员给冰壶施加顺时针旋转是外旋。

投掷壶的旋转周数是冰壶滑行轨迹弧线大小的影响因素之一。旋转周数过少的冰壶会比旋转周数过多的冰壶产生更大的弧线。更极端的是，不旋转的冰壶将会失去预期的弧线滑行线路，而会在冰壶道上随机滑行。如果冰壶的旋转周数过多，产生的弧线会非常小。这听起来像是一种可以影响冰壶滑行线路的策略方法，但是，转速很难控制，无法预计转速会在何时降下来，以及何时开始出现弧线滑行轨迹。因此其所带来的价值要远远小于所制造的问题。有意思的是，在极端的情况下，冰壶的转速也会影响滑行距离。即使使用同样的驱动力蹬出踏板，转速快的冰壶也要比转速慢的冰壶滑行的距离更远。原因很简单，转速快的冰壶比转速慢的冰壶拥有更多的潜在动能。冰壶运动的物理原理既复杂又迷人。令人欣慰的是，人们不需要真正理解事情为什么会发生，而只需要知道会发生什么事情。冰壶的转速不能过快，也不能

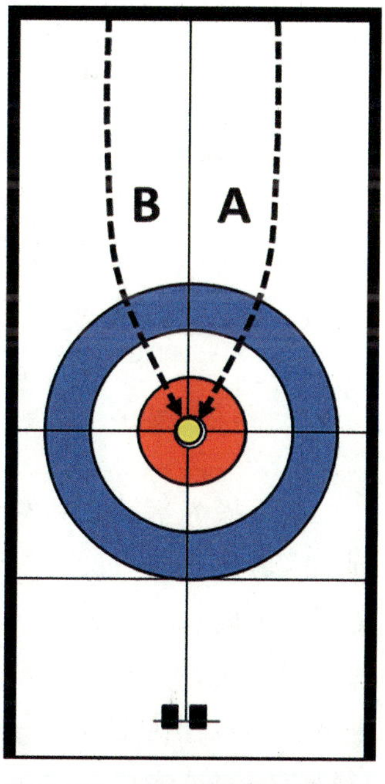

图 4–35　顺时针旋转和弧线（A）、逆时针旋转和弧线（B）

太慢。对于投准而言，冰壶在俱乐部条件的冰面上通常需要在冰壶道上旋转 2.5 ~ 3.5 周。

（二）动作分析与动作要领

在投壶出手阶段，投壶手抓握冰壶手柄的姿势与前几个阶段的要求一致。此时，运动员关注的重点是确保身体和冰壶与投壶目标点在同一直线上。在投壶出手时，运动员确保冰壶手柄指向投壶目标点是一种明智的做法。

投壶准备阶段校正冰壶位置之后，投壶运动员需要将冰壶手柄进行正确的旋转，为投壶出手阶段的旋转技术动作做好铺垫。准备阶段冰壶手柄的旋转量有两种认识方法，一种认识方法是将冰壶手柄前端向冰壶计划旋转的反方向大约转动 60°（图 4–36）；另一种认识方法是将冰壶手柄前端从 12 点钟方向转到 10 点钟方向或 2 点钟方向（图 4–37）。

A. 顺时针旋转时冰壶旋转 60° 的方向

B. 逆时针旋转时冰壶旋转 60° 的方向

图 4–36　冰壶旋转认识方法一

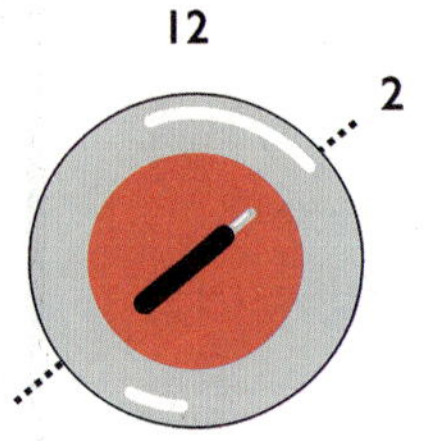

A. 逆时针旋转时冰壶旋转到 2 点钟方向

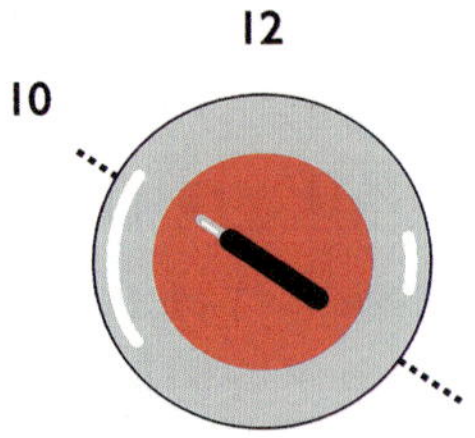

B. 顺时针旋转时冰壶旋转到 10 点钟方向

图 4–37　冰壶旋转认识方法二

右手投壶运动员和左手投壶运动员在准备投掷顺时针旋转的冰壶时，手柄前端都是转到 10 点钟方向。如果需要投掷逆时针旋转的冰壶，手柄前端都是转到 2 点钟方向。直到滑行至距离真正的出手点大于 1 米（3 英尺）时，运动员都要保持手柄的位置不发生改变。滑行出手前的最后 1 米（3 英尺）是冰壶从最初位置旋转到出手点（即 12 点钟方向）的距离。运动员通过投壶手的食指、中指和拇指侧面施加旋转，在冰壶手柄即将旋转到 12 点钟方向时冰壶离开投壶手。（图 4–38）

旋转冰壶动作要领概要性总结如下。

（1）正确校准身体姿势和投壶线路。

图 4–38　旋转冰壶

（2）冰壶距离滑行脚大约 30 厘米（12 英寸）。

（3）大约从出手点前 1 米（3 英尺）处开始将冰壶转到 12 点钟方向。

（4）投壶手的食指、中指和拇指侧面均等用力施加旋转。

（5）眼睛始终注视投壶目标点。

（三）常见错误与纠正方法

冰壶旋转过多或过少

如果冰壶手柄没有旋转到 12 点钟方向就过早出手，或滑行时过早施加旋转都会导致冰壶出手旋转过少。如果冰壶手柄超过 12 点钟方向才出手，或滑行时过晚施加旋转都会导致冰壶出手旋转过多。运动员要滑行至距离投壶端前掷线大约 1 米（3 英尺）处时才开始施加旋转，并确保在大约 1 米的距离内将冰壶旋转到 12 点钟方向。常用的纠正方法如下：一是将冰壶刷放在冰壶道上作为冰壶出手旋转距离的辅助标识；二是在冰壶手柄上固定一个长杆作为冰壶出手旋转角度的视觉辅助，以便运动员建立正确的动作感知。

二、出手

（一）动作分析与动作要领

冰壶手柄旋转到 12 点钟方向时，运动员的拇指和其余四指同时松开冰壶手柄，完成投壶出手动作。运动员的投壶手要做到握壶姿势正确、力度适中，以确保在投壶过程中可以有效地控制冰壶和施加旋转。如果运动员的投壶手握壶力度过大，投壶出手的流畅性便难以得到保证。运动员的投壶手臂在滑行和出手时要略微弯曲，出手后也不要立即抬起或手扶冰面。

冰壶出手后，投壶手应保持在控制冰壶时的高度，且呈握手姿势（图 4–39）。这意味着手指并拢，且拇指和食指形成的“V”字形指向投壶手臂的肩部，手指应该稍稍朝下指向冰面，而不是指向前方或上方。

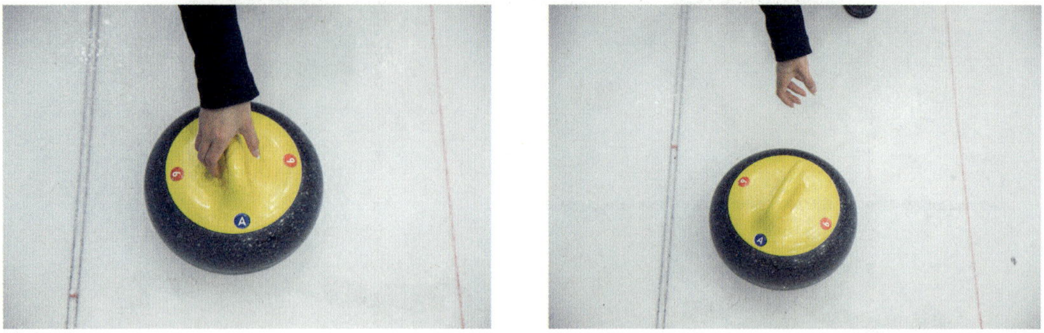

图 4–39　投壶出手

运动员一旦掌握了投壶出手的基本动作技能，便可以在出手阶段加入手臂的延展动作。手臂延展能帮助冰壶获得明确而恰当的旋转，但也暗藏陷阱。手臂延展过快会额外增加冰壶原本由腿部驱动所创造的速度或力量；手臂延展过慢会向后拉动冰壶，消耗掉冰壶的初始速度或力量。尤其是初学者，他们很难判断手臂的延展动作是增加了冰壶的滑行速度还是减缓了冰壶的滑行速度。

出手动作要领概要性总结如下。

（1）冰壶手柄指向 12 点钟方向。

（2）投壶手呈握手姿势。

（3）出手后，手指指向冰面。

（4）眼睛始终注视投壶目标点。

（二）常见错误与纠正方法

1. 投壶手四指分开

如果运动员投壶出手时四指分开，那么手指则可能碰触到冰壶手柄末端，使其偏离既定的投壶线路。常用的纠正方法是使用运动绷带或皮筋等将四指缠在一起，以帮助建立正确的动作感知。

2. 手臂延展得过快或过慢

运动员一定要掌握正确的投壶出手动作，并与身体保持同样的速度延展手臂，或是不做延展手臂动作。运动员只有具备了力量判断和控制冰壶的丰富经验，才可以尝试通过手臂延展控制冰壶的滑行速度。

3. 横向移动冰壶

在投壶出手阶段，延展手臂会增加冰壶偏离投壶线路的可能性。为此，运动员投壶手臂的肘关节一定要始终指向冰面，然后在投壶线路上延展手臂，避免横向移动冰壶。

三、跟滑

跟滑是指运动员投壶出手后继续保持滑行姿势向前滑行。

（一）动作分析与动作要领

运动员在冰壶投壶出手后的跟滑过程中可以评估冰壶的滑行线路、力量和旋转，并向扫冰运动员提供即时反馈，同时也可以为后续的投壶提供可供参考的冰面信息。

跟滑时，运动员的投壶手臂要放松且笔直，投壶手仍呈握手姿势并保持在冰壶手柄高度，手指放松，指向冰面。（图 4–40）

图 4–40 跟滑（正面）

（二）常见错误与纠正方法

1. 投壶手迅速下落或立即起身

运动员投壶出手后，如果投壶手快速下落，或试图立即起身，都有可能对投壶产生不良影响。投壶手快速下落到冰面上意味着运动员的平衡出现了问题，而快速起身则会影响运动员投壶出手动作的一致性。正确的做法是运动员滑行到即将静止，然后起身站立。

2. 身体长时间接触冰面

跟滑动作结束时，运动员的手或膝盖放在冰面上会导致冰面产生融化区域。当冰壶滑行到融化区域，冰壶的滑行速度、方向和线路都可能受到影响，冰壶的行为就好像滑行带附着杂物一般。为此，运动员要养成良好的动作习惯。

四、动作诊断与评估

出手阶段技术要点核查清单见表 4–4。

表 4–4 出手阶段技术要点核查清单

序号	技术要点	原理
1	向前滑行时，投壶手臂略微弯曲	以便出手阶段可以伸展手臂
2	直到手臂大约伸展到一半时，才开始施加旋转	确保旋转 2.5 ~ 3 周（投准）
3	通过手指施加旋转	对冰壶中心施加旋转
4	手柄在临到 12 点钟方向时离开投壶手	确保旋转 2.5 ~ 3 周（投准）
5	拇指和其余四指同时离开手柄	确保对冰壶手柄施加均等的作用力
6	握手姿势，沿着滑行线路指向投壶目标点；手与手柄的高度一致	获得一个可以预测的旋转，以及清晰和一致的出手动作

第六节　投掷冰壶

运动员要想将所学到的各项投壶分解技术动作通过完美的整合应用到具体的投壶实践中，便需要进一步深入了解投壶选择、投壶力量和投壶线路等方面的专项知识。需要明确的是，良好的力量控制在一定程度上可以帮助修正冰壶滑行线路的偏差，但是良好的线路永远不可能修正投壶力量的偏差。

一、投壶选择

在冰壶比赛中，指挥的主要职责之一就是制定投壶决策。本书将会以单独章节对投壶选择的决策方法进行具体介绍。本部分的“投壶选择”主要介绍投壶运动员如何理解指挥的投壶意图。

（一）投壶类型

指挥会综合考虑多种因素制定投壶决策，并通过身体语言传递给队友，尤其是即将投壶的运动员。通常情况下，指挥（副指挥）会用冰壶刷来传递此种信息。例如，如果是进营投壶，指挥（副指挥）用冰壶刷指向大本营内的某一具体位置，则表示为期望冰壶在大本营内的静止位置（图 4–41）。如果是击打投壶，指挥（副指挥）将用冰壶刷指向目标壶，然后向大本营侧方或后方挥动冰壶刷（图 4–42）。除此之外，队伍可以设计出具有团队特点的沟通方式。切记，语言沟通只是辅助沟通系统。因为，冰壶比赛的现场环境十分嘈杂，会严重影响语言沟通的效果。

图 4–41　进营投壶手势

图 4–42　击打投壶手势

当大本营内的局势比较复杂时，投壶意图可能无法通过简单的方式进行传递，这时就需要增加其他传递信号来表明期望的投壶意图。例如，当选择打甩留壶时，指挥（副指挥）将用冰壶刷指向目标壶，然后再用冰壶刷指向期望投掷壶静止的位置（图 4–43）。指挥（副指挥）在队友投壶时均需使用恰如其分、容易理解的方式传递信息，以有助于投壶运动员的接收与理解。

图 4–43　打甩留壶手势

（二）投壶力量与投壶线路

指挥（副指挥）传递投壶意图之后，接下来要做的就是指明期望的投壶力量和投壶线路。最常见的方法是将冰壶刷放在冰面上作为投壶目标点。投壶目标点是指挥（副指挥）将冰壶刷放在冰面上的点位，是投壶运动员和投掷壶滑行的方向，而不是投掷壶的最终静止点。投壶目标点的选择是指挥（副指挥）在既定投壶力量的前提下，综合冰面条件、投壶运动员的出手习惯等多种因素所制定的投壶线路。

投壶力量的沟通方式有很多种。一是借助冰壶刷传递投壶力量信息。例如，指挥（副指挥）用冰壶刷指向大本营内的某一具体位置，表示进营力量，期望投掷壶停在大本营内。二是使用语言传递投壶力量信息。例如，“踏板”表示踏板力量，即投掷壶在不碰撞其他冰壶的前提下静止在比赛端踏板的投壶力量。三是借助手势信号传递投壶力量信息。例如，轻拍肘部代表需要正常的击打力量，轻拍肘部上方代表需要更大的投壶力量，轻拍肘部下方则代表需要更小的投壶力量。

使用冰壶刷或手势信号沟通传递投壶力量信息是非常具有实用性的信息传递方式。团队成员之间必须对信息传递体系达成共识，充分理解特定手势或信号所传达的信息，否则沟通将毫无意义。

（三）旋转方向

就冰壶的旋转方向而言，其可能会产生向左的弧线或向右的弧线。从指挥（副指挥）视角来看，顺时针旋转的投壶会产生向左的弧线，逆时针旋转的投壶会产生向右的弧线。

指挥（副指挥）最后需要传递的信息是投壶所需的旋转方向。众所周知，冰壶在冰壶道上沿着弧线轨迹滑行。当指挥（副指挥）将冰壶刷放在冰面上指明预期的投壶线路时，他通常会举起一只手来表明投掷壶所需的旋转方向。如果指挥（副指挥）举起右手，代表需要顺时针旋转；如果指挥（副指挥）举起左手，代表需要逆时针旋转（图 4–44）。投掷壶旋转方向错误必定会导致投壶失误。

A. 顺时针旋转手势

B. 逆时针旋转手势

图 4–44　冰壶旋转手势

指挥（副指挥）传递完投掷壶期望的静止位置、线路、力量和旋转后，直到冰壶投壶出手都应该位于投壶线路上且正对投壶目标点。

二、投壶线路

投壶线路是指运动员投壶时踏板到投壶目标点之间的连线，有时也指冰壶出手后的滑行线路。

（一）滑行线路

滑行线路正确与否是决定投壶质量好与坏的关键因素之一。滑行线路在踏板处的微小变化在比赛端都会被无限放大。如图 4–45 所示，比赛端投壶目标点发生大约 3.7 米（12 英尺）的变化，也就是大本营的直径，投壶端前掷线处的变化范围大约为 1 米（3 英尺），投壶端 T 线处的变化范围则小于 0.6 米（2 英尺）。

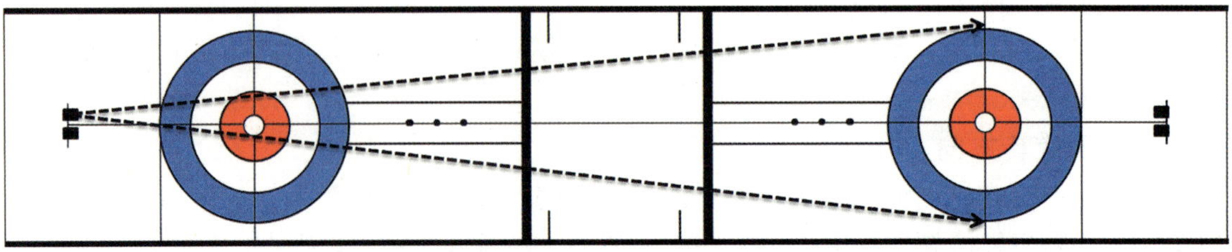

图 4–45　右手投壶运动员的滑行区域

冰壶的旋转方向决定了冰壶滑行轨迹的弧线方向。顺时针旋转的冰壶会产生向右的弧线；逆时针旋转的冰壶会产生向左的弧线。冰壶在冰壶道上沿着弧线轨迹滑行也正是冰壶运动的魅力所在。正是因为如此，冰壶可以绕过保护壶击打到藏在保护壶后方的冰壶。在理想冰面条件下，冰壶运行的弧线应该是 1.2 米（4 英尺）。只有高质量的投壶出手动作才可以确保冰壶在冰壶道上沿着预定的轨迹滑行，并在到达下线点（俗称 K 点）之后产生弧线（图 4–46）。投壶力量越小，下线点出现得越早；投壶力量越大，下线点出现得越晚。

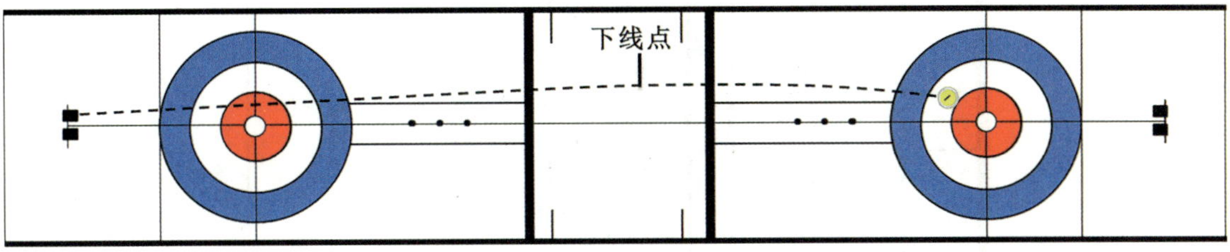

图 4–46　下线点

（二）分离角

分离角是指两个及以上冰壶发生撞击之后各自移动方向的夹角。当比赛中留有多个冰壶时，运动员为了让本方冰壶处于优势位置，投壶时需要考虑比赛中各个冰壶之间的位置关系。指挥（副指挥）根据冰壶之间的位置关系及发生碰撞之后的分离角来选择投壶线路和施加的旋转方向，这既是一种技能，也是一种本能，需要大量的实践训练才能不断得到提升。

三、投壶力量

投壶力量不仅会影响冰壶的滑行距离，还是冰壶滑行轨迹的影响因素之一。一般来说，小力量的投壶会比大力量的投壶产生更大的弧线。极端情况下，超大力量的投壶可能不会产生弧线。指挥（副指挥）会根据投壶力量、冰面条件、冰壶性能和运动员的出手习惯等来确定投壶目标点，投壶运动员需要根据指挥（副指挥）指定的投壶目标点选择正确的投壶力量，只有这样才有可能获得理想的投壶效果。

（一）投准力量

如图 4–47 所示，冰壶道比赛端前掷线和底线之间的区域被划分成 10 个区。运动员在选择投准投壶时，通常会使用分区力量来表达投壶力量。例如，7 区力量表示投掷壶会自身静止在圆心所需的投壶力量。

此外，冰壶运动员通常还会使用“时间”来定义投准力量。例如，14.5 秒通常表示标准冰壶场地的 7 区力量，即投掷壶会自身静止在圆心所需的投壶力量。

（二）击打力量

运动员选择击打投壶时，投壶力量对冰壶滑行轨迹和击打效果都具有一定的影响。使用较小的踏板力量投掷冰壶，投掷壶可以绕过保护壶击打到计分壶；同样情况下使用较大的正常力量投掷冰壶，投掷壶滑行轨迹的弧线较小，可能会导致击打失误。正常力量是团队用于击打投壶时的常用力量。对于不同的团队和个体而言，正常力量的标准值是不同的，每名运动员对正常力量的标准值也都有自己的理解。因此，团队需要确定符合自身特点的正常力量的标准值。通常情况下，团队会使用“前掷线－前掷线”的分段时间来定义正常力量的标准值。

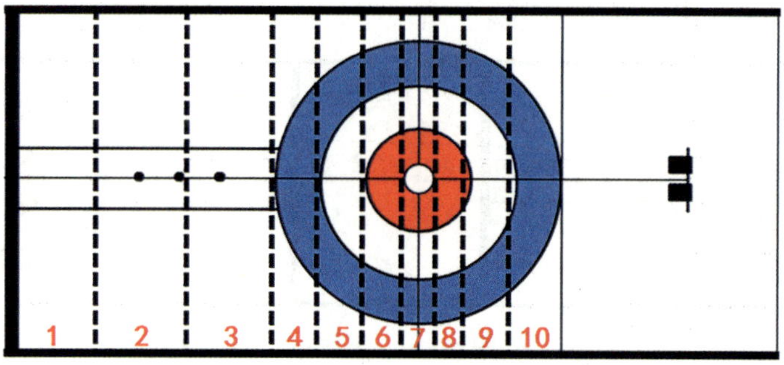

图 4–47　冰壶道数字分区

按照投壶力量从小到大的顺序，本部分将介绍 4 种常用的击打力量。

1. 踏板力量

踏板力量是一种小力量击打的投壶力量，冰壶可以产生较大的弧线滑行轨迹。如果运动员使用踏板力量投掷冰壶，但没有击打到目标壶，投掷壶会停在踏板线延长线上的某个位置。

踏板力量主要适用于以下情况：

（1）目标壶藏在保护壶的后面，使用更大的力量很难击打到目标壶。

（2）投掷壶击中目标壶后需要留在大本营内。

（3）由于自由防守区规则的限定，只能采用分球投壶技术，而不能将目标壶击打成为无效壶。

2. 挡板力量

挡板力量是一种小力量击打的投壶力量，冰壶也可以产生较大的弧线滑行轨迹。如果运动员使用挡板力量投掷冰壶，但没有击打到目标壶，投掷壶会停在挡板处。

挡板力量主要适用的情况与踏板力量相似，队伍需要根据冰面条件选择具体的投壶力量。

3. 正常力量

正常力量是一种标准的击打力量，既有利于扫冰运动员对冰壶滑行线路的控制，也可以弥补投壶线路的偏差。正常力量的投壶足以将目标壶和投掷壶同时移出大本营。如果运动员使用正常力量投掷冰壶，但没有击打到目标壶，投掷壶会停在踏板后的 3 ~ 5 米（10 ~ 15 英尺）处。

4. 清球力量

清球力量是一种大力量击打的投壶力量，冰壶在冰壶道上几乎沿直线滑行，这种力量足以将 3 个目标壶和投掷壶同时移出大本营。如果运动员使用清球力量投掷冰壶，但没有击打到目标壶，投掷壶会停在踏板后 9 米（30 英尺）以外的地方。

清球力量主要适用于以下情况：

（1）将目标壶和投掷壶同时移出比赛区域。

（2）同时将多个目标壶移出比赛区域。

（3）当想让投掷壶直线滑行时。

不同队伍使用“正常力量”或“清球力量”投掷冰壶时，冰壶的滑行速度并不一样，这主要取决于运动员的技术水平和身体素质。

此外，冰壶运动员通常还会使用“时间”来定义击打力量。例如，9 ~ 10 秒表示正常力量，8 ~ 9 秒表示清球力量。

四、投壶时机与能量传递

（一）投壶时机

投壶运动员从踏板准备姿势到投壶出手，投壶过程需要 8 ~ 20 秒。投壶运动员从启动投壶动作到冰壶到达投壶端 T 线的时间是 2 ~ 3 秒，这是决定投壶成功与否的关键阶段（图 4–48）。投壶运动员需要有效地控制身体重心，进而实现对平衡、速度和方向的控制。如果投壶运动员不能在 T 线前有效地控制身体和冰壶，则很难在投壶过程中有效地感知到冰壶的速度和方向。如果投壶运动员在 T 线前能有效地控制身体和冰壶，则会有超过 3 秒的时间去感受冰壶的速度，感知和控制冰壶的运动方向，思考投壶出手的时机和出手动作。投壶运动员可以用于感受、感知和思考的时间越长，进行最后完美校正的机会就越多，实现投壶成功的可能性就越大。

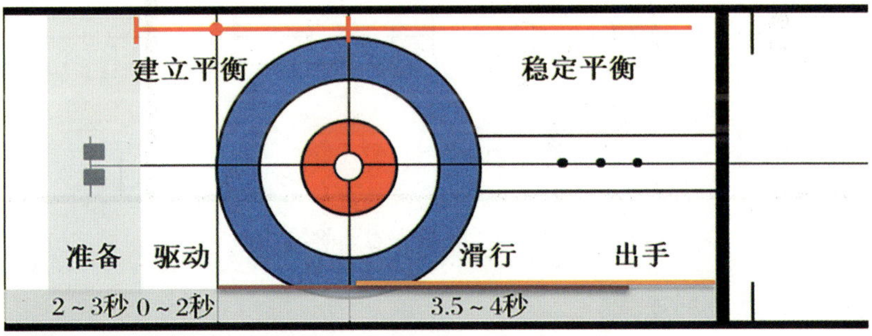

图 4–48　投壶过程的时间分布

（二）能量传递

冰壶自身并没有能量，投壶运动员只有将自身创造的能量传递给冰壶，冰壶才会获得在投壶线路上向后和向前运动的动能。如图 4–49 所示，冰壶从踏板准备姿势阶段就应位于投壶线路上。投壶运动员一旦启动投壶动作，关注的重点应是身体重心的转换与身体创造的能量，二者的方向最好在底线前（不要晚于 T 线）完成合成。投壶过程中，冰壶和身体必须以连贯、协调、统一的方式系统工作，最终达到速度的统一和方向的一致。

图 4–49　投壶线路与能量传递

投壶过程中的能量传递可以分为 3 个阶段（图 4–50）：第一阶段是从身体到冰壶，第二阶段是从驱动脚到滑行脚，第三阶段是从投壶手到冰壶。

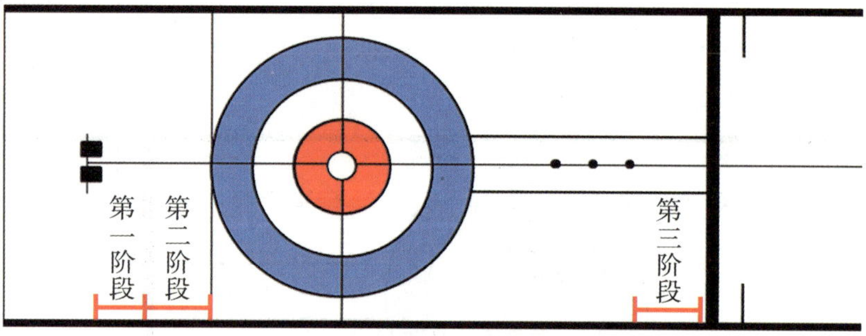

图 4–50　能量传递三阶段

1. 第一阶段：从身体到冰壶

在投壶过程中，身体产生的初始能量绝大部分源于下肢。如图 4–51 所示，白色虚线表示身体重心转移和腿部动作所产生的能量在投壶线路上传递给冰壶，水平方向的红线表示力的作用方向，红点表示身体重心的运动轨迹。

为了正确地将身体能量传递给冰壶，投壶运动员必须通过下肢来产生能量。投壶运动员下肢产生的能量需要通过身体重心传递给冰壶，能量才不会产生向左、向右的偏移，或因重力作用导致能量流失。如图 4–52 所示的白色阴影区域就是身体的能量在踏板到 T 线之间传递给冰壶的区域。

图 4–51　能量传递的方向

图 4–52　腿部驱动与重心转移

2. 第二阶段：从驱动脚到滑行脚

投壶运动员要想有效控制身体和冰壶，从驱动脚到滑行脚的能量传递必须平顺、自然。投壶运动员在此阶段创造的能量主要来自下肢和身体重心的有控制转移（从滑行脚到驱动脚）。为了获得正确的投壶力量，投壶运动员的身体重心需要位于投壶线路上并将身体产生的所有能量都传递给冰壶。如果来自身体的所有能量都能平顺、自然地传递给冰壶，投壶运动员就能更好地感知传递给冰壶的能量。通常情况下，投壶运动员在此时需传递所需投壶力量的 96% ~ 100% 给冰壶。

3. 第三阶段：从投壶手到冰壶

从投壶手到冰壶的能量传递是投壶过程中能量传递的最后阶段，是投壶运动员对冰壶施加影响的最后时机，是队友接管冰壶掌控权之前施加给冰壶的最后触碰。投壶运动员投壶手、手指、手腕乃至肘关节的姿势与运动方向对感受冰壶速度和施加最后的能量传递具有至关重要的作用。

此阶段能量传递的大小和方向会对冰壶滑行轨迹的下线点和弧线的大小产生一定的影响。为了确保冰壶能够按照正确的、预期的轨迹滑行，投壶运动员必须正确地、精准地完成从投壶手到冰壶的最后能量传递。最佳方案是传递给冰壶的能量要略小于冰壶所需的最佳力量，扫冰运动员可以通过 50% ~ 80% 强度的扫冰对冰壶进行控制，这是能量传递最后阶段的本质所在。

第七节　投壶技术专项训练方案

一、分解训练

（一）准备阶段

1. 专项训练 1

（1）训练设计：运动员（学生）在踏板处做出并保持准备姿势，教练员（教师）

从正面、侧面、背面3个方位进行踏板准备姿势评估（评估标准见本章延伸阅读）。然后，教练员（教师）从正面、侧面、背面轻轻推动运动员（学生）的双肩，观察肩、臀、膝和脚的晃动情况和移动幅度，检查姿势的稳定程度和身体控制能力。

（2）所需器材：无。

（3）建议时间：10分钟。

（4）目标技能：准备姿势。

（5）目标群体：初学者。

2. 专项训练2

（1）训练设计：如图4-53所示，将细线的一端系于冰壶手柄，另一端系于冰壶刷的刷杆。投壶端T线和投壶端前掷线之间放置4个标志块，并使标志块与踏板位于同一条直线上。教练员（教师）手持冰壶刷站在投壶端前掷线，并用冰壶刷指向最后一个标志块。运动员（学生）建立正确的踏板准备姿势，正确定位冰壶，以使细线经过所有标志块。冰壶刷与冰壶之间的距离可以进行调整，以此来增加或降低训练难度。

（2）所需器材：标志块、细线。

（3）建议时间：10分钟。

（4）目标技能：准备姿势、冰壶定位、投壶线路。

（5）目标群体：初学者。

图4-53　专项训练2示意图

3. 专项训练3

（1）训练设计：教练员（教师）站在近端T线附近，手持冰壶刷作为投壶目标点或放置一个标志块作为投壶目标点，教练员（教师）对运动员（学生）的冰壶位置、踏板准备姿势和握壶姿势进行评估（评估标准见本章延伸阅读）。

（2）所需器材：标志块。

（3）建议时间：10分钟。

（4）目标技能：准备姿势、冰壶定位、握壶姿势。

（5）目标群体：初学者。

（二）驱动阶段

1. 专项训练 4

（1）训练设计：冰壶在踏板前方准确定位以后，在冰壶四周摆放 4 个标志块，如图 4–54 所示。标志块前后距离约为 20 厘米（8 英寸），标志块左右距离约为 15 厘米（6 英寸）。运动员（学生）前压动作时应控制冰壶向前移动的距离，并避免出现左右方向的移动，确保冰壶不触碰到任何一个标志块，同时保持标准的臀、肩和肘部姿势。

（2）所需器材：标志块。

（3）建议时间：10 分钟。

（4）目标技能：前压、冰壶定位。

（5）目标群体：初学者至专业运动员。

图 4–54　标志块摆放

2. 专项训练 5

（1）训练设计：运动员（学生）在踏板处做出并保持准备姿势，按照提臀动作要领提升臀部。教练员（教师）对提臀动作进行评估（评估标准见本章延伸阅读）。运动员（学生）需要从无壶提臀训练过渡到有壶提臀训练。

（2）所需器材：无。

（3）建议时间：10 分钟。

（4）目标技能：提臀动作。

（5）目标群体：初学者。

3. 专项训练 6

（1）训练设计：如图 4–55 所示，运动员（学生）滑行脚不戴鞋套，面向分隔板或者挡板下蹲，且双手平放在分隔板上。双手一旦处于支撑位置，运动员（学生）的滑行脚移至身体重心下方，驱动脚和腿向后充分伸展，进入投壶滑行姿势。运动员（学生）进入稳定的投壶滑行姿势后，应轻轻向后推离分隔板，但是双手不要离开分隔板。第一阶段：进入滑行姿势后，不进行前后推动，仅让滑行脚找到支撑身体的正确位置以降低训练难度。第二阶段：推动身体在有限范围内的往返移动，身体要保持稳定的平衡。第三阶段：通过双手推动身体离开分隔板。当没有双手的辅助支撑时，运动员（学生）应完全依靠滑行脚支撑身体以增加训练难度。

（2）所需器材：无。

（3）建议时间：20 分钟。

（4）目标技能：滑行姿势。

（5）目标群体：初学者。

图 4–55　专项训练 6 示意图

（三）滑行阶段

1. 专项训练 7

（1）训练设计：如图 4–56 所示，运动员（学生）双手各持 1 个冰壶蹬出踏板，进入投壶滑行姿势时，将一部分的身体重量放在 2 个冰壶上，但是不要投壶出手，模拟投壶滑行姿势，以建立正确的动作感知。运动员（学生）可以从踏板处手持冰壶刷无壶蹬出踏板滑行以增加训练难度，或将冰壶刷平放在冰面上横在身体前方蹬出踏板滑行以降低训练难度。

（2）所需器材：无。

（3）建议时间：20 分钟。

（4）目标技能：滑行姿势、滑行脚定位、身体重心定位。

（5）目标群体：初学者。

图 4–56　专项训练 7 示意图

2. 专项训练 8

（1）训练设计：如图 4–57 所示，教练员（教师）在投壶端前掷线与中线相交处设置一个投壶目标点，在踏板和投壶目标点之间的投壶线路上以相等间隔放置 5 个标志块。投掷壶需要逐一碰撞到每一个标志块并将其直线弹出。可以通过延长或缩短投壶目标点与踏板之间的距离来增加或降低训练难度或是将投壶目标点远离中线以增加训练难度。

（2）所需器材：标志块。

（3）建议时间：20 分钟。

（4）目标技能：投壶线路。

（5）目标群体：初学者至高水平运动员。

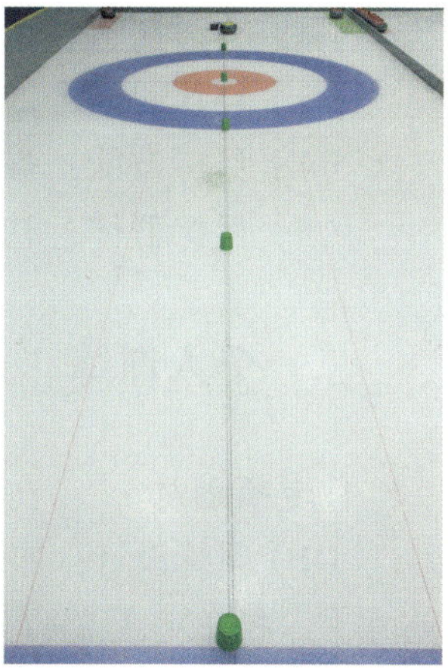

图 4–57　专项训练 8 示意图

（四）出手阶段

1. 专项训练 9

（1）训练设计：如图 4–58 所示，首先将硬纸筒套在冰壶手柄上，然后按照抓握冰壶手柄的姿势握住硬纸筒。运动员（学生）在投壶出手时让冰壶手柄自动滑出硬纸筒，但硬纸筒要留在手中。如果投壶出手时，冰壶手柄没有指向 12 点钟方向，冰壶手柄不可能顺畅地滑出硬纸筒。顺时针旋转和逆时针旋转各投掷 8 个冰壶，运动员（学生）进行分组循环训练。

（2）所需器材：硬纸筒。

（3）建议时间：20 分钟。

（4）目标技能：投壶旋转、投壶出手。

（5）目标群体：初学者至专业运动员。

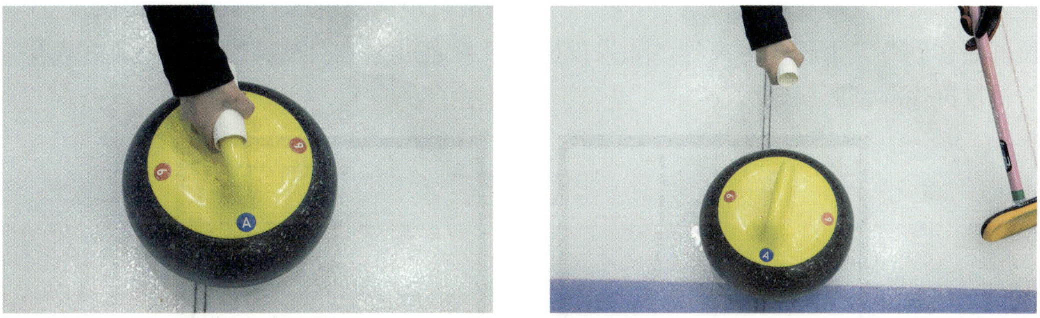

图 4–58　专项训练 9 示意图

2. 专项训练 10

（1）训练设计：如图 4–59 所示，运动员（学生）和队友（同学）分别蹲在冰壶道横向两侧，运动员（学生）用正确姿势握住冰壶手柄，根据队友（同学）指定方向进行旋转，调整好冰壶手柄的角度，只用手臂的力量将冰壶推向队友（同学），并施加正确的旋转。运动员（学生）投壶出手时应确保冰壶手柄指向 12 点钟方向。投壶出手后，手呈握手姿势并使冰壶在冰面上到达队友（同学）处时旋转 1~2 周。

图 4–59　专项训练 10 示意图

（2）所需器材：无。

（3）建议时间：20 分钟。

（4）目标技能：握壶姿势、投壶旋转、投壶出手。

（5）目标群体：初学者至专业运动员。

二、个人训练

1. 专项训练 1

（1）训练设计：如图 4–60 所示，摆放 8 个冰壶，冰壶之间的距离大约为 1.3 厘米（0.5 英寸）。投掷壶需要将目标壶传进大本营。队友（同学）需要在每次投壶后将目标壶和投掷壶均移出有效区域。

（2）所需器材：无。

（3）建议时间：10 分钟。

（4）目标技能：投壶线路、投壶力量。

（5）目标群体：专业运动员至高水平运动员。

2. 专项训练 2

（1）训练设计：如图 4–61 所示，运动员（学生）使用投壶力量投掷 8 个冰壶，每次投壶力量都要比上一次投壶力量大一些，冰壶的滑行距离要更远一些，然后由队友（同学）将投掷壶移到侧挡板相同距离处。如果投掷壶没有超过上一次投掷的冰壶，则由队友（同学）将投掷壶移到底线之后。

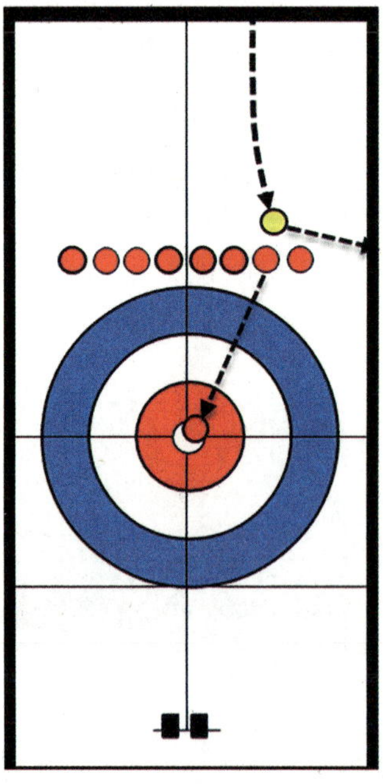

图 4–60　专项训练 1 示意图

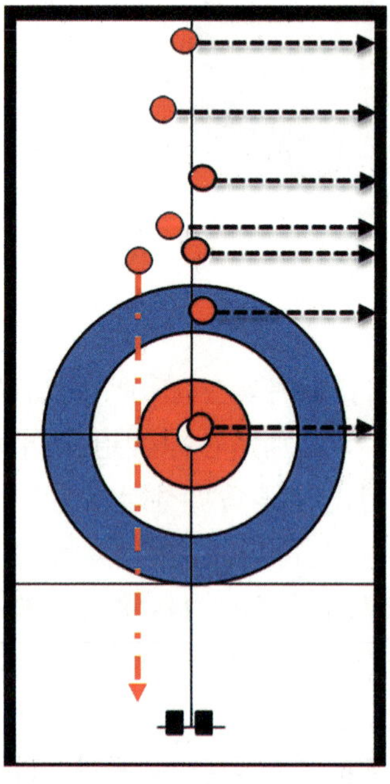

图 4–61　专项训练 2 示意图

（2）所需器材：无。

（3）建议时间：10 分钟。

（4）目标技能：投壶力量（投准力量）。

（5）目标群体：初学者至高水平运动员。

3. 专项训练 3

（1）训练设计：如图 4-62 所示，摆放 8 个冰壶，大本营前方冰壶之间的距离为冰壶的直径。目的是将目标壶移出有效区域，投掷壶留在有效区域，也可以选择目标壶和投掷壶同时移出有效区域以降低训练难度。

（2）所需器材：无。

（3）建议时间：15 分钟。

（4）目标技能：投壶线路、投壶力量。

（5）目标群体：专业运动员至高水平运动员。

4. 专项训练 4

（1）训练设计：如图 4-63 所示，在大本营圆心处摆放 1 个固定冰壶。运动员（学生）需要使用打定投壶技术投掷 15 个冰壶，分别使用踏板力量、挡板力量和正常力量击打目标壶，投掷壶至少要停在 T 线前方。之后，教练员（教师）将投掷壶摆放在圆心处成为下一次击打的目标壶。

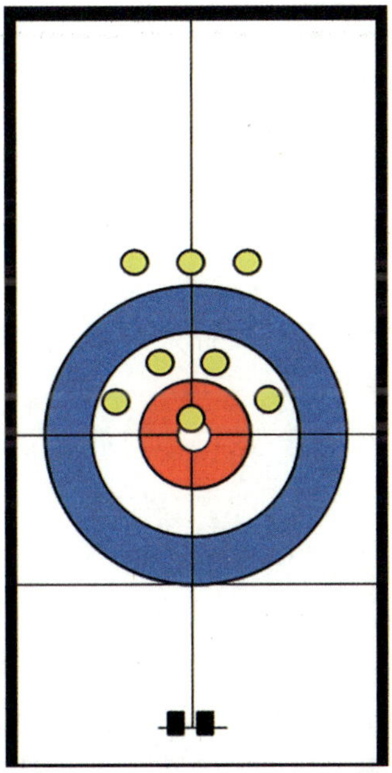

图 4-62　专项训练 3 示意图

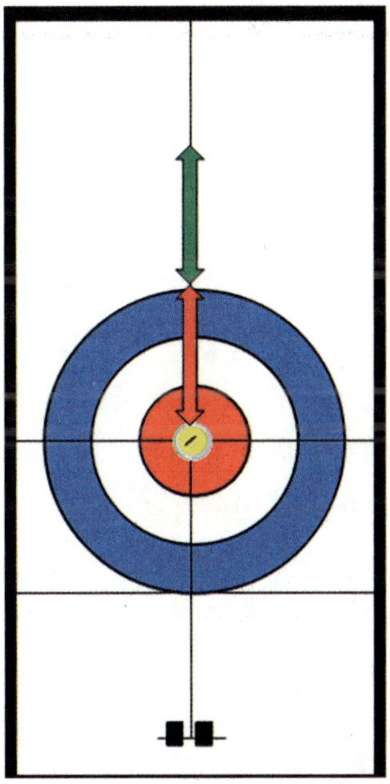

图 4-63　专项训练 4 示意图

（2）所需器材：无。

（3）建议时间：10 分钟。

（4）目标技能：投壶线路、投壶力量。

（5）目标群体：专业运动员至高水平运动员。

5. 专项训练 5

（1）训练设计：如图 4–64 所示，投壶端前掷线前方为 3 米（10 英尺）中线上摆放 1 个固定冰壶。运动员（学生）使用传进、轻传或轻磕技术投掷 8 个冰壶，通过正面撞击目标壶，将目标壶向比赛端大本营方向推进。运动员（学生）完成一次投壶之后，队友（同学）需要将投掷壶移到底线后方。如果目标壶成了无效壶，则将其放回初始位置，使用剩余冰壶继续执行训练任务。

（2）所需器材：无。

（3）建议时间：10 分钟。

（4）目标技能：投壶线路、投壶力量。

（5）目标群体：专业运动员至高水平运动员。

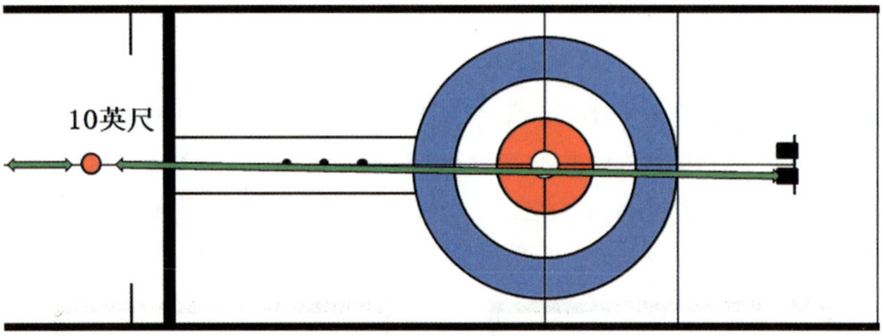

图 4–64　专项训练 5 示意图

三、组合训练

1. 专项训练 1

（1）训练设计：按照垒次顺序每人投掷 1 个冰壶，目标是连续 4 次投壶都将冰壶投掷进 4 英尺圆。任何垒次投壶失误，训练从头开始。

（2）所需器材：无。

（3）建议时间：15 分钟。

（4）目标技能：投壶力量。

（5）目标群体：初学者至高水平运动员。

2. 专项训练 2

（1）训练设计：如图 4–65 所示，摆放 8 个冰壶，黄色冰壶和红色冰壶之间的距离为冰壶直径。分组对抗训练，双方队伍轮流投掷冰壶，目的是将本方冰壶传进大本营，也可以将对方冰壶击打成无效壶。双方队伍投完所有冰壶之后，教练员（教师）根据大本营内冰壶的位置核算双方得分。得分少的一方在下一局比赛中的第一次投壶记双倍分数。

（2）所需器材：无。

（3）建议时间：15 分钟。

（4）目标技能：投壶线路、投壶力量。

（5）目标群体：初学者至高水平运动员。

3. 专项训练 3

（1）训练设计：如图 4–66 所示，摆放 8 个冰壶。分组对抗训练，双方队伍各使用所选择的击打力量投掷 4 个冰壶。目标是将对方的冰壶移出比赛区域，将投掷壶留在有效区域。运动员（学生）可选力量为正常力量（9 ~ 10 秒）或清球力量（8 ~ 9 秒）。

（2）所需器材：无。

（3）建议时间：20 分钟。

（4）目标技能：投壶力量。

（5）目标群体：初学者至高水平运动员。

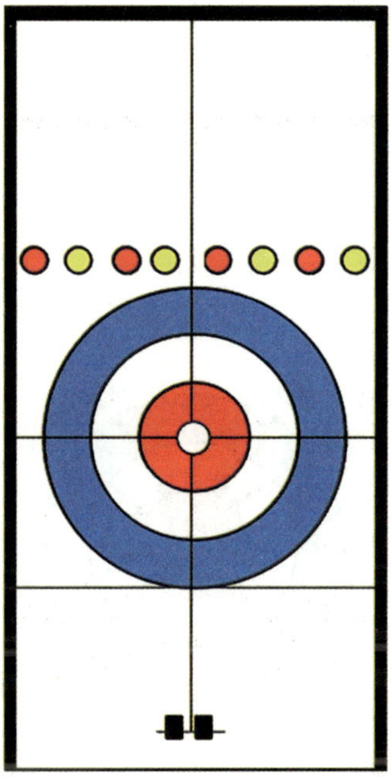

图 4–65　专项训练 2 示意图

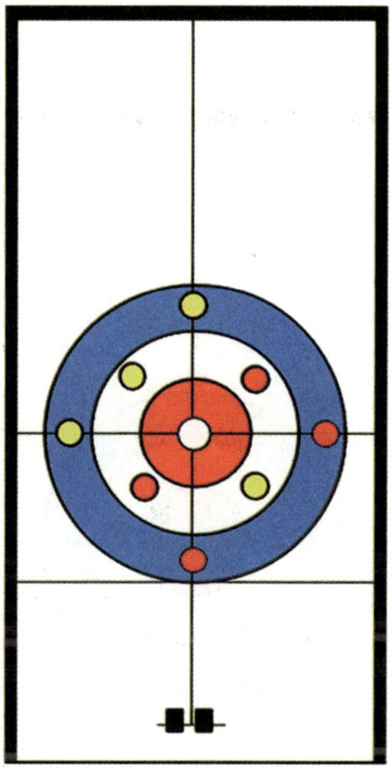

图 4–66　专项训练 3 示意图

4. 专项训练 4

（1）训练设计：如图 4–67 所示，运动员（学生）依次进行如下训练。

进营：目标是圆心。

传进（蓝色）：目标壶是大本营前方中线上方的蓝色冰壶。

穿越（红色）：目标是投掷壶从 2 个红色冰壶中间穿过。

打定（黄色）：目标壶是 T 线后方中线上的黄色冰壶，将其移出比赛区域。

打甩（绿色）：目标壶是放在 12 英尺圆上的绿色冰壶，投掷壶甩到中区。

双飞（黑色）：目标壶是 4 英尺圆上的 2 个黑色冰壶，击打后投掷壶留在中区。

（2）所需器材：无。

（3）建议时间：20 分钟。

（4）目标技能：投壶力量、投壶线路。

（5）目标群体：初学者至高水平运动员。

5. 专项训练 5

（1）训练设计：如图 4–68 所示，将每种颜色的 4 个冰壶摆放在大本营外侧。分组对抗训练，双方队伍共同决定当前局势、冰壶颜色、局数、比分、先后手、剩余壶数及当前投壶运动员。双方队员同时将 8 个冰壶推向圆心，但要掌控好推壶力量。如果推壶力量太小，冰壶会聚集在圆心；如果推壶力量太大，可能会对冰壶或冰面造成损坏。随后，双方队伍共同商定应选择的投壶类型并完成投壶。

（2）所需器材：无。

（3）建议时间：15 分钟。

（4）目标技能：投壶力量、投壶线路、投壶选择。

（5）目标群体：初学者至专业水平运动员。

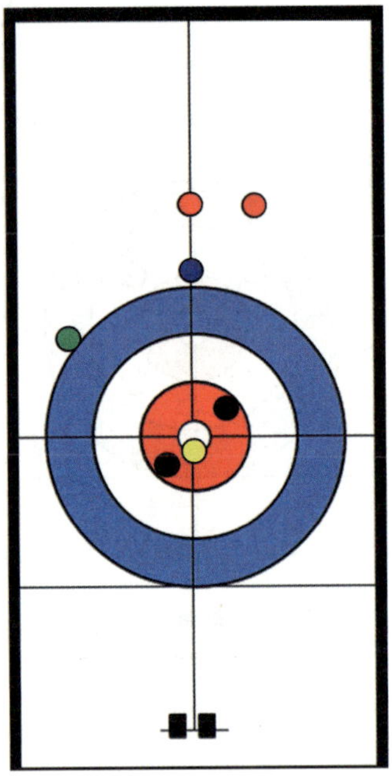

图 4–67　专项训练 4 示意图

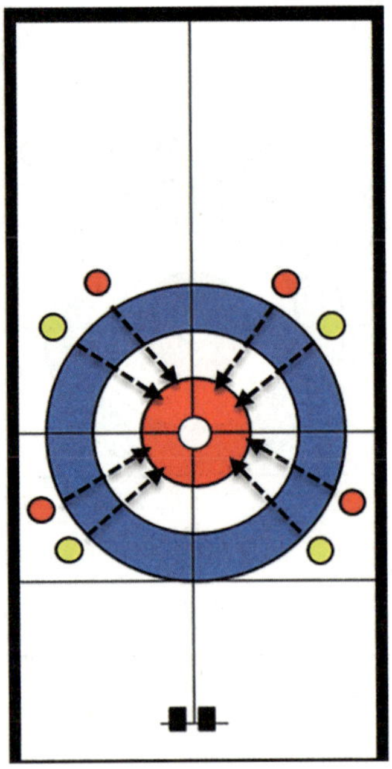

图 4–68　专项训练 5 示意图

延伸阅读

投壶技术评定方法与评定列表

一、技术评定人员的站位

第一位置：站在运动员（学生）持刷手臂一侧的边线（侧挡板）处，大约位于投壶端底线位置。一是要密切关注滑行脚的动作和行为；二是检查驱动脚、膝和腿的位置、姿势与动作；三是观察 2 ～ 3 次投壶以检查平衡和动作错误。

第二位置：站在投壶端刚过前掷线的中线处，也可以根据运动员（学生）的滑行能力调整站位。每种旋转观察 1 ～ 2 次，以检查平衡、投壶线路和出手错误。

第三位置：站在运动员（学生）投壶手臂一侧，尽量靠近运动员（学生）以检查踏板准备姿势和抓握冰壶手柄的姿势。建议最后选择此种站位以避免运动员（学生）感到紧张。

第四位置：站在运动员（学生）后方的挡板处，这一位置可以发现投壶线路和投壶动作的节奏与时机方面可能出现的错误。

二、投壶技术的分析步骤

冰壶运动的投壶动作过程非常简单，实际上就是径直向前和向后的运动。按照投壶动作顺序，检查、评定并纠正投壶动作。

第一步：分析身体部位的位置与姿势和冰壶的位置。身体各相关部位是否处于正确位置，并保持方正、水平指向投壶目标点。

第二步：分析前压和后引动作期间身体各相关部位和冰壶的运动方式、轨迹和方向。重点关注冰壶和滑行脚的移动方向。切记：冰壶应该径直向前和向后移动，滑行脚也要径直向后移动，不要后撤到踏板后方。

第三步：分析向前驱动与滑行动作。重点关注冰壶和滑行脚。身体向前运动时，冰壶要保持绝对的直线运动。如果冰壶径直向前运动，而且没有偏离既定线路，再关注滑行脚。

运动员（学生）完全进入滑行阶段时，滑行脚应位于投壶线路上。具体而言，滑行脚的踝关节必须位于投壶线路上。当然，运动员（学生）滑行脚的踝关节可能会存在某些生理结构或生物力学方面的差异。

第四步：分析投壶出手与冰壶控制。正确控制冰壶，避免冰壶出现横向滑动。

三、投壶技术评定列表（表 4-5）

表 4-5 投壶技术评定列表

投壶阶段	要点	优	中	差	原因与措施
投壶准备阶段	从踏板后方进入踏板				
	前脚掌位于踏板上				
	踏板上的驱动脚指向投壶目标点				
	滑行脚的全脚掌接触冰面，并与驱动脚保持平行				
	滑行脚的脚跟与驱动脚的脚趾平行或略靠前				
	臀部保持方正，指向投壶目标点				
	驱动脚的膝关节径直指向投壶目标点				
	体重均匀分布在双脚之上				
	核心收紧、躯干绷直，抬头、目视前方				
	肩部保持水平、方正，指向投壶目标点				
	冰壶刷的刷头朝上，与冰壶平行				
	冰壶刷的刷杆要舒适地位于手臂下方，穿过腰背部				
	抓握冰壶刷时，需要确保肩部方正				
	冰壶位于目标线上（冰壶中心位于投壶手臂腋窝正前方）				
	冰壶手柄处于正确的旋转位置：顺时针旋转位于 10 点钟方向；逆时针旋转位于 2 点钟方向				
	稳固地抓握冰壶，手腕位于冰壶重心正上方				
	手指的第二指节控制冰壶，拇指和其余四指分别位于手柄两侧				
	手指并拢，牢牢握住手柄				
	虎口指向肩部				
投壶驱动阶段（1）	前压是冰壶沿着预期的投壶线路的轻微移动（自选动作）				
	双腿共同用力提升腿部				
	冰壶沿着预期的投壶线路径直向后移动				
	滑行脚和臀部伴随冰壶或稍后向后移动				
	投壶手臂要有力地伸直				
	冰壶刷与冰壶向后移动相同距离				
	滑行脚径直向后移动，保持与驱动脚平行				
	臀部提升，驱动脚的膝关节要保持弯曲（大约 90°）				
	驱动脚和膝关节，尤其驱动脚要指向投壶目标点				
	击打投壶时，滑行脚后撤到最远点，身体重心略微向滑行脚转移				
	整个动作期间，臀部保持水平和方正				
	整个动作期间，肩部保持水平和方正				
	直到投壶出手，手柄都要保持在既定的旋转位置				

续表

投壶阶段	要点	优	中	差	原因与措施
投壶驱动阶段（2）	冰壶先于滑行脚向前移动				
	冰壶在投壶线路上径直向前移动				
	臀部和滑行脚同步向前移动				
	驱动脚要指向投壶目标点				
	根据投壶类型，以正确的时机和节奏启动驱动动作。身体位于平衡位置，臀部在驱动脚前方，滑行脚在身体垂直轴下方				
	滑行脚要逐渐移到身体重心下方				
	滑行脚略微转动以增加支撑面（自选动作）				
投壶滑行阶段	滑行脚最终位于身体重心下方（身体的垂直轴下方）				
	核心收紧、上身绷直				
	持刷手臂位于与准备阶段相同的位置				
	驱动脚的腿部在身体后方充分伸展，保持舒适的伸直姿势				
	滑行脚和腿部支撑身体重量				
	身体重心几乎低至冰面				
	身体和冰壶定位至投壶线路				
	肩部保持水平和方正				
	投壶手臂的肘关节放松、略微弯曲				
	冰壶手柄保持正确位置				
	向前滑行期间，手腕保持高位				
投壶出手阶段	投壶出手前，投壶手臂的肘关节略微弯曲				
	施加旋转之前，保持手柄位于 60° 的方向				
	进入出手阶段时，冰壶位于滑行脚前方的最大距离约为 30 厘米（12 英寸）				
	与准备阶段抓握冰壶手柄的姿势相同				
	大约 1 米（3 英尺）的距离用于投壶旋转和投壶出手				
	冰壶手柄大约位于 12 点钟方向时，立即投壶出手				
	拇指和其余四指同时松开冰壶手柄				
	投壶出手后，投壶手呈握手姿势并保持冰壶手柄高度				

第五章　扫冰

冰壶是一项物体（冰壶）脱离身体控制以后，滑行轨迹仍然可以通过某种技术动作（扫冰）发生改变的体育运动。

扫冰是冰壶运动重要的专项技术之一，是冰壶运动不可分割的重要组成部分。扫冰可以使冰壶的纵向移动距离发生米级单位的变化，横向移动距离发生厘米级单位的变化，而冰壶比赛的胜负往往决定于毫米级单位之间。随着冰壶专项运动技能的提升，扫冰对投壶成功率的影响越来越大，尤其是需要精妙控制的投壶。因此，扫冰是决定冰壶比赛胜负的一项重要技术，是判定一支冰壶队伍整体竞技能力的重要指标。

第一节　扫冰基础知识

一、扫冰的作用与原理

扫冰是指冰壶运动员使用冰壶刷去摩擦运动冰壶前方的冰面，以对冰壶滑行轨迹产生特殊影响的一种冰壶运动专项技术。由于器材装备的演进，冰壶刷作为一个相对较新的冰壶术语，已经收录到冰壶词典之中。冰壶运动诞生初期常使用谷物扫帚或秸秆扫帚来清扫冰面和冰壶滑行线路。所以，人们将清扫冰面的动作称为扫冰。最早的冰壶扫帚是谷物扫帚，它们的作用和家用扫帚通常是一样的，即清除杂物。

从谷物扫帚到秸秆扫帚再到毛发扫帚，扫冰器材经历了漫长的发展和演化过程，最后演变发展成为冰壶刷。器材的革新使扫冰的目的与作用发生了本质变化，不再仅是清除冰面上的杂物，还可以通过修正投壶线路和投壶力量的误差来提高投壶的精准性，使冰壶停在比赛区域的预期位置。整体而言，扫冰主要有 3 个方面的作用：一是增加冰壶的滑行距离，二是修正冰壶滑行轨迹，三是清洁冰面。

从理论上讲，冰壶运动员在运动冰壶前方扫冰可以改变冰壶和冰面的相互作用。冰壶在冰面上的滑行受到冰壶与冰面之间摩擦系数的影响，扫冰可以减小摩擦系数进而影响和控制冰壶滑行轨迹和滑行距离。其主要原理有以下 2 个方面。

一方面，扫冰可以清除冰壶道表面冰层的微霜和杂物以创造干净且光滑的冰面。冰壶道表面冰层并不是平的，而是被细小的冰冻水滴所覆盖，这些水滴会冻结成毫米尺度的突起，称之为冰点（Pebble）。冰壶道上冰点之间可能藏有微霜，也可能会存在意想不到的杂物，如空气中的尘埃、运动员服装上的纤维碎片或是头皮屑等。微霜和杂物不仅会增加冰壶与冰面之间的摩擦力，还会对冰壶滑行轨迹和滑行速度造成无法估计的影响。例如，一个顺时针旋转的冰壶按照预定的轨迹滑行，会产生向右的弧线。如果冰壶在滑行过程中压到冰壶道上的杂物，原本向右的弧线可能会突然变为向左的弧线，最终导致投壶失败。再者，如果冰壶道的冰点之间存有微霜，会导致冰壶与冰面之间的摩擦力增大，冰壶减速过快，原本可以到达圆心的冰壶，最终可能会因摩擦力增大而停在大本营前方或大本营前区等。

另一方面，扫冰可以通过冰壶刷与冰面之间的摩擦瞬间提升冰壶道表面冰层的温度。冰壶刷和冰面之间的相互作用可以产生热量，提高表面冰层温度，从而降低其摩擦系数，导致冰壶移动距离发生米级单位的变化。运动员的扫冰速度、向冰面施加的作用力和扫冰方式等都会对升温效果产生一定的影响。研究显示，世界上最好的扫冰运动员只能将冰面温度提升大约 2℃。实际上，标准冰壶道的冰面温度约是零下 5℃。所以，扫冰并不能将冰面温度提升到熔点，也不会使冰点融化。冰壶刷的刷头会在扫冰之后变湿，那是因为，扫冰所产生的热量使微霜产生湿气附着在刷头上。最新研究成果表明，世界顶级的扫冰运动员通过扫冰能将冰壶的滑行距离增加 1.8 ~ 2.1 米（6 ~ 7 英尺）。如此来看，运动员将冰壶投到大本营的圆心是一件很简单的事情。而且，即使是轻带（即仅向冰面施加有限作用力）也可以将冰壶的滑行距离增加 0.6 ~ 0.9 米（2 ~ 3 英尺）。

二、扫冰类型

扫冰是一项非常重要的冰壶专项运动技术。随着扫冰规则的修改，原本禁止的扫冰技术动作获得了许可，扫冰技术动作出现了向多元化方向发展的趋势。

按照扫冰运动员扫冰时的站姿，扫冰可以分为开放式站位扫冰和闭合式站位扫冰。开放式站位是指扫冰运动员面向冰壶前进方向，双脚处于同一水平面的站位方式。采用开放式站位的扫冰技术称为开放式站位扫冰。闭合式站位是指扫冰运动员面向冰壶，双脚处于同一水平面的站位方式。采用闭合式站位的扫冰技术称为闭合式站位扫冰（详见本章第二节）。

按照扫冰运动员扫冰时向冰面施加作用力的大小，扫冰可以分为全力扫冰（Hurry）和轻带（Clean）。全力扫冰是指运动员向冰面施加最大的作用力，其主要目的是改变冰壶滑行轨迹。轻带是指运动员仅向冰面施加有限的作用力，其主要目的是清洁冰面。

按照扫冰的目的与作用，扫冰可以分为顶线扫冰和下线扫冰。顶线扫冰是指运动员使用冰壶刷在运动冰壶前方摩擦冰壶滑行线路内侧冰面，以减小冰壶滑行轨迹弧线的扫冰技术（图 5–1）。下线扫冰是指运动员使用冰壶刷在运动冰壶前方摩擦冰壶滑行线路外侧冰面，以增加冰壶滑行轨迹弧线的扫冰技术（图 5–2）。

图 5–1 顶线扫冰

图 5–2 下线扫冰

此外，按照参与扫冰的人数，扫冰可以分为单人扫冰、双人扫冰和多人扫冰；按照扫冰方式，扫冰还可以分为传统式扫冰（图 5–3）、进攻式扫冰、铲雪式扫冰、直线扫冰（图 5–4）和侧面扫冰等。

图 5–3 传统式扫冰

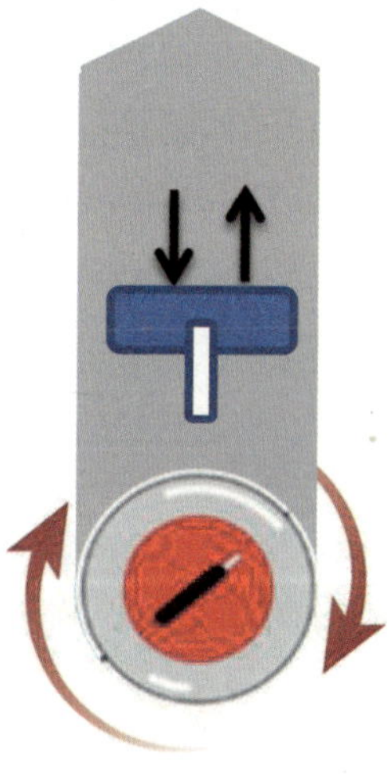

图 5–4 直线扫冰

三、扫冰与身体素质

冰壶运动中的扫冰是一项全身运动。运动员在扫冰时需要双腿支撑身体，手臂借助冰壶刷支撑上身，并提供向下的作用力和高频的扫冰动作，而且需要躯干肌群为腿、手臂和冰壶刷建立稳定的链接。与此同时，运动员在扫冰时还需要滑行和避开障碍物。因此，有效的扫冰不仅需要冰壶运动员具有良好的力量和耐力，还需要冰壶运动员具有良好的协调和平衡能力。膝关节、背部和肩部是冰壶运动员最易出现运动损伤的身体部位。冰壶运动员需要根据扫冰动作的技术特点进行有针对性的抗阻训练、心血管训练、平衡训练、核心训练和柔韧性训练等。

以一场10局的冰壶比赛为例，从理论上讲，一垒和二垒在每局比赛中要为6个冰壶扫冰，而且一垒在一局比赛中要连续扫冰6次，一垒和二垒共计需要扫冰60次，理论上的扫冰距离可以达到1780米以上。运动员一次20秒的全力扫冰可以消耗600～1600千焦的能量，平均心率通常可以达到170次/分。个别运动员可以消耗2000千焦的能量，心率可以达到200次/分。因此，良好的身体素质是冰壶运动员取得优异竞技成绩的基础前提和保障条件。

第二节　扫冰技术动作

一、身体位置与姿势

扫冰方式不同，扫冰运动员身体关键部位的位置与姿势也略有不同。越是复杂的身体姿势，扫冰效果越好，但也更加难以掌握。运动员不论使用何种姿势的扫冰技术，其一个重要目标都是提升扫冰区域的冰面温度。为了最大限度地制造热量，扫冰运动员需要在刷头和冰面之间制造最大的摩擦力。摩擦力源自刷头和冰面之间的压力以及扫冰速度。任何一方偏弱都无法制造出足够的摩擦力或是无法充分加热冰面，从而降低整体的扫冰效果。因此，扫冰运动员扫冰时身体关键部位的位置与姿势应有利于在刷头和冰面之间创造出最大的摩擦力。

（一）身体关键部位的位置与姿势

1. 头部

为了将最大的体重转移到冰壶刷头上，扫冰运动员的头部必须位于刷头正上方。随着刷头向扫冰运动员身体方向的移动，扫冰运动员身体重心需同时向后移动，以便能最大化地将能量传递到冰壶刷的刷头。如果扫冰运动员的头部偏离了刷头正上方，扫冰效果会相应下降。如果扫冰运动员的头部在扫冰期间上下摆动，则说明扫冰运动员施加给刷头的压力无法始终保持一致，也不能进行有效的扫冰。

2. 双手

扫冰运动员的双手在冰壶刷上的间距大约是扫冰运动员的肩宽。扫冰运动员双手抓握刷杆，靠近刷头的手掌朝下，靠近刷杆末端的手掌朝上。扫冰运动员为了使最大的身体重量向下作用到刷头，下方的手要尽可能靠近刷头。这是最有效的抓握刷杆的身体姿势，此点可以使用体重秤得到验证。扫冰运动员双手放在体重秤上呈俯卧撑姿势，分别记录撑起和下落时体重秤的数值。重心越低，数值越大，说明向下的压力也越大。

3. 双脚

扫冰运动员在扫冰时为了让刷头产生最大能量，至少有一只脚要位于臀部垂直线外侧，以使身体处于失衡状态。此种姿势有助于扫冰运动员将身体重心向前移动到已经位于刷头上方的上身，以使最大的身体重量向下作用到刷头。

4. 预备姿势

尽管开放式步伐更适合初学者学习扫冰，但是闭合式步伐可以产生最大的向下作用。如图 5–5 所示，扫冰运动员的上身质量通过下方的手、肩和手臂实现了最大化转移。当采用闭合式步伐时，上身的力量训练是消除扫冰运动员潜在伤害的关键。

图 5–5　身体关键部位的位置与姿势

（二）扫冰技术动作的核心要素

（1）扫冰运动员的头部位于刷头正上方。

（2）扫冰运动员下方的手应尽量靠近刷头位置抓握刷杆，双手之间的距离约与肩同宽。

（3）扫冰运动员的双脚移动时，至少一只脚应位于臀部垂直线外侧。

（4）扫冰运动员的背部与冰面保持相对水平。

二、开放式站位扫冰

开放式站位扫冰的准备姿势是扫冰运动员站在投壶运动员的侧方，双脚与壶处于同一水平面，面向冰壶前进方向，臀部方正指向投壶端大本营，双手抓握刷杆，将刷杆分成 3 份，靠近刷头的手掌朝下，靠近刷杆末端的手掌朝上（图 5–6）。

扫冰运动员扫冰时要略微前倾身体，确保头部位于刷头正上方，尽量保持背部与冰面的相对水平，且双腿与双臂共同支撑身体重量并共同作用维持身体平衡。扫冰运动员通过身体重量和上肢的作用力向刷头施加压力，其中，下方手臂的主要作用是保持向冰壶刷的刷头持续施加压力，上方手臂的主要作用是负责控制刷头的运动。当冰壶沿着冰壶道滑行时，扫冰运动员沿着冰壶滑行线路在冰壶前方使用刷头反复摩擦冰面。

开放式站位扫冰的动作要领如下。

图 5–6 开放式站位扫冰

（1）刷杆末端夹在腋下，头部位于刷头正上方，下方手臂伸直，上方手臂弯曲，背部尽可能保持水平。

（2）膝关节略微弯曲，双脚的前脚掌接触冰面，腿和脚应位于臀部垂直线外侧，采用越野滑雪步法向前移动，后腿发力推动前行，前腿提供稳定支撑。

（3）冰壶刷位于运动冰壶前方，与冰壶滑行路径成 45° 角进行高频率的扫冰。

采用开放式站位的扫冰运动员从冰壶一侧换到另一侧继续采用开放式站位扫冰，则双手抓握刷杆的位置需要互换。例如，扫冰运动员面向冰壶前进方向，采用开放式站位扫冰，当扫冰运动员位于冰壶左侧时，左手是下方手，靠近刷头；当扫冰运动员位于冰壶右侧时，右手是下方手，靠近刷头。特别提醒：扫冰运动员的滑行脚穿上防滑鞋套会极大地提升开放式站位扫冰的扫冰效果。

此外，2 名扫冰运动员站在冰壶两侧同时扫冰会极大地提升扫冰效果，但他们在冰壶道上同时向前移动时需要密切的配合，彼此的冰壶刷既要尽可能地靠近冰壶扫冰，又要避免彼此发生碰撞。

开放式站位扫冰技术是最简单、最容易掌握的扫冰技术动作，适合初学者使用。对于初学者来说，开放式站位的优势主要体现在以下 3 个方面：一是扫冰运动员面向指挥（副指挥）扫冰，更有利于扫冰运动员和指挥（副指挥）之间进行交流；二是便于向前移动；三是安全，如果从安全的角度出发，开放式站位是首选的扫冰站位姿势。

三、闭合式站位扫冰

闭合式站位扫冰的准备姿势是扫冰运动员站在投壶运动员的侧方，双脚处于同一水平面，面向冰壶方向，身体侧面指向比赛端大本营，双手抓握刷杆，将刷杆分成 3 份，靠近刷头的手掌朝下，靠近刷杆末端的手掌朝上。（图 5–7）

图 5–7　闭合式站位扫冰

闭合式站位扫冰技术与开放式站位扫冰技术既有相同之处，也存在着一定的差异。二者的相同之处如下。一是抓握刷杆的方式相同。双手抓握刷杆，将刷杆分成 3 份，靠近刷头的手掌朝下，靠近刷杆末端的手掌朝上。二是身体姿势相同。刷杆末端夹在腋下，头部位于刷头正上方，下方手臂伸直向刷头施加压力，上方手臂弯曲控制扫冰动作，背部尽可能保持水平，膝关节略微弯曲，双脚的前脚掌接触冰面发力。二者的差异性主要体现在以下 4 个方面。一是冰壶刷与身体的相对位置不同。扫冰运动员采用开放式站位时，冰壶刷在身体运动方向的前方；扫冰运动员采用闭合式站位时，冰壶刷在身体运动方向的后方。二是臀部与冰壶运动方向的夹角不同。扫冰运动员采用开放式站位时，臀部保持方正指向冰壶运动相反方向；扫冰运动员采用闭合式站位时，臀部与冰壶运动方向成一定角度。三是双脚与冰壶运动方向的夹角不同。扫冰运动员采用开放式站位时，双脚和冰壶运动方向平行；扫冰运动员采用闭合式站位时，双脚和冰壶运动方向成一定角度。四是移动步伐不同。扫冰运动员采用开放式站位时，通常采用越野滑雪步伐；扫冰运动员采用闭合式站位时，通常采用滑行步伐。其实，二者之间还存在着一定的联系，即扫冰运动员在冰壶一侧采用开放式站位，然后移动到冰壶的另一侧，且抓握刷杆的方式不变，扫冰运动员就从开放式站位转化成了闭合式站位。除了采用滑行步伐向前移动，闭合式站位扫冰的动作要领与开放式站位扫冰的动作要领基本相同。

由于闭合式站位扫冰技术要求冰壶刷不再完全位于身体运动方向的前方，扫冰运动员的双脚和身体不再面向运动方向，因此扫冰运动员冰上移动以及与指挥（副指挥）进行沟通交流的难度增加了。但是，扫冰运动员只要掌握正确的移动步伐和身体姿势以及与指挥（副指挥）的沟通方式，闭合式站位扫冰就能更有效地向刷头施加作用力，就能产生更好的扫冰效果。

切记：不要为了获得流畅的滑行步伐，滑行脚就不戴防滑鞋套。一是存在安全风险，极易摔倒在冰面上；二是会减小刷头向冰面施加的作用力，进而影响扫冰效果。

第三节 扫冰效果

扫冰运动员在运动冰壶前方的扫冰可以增加冰壶在冰面上的滑行距离和影响冰壶滑行轨迹。显著修正冰壶滑行轨迹的能力与知道如何正确纠正冰壶滑行轨迹的能力是冰壶运动专项技术的重要组成部分。

一、影响扫冰效果的因素

扫冰效果受扫冰速度、单次扫冰距离、向下的作用力、扫冰时机、扫冰方式与冰面温度变化等多种因素的影响。其中，扫冰速度、向下的作用力、扫冰方式、冰面温度变化和扫冰效果直接相关。

扫冰的目的之一是提升扫冰区域的冰面温度。为了最大限度地通过扫冰制造热量，扫冰运动员需要在刷头和冰面之间产生尽可能多的摩擦。摩擦是刷头和冰面之间的压力，以及刷头在冰面上的运动速度的结合。任何一方偏弱都无法制造出足够的摩擦或是无法充分地加热冰面，从而降低整体的扫冰效果。

扫冰运动员在冰壶左侧或右侧扫冰能够增强或是部分纠正摩擦的不对称性，改变冰壶滑行轨迹。当刷头最接近扫冰运动员的支撑脚时，扫冰运动员身体重心的水平方向力臂减到最短，刷头上的垂直作用力最大，产生的热量最多。例如，扫冰运动员站在顺时针旋转冰壶外侧扫冰能够增加冰壶滑行轨迹的弧线。

高质量的扫冰是刷头运动速度和刷头压力的完美结合。要想获得完美的扫冰效果，扫冰运动员还需要具备出色的扫冰判断能力。也就是说，扫冰运动员应该知道何时扫冰，何时让冰壶自然运动及采用何种扫冰方式等。影响冰壶滑行轨迹的变量有很多，包括冰面条件、冰壶滑行带状况、冰壶旋转速度、冰壶滑行速度和投壶出手动作等。冰壶开始出现弧线滑行的初始点称为下线点（亦称 K 点）。简单而言，扫冰运动员在下线点之前扫冰，会延长冰壶直线滑行距离，也就意味着冰壶在冰面上弧线会减小；运动员在下线点之后扫冰，会增加冰壶在冰面上的弧线。扫冰对冰壶滑行轨迹最重要的影响是在下线点之后，因此理解与控制下线点是所有扫冰运动员必须掌握的一项冰壶专项基本技能。

二、提升扫冰效果的方法

冰壶在冰面上的滑行轨迹和滑行速度不仅受扫冰的影响，还受冰面条件、冰壶滑行带等诸多因素影响。就扫冰而言，扫冰运动员有时无法兼顾扫冰对冰壶滑行轨迹和滑行速度的双重影响，关键是平衡好投壶线路和投壶力量的关系并能准确评估扫冰时机才有可能获得既定的扫冰效果。

从某种角度来讲，扫冰是一项常被忽视的冰壶专项运动技术。但是，扫冰对于提升队伍投壶成功率至关重要，是决定比赛胜负的关键因素之一。

（一）如影随形，时刻位于冰壶附近

为了获得最佳的扫冰效果，在投壶运动员投壶时，扫冰运动员应站在投壶端 T 线处或踏板处并随冰壶沿着冰壶道向前移动（图 5–8）。这样一方面有利于扫冰运动员准确判断投壶力量和投壶类型；另一方面有利于扫冰运动员阅读投壶运动员的出手动作，判断是否存在推壶、拉壶或是旋转过度与旋转不足等情况。

图 5–8　扫冰运动员的位置

如果是大力量投壶，扫冰运动员在投壶运动员启动后引动作时就要开始向前移动，以便能与投壶运动员和冰壶保持同样的前进速度。当冰壶投壶出手后，扫冰运动员一定要尽可能靠近冰壶并与冰壶一同向前移动，即便是投壶力量过大（速度太快）或明显无法实现既定投壶意图的投壶。因为，指挥（副指挥）可能会改变投壶意图，选择执行 B 计划、C 计划甚至 D 计划。如果扫冰运动员因此而放弃扫冰并远离冰壶，那么改变投壶意图后，他就无法立即执行扫冰动作。

（二）分工合作，建立有效沟通机制

冰壶投壶出手后，扫冰运动员需要立即大声且自信地向指挥（副指挥）报告冰壶的投壶力量或预计的静止区域，并在冰壶滑行过程中不断向指挥（副指挥）更新对投壶力量的判断。良好的力量判断能力是一项宝贵的冰壶运动专项技术。记住，此项技能需要冰壶运动员具备一定的耐心与恒心，经过多次重复训练才能掌握。

通常情况下，扫冰是由 2 名运动员共同完成的，分别是主扫冰运动员和辅助扫冰运动员。辅助扫冰运动员（2 名扫冰运动员中位于前方的运动员）的主要职责之一就是频繁抬头观察冰壶与大本营之间的距离，判断投壶力量，并与指挥（副指挥）和主扫冰运动员进行有效的信息沟通。因为，辅助扫冰运动员的刷头距离冰壶较远，几乎不可能碰触到冰壶。根据冰壶运动规则，如果扫冰运动员意外碰触到冰壶，则会按照相关规则条款进行判罚（详见第三章第一节）。但是，这并不代表主扫冰运动员没有观察和判断投壶力量的职责。

评估冰壶滑行线路并在必要时告知扫冰运动员进行扫冰，以确保冰壶按照预期的轨迹滑行是指挥（副指挥）的主要职责之一。扫冰运动员负责判断投壶力量，预测冰壶的滑行距离并将投壶力量告知指挥（副指挥）。有些扫冰运动员使用秒表记录冰壶从投壶端 T 线到投壶端前掷线的分段时间，以辅助判断投壶力量。有些扫冰运动员将比赛区域划分为10个区，使用数字分区系统沟通投壶力量，预估冰壶的静止区域。

由此可见，是否扫冰、何时扫冰及如何扫冰是队员相互沟通、共同决策的结果。但是，指挥（副指挥）拥有扫冰运动员是否需要为冰壶进行扫冰的最终决定权。因为，指挥（副指挥）对大本营和当前比赛局势拥有更为广阔的视野，而且指挥的主要职责就是根据当前局势制定战术决策。为此，指挥（副指挥）的扫冰抉择可以忽视扫冰运动员的判断与建议。

（三）综合考量，实现速度与力量的完美结合

高效能的扫冰是力量与速度的完美结合。要想给予冰面最大的作用力，扫冰运动员的头部应位于刷头正上方，手在肩部的正下方，背部与冰面保持相对水平，至少一只脚在臀部垂直线的外侧（后侧），充分利用身体重量，而不是仅仅使用手臂力量创造向下的作用力。扫冰运动员施加给冰面的身体重量越多，保持刷头快速移动的难度就越大。只有“压力”和“速度”实现最佳组合，才能获得最佳的扫冰效果。世界冰壶联合会的一项研究表明，“速度”不变的前提下施加冰面的作用力增加2倍，扫冰运动员扫冰时产生的热量相应增加2倍；“压力”不变的前提下动作频率增加2倍，扫冰运动员扫冰时产生的热量增加1.55倍。但是，扫冰运动员对同一块冰面多次重复扫冰，冰面温度提升最快。

冰壶滑行速度对扫冰方式会也会产生相应的影响。指挥更多地为大本营中慢速移动的冰壶扫冰，增加冰面的作用力，扫冰效果则更加明显。一垒和二垒更多地为快速移动的冰壶扫冰，提升扫冰频率，扫冰效果则更加明显。

（四）协调配合，兼顾距离与线路

此处的距离既指冰壶刷与冰壶之间的间隔，也指单次扫冰的长度。此处的线路是指期望的冰壶滑行轨迹。

扫冰动作结束后，冰面温度会很快恢复到初始状态。为了提升扫冰效果，扫冰运动员扫冰时，冰壶刷应尽可能接近冰壶，但又不要触碰到冰壶。所有扫冰动作都应在距离冰壶前沿约为0.9米（3英尺）的范围内完成，即使是2名扫冰运动员同时扫冰也都要控制在这个范围之内（图5–9）。前方的扫冰运动员（辅助扫冰运动员）负责启动升温过程，后方的扫冰运动员（主扫冰运动员）负责制造更多的热量，二者共同影响冰壶滑行轨迹和滑行距离。任何一名扫冰运动员在冰壶前方大于0.9米（3英尺）处扫冰，对冰壶滑行轨迹和滑行速度将几乎毫无影响，而只会起到了清洁冰面的作用。例如，扫冰运动员以每秒0.5米的速度在运动冰壶前方5厘米处扫冰，滑行带会在0.2秒后经过扫冰区域，此时冰温大约会从–3.7℃降到–4.7℃。此外，3名扫冰运动员共同扫冰对提升扫冰效果并没有太大的帮助。指挥（副指挥）应牢记此点，他们需要做的是全神贯注观察线路、阅读冰面并相信扫

图5–9 双人扫冰

冰运动员可以控制一切。

一次完美的扫冰需要恰好覆盖冰壶滑行轨迹，如果过多，则徒劳无功，只会浪费扫冰运动员的体能。这是一件看起来显而易见但扫冰运动员自身极难判断的事情。如果扫冰运动员出现此种情况，指挥（副指挥）需要及时告知。

（五）阅读冰面，精准判断扫冰时机

不同冰壶场馆、同一场馆的不同冰壶道所产生的冰壶滑行轨迹各不相同，即便是同一冰壶道的不同区域也会有所差异。扫冰运动员需要具备解读冰面条件的能力并根据投壶意图、投壶类型选择正确的扫冰时机和扫冰方式。扫冰运动员判断扫冰时机的能力对于扫冰效果至关重要。

世界冰壶联合会的一项研究发现，扫冰运动员全力扫冰 10 秒后，对刷头压力将减少 40%。因此，扫冰运动员应储存能量并时刻牢记下线点之后或比赛端前掷线之后才是扫冰的最佳时机或区域。

第四节　扫冰技术专项训练方案

一、分解训练

1. 专项训练 1：交流

（1）训练设计：教练员（教师）或队友（同学）投掷冰壶，运动员（学生）站在投壶端 T 线处跟随投掷壶沿着冰面向前移动并定期报告对投壶力量的判断。冰壶从投壶出手每隔约 1.5 米（5 英尺）报告 1 次投壶力量，既可以使用语言，也可以使用手势信号。此训练的目的是锻炼运动员（学生）投壶力量判断与清晰交流的能力。

（2）所需器材：无。

（3）建议时间：10 分钟。

（4）目标技能：力量判断、团队沟通。

（5）目标群体：初学者。

2. 专项训练 2：开放式步伐

（1）训练设计：运动员（学生）在投壶端前掷线采用开放式站位，将刷头放在冰面的中线上，在 2 条前掷线之间进行 15 ~ 25 秒的扫冰步伐训练。此项训练共分为 4 个阶段：第一阶段要求运动员（学生）仅向刷头施加压力，但不执行扫冰动作；第二阶段要求运动员（学生）不仅向刷头施加压力，还要执行扫冰动作；第三阶段是教练员（教师）或队友（同学）沿着冰壶道推动冰壶前行，要求运动员（学生）为运动冰壶扫冰（图 5–10）；第四阶段是 2 名运动员（学生）协同配合扫冰。运动员（学生）只有熟练掌握上一阶段的步伐训练，才可以进入下一阶段的步伐训练。

（2）所需器材：无。

（3）建议时间：10 分钟。

（4）目标技能：开放式步伐。

（5）目标群体：初学者至专业运动员。

3. 专项训练 3：闭合式步伐

（1）训练设计：运动员（学生）在投壶端前掷线采用闭合式站位，将刷头放在冰面的中线上，在 2 条前掷线之间进行 15 ~ 25 秒的扫冰步伐训练。此项训练共分为 4 个阶段：第一阶段要求运动员（学生）仅向刷头施加压力，但不执行扫冰动作；第二阶段要求运动员（学生）不仅向刷头施加压力，还要执行扫冰动作；第三阶段是教练员（教师）或队友（同学）沿着冰壶道推动冰壶前行，要求运动员（学生）为运动冰壶扫冰（图 5-11）；第四阶段是 2 名运动员（学生）协同配合扫冰。运动员（学生）只有熟练掌握上一阶段的步伐训练，才可以进入下一阶段的步伐训练。

（2）所需器材：无。

（3）建议时间：10 分钟。

（4）目标技能：闭合式步伐。

（5）目标群体：初学者至专业运动员。

图 5-10　开放式步伐第三阶段训练示意图

图 5-11　闭合式步伐第三阶段示意图

4. 专项训练 4：力量判断

（1）训练设计：教练员（教师）或队友（同学）使用进营力量投掷冰壶，运动员（学生）站在投壶端 T 线处跟随投掷壶沿着冰面向前移动，当投掷壶滑行到冰壶道中间位置时，报告投掷壶的预计静止区域。初学者的误差应控制在 ±1.2 米（±4 英尺），专业运动员的误差应控制在 ±0.6 米（±2 英尺），高水平运动员的误差应控制在 ±0.3 米（±1 英尺）。

（2）所需器材：无。

（3）建议时间：15 分钟。

（4）目标技能：力量判断。

（5）目标群体：初学者至高水平运动员。

二、综合训练

1. 专项训练 1

（1）训练设计：根据教练员（教师）指定的旋转投掷冰壶，每次投壶时，2 名运动员（学生）扫冰。一垒投壶时，二垒位于挡板后方，指挥是主扫冰运动员，副指挥是辅助扫冰运动员。二垒投壶时，一垒是主扫冰运动员，指挥是辅助扫冰运动员，副指挥位于挡板后方。队伍要在规定时间内尽可能多次轮换投壶和扫冰。目标是投掷壶静止在圆心。

（2）所需器材：无。

（3）建议时间：15 分钟。

（4）目标技能：扫冰综合能力。

（5）目标群体：初学者至高水平运动员。

2. 专项训练 2

（1）训练设计：投壶运动员（学生）与扫冰运动员（学生）“1 对 1”对抗训练。投壶运动员（学生）的目的是将冰壶投进大本营。扫冰运动员（学生）的目的是根据投壶力量进行全力扫冰或是不进行扫冰，以阻止投掷壶停在大本营区域。

（2）所需器材：无。

（3）建议时间：10 分钟。

（4）目标技能：扫冰综合能力。

（5）目标群体：专业运动员至高水平运动员。

延伸阅读

扫冰技术评定与训练方法列表（表 5–1）

表 5–1 扫冰技术评定与训练方法列表

问题	原因	措施	训练方法
冰壶刷距离身体太远	1. 冰壶刷太大或太小 2. 身体没有定位到刷头上方 3. 内心恐惧	1. 检查运动器材 2. 重复指令或进行正确身体姿势定位示范：最大压力、冰壶刷控制和扫冰线路	1. 无壶扫冰训练时，进行正确的身体姿势定位示范 2. 队友推壶扫冰训练 3. 设置与正常的比赛条件相一致的扫冰训练
刷头向下的压力太小	1. 膝关节没有弯曲 2. 背部没有平行于冰面 3. 运动员的头部没有定位到刷头正上方	1. 重复指令或进行正确的双脚前脚掌力量分配示范 2. 确保头部位于刷头正上方 3. 运动员在扫冰时，要确保冰壶刷始终有向下的作用力	1. 让运动员尽可能垂直地持握冰壶刷 2. 确保运动员与冰壶道比赛端有视觉接触 3. 设置与正常的比赛条件相一致的扫冰训练 4. 录制运动员的扫冰视频，并进行动作分析
刷头运动频率太慢，刷头运动距离太长	1. 错误的握杆方法 2. 身体远离了可以快速移动的位置	1. 确保运动员抓握在刷杆的 1/3 和 2/3 位置，或根据运动员的身高进行适度调整 2. 确保运动员位于允许手臂以最大速度工作的位置 3. 强化运动员更短距离的扫冰训练（4 英寸以内）	1. 确保运动员能够展示正确的抓握和身体定位，以获得最大扫冰频率 2. 进行无壶扫冰训练 3. 队友进行推壶扫冰训练，以增加刷头的运动频率 4. 记录刷头的运动频率，让运动员尽力增加刷头频率 5. 设置与正常的比赛条件相一致的扫冰训练
冰壶刷距离冰壶太远	1. 身体关键部位的姿势与位置错误 2. 错误的脚步移动步伐 3. 内心恐惧	1. 正确的身体姿势定位示范 2. 固定运动员的扫冰位置 3. 逐渐移向运动冰壶	1. 让运动员为运动冰壶扫冰，以获得正确的身体姿势和脚步动作 2. 设置与正常的比赛条件相一致的扫冰训练
运动员移动速度太慢	1. 脚步移动步伐不够娴熟 2. 运动器材不合适	1. 正确的扫冰预备姿势示范（开放式与闭合式） 2. 选择合适的冰壶刷	1. 演示正确的扫冰预备姿势和脚步移动方法 2. 进行无扫冰动作的步伐训练，再进行有扫冰动作的步伐训练 3. 设置与正常的比赛条件相一致的扫冰训练

续表

问题	原因	措施	训练方法
运动员与指挥的交流不当，缺乏对冰壶速度的管理与掌控	1. 运动员没有频繁与指挥进行眼神交流 2. 指挥指示不需要扫冰时，扫冰运动员却在扫冰 3. 扫冰运动员没有使用语言表述冰壶的滑行速度	1. 提醒扫冰运动员必须时时沟通冰壶的滑行速度 2. 扫冰运动员必须能够频繁地与指挥进行眼神和语言交流 3. 如果扫冰运动员使用计时器，确保操作仪器的方法正确	1. 让队伍中的一名运动员投掷冰壶，其他运动员站在前掷线附近报出冰壶静止位置 2. 采用小力量投壶，扫冰运动员需要立即沟通冰壶可能的静止位置并在冰壶滑行期间保持沟通 3. 介绍冰壶场地数字分区系统 4. 设置与正常的比赛条件相一致的扫冰训练

第六章　阅读：冰面与出手

在漫长的发展过程中，冰壶运动逐渐从室外休闲娱乐活动演变为室内竞技体育运动。冰面质量的提升是促使发生此种演变最为重要的前提条件之一。高质量的冰面是现代冰壶运动的前提，是维护冰壶运动公平竞争条件的保障，是冰壶专项运动技能提升的基础。高质量的冰面可以确保在运动员使用相同投壶力量、投壶线路和出手动作投掷冰壶时，投掷壶基本可以获得相同的滑行距离和滑行轨迹。事实上，不同冰壶场馆、同一场馆不同冰壶道、同一冰壶道不同冰面区域的冰面条件都极有可能各不相同。冰壶运动员需要时刻掌握冰面条件的变化，才有可能高质量地完成投壶，才有可能取得冰壶比赛的胜利。即使冰面条件完全相同，不同的出手动作和出手位置，也会导致冰壶滑行轨迹和滑行速度完全不同。正因如此，投壶能力提升之路是永无终点的。

第一节　冰面特征

冰壶在不同冰壶道上的滑行轨迹和滑行速度存在着巨大差异，冰面条件对冰壶的运动行为和运动员的竞技成绩有着重要的影响。在冰壶运动中，运动员观察、了解和掌控冰面特征的过程称为阅读冰面。阅读冰面是冰壶运动一项非常重要的技能，是冰壶运动的重要组成部分。冰壶运动员只有积累了大量的、丰富的冰面知识和专项运动经验，并经过系统的专业化训练，才能真正掌握阅读冰面的技能。

一、总体特征

众所周知，冰壶运动是在冰上进行的一项冬季运动项目。但是，鲜为人知的是冰壶运动的冰面与其他冰上运动的冰面完全不同。其中，最主要的差异有以下 3 个方面。一是冰壶运动的冰面要更加水平。冰壶道横向上存在 0.05 毫米的水平误差都会对冰壶滑行轨迹产生巨大影响。这在无形中体现了具备阅读冰面的重要性，同时也增加了阅读冰面的难度。二是冰壶运动的冰面更加粗糙。传统认知告诉我们，冰面越光滑，冰面的摩擦系数越小。但是，冰壶运动的冰面并非如此。为了减小冰壶与冰面之间的摩擦力，增加冰壶在冰面上的滑行距离，专业的制冰师会精致地在冰面上喷洒适宜温度的水滴，雾状水滴在冰面上随机冻结成不同大小的冰状突起，称之为冰点（图 6–1）。冰壶实际上是在冰点上滑行，而不是在冰面上滑行。这不仅大大减小了冰壶与冰面之间的接触面积，还使冰壶滑行轨迹产生了可以预测的弧线。三是冰壶运动的冰面更加纯净。所谓的纯净主要是指冰壶运动的制冰用水更加纯净。因为，水中的任何杂质最终都可能渗透到冰面上方。冰壶从其上面滑过，将会对冰壶滑行轨迹产生不确定性的影响，并最终可能导致投壶失败。

图 6–1　冰点

专业的制冰师一直在努力去制造理想形状、大小和数量的冰点，以使冰壶滑过冰面的速度和弧线具有相对的一致性，并能维持其在整场冰壶比赛过程保持不变。理想冰面是确保整场比赛中冰壶都能保持约 1.2 米（4 英尺）滑行轨迹的弧线和 24 ~ 26 秒的滑行时间的冰面。24 ~ 26 秒是指冰壶从投壶端前掷线滑到比赛端大本营圆心处立即静止的时间。但事实上，根据冰面条件、冰面形状及冰壶滑行带粗糙程度的不同或是个体间的差异，冰壶在冰面上的滑行轨迹和滑行速度在一场比赛中一直处于不断变化之中。

二、横向特征

根据冰壶道横截面的形状，冰壶道的冰面可以分为标准冰面、梯形冰面、堤岸冰面、中凹冰面、中凸冰面、沙滩冰面和管状冰面 7 种不同的冰面。

（一）标准冰面

国际标准冰壶道的冰面呈绝对水平形状（图 6–2）。运动员只要使用 T 线力量投掷冰壶，不论是顺时针旋转还是逆时针旋转，冰壶滑行轨迹的弧线都约为 1.2 米（4 英尺）（图 6–3）。随着制冰技术以及除湿、温控等相关技术的提升和完善，国内和国际高水平冰壶比赛使用的冰壶道均能达到此标准。

请注意：细虚线表示投壶线路，深黑色粗虚线表示顺时针旋转投壶的冰壶滑行轨迹，浅黄色粗虚线表示逆时针旋转投壶的冰壶滑行轨迹（后续图片与此相同）。

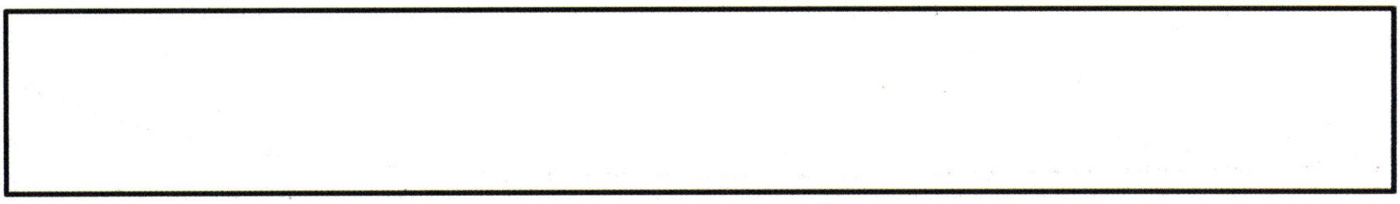

图 6–2　标准冰面的横截面

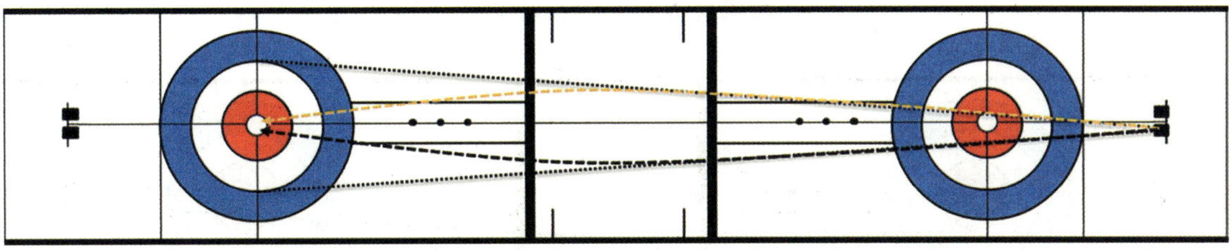

图 6–3　标准冰面与冰壶滑行轨迹

（二）梯形冰面

梯形冰面是冰壶道在横向上存在一定坡度，冰壶会因为重力作用向下坡方向滑行的冰面（图 6–4）。相对于标准冰面而言，某种旋转冰壶的滑行轨迹是反向的，如图 6–5 中所示的顺时针旋转冰壶的滑行轨迹。当冰面的坡度较小时，向下坡方向旋转的冰壶会产生较大的弧线滑行轨迹，向上坡方向旋转的冰壶会产生较小的弧线滑行轨迹或直线滑行，此种冰面可以称为“坡度冰面”，但这不是真正的梯形冰面。运动员在梯形冰面上不论采用何种旋转方式投掷冰壶，冰壶都会产生向下坡方向的滑行轨迹。有时，冰壶道的冰面是标准冰面和梯形冰面的结合体。例如，冰壶道的某一个区域非常低或非常高，冰壶滑行到这一区域便会产生反向的滑行轨迹或是突然快速下线。

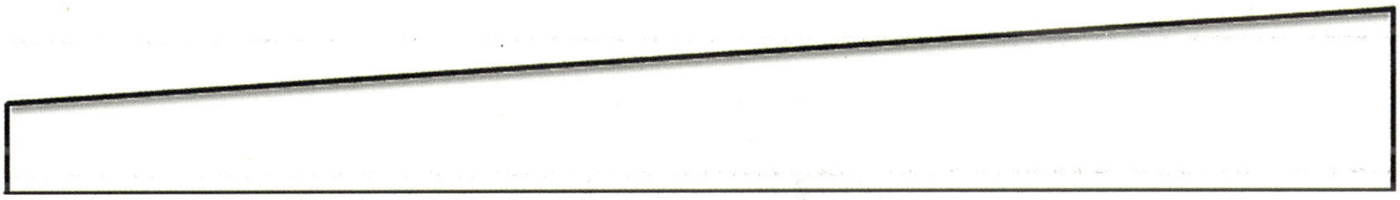

图 6–4　梯形冰面的横截面

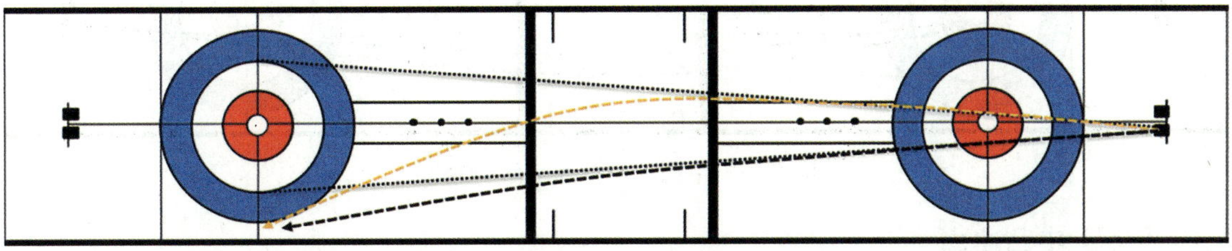

图 6–5　梯形冰面与冰壶滑行轨迹

（三）堤岸冰面

堤岸冰面是一种冰壶道上至少有一个区域呈向上弯曲的冰面（图 6–6）。堤岸冰面上的投壶目标点越是接近线弧顶点，冰壶产生向下的弧线就会越大。如图 6–7 所示，逆时针旋转的冰壶产生了较大的弧线滑行轨迹，顺时针旋转的冰壶产生了较小的弧线滑行轨迹。

图 6–6　堤岸冰面的横截面

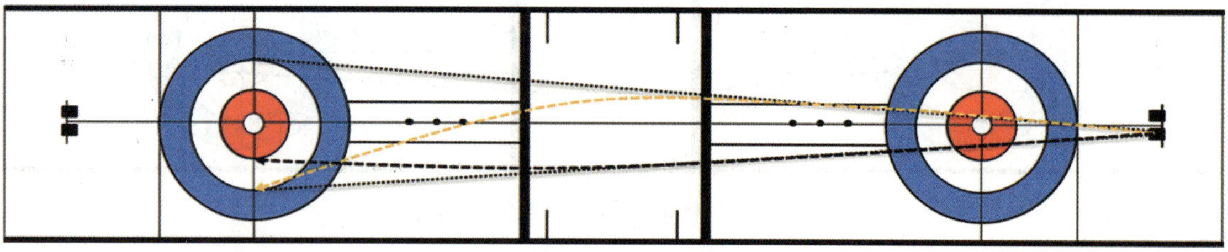

图 6–7　堤岸冰面与冰壶滑行轨迹

（四）中凹冰面

中凹冰面是一种冰壶道两侧呈向上弯曲的冰面（图 6–8）。在此种冰面上，外旋冰壶的弧线滑行轨迹的弧度较小，内旋冰壶的弧线滑行轨迹的弧度较大。如图 6–9 所示，中凹冰面的独特之处是冰壶很容易停在大本营中区，而且不论投壶线路增大还是减小，冰壶最终都会停在中线附近。

图 6–8　中凹冰面的横截面

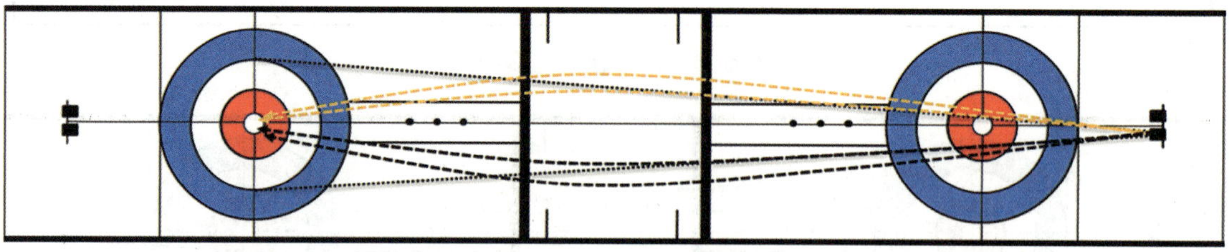

图 6–9　中凹冰面与冰壶滑行轨迹

（五）中凸冰面

中凸冰面是指冰壶道的两侧较低、中间较高的冰面。中间的凸起处既有可能是圆弧形（图 6–10），也有可能是尖顶形（图 6–11）。冰壶道的凸起区域有时会覆盖整条冰壶道，有时则仅位于大本营附近的刮冰机转弯处。此种冰面上外旋冰壶的弧线滑行轨迹较大，内旋冰壶的弧线滑行轨迹较小（图 6–12）。

图 6-10　中凸冰面的横截面（圆弧形）

图 6-11　中凸冰面的横截面（尖顶形）

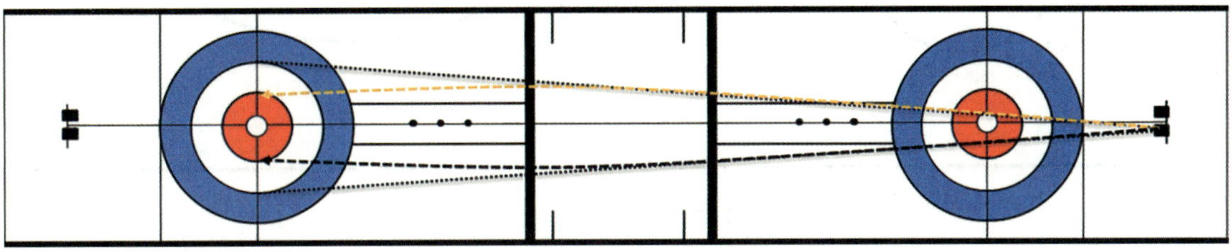

图 6-12　中凸冰面与冰壶滑行轨迹

（六）沙滩冰面

沙滩冰面是由弧形斜坡冰面区域和类似沙滩的平台冰面区域组合而成的一种组合冰面（图 6-13）。如图 6-14 所示，冰壶在弧形斜坡冰面区域和类似沙滩的平台冰面区域出手后产生的滑行路径完全不同。投壶出手动作越早，冰壶就越有可能在弧形斜坡冰面区域滑行。

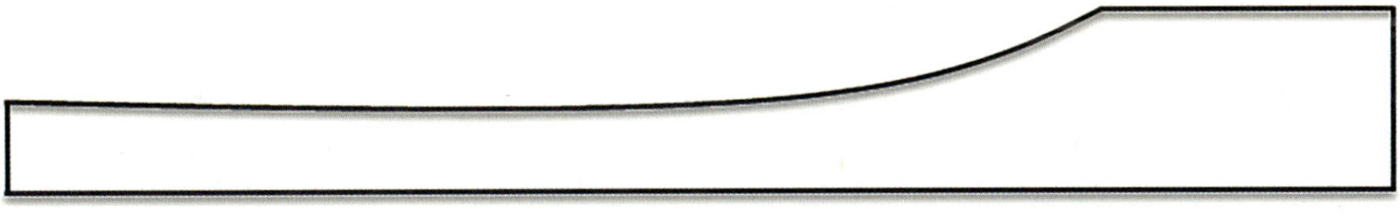

图 6-13　沙滩冰面的横截面

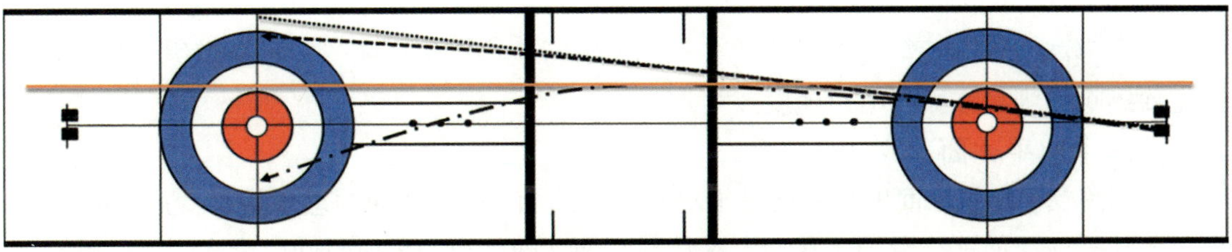

图 6-14　沙滩冰面与冰壶滑行轨迹

图 6–14 中的浅黄色实线代表沙滩平台的边缘。浅黄色实线以上的部分是类似沙滩的平台冰面区域，浅黄色实线以下的部分是弧形斜坡冰面区域。如果 2 名运动员使用完全相同的投壶线路和投壶力量投掷冰壶，但出手点不同，冰壶滑行轨迹会完全不同。例如，如果投掷冰壶的出手点较早，冰壶不会到达类似沙滩的平台冰面区域，则冰壶的弧线滑行轨迹较大（如图 6–14 中的点划线）；如果投掷冰壶的出手点较晚，冰壶会到达类似沙滩的平台冰面区域，则冰壶几乎直线滑行（如图 6–14 中的粗虚线）。由此可见，即使投壶目标点相同，冰壶最终的静止点可能完全不同。

（七）管状冰面

管状冰面是指冰壶道上存在半管状下凹路径区域的冰面（图 6–15）。管状冰面区域有时很短，有时则会覆盖整条冰壶道。通常情况下，冰壶在管状冰面区域的滑行轨迹是“S”形弧线，有时也会出现直线的滑行轨迹。冰壶进入“管道”区域后，滑行线路有时与投壶线路一致，有时则完全不同。这主要取决于进入管道的位置（图 6–16）。此种情况还与投壶运动员的持壶滑行距离息息相关。

图 6–15　管状冰面的横截面

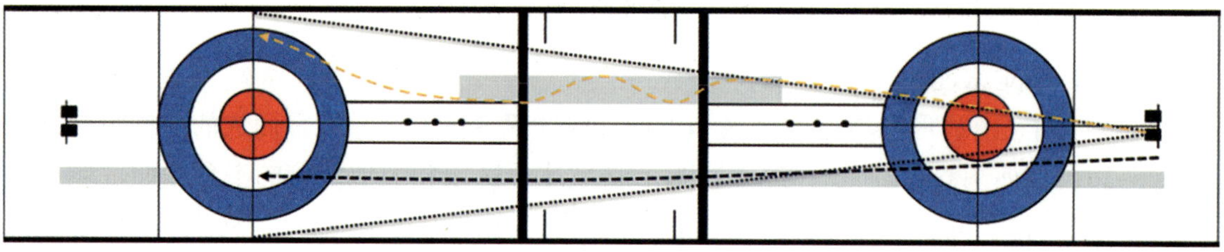

图 6–16　管状冰面与冰壶滑行轨迹

除了上述 7 种冰面以外，冰壶道的冰面还有可能会出现露点、刮痕、磨损区域等。这些区域也对冰壶滑行轨迹和滑行速度有较大的影响。

三、纵向特征

冰壶道冰面横向特征的差异主要会对冰壶滑行轨迹产生影响，而冰壶道纵向特征的差异主要影响的则是冰壶的滑行速度。

（一）水平冰面

顾名思义，水平冰面即是纵向呈绝对水平的冰面。水平冰面的理想状态就是标准冰面，即冰壶从投壶端前掷线滑到比赛端大本营圆心处立即静止的分段时间应为 24 ～ 26 秒。

（二）高低冰面

从纵向上来看，冰壶道的冰面一端低、一端高，即为高低冰面。也就是说，如果冰壶从冰壶道低端滑向高端，冰壶经过投壶端前掷线滑到比赛端大本营圆心处即为静止时的滑行时间是 24 秒。那么，冰壶从高端向低端的滑行时间一定会减少，可能会是 21 秒。

（三）高低高冰面

从纵向上来看，冰壶道的冰面两端高、一端低，即为高低高冰面。较高冰面区域大多会出现在踏板和大本营附近。在高低高冰面上，投壶运动员使用不同进营力量投掷冰壶，冰壶最终大多会停在大本营内。

第二节　阅读冰面

不同的冰壶馆、不同的冰壶道会提供不同的冰面，专业的制冰师正在竭尽全力缩小冰面之间的差异性，以使冰壶运动员能在相对一致的平台上进行公平的竞技。不同的冰面条件必定会导致冰壶与冰面的相互作用有所不同，进而影响冰壶的滑行速度、滑行轨迹和下线点。即便是同一条冰壶道的不同区域，也可能存在冰壶的滑行速度快慢不一，滑行轨迹的弧度大小不同，以及下线点早晚各异的情况。所以，冰壶运动员要想完成既定的投壶任务、提升投壶成功率，就必须具备全面而精准地阅读冰面的能力。

一、冰面速度

投壶力量、冰面条件、投壶出手动作等多种因素影响着冰壶在冰面上的滑行速度。冰壶运动员既要能精准地调整、控制投壶力量与出手动作，也要能全面阅读冰面特征及变化情况。

此处的速度是指冰壶在冰面上滑行时，冰壶与冰面相互作用所产生的冰壶滑行速度，用时间（秒）来表示，其测量方法是分段时间法。第一种测量冰面速度的分段时间是冰壶滑过两条前掷线之间的时间；第二种测量冰面速度的分段时间是冰壶从投壶端前掷线到比赛端 T 线即静止的时间。第一种方法实用性较强，准确性欠佳；第二种方法实用性不强，但准确性更胜一筹。本书采用的是第二种分段时间法。

冰壶滑行速度的快与慢或冰壶在冰壶道上滑行距离的远与近可以直接体现为投壶力量的大与小。相同的投壶力量，冰壶本应具有相同的滑行速度和滑行距离，但事实并非一直如此。冰面的滑涩度是导致此种差异的根源，按照滑涩度的不同，冰面可以分为快速冰面、标准冰面和慢速冰面。假设其他影响因素相同，运动员使用同样的投壶力量，冰壶在快速冰面上滑行的速度更快、距离更远。如果分段时间小于 22 秒，则为慢速冰面；如果分段时间为 24 ~ 26 秒，则为标准冰面；如果分段时间大于 27 秒，则为快速冰面。不同冰壶场馆的冰面情况各不相同，滑涩度也千差万别。事实上，随着比赛的进行，同一冰壶道的滑涩度也会发生相应变化。冰面的滑涩度可能减小，使冰壶滑行速度变快，冰面的滑涩度也可能增大，使冰壶滑行速度变慢。

冰壶是一项精准类体育运动，冰壶比赛的胜负往往就是毫厘之间的差异，冰面任何细微的变化都可能对投壶质量乃至比赛结果产生巨大影响。队员必须养成观察冰面条件和变化情况的习惯，掌握阅读冰面特征的方法，具备阅读冰面特征的能力。相比投壶线路而言，一垒的 2 次投壶需要更加精准的投壶力量控制，而且一垒完成投壶后需要连续为 6 个冰壶扫冰。因此，一垒更要能准确地阅读冰面速度的变化并随时与团队成员进行冰面信息的沟通与交流，以便四垒在本队最后一次投壶时能准确了解冰面速度，使用精准的投壶力量完成关键投壶。

二、冰面弧线

与冰面速度一样，冰壶在不同冰壶道、同一冰壶道的不同区域滑行时产生的弧线滑行轨迹也各不相同。阅读冰面的另一项任务就是精准地预测冰壶滑行轨迹，并掌握投壶力量和出手动作与冰壶的弧线滑行轨迹之间的变化关系。

此处的弧线是指冰壶在冰面上滑行时，冰壶与冰面相互作用所产生的冰壶滑行轨迹，用长度（英尺）来表示。冰壶在理想冰面上滑行轨迹的弧线约为 1.2 米（4 英尺）。即使是同一条冰壶道，随着比赛的推进，冰壶的弧线滑行轨迹也会发生一定的变化。冰壶的弧线滑行轨迹在比赛开始阶段较大，随着冰壶比赛的进行，冰点逐渐磨损，冰面的弧线会变小。此外，冰壶的弧线滑行轨迹还会随着滑行速度降低而逐渐变大。不仅如此，冰壶运动员尤其是指挥（副指挥）还需要知道冰壶在既定投壶线路上滑行的弧线大小，以便制定正确的投壶决策，选择合适的投壶线路。指挥（副指挥）所处的位置也应是观察冰面特征、预测冰壶滑行轨迹变化的最佳观察位置。因此，时刻掌握冰面弧线及变化情况是指挥（副指挥）的主要职责之一。

三、下线点

与冰面特征有关的另一个影响冰壶滑行轨迹的重要因素是下线点。下线点是投掷壶在冰壶道上开始出现弧线滑行轨迹的初始位置。由于下线点不同，冰壶滑行轨迹的本质特征并不总是相同。冰壶有时在出手之后会立即出现下线点，有时则会滑行一段距离之后才会出现下线点。通常冰壶会沿着投壶线路滑行一段距离后才会出现下线点，然后沿着弧线轨迹滑行。假设其他影响因素相同，投壶运动员使用相同的投壶力量和投壶线路投掷冰壶，如果冰面的下线点不同，冰壶也会出现完全不同的滑行轨迹。下线点越早，则冰壶滑行轨迹的弧线越大；下线点越晚，则冰壶滑行轨迹的弧线越小（图 6–17）。因此，投壶运动员只有掌握冰壶道冰面的下线点才有可能全面掌控冰壶滑行轨迹，并且这也是制定扫冰决策和投壶决策的重要依据之一。在冰壶运动中，扫冰可以减小既定投壶滑行轨迹的弧线。

这不仅取决于扫冰运动员的扫冰效能，还取决于扫冰时机。如果扫冰运动员的扫冰意图是减小冰壶滑行轨迹的弧线，则需要在下线点之前扫冰，冰壶一旦经过下线点，就很难通过扫冰来减小冰壶滑行轨迹的弧线了。

投壶运动员和指挥（副指挥）均处于观察冰壶滑行轨迹下线点的最佳位置。投掷壶经过下线点之后沿着弧线轨迹滑行。此时，只有指挥（副指挥）处于观察冰壶运动行为、获取冰面信息的最佳位置。

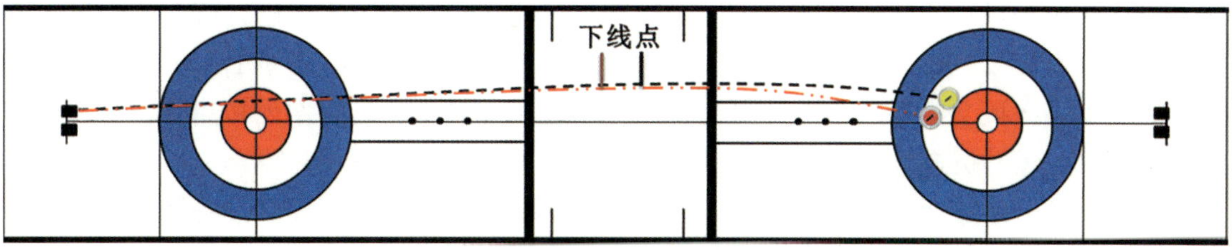

图 6–17　下线点与冰壶滑行轨迹

四、特殊区域

冰壶运动员在阅读冰面时既要掌握冰面速度、冰面弧线和下线点等冰面整体特性，也要善于发现冰点过度磨损区域、杂质沉积区域等会对冰壶滑行轨迹产生影响的特殊区域。冰面上特殊区域产生的主要原因如下：

一是冰面上的冰点很容易磨损和产生划痕。冰壶道的冰面并不是一个固定不变的表面。随着冰壶比赛的推进，冰点会因磨损而变得扁平（图 6–18）。冰点的磨损程度和磨损方式取决于多种因素，如冰壶在冰面上的滑行、冰壶运动员在冰面上的滑行及扫冰等都会对冰点产生不同程度的磨损。其中，大本营中区是冰点磨损最为严重的区域（图 6–19）。

图 6–18　全新的冰点（1）、打磨后的冰点（2）、磨损后的冰点（3）

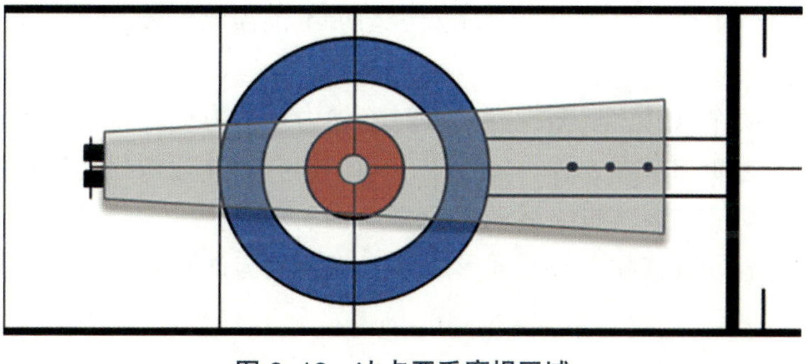

图 6–19　冰点严重磨损区域

二是冰面上的冰点对热量非常敏感。如果保护不当，冰点会非常迅速地融化。冰壶并不是运动期间唯一接触到冰面的物体，冰壶运动员会以多种方式与冰面发生接触。冰壶运动员身体部位与冰面仅仅发生3秒的接触，就会对冰面造成严重影响，导致冰点融化，并且无法在比赛期间进行修复。

冰点因磨损和融化所产生的扁平区域可能出现在冰壶道的任何地方，冰壶运动员不仅要尽量避免人为制造扁平区域，还需要善于观察和发现已经产生的扁平区域。扁平区域对冰壶滑行轨迹和滑行速度均有一定程度的影响。冰壶运动员如果不能进行有效的管理，必定会导致投壶失败。其一，扁平区域摩擦力突然增大，运动冰壶会出现明显的减速；其二，冰壶经过扁平区域会沿着随机方向滑行，而且弧线明显减小。具有发现和控制扁平区域的能力，是投壶运动员提升投壶质量和投壶成功率的重要条件之一。

综上所述，冰壶运动员不仅要具备阅读冰面整体特征的能力，还要具备阅读冰面条件变化的能力，这样才能准确预测冰壶的投壶线路和投壶目标点，以及冰壶滑行轨迹、滑行速度和下线点，才能制定出正确而有效的投壶决策和扫冰决策，才能提升投壶的一致性与成功率，才能不断完善投壶能力和培养冰壶智慧。

第三节 阅读出手

冰壶的弧线滑行轨迹是多种因素共同作用的结果，既有内在因素，如出手动作等，也有外在因素，如冰面的冰点和冰壶滑行带等。

阅读冰面和阅读出手对于完成既定投壶和提升投壶成功率同等重要。投壶出手位置和投壶出手动作的任何变化都会导致投壶力量和冰壶滑行轨迹发生重大变化。因此，冰壶运动员不仅要观察冰壶滑行轨迹和滑行速度，更需要清晰地知道投壶运动员的出手动作和出手位置，这就是所谓的阅读出手。投壶出手的动作控制能力是获得投壶一致性的保障和前提条件。

一、出手动作

在相同的冰面条件下，投壶力量与投壶线路完全相同的2次投壶有可能会出现完全不同的滑行轨迹和滑行距离。由此可见，冰壶运动员不仅需要阅读冰面，还要阅读出手，两者缺一不可。

除了标准出手动作以外，根据投壶出手时施加力量的方向，投壶出手动作可以分为推壶、拉壶、顶壶、送壶和带壶5种。每种出手动作都会对冰壶滑行轨迹和滑行距离产生不同的影响。冰壶运动员在观察投壶运动员投壶出手动作时，一定要关注投壶出手动作的细节，以确保对冰壶滑行轨迹和滑行速度形成正确的预期与认知。

（一）推壶

推壶是指投壶运动员在投壶出手瞬间沿着投壶线路向冰壶施加一定向前作用力的投壶方式。推壶投壶会导致冰壶滑行速度加快，弧线滑行轨迹出现较晚，而且轨迹的弧线较小。投壶运动员通常在本体感受投壶驱动力量比预期力量小时会向冰壶施加一定向前作用力的出手动作。

（二）拉壶

拉壶是指投壶运动员在投壶出手瞬间沿着投壶线路向冰壶施加一定向后作用力的投壶方式。拉壶投壶会导致冰壶滑行速度减慢，弧线滑行轨迹出现较早，而且轨迹的弧线较大。投壶运动员通常在本体感受投壶驱动力量比预期力量大时会向冰壶施加一定向后作用力的出手动作。

（三）顶壶

顶壶是指投壶运动员在投壶出手瞬间向投壶线路外侧施加一定横向作用力的投壶方式。顶壶投壶会导致冰壶弧线滑行轨迹出现较晚，而且轨迹的弧线较小。投壶运动员通常会在大弧线冰面投壶出手时向冰壶施加此种横向作用力的出手动作。

（四）送壶

送壶是指投壶运动员在投壶出手瞬间向投壶线路内侧施加一定横向作用力的投壶方式。送壶投壶会导致冰壶弧线滑行轨迹出现较早，而且轨迹的弧线较大。投壶运动员通常会在小弧线冰面或直线冰面投壶出手时向冰壶施加此种横向作用力的出手动作。

（五）带壶

带壶是指投壶运动员在投壶出手瞬间非故意向冰壶施加一定作用力的投壶方式。作用力的方向可能是竖向，也可能是横向；力的作用点可能是冰壶质量中心，也可能是冰壶手柄末端。因此，带壶投壶会导致投壶运动员无法预测冰壶滑行轨迹和滑行速度。带壶投壶是一种错误的且必须避免出现的投壶出手动作。

影响冰壶滑行轨迹和滑行速度的另一个因素是冰壶的旋转周数。如果投掷壶的旋转周数少于预计周数，冰壶将会产生比预期更大的弧线，而且减速较快。如果投掷壶的旋转圈数多于预计周数，冰壶将会产生比预期更小的弧线，而且减速较慢。对于大多数冰面而言，冰壶的旋转周数多于或少于 2.5~3.5 周都有可能产生不可预知的弧线滑行轨迹。如果冰壶运动员没有观察到投壶出手时向冰壶施加的旋转速度，则会对冰壶滑行轨迹的弧线产生错误的预期与判断，最终必将影响投壶管理的效果和既定投壶计划的完成质量。

二、出手位置

在观察投壶运动员的投壶出手动作时，冰壶运动员不仅要观察出手动作、施加的旋转，还要观察冰壶的出手位置。如图 6-20 所示，在相同的冰面条件下，投壶力量、出手动作与投壶线路完全相同的 2 次投壶有可能会出现完全不同的滑行轨迹和滑行距离。不同的投壶出手位置会产生不同的投壶效果。投壶运动员的投壶出手点越早，冰壶的下线点也会出现得越早，冰壶滑行轨迹的弧线也就越大。投壶运动员的投壶出手点越晚，冰壶的下线点也会出现得较晚，冰壶滑行轨迹的弧线也就越小。

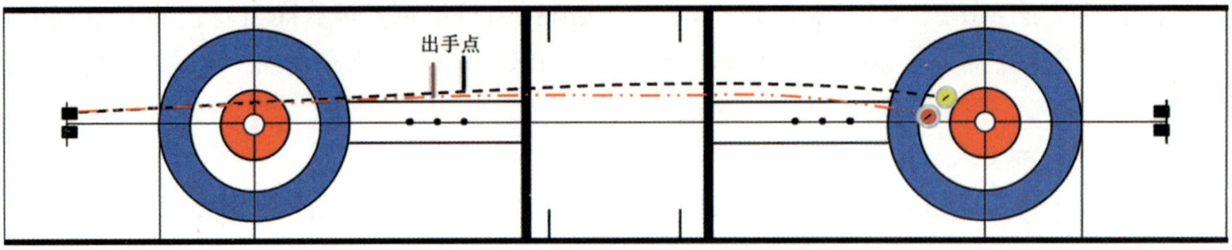

图 6–20　出手点与冰壶滑行轨迹

第四节　阅读能力专项训练方案

冰壶运动员的一项重要竞技能力就是准确评估多变的运动条件并做出正确选择和执行与管理投壶的能力。它是评价个人竞技能力和团队竞争实力的关键指标。为此，冰壶运动员要善于观察，同时能将观察所得的信息在团队内部进行及时、有效的共享并能应用到具体的投壶决策和投壶执行与管理的实践之中。

一、观察策略

（一）观察位置正确，观察目标清晰

冰壶运动员只有在正确的时间，位于正确的地点，才能得出准确的判断。观察位置的选择是能否进行有效观察的关键因素之一。不同的观察位置适合观察的内容也各不相同。要观察冰壶的滑行线路和下线点就要位于滑行线路之上，且位于适合于远距离观察的位置；要观察投壶运动员的出手动作就要位于投壶端前掷线附近，且位于适合于近距离观察的位置；要观察冰壶的运动速度就要位于所观察的冰壶附近，也必须采用近距离观察的方法。

为了能全面地、及时地了解冰面的变化情况，冰壶运动员不仅要善于观察队友的投壶，更要精于观察对手的投壶。如图 6–21 所示，冰壶运动员观察对手投壶时的观察位置，观察出手动作后，冰壶运动员需要移动到投壶线路后方观察冰壶滑行线路和下线点，获取并为队友提供投壶出手和冰面的关键信息，以更好地阅读冰面特征和为下次投壶做好更加充分的信息储备。

关注的焦点会影响冰壶运动员的所见，清晰的观察目标与观察内容使之更容易集中注意力去关注需要观察的事项。例如，如果冰壶运动员关注的焦点是冰壶滑行线路，那么对冰壶的滑行速度就不可能形成清晰的认知，反之亦然。

简而言之，冰壶运动员不仅要观察冰面特征及变化情况，如冰面速度、冰面弧线、下线点和特殊区域等，还要观察投壶运动员的出手，如出手动作、出手位置、冰壶旋转周数等。

A. 出手

B. 线路

图 6-21　观察对手投壶时的站位

（二）分工合作，统筹协调

冰面情况的不同必然导致不同冰壶道上冰壶运动的速度和弧线也各不相同。评估冰面条件不仅是指挥（副指挥）的重要职责，队伍中的其他运动员也应具备观察和掌控冰面的能力，大家应各司其职、分工合作，及时在队伍内部进行有效的信息沟通与信息共享。

一垒和二垒的主要职责是观察冰面的条件和变化情况，尤其是冰面速度的变化，以便为扫冰决策和投壶选择提供信息支持。他们还要观察对手的投壶以获得实时的冰面条件信息，帮助队友了解冰面不同路径的滑涩度，以及提醒队友投壶前需要警惕和注意清理冰面上残留的碎屑、尘埃等杂物。

三垒（副指挥）的主要职责也是准确地识别冰面情况尤其是冰面速度的变化，并负责将队友观察和收集到的信息传递给指挥（四垒）。

四垒（指挥）的主要职责是根据冰面条件和队友投壶动作特点等选择投壶线路和投壶类型并为队友做出全面的冰面阅读。因此，四垒（指挥）一定要善于观察并能准确记住和传递冰面信息，而且必须能够使用此种信息去制定合理的投壶决策、扫冰决策、扫冰管理和比赛计划等。

（三）全程关注，注重细节

全程关注不仅是指冰壶运动员在一场比赛期间要保持高度的专注度，观察比赛场上发生的一切事情，更是指要关注投壶动作和冰壶滑行的完整过程。而且，不仅要观察队友的投壶，也要观察对手的投壶。

不仅要关注过程，更要专注于关键时刻和动作细节。冰壶运动员一定要观察到每次投壶的全部过程，尤其是冰壶静止前的弧线轨迹，以确保看清弧线轨迹的全部特征。冰壶运动员不仅要观察冰面特征，还要观察出手动作，要专注于观察动作细节，否则有可能会对冰面产生错误的认知。所有相关信息都有助于提升队伍投壶决策的合理性、投壶管理的有效性，进而帮助冰壶运动员获得完美的投壶质量和实现既定的战术目的。

二、专项训练

1. 专项训练：线路

（1）训练设计：正式训练前，一名运动员（学生）沿着冰壶道进行 4 次投壶，以此作为判断冰面情况的参照。如图 6–22 所示，正式训练时，一名运动员（学生）作为指挥将 2 个标志块放置在远端大本营前方（或前区），标志块的间距为冰壶直径。一名运动员（学生）使用进营力量投掷冰壶。指挥需要通过对训练前 4 次投壶的观察掌握冰面特性，选择投壶目标点，使投掷壶在 2 个标志块之间通过或撞击到标志块。此项训练的目的是检验并提升运动员的阅读冰面能力，考查的重点是投壶线路而不是投壶力量。队伍要在规定的时间内尽可能多次地重复此项练习，并且沿着冰壶道的宽度变换标志块的位置。

图 6–22　线路专项训练示意图

（2）所需器材：标志块 2 个。

（3）建议时间：15 分钟。

（4）目标技能：阅读冰面能力、投壶线路。

（5）目标群体：专业运动员至高水平运动员。

2. 专项训练：下线点

（1）训练设计：正式训练前，一名运动员（学生）沿着冰壶道进行 4 次投壶，以此作为判断冰面情况的参照。如图 6–23 所示，正式训练时，运动员 C（学生 C）站在比赛端大本营内把冰壶刷当作投壶目标点。投壶端的运动员 A（学生 A）使用进营力量按照既定线路投掷冰壶，运动员 B（学生 B）手持标志块跟随投掷壶沿着冰壶道向前移动。大本营内的运动员 C（学生 C）观察到冰壶开始下线时立即告知运动员 B（学生 B）。运动员 B（学生 B）在接收到信息后立即放下标志块作为下线点的标记。此后，3 名运动员共同商定下线点是否准确。队伍要在规定的时间内尽可能多次地重复此项练习，以便更好地提升准确判断下线点的能力。

图 6–23　下线点专项训练示意图

（2）所需器材：标志块 1 个。

（3）建议时间：15 分钟。

（4）目标技能：阅读能力、下线点判断能力。

（5）目标群体：初学者至高水平运动员。

延伸阅读

冰壶弧线滑行轨迹的原理与机制

早在很久以前，人们就已经开始了冰壶滑行轨迹方面的科学研究。大多数理论都是由某些领域的高素质人才经过大量的实证研究提出的，其中一些理论只考虑了物理学因素，而忽视了冰壶、冰面和环境等因素。目前，有关冰壶弧线滑行轨迹的主流理论是马克·谢格尔基（Mark Shegelski）的湿摩擦理论和马克·丹尼（Mark Denny）的干摩擦理论。

一、湿摩擦理论

通过简单的实验可以发现：玻璃酒杯倒置在光滑的桌面上，向其施加向前的作用力，并使其顺时针旋转，则会产生向左的弧线滑行轨迹。产生此种现象的原因如下：倒置的玻璃酒杯在光滑的桌面上滑动时会微微向前倾斜，导致桌面对酒杯杯口前沿的作用力大于后沿的作用力，进而使玻璃酒杯杯口前沿的摩擦力也要大于后沿。当向酒杯施加顺时针旋转时，酒杯杯口前沿会产生向右的横向运动，因此，酒杯杯口前沿摩擦力的横向分量是向左的。所以，酒杯的运动会产生偏向左侧的弧线滑行轨迹。

与倒置的玻璃酒杯所产生的现象恰好相反，顺时针旋转的冰壶会产生向右的弧线滑行轨迹。产生此种现象的原因是冰壶滑行带前沿的摩擦力小于后沿的摩擦力。其中，导致摩擦力差异的原因同倒置的酒杯一样，冰壶在冰面上滑行时也会微微向前倾斜，冰壶滑行带前沿对冰面施加的压力大于后沿。由于冰壶滑行带前沿向冰面施加的压力更大，冰壶滑行带前沿下面的冰面要比后沿下面的冰面更加容易融化。因此，冰壶滑行带前沿要比后沿的摩擦力小。对于顺时针旋转的冰壶来说，冰壶滑行带后沿会产生向左的横向运动，而后沿摩擦力的横向分量是向右的。所以，冰壶的运动会产生偏向右侧的弧线滑行轨迹。

事实上，冰壶产生弧线滑行轨迹的原因并非仅仅如此。冰壶滑行带前沿的摩擦力不仅要比后沿小，而且要小得多，尤其是当冰壶的滑行速度降低时（例如，冰壶越过比赛端前掷线进入到自由防守区或大本营时）。这就是冰壶会在即将静止之前产生较大弧线的真正原因。产生此种现象的主要原理如下：冰壶在冰面上的运动会导致表面冰层瞬间融化，并在滑行带下方形成一层液体薄膜。花岗岩和水之间有一种引力，水倾向于附着在花岗岩上。当冰壶滑动和旋转时，滑行带则会吸附其周围的液体薄膜。而且，冰壶下面的液体薄膜会随着冰壶一起向前移动。当冰壶的滑行速度减慢时，这层薄薄的液体薄膜就会从滑行带的后沿移动到前沿。因此，随着滑行速度的降低，冰壶滑行带前沿的摩擦力要更加小于后沿。

二、干摩擦理论

理论假设如下：冰壶在冰面上滑行时，冰壶滑行带前沿与冰点碰撞，导致冰点碎裂，由此产生了大量的冰碎片。较小的冰碎片散落在运动冰壶的前方（大约几毫米），较大的冰碎片会被冰壶推到侧面。然而，中等大小的冰碎片会位于冰壶滑行带的下方，这将对冰壶与冰面之间的摩擦系数产生影响。

研究人员认为：冰碎片只会短暂停留在冰壶滑行带下方，在此期间冰壶滑行带与冰面之间的局部摩擦力减小。局部摩擦力减小的原因是发生了冰与冰之间的摩擦，而不是冰壶与冰面之间的摩擦。

随着冰壶的旋转，滑行带下方的冰碎片自然而然地集中到一侧。研究者假设：冰碎片会附着在冰壶滑行带上，并会随着冰壶旋转一定的角距离（大约是半圈）。冰碎片随后可能会脱落、融化或磨损。因此，冰碎片会不对称地减小冰壶与冰面之间的摩擦力。对于顺时针旋转的冰壶而言，研究人员预测更多的冰碎片会堆积在冰壶的左侧，冰壶滑行带左侧的摩擦力会明显减少。所以，冰壶会产生向右的弧线滑行轨迹。

第七章　战略与战术

第一节　战略

一、战略的基本内涵

冰壶运动是一项以战略为指导的计分类冰上体育运动项目，队员需要在一定的时间间隔内制定出有效的战略与战术决策。在正规冰壶赛事中，队伍通常会用 1 分钟局间休息时间的 15 ～ 30 秒来制定下一局比赛的战略计划（即局计划）。在冰壶运动中，战略是队伍在各种特定的比赛情况和不同局势下，根据自身和对手的技术风格与技术特点，以及比赛计划和每局比赛的目标等制定的实际比赛策略。该策略是获得比赛预期结果的基本方法，并对具体的投壶选择提供基本指导。简单而言，战略是任何目标与计划的核心。战略虽然不是具体的投壶决策，不能决定每次投壶的特定投壶类型，但为具体的投壶决策提供指导，是制定投壶决策的依据和出发点。

在冰壶比赛中，战略对比赛的胜负起着至关重要的作用，是队伍竞技能力体系的重要组成部分。指挥的主要职责之一就是与队员共同制定队伍的比赛战略。战略通常是由指挥在综合评定与比赛有关的各种相关情况和比赛局势下最终做出的策略抉择。根据指挥的经验和赛事级别与类型，队伍的比赛战略可以是简单的，也可以是复杂的，有时还会随着比赛的推进而进行调整或改变。因此，队伍和指挥都需要谨慎、迅速，而且正确地做出战略抉择。这也正是冰壶运动之所以如此有趣，不同于其他冰上体育运动项目的原因所在。

二、战略的类型

同任何计分类体育运动一样，冰壶运动的战略通常分为 3 种：进攻型战略、防守型战略和混合型战略。

（一）进攻型战略

进攻型战略是参赛队伍通过在有效区域内部署多个冰壶，试图获得更大分数或偷分的比赛策略。进攻型战略是一种极具攻击性的打法，核心目的是在一局比赛中得到尽可能多的分数。后手队伍采用进攻型战略的首要意图或目的是得分，且是要在一局比赛中得到 2 分及以上的分数。先手队伍采用进攻型战略的首要意图或目的也是得分，即要在一局比赛中得到 1 分及以上的分数，通常称为偷分。进攻型战略也通常称为进攻型打法。

进攻型战略的特点是风险大，回报高。进攻型战略意味着比赛的局势将会更加复杂，而且比赛中必然存在着大量的潜在风险。对于比赛双方队伍而言，进攻型战略大大提升了出现“极好”与“极坏”两种比赛结果的可能性。简单而言，后手队伍选择进攻型战略为队伍提供了在一局比赛中获得大分的战略机会，与此同时，也为先手队伍提供了最好的偷分机会。先手队伍选择进攻型战略为队伍提供了最好的偷分机会，与此同时，也提升了后手队伍轻易获得大分的可能性。

进攻型战略的决策导向如下。

第一，小力量投壶能力强的队伍更倾向于选择进攻型战略。任何能使本方投掷壶留在有效区域或是潜在得分位置的投壶都可以称为进攻型投壶。与进攻型战略相匹配的进攻型投壶主要有占位（保护）、轻传、旋进、粘壶等小力量投壶。有时，大力量投壶也可能是进攻型投壶，但它应是小力量投壶无法完成相同任务前提下的备用选择。

第二，当前比分落后的队伍更倾向于选择进攻型战略。显而易见，如果参赛队伍在最后一局比赛时分数落后，那么，不论他们是否拥有后手权，要想赢得比赛就必须采用进攻型战略。

第三，进攻型风格的队伍更倾向于选择进攻型战略。队伍若认为自身的强项或优势是进攻，则会选择进攻型战略。例如，如果队伍认为自身的投准技术远远胜过对手，那么，他们不论是否拥有后手权或是否需要得分以建立领先优势，都可能会优先采用进攻型战略。

第四，自由防守区规则的特殊规定。自由防守区规则更加有利于进攻型战略的实施。根据自由防守区规则，直到一局比赛的第 6 次投壶才可以将对手停在自由防守区的冰壶从比赛中移出。此项规则更加有利于在有效区域部署多个冰壶，提升了队伍部署复杂进攻局势的概率。

第五，当与对手竞技实力旗鼓相当时，应尽量避免选择进攻型战略。如果队伍选择进攻型战略，必然会导致有效区域内停留大量冰壶。由于可能存在的占位冰壶、受到保护的冰壶和大本营内的后保护等各种复杂情况，队伍最终很难将对手的计分壶移出比赛区域。因此，比赛双方队伍得分的可能性都会提升。

（二）防守型战略

防守型战略是参赛队伍通过在有效区域内部署较少冰壶，让局势变得简单，控制比赛双方队伍得分的比赛策略。防守型战略的核心目的是限制对手得分或使比赛结果为空局。后手队伍采用防守型战略的意图或目的是阻止对手得分，且本局比赛的最佳结果是空局，但是得到 1 分也是可以接受的比赛结果。先手队伍采用防守型战略的意图或目的是避免后手队伍在一局比赛中得到大分，理论上的最佳结果是控制对手得到 1 分，但通常可能出现的结果是空局。防守型战略通常也称为防守型打法。

防守型战略的特点是风险小、回报少。防守型战略意味着比赛局势将会相对简单，比赛双方队伍均不大可能失掉大分或是得到大分，极大地降低了出现“极好”和“极坏”两种比赛结果的可能性。

防守型战略的决策导向如下。

第一，大力量投壶能力强的队伍更倾向于选择防守型战略。任何能将目标壶移出有效区域或是潜在得分区域的投壶都可以称为防守型投壶。与防守型战略相匹配的防守型投壶主要有清球、打甩溜壶、双飞等大力量投壶。大力量投壶的意图是将冰壶移出有效区域，目标壶通常是对手的冰壶，但有时也会是本方的冰壶。究其原因，可能是本方冰壶为对手的潜在得分壶提供了某种程度的保护。

第二，大比分领先的队伍通常会选择防守型战略。如果队伍大比分领先，则首要目标是降低失分风险，保持领先优势。因此，他们通常会优先选择防守型战略，而不是采用风险系数较大的进攻型战略。

第三，比赛双方队伍在一场比赛的开始阶段通常会选择防守型战略。在一场比赛的开始阶段，由于缺乏对冰面条件、冰壶特性及对手竞技状态等影响因素的了解，比赛双方队伍更可能会选择较为保守的防守型战略。

第四，防守型风格的队伍更倾向于选择防守型战略。队伍若认为自身的强项是防守，则会选择防守型战略。例如，如果队伍认为自身的击打技术远远胜过对手，那么，他们可能会优先采用防守型战略。然而，由于防守型战略的得分可能性较低，因此，防守型战略也是对运动员心理的一种巨大挑战。

第五，自由防守区规则在一定程度上限制了防守型战略的实施。队伍如果采用防守型战略，则要在自由防守区规则失效后尽可能地移出占位冰壶，以使对大本营内潜在得分壶的保护最小化。此时，队伍通常会使用清球或打甩溜壶等投壶技术，以确保投掷壶和目标壶能够同时移出比赛区域。

（三）混合型战略

混合型战略是介于进攻型战略和防守型战略之间的选项，目的是在进攻和防守之间取得合理的平衡，也称为转换型战略、探索型战略或均衡型战略。任何混合型战略背后的基本前提都是在一局比赛的开局阶段找到保留选择权的方法，然后根据比赛局势的进展在进攻型战略和防守型战略之间做出明智的抉择。

无论先手还是后手，当比分较为接近时，参赛队伍通常都会选择混合型战略。混合型战略的核心目的是保有战略的选择权，同时不承担任何风险地推进比赛。混合型战略不会持续地贯穿一局比赛。在一局比赛的某一时间点，参赛队伍必须决定是要获得可得到的分数，还是阻止对手得分。换言之，在一局比赛结束之前，参赛队伍必须从混合型战略转化为进攻型战略或防守型战略。

混合型战略又可以细分为进攻为主的混合型战略和防守为主的混合型战略。进攻为主的混合型战略具有进攻型战略的属性，会在一局比赛的开局阶段选择进攻型投壶类型，以便提升得到大分的潜在概率。对于后手队伍而言，他们获得大分的可能性会随之增加，但是，被偷分的风险也会随之增加。同样，对于先手队伍而言，他们偷分的可能性大幅增加，但是，失掉大分的可能性也会随之增加。防守为主的混合型战略具有防守型战略的属性，会在一局比赛的开局阶段选择防守型投壶类型，降低失掉大分的潜在概率。对于后手队伍而言，这可能会更有效地防止先手队伍偷分，但是，得到大分的概率也会相应降低。同样，对于先手队伍而言，这更有可能迫使对手得到 1 分，但是，偷分的概率也会相应降低。

混合型战略是实施难度最高的一种战略类型。其主要原因如下：第一，队员需要精通各种投壶类型的投壶技术，以便为战略类型的转换提供技术支持；第二，队员之间需要具有良好的团队协作和有效的沟通方式，以便降低战略类型转换的沟通成本；第三，战略类型转换的正确时间点极难识别，转换得过早或过晚都可能最终导致输掉一局比赛。

三、战略规划过程

战略规划过程是在对冰壶战略内涵与类型的充分解读下，帮助队伍确定任何既定局势最佳战略的过程，且此种战略是最适合当前局势的战略。

如图 7–1 所示，战略规划过程分为战略识别、制定比赛计划和制定局计划 3 个相辅相成的步骤。“倒金字塔”结构体现了战略规划过程的推进方向。

（一）战略识别

战略规划过程的第一步是战略识别。战略识别是指整合所有队员的独特能力、特性和性格，并最终从战略角度确定队伍的风格特点以及整体的比赛理念。

不存在两支完全相同的队伍，每支队伍都需要根据队员自身的独特能力、特性和性格，并在综合分析各相关因素的基础上确定队伍的风格特点以及比赛中采用的战略类型。

进攻型队伍通常需要在相当复杂的投壶中显示出较高的精确度，包括各种细腻的投准和可能需要的大力量击打。他们不仅需要具备冒险精神，还需要具有高度的韧性和风险承受能力，以便能以更好的心态去面对偶尔的出现丢掉大分的比赛局。此外，进攻型队伍还需要具备摆脱不利局面的能力，以便能将风险降到最低，或是化险为夷、险中取胜。

防守型队伍需要具备“机器般”的投壶能力，包括各种类型的击打和投准。防守型队伍相对保守，但即便面对微小的得分机会，也能充分加以利用并最终将其转化为实际得分。此外，他们还需要具备强大的耐心和毅力，以便能以更好的心态去面对那些经常出现的低分值比赛。

混合型队伍需要精通所有类型的投壶技术，并具备根据比赛局势所需从一种投壶类型向另一种投壶类

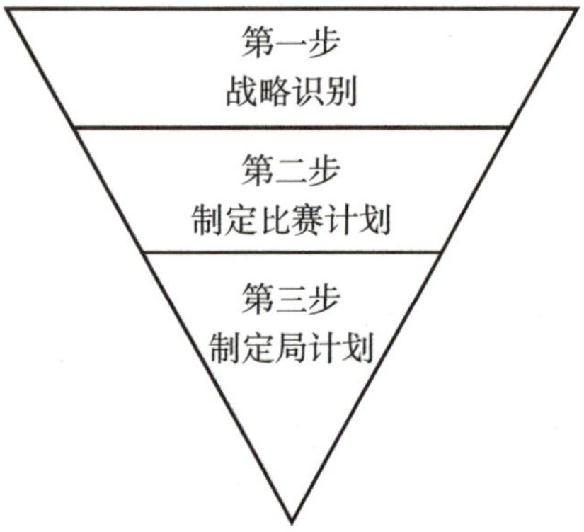

图 7–1　战略规划过程

型无缝转换的能力。此外，他们还必须具有较强的计算能力、分析能力及一定的灵活性，能够毫不犹豫地应对随时可能出现的机会与威胁。

（二）制定比赛计划

战略规划过程的第二步是制定比赛计划，队伍应该在每场比赛之前完成比赛计划的制定。比赛计划是队伍对即将到来的比赛的设计蓝图，是从第一局比赛到最后一局比赛过程中在所有潜在比分情况下，所计划采用的各种最优具体策略。

一场冰壶比赛通常分为 3 个阶段，第一阶段是一场比赛的第 1 局和第 2 局，显然是任何比赛的起点，其主要目的是阅读比赛条件和了解对手的长处与短板；第二阶段是一场比赛的第 3 局至第 7 局（8 局比赛的第 3 局至第 5 局），其主要目的是尽最大可能获得分数，并希望建立一个比分上可以接受的领先优势；第三阶段是一场比赛的第 8 局至第 11 局（8 局比赛的第 6 局至第 9 局），其主要的目的是寻找获胜的方法，或者通过最小化对手得分机会以保持比分领先，或者在比分落后的情况下采用更加积极的进攻型战略，力争绝地反击、反败为胜。

任何比赛计划的终极目标都是最大化队伍获胜的机会。为此，队伍需要具备比赛控制能力。比赛控制是一种明显提高获胜概率，保持潜在可持续的比分优势的能力。比赛控制体现在对比分的控制程度，但并不确保一定能够在比赛中实现。表 7–1 列举了先手队伍和后手队伍在各种比分情况下，可能选择的不同程度的比赛控制。

表 7–1　比赛控制

控制程度	后手	先手
全面控制 – 自我	领先 3 分及以上	领先 4 分及以上
有效控制 – 自我	领先 2 分	领先 3 分
有限控制 – 自我	领先 1 分	领先 2 分
潜在控制 – 自我	平分	领先 1 分
潜在控制 – 对手	落后 1 分	平分
有限控制 – 对手	落后 2 分	落后 1 分
有效控制 – 对手	落后 3 分	落后 2 分
全面控制 – 对手	落后 4 分及以上	落后 3 分及以上

比赛控制不仅让比赛计划有了可以参照的目标，还使比赛计划更具有实用性和目的性。为此，队伍需要确定可以接受的领先或落后的阈值，一旦达到事先确定的阈值便选择相应的战略类型。简单而言，队伍在比分达到可以接受的领先时，将会在接下来的比赛局中选择防守型战略；队伍在比分达到无法接受的落后时，将会在接下来的比赛局中选择进攻型战略。

不同类型或风格的队伍对于可以接受的领先或是无法接受的落后的阈值设定各不相同，而且在一定程度上会根据比赛剩余局数的不同而发生改变。所以，不同类型或风格的队伍最终会呈现出彼此截然不同的比赛计划。

进攻型队伍具有冒险精神和勇敢果决的品质，更有可能采用攻击性的比赛计划。他们会将自我的有效控制（后手时领先 2 分或先手时领先 3 分）看作可以接受的领先，对手的有限控制（后手时落后 2 分或先手时落后 1 分）看作无法接受的落后。

防守型队伍具有强大的耐心和顽强的意志品质，很有可能采用防守性的比赛计划。他们会将自我的有限控制（后手领先 1 分或先手领先 2 分）看作可以接受的领先，对手的有效控制（后手落后 3 分或先手落后 2 分）看作无法接受的落后。

混合型队伍更加精于计算、善于谋划，因此，他们可能会采用更加周密的、平衡性的比赛计划，并且后手优势在他们的战略思维体系中起着举足轻重的作用。例如，他们会将后手时自我的有效控制（领先 2 分）和先手时的有限控制（领先 2 分）看作可以接受的领先。与此同时，他们会将后手时对手的有限控制（落后 2 分）和先手时对手的有效控制（落后 2 分）看作无法接受的落后。

总之，不论何种类型或风格的队伍都必须清楚，战略识别决定着比赛计划的制定与选择，而且队伍的竞技表现、对手的偏好和比赛条件等也会对比赛计划产生一定的影响。队伍应该综合评估以上所有相关因素来制定与调整具体的比赛计划。

（三）制定局计划

战略规划过程的第三步是制定局计划，它是队伍最具体和最直接的战略决策。局计划是队伍针对当前战局形势，对即将到来的比赛局的具体设计蓝图，是对本局比赛目标以及用于实现此目标所使用的特定策略的清晰描述。

1. 局计划的性质与作用

对所有队伍来说，在每一局比赛的开始有一个明确的局计划是非常重要的。如果队伍对即将到来比赛局的战略和目标没有一个清晰、明确的认知，一旦本局比赛真正开始，将没有必备的理论支撑体系用于指导制定明智的投壶决策。

首先，冰壶是一种回合制、分局进行的竞技体育运动。一场冰壶比赛开始之后会出现周期性的中断，局是划分冰壶比赛的一种自然方式。比赛计划就是局计划的集合，根据单独的局计划也可以审查整体的战略部署。因此，局计划应与整体战略保持一致性，并且根据比赛计划制定具体某一局比赛的局计划。

其次，任何冰壶比赛的终极目标都是赢得比赛。但是，任何比赛从开始到结束的发展路径都很难按照直线方式进行。随着比赛的推进，队伍的竞技表现、对手的偏好和比赛条件等均可能会发生变化，队伍并不知道随着比赛的推进会发生什么事情，而且对手也会想尽一切办法设置尽可能多的障碍。因此，局计划需要具有灵活性和可变性，可以根据具体情况进行相应的动态调整。

混合型战略的内置特性便是等待时机，在防守型战略和进攻型战略之间进行适时转换。然而，防守型战略和进攻型战略并不具有这样的属性，但也不能排除调整的可能性。例如，队伍采用进攻型战略开始一局比赛，但是局势并没有朝着有利的方向发展。此时，不论最初的局计划是什么，队伍必须立即制定摆脱困境的重大决策，反之亦然。队伍采用防守型战略开始一局比赛，但是突然出现了一个得到大分的机会，此时，不论最初的局计划是什么，全力以赴地利用潜在的得分机会将是一个明智的决定。

2. 局计划的开发与抉择

局计划的开发与抉择的影响因素有很多，如比赛目标、比赛计划、自身的长处与短处、对手的长处与短处、当前比赛局数、当前比分、是否拥有后手权、冰面条件等。

局计划的开发与抉择最常用的一种工具是目标导图。目标导图将会列出以下 3 个问题，队伍可以根据对此 3 个问题的回答来制定局计划。

（1）本局比赛最想实现的目标是什么？

最想实现的目标是指队伍在接下来的比赛中想要得分或阻止对手得分，还是得到某一具体分数等。例如，队伍以先手身份进入比赛最后一局，如果是 3 分领先对手，那么先手队伍的局计划就是限制对手的得分不超过 2 分。先手队伍如果实现了这一目标，将会立即赢得比赛。先手队伍在此种情景中不需要得分去赢得比赛，如果选择尝试偷分可能会带来更大的风险，有可能会失掉 3 分以上而输掉比赛。

（2）本局比赛可以接受的目标是什么？

可以接受的目标是指队伍若想继续推进比赛，保留获胜的可能性，至少需要做什么。同上例，先手队伍可以接受的目标是失掉 3 分。如此一来，先手队伍仍然有后手平分进入加局并赢得比赛的巨大可能。

（3）本局比赛避免出现的目标是什么？

任何比赛的终极目的都是取得比赛的最终胜利。同上例，如果先手队伍失掉 3 分以上，则直接输掉比赛。因此，此种局势中失掉 3 分以上是先手队伍必须避免且不可以接受的局计划。

综上，后手队伍第一局比赛的目标导图可能如下：想要实现的目标是得 2 分或空局；可以接受的目标是得 1 分；避免出现的目标是被偷分。

第二节 战术

一、战术的基本内涵

战术是参赛队伍为实现其所选择的战略而做出的特定投壶选择。换言之，战术即是执行所制定的计划，尽管仅是对每一个单独的投壶进行管理与运作，但也必须与最终的总体战略保持一致。

（一）战术与战略

战略是实现预期结果的操作指南。战术是在战略指导下实现预期结果的手段、方法和环节，其目的是保障战略决策的落实与实施。如果没有必要的战术能力作为支持，即使是最好的战略决策也可能会失败。

（二）战术与技术

战术与技术的关系是辩证统一的，它们是相互联系、相互依存、相互促进、相互制约、相辅相成的。技术是战术的基础，技术能力的储备与发挥，决定着战术决策的实施与效果。没有全面、熟练和精湛的技术为基础，战术就无从谈起。也就是说，战术的选择与运用应以相匹配的技术为先决条件。因此，战术要以技术能力为基础，是技术的合理组织与有效运作。

二、战术实施过程

战术实施过程是实现战略目标的具体操作系统。如图 7-2 所示，战术实施过程分为投壶决策、失误趋向和投壶管理 3 个相辅相成的步骤。“正金字塔”结构体现了战术实施过程的推进方向，其中，第一步投壶决策的依据是所选择的具体战略类型，是战略的具体实施，而失误趋向和投壶管理则会在不同战略之间进行转换，是更为宽泛的战术选择。

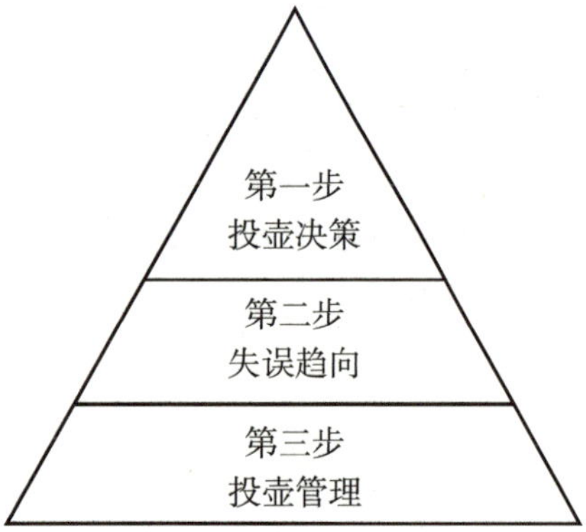

图 7-2　战术实施过程

（一）投壶决策

战术实施过程的第一步是投壶决策。投壶决策是基于比赛中有效区域内所有冰壶的位置而进行的具体投壶类型的抉择，以为队伍创造最佳的实现当前战略和局目标的机会。从投壶决策的内涵上来看，投壶决策为队伍制定的局计划提供支撑与服务。

1. 投壶决策的影响因素

投掷壶与大本营内静止冰壶的排列组合方式有多种。这也就意味着会有多种投壶选择。尽管随着冰壶运动技能和经验的提升，运动员可能会在比赛中见到常见的布局或情景，但是，没有一本教科书可以穷尽所有可能的布局和队伍在冰壶比赛中的投壶选择。因此，投壶决策是一项艰巨且富有挑战的任务，这也正是冰壶运动的主要魅力所在。许多冰壶运动的参与者喜欢这项运动的原因就是对冰壶比赛中出现的各种局势和冰壶之间的组合方式所带来的智力挑战的喜爱。

（1）自由防守区规则：影响着一局比赛前 5 次投壶的投壶选择，并进一步影响整场比赛的战略决策。现行的自由防守区规则更有利于进攻型战略，为比分落后的队伍在比赛中后期实现反败为胜提供可能。

（2）比赛局数：当前是第几局比赛，比赛还剩下几局。

（3）比分：当前的比分、本局得分目标和可以接受的比赛结果都直接影响着当前比赛局的投壶选择。

（4）后手优势：后手优势对于投壶决策起着至关重要的作用。后手队伍往往更有可能选择进攻型战略，而先手队伍更倾向于选择防守型战略。

（5）队员实力：队友及对手的技术特点决定着队伍的战略制定及每次投壶的选择决

策。了解队友及对手不同垒次运动员的优缺点对战术制定起着至关重要的作用。其关键点是要知道如何将本队的优势最大化及将对手的优势最小化。

（6）冰面条件：冰面的速度、冰壶滑行轨迹的弧度等冰面条件是决定队伍能否有效运用战术的关键因素。例如，大弧线冰面将会创造最佳的比赛条件，而直线冰面将会大大限制旋壶的运用，却有利于传进、传击等投壶技术的实施。

（7）冰壶数量：比赛双方队伍在本局比赛中当前剩余投壶的次数或冰壶的数量。例如，剩余的冰壶越少，则用于纠错的机会就越少，就更需要选择最擅长的投壶技术。

2. 投壶决策的操作原则

任何队伍都需要充分了解与每种战略类型相对应的投壶决策的操作原则。虽然一般操作原则并不是制定投壶决策时唯一要考虑的因素，但是操作原则在某种意义上是最基本的影响因素，因为其决定了比赛中需要保留的冰壶数量，进而决定了需要重点考虑的投壶类型（表 7–2）。

表 7–2　投壶决策的操作原则

战略类型	操作原则
进攻型战略	重点在于细腻的投准，最大化比赛中冰壶的数量
进攻为主的混合型战略	在比赛中保留合理数量的冰壶，重点可能在于巧妙地投准，而不是击打
防守为主的混合型战略	在比赛中保留有限数量的冰壶，重点可能在于击打，而不是巧妙地投准
防守型战略	重点在于击打，最小化比赛中冰壶的数量

参赛队伍要想取得比赛的胜利，最重要的是要知道对于一个特定的布局，最正确的投壶选择是什么。在冰壶比赛期间，指挥的职责之一就是制定队伍的投壶决策。队伍不同，队员参与决策的程度也各不相同。冰壶比赛的局势可能瞬息万变，参赛队伍又需要在有限的时间内做出正确的投壶选择，因此，参赛队伍需要具备快速制定投壶决策的能力。下方列出了通用而简单的具体操作理念，将有助于简化投壶决策的制定流程，提升投壶决策的制定速度。

（1）先手队伍更倾向于在中区推进比赛，后手队伍更喜欢在边区推进比赛。

大多数情况下，先手队伍更愿意将比赛集中在中区，或是迫使后手队伍在中区进行比赛，以便实现偷分。但是，后手队伍更愿意在边区推进比赛，以便扩大得分区域，获得更多的分数。此时，后手队伍必须全力保持中区投壶线路畅通，以便在最后一次投壶时可以摆脱困境或扩大比分。

（2）比赛中的博弈主要集中在 T 线之前。

大多数情况下，冰壶比赛双方队伍更愿意将冰壶投掷到 T 线之前，而不是 T 线之后。因为，如果冰壶停在 T 线之后，对手很容易通过粘壶使投掷壶成为潜在得分壶。

（3）通过分营战术，形成 2 分牵制的布局。

分营是参赛队伍将 2 个冰壶分别投掷到大本营内左右两侧的平衡位置的一种战术。大本营内 2 个冰壶之间要保有一定的距离，以使对手很难通过双飞击打同时将它们击打成为无效壶。通常情况下，后手队伍在一局比赛中使用分营战术获得 2 分，先手队伍在一局冰壶比赛中使用分营战术迫使后手队伍通过最后一次投壶获得 1 分。

（4）比赛中的冰壶数量越多，风险越大。

在一局冰壶比赛中，如果冰壶道上存在大量有效冰壶，后手队伍得到大分的可能性就会增大，先手队伍偷分的成功率也会相应提高。

（5）要想获得大分，大本营内就需要预留足够的空间。

参赛队伍要想获得大分就需要在大本营内有一个可以获得较大分数的空间，用以容纳更多冰壶。如果双方队伍有许多冰壶聚集在大本营中区，后手队伍就很难有足够的空间去获得更大的分数。

（6）结合队员的技术能力制定投壶决策。

基于每名队员和队伍的技术能力、技术特点来选择投壶类型。如果投壶运动员不具备完成指定投壶类型的能力，再精妙的战术也是无法实现的。任何超越了投壶运动员竞技能力的投壶选择，从来都不会是一个好的投壶决策。

3. 投壶决策的制定过程

投壶决策的制定过程并没有先手和后手的差异，真正的区别是关键区域与控制区域，即取决于冰壶相对于图 7–3 中冰壶道两个不同区域的具体位置。

关键区域是大本营内最重要的计分区域。如图 7–3 所示的大本营内的实线区域是关键区域，宽度约为 1.2 米（4 英尺），从 T 线延伸到大本营的最前端。从横向来看，关键区域内的冰壶更加接近圆心；从纵向来看，冰壶停在 T 线前方，阻碍了投掷壶进入圆心的投壶线路。关键区域是冰壶比赛中争夺最激烈的区域。

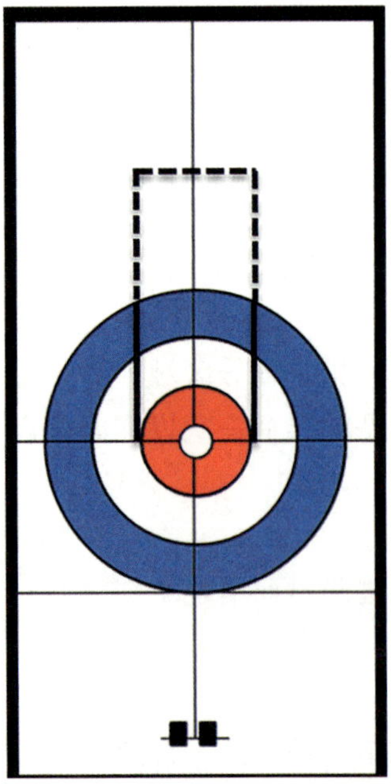

图 7–3　关键区域与控制区域

控制区域是图 7–3 中所示的虚线区域，宽度约为 1.2 米（4 英尺），从大本营的最前端大约到比赛端前掷线的 1/2 处。控制区域内部的冰壶很有可能控制着投掷壶进入关键区域的通道。

（1）先手队伍。

先手队伍首要的投壶选择是设法在关键区域占领优势位置，并在此过程中通过抑制后手队伍将冰壶分散在大本营内来压缩对手可用的得分区域。同时，先手队伍也要根据本局所选定的特定战略设法拥有控制区域的控制权。

采用防守型战略的先手队伍，在开局阶段会把冰壶直接投掷到关键区域，而不是去设法利用控制区域。基本原理是关键区域以外任何位置的冰壶可能会在本局比赛中的后续阶段对先手队伍造成潜在的不利影响。如果可能的话，他们会尽量避免出现此种情况。图 7–4 中所示的布局与这种高度谨慎的方法是一致的，先手队伍的第一个冰壶选择中区进营，后手队伍的第一个冰壶选择边区占位，先手队伍的第二个冰壶继续选择中区进营。

采用防守为主的混合型战略的先手队伍的投壶选择可能会略有不同。他们首先会把冰壶直接投掷到关键区域，然后可能会选择把冰壶投掷到控制区域。基本原理是希望将后手队伍的注意力转移到关键区域，进而将比赛控制在大本营内直径为 8 英尺的圆内。图 7–5 中所示的布局与这种半谨慎的方法是一致的，先手队伍的第一个冰壶选择中区进营，后手队伍的第一个冰壶选择边区占位，先手队伍的第二个冰壶选择中区占位。

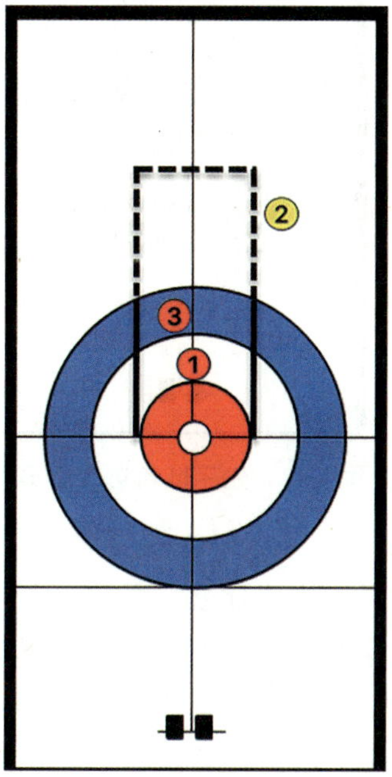

图 7–4　先手队伍防守型开局

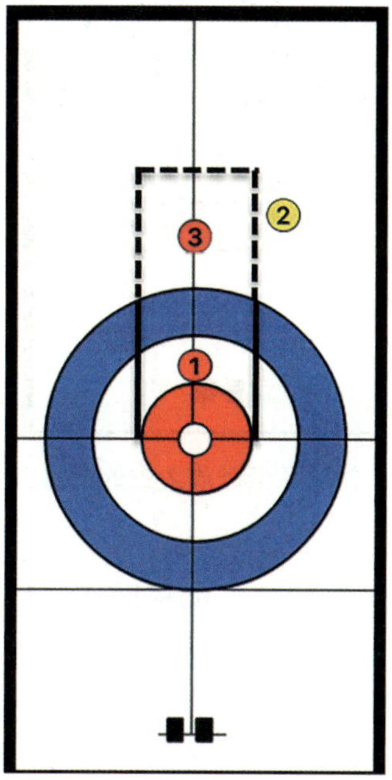

图 7–5　先手队伍防守为主的混合型开局

采用进攻为主的混合型战略的先手队伍的投壶选择可能会与之相反。他们的首要选择是把冰壶直接投掷到控制区域，然后立即将冰壶投掷到关键区域。基本原理是期望后手队伍的应对方式是选择投壶到关键区域。如此一来，先手队伍的第二个冰壶就有可能与后手队伍的第一计分壶形成一个合理的分离角度。如图 7–6 中所示的布局与此期望相一致，先手队伍的第一个冰壶选择中区占位，后手队伍的第一个冰壶选择旋壶进营，先手队伍的第二个冰壶也选择旋壶进营。

采用进攻型战略的先手队伍需要重点关注控制区域，直到一局比赛的中后期才需要考虑将冰壶投掷到关键区域。基本原理是为了实现本局比赛的偷分计划，需要对中区进行充分的“掩护”部署。所以，先手队伍在开局阶段必须能抵制住后手队伍的引诱，直到本局比赛的中后期再将后手队伍的冰壶击打出比赛区域。如图 7–7 中所示的布局与这种高度攻击性的方法是一致的，先手队伍的第一个冰壶选择中区高占位，后手队伍的第一个冰壶选择旋壶进营，先手队伍的第二个冰壶选择中区低占位。

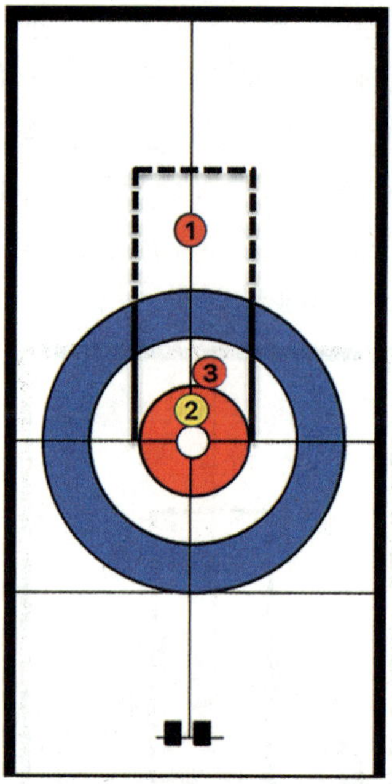

图 7–6　先手队伍进攻为主的混合型开局

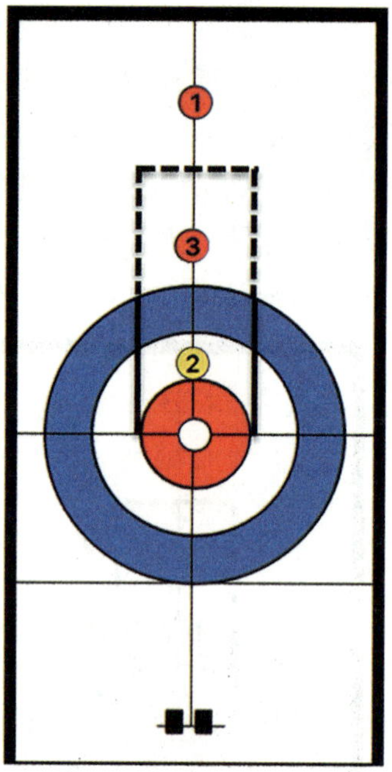

图 7–7　先手队伍进攻型开局

（2）后手队伍。

后手队伍开局投壶选择的标准方法是远离关键区域以推进比赛，并在此过程中尽可能扩大队伍可以利用的得分区域。之后，他们通常会清除对手停在关键区域的冰壶，最终也会清除停在控制区域的冰壶。然而，后手队伍不可能一直阻止冰壶聚集在关键区域和控制区域。有时，后手队伍会优先占据关键区域，以防止对手占据优势位置。

采用防守型战略的后手队伍，开局阶段一定会尽可能避免关键区域和控制区域聚集大量冰壶，而不是主动地充分利用冰壶道去创造得分机会。后手队伍有时也会在大本营内外侧的三分之一区域推进比赛，那也只是通过分球打开中区的投壶线路。基本原理是简化控制区域和关键区域的局势。图 7–8 中所示的布局与此种情景是一致的，先手队伍的第一个冰壶选择中区占位，后手队伍的第一个冰壶选择分球，先手队伍的第二个冰壶继续选择中区占位，后手队伍的第二个冰壶继续选择分球。

采用防守为主的混合型战略的后手队伍非常适用远离关键区域进行比赛的战术理念。基本原理是设法阻止先手队伍的冰壶聚集在关键区域，并在关键区域之外的位置创造机会。简单而言，后手队伍在一局比赛的开局阶段应该尽可能地将比赛聚焦在 T 线之后，或是大本营内外侧的三分之一区域。图 7–9 中所示的布局与这种半谨慎的方法是一致的，先手队伍的第一个冰壶选择中区进营，后手队伍的第一个冰壶选择打甩留壶，先手队伍的第二个冰壶选择打定，后手队伍的第二个冰壶选择边区占位。

采用进攻为主的混合型战略的后手队伍很可能存在一种截然不同的选择，他们通常会充分利用整条冰壶道的比赛区域来创造得分机会，并全力阻止先手队伍在关键区域占据优势位置。理想情况是首先将比赛争夺的重点放在大本营内外侧的三分之一区域，或是 T 线

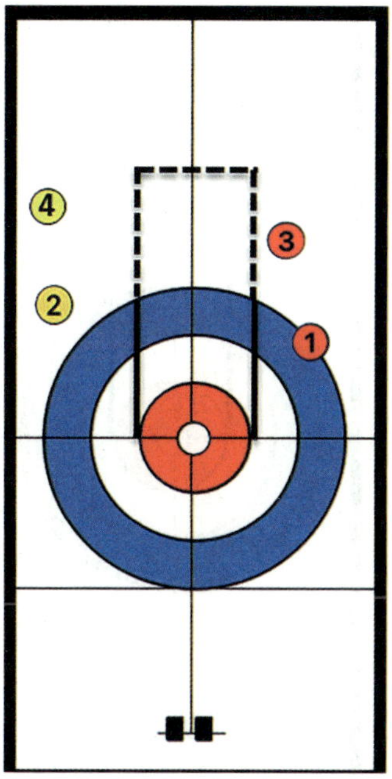

图 7–8　后手队伍防守型开局

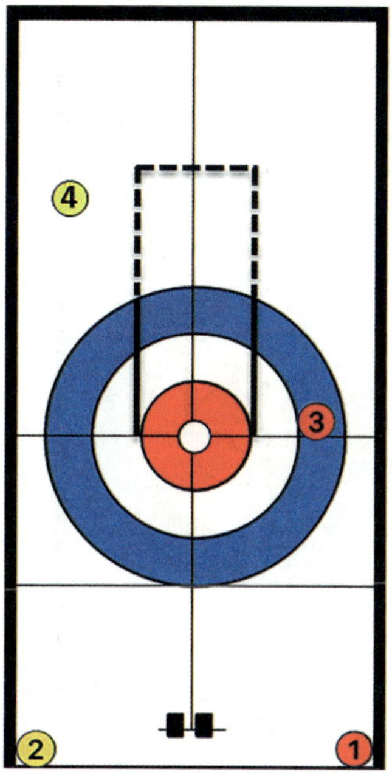

图 7–9　后手队伍防守为主的混合型开局

之后的区域，以便在关键区域的争夺中处于有利的地位。此时，后手队伍战术的隐藏性和诱骗性是极为重要的。如图 7–10 展示了此种情景的布局，先手队伍的第一个冰壶选择中区进营，后手队伍的第一个冰壶选择边区占位，先手队伍的第二个冰壶选择中区占位，后手队伍的第二个冰壶选择轻磕。

采用进攻型战略的后手队伍必定需要充分利用整条冰壶道的比赛区域来创造得分机会。他们在开局阶段并不关心先手队伍在关键区域和控制区域的冰壶。此种战术的有效实施有赖于自由防守区规则。如图 7–11 所示的布局与这种高度攻击性的方法是一致的，先手队伍的第一个冰壶选择中区进营，后手队伍的第一个冰壶选择边区占位，先手队伍的第二个冰壶选择中区占位，后手队伍的第二个冰壶选择旋进。

在冰壶比赛中，双方队伍在一局比赛开局阶段的投壶目的是布局，以便为比赛中的后续投壶做好铺垫，最终实现队伍预期的比赛目标。对于冰壶运动的初学者而言，他们有时并不能很好地理解开局阶段的投壶选择，因为他们缺乏预测比赛走势的经验。但随着冰壶运动专项技术的提升和比赛经验的丰富，他们将会逐渐明白开局阶段的投壶意图及其在实现局计划过程中的重要作用。

上述所有示例可以为队伍在大多数情况下提供投壶决策参考，但是需要综合评估队伍的竞技表现、对手的偏好和比赛条件等影响因素，才能最终制定出最佳的投壶决策。

（二）失误趋向

在冰壶比赛中，队员会尽最大努力地将冰壶精准投掷到有效区域的预期位置。然而，队员的所有投壶并非都能精准地停在期望位置，而且某种失误带来的威胁可能要远远高于其他失误。

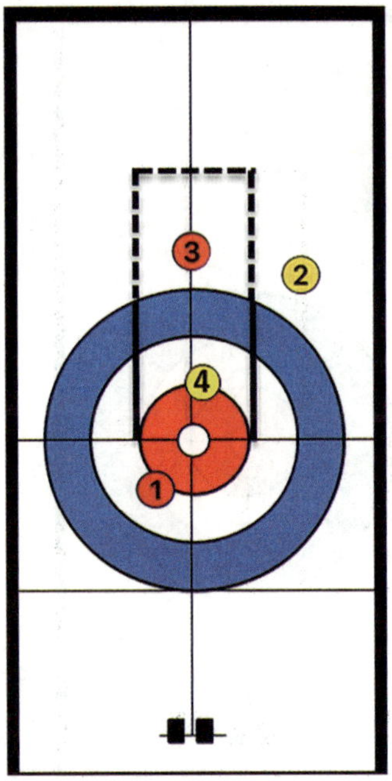

图 7-10　后手队伍进攻为主的混合型开局

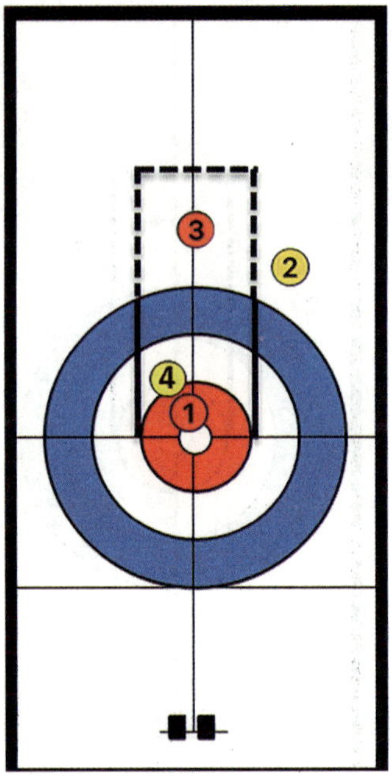

图 7-11　后手队伍进攻型开局

战术实施过程的第二步是失误趋向。失误趋向是指确定队伍所选择的投壶可能存在的任何误差范围并在此过程中确定其可接受的界限。

失误趋向反映的是投掷壶及任何其他运动冰壶的最终位置可能出现的误差范围。失误趋向会依据所选择的具体投壶和大本营内布局的具体情况而有所不同。在投壶之前，队伍通过明确以下 3 个问题，可以帮助识别失误趋向和偏差范围。

（1）此次投壶想要实现的结果是什么？

（2）此次投壶想要避免出现的结果是什么？

（3）此次投壶可以接受的结果是什么？

队伍想要实现的结果指的是“完美投壶”，完美地实现了预期的投壶目标。如果投壶决策选择正确，这种结果必定能够使队伍按照既定的特定战略推进比赛。

队伍想要避免出现的结果指的是“错误投壶”，没有实现预期的投壶目标。除非对手接下来的投壶也出现了明显的失误，否则，这种结果通常很难使队伍能够按照既定的特定战略推进比赛。

队伍可以接受的结果指的是“偏差范围”，基本实现了预期投壶的关键目标。除非对手能以“完美投壶”进行回击，否则，这种结果仍可以使队伍按照既定的特定战略推进比赛。

队伍通过以上 3 个问题基本可以确定绝大多数投壶的有效偏差，但在某些情况下，仍然存在着极大的不确定性。此时，队伍仍需对队伍竞技表现、对手偏好和冰面条件等进行综合评估，以便进一步厘清既定投壶的特定需求与目标。

（三）投壶管理

战术实施过程的第三步是投壶管理。如果队伍的投壶管理处理得当，至少可以将投壶结果控制在可接受的偏差范围之内。投壶管理是一个多层面的任务体系。它依赖于队伍所有成员的共同努力，以尽可能高效和有效地完成所选择的投壶。

成功的投壶管理是队伍中所有运动员共同努力的结果，但在投壶之前队伍需要认真思考并完成下列任务。

第一，确定施加给投掷壶的旋转方向。一种情况是大本营内冰壶的布局或击打角度限定了投掷壶的旋转方向，另一种情况是任何一种旋转都可以实现预设的投壶结果。此时，队伍需要综合评估两条不同预期投壶线路的冰面条件及投壶运动员的特定投壶能力和竞技状态。

第二，确定投壶力量。如果是击打，那就从队伍已经预先确定的击打力量中进行选择。如果是投准，那就参照冰面的分段时间（即冰壶滑过两条前掷线之间的时间）。

第三，识别正确的投壶线路和投壶目标点。这不仅是阅读冰面的直接结果，还需要考虑投壶运动员的出手习惯，如旋转、力量和特定动作细节等。

在冰壶比赛中，队伍按照以上思路就基本上可以充分发挥出团队的优势，选择最佳的投壶线路、投壶力量和投壶旋转并能对投壶进行有效管理，最终获得完美的投壶效果。除此之外，队伍及队员还要注意以下事宜：首先，扫冰运动员需要处在能够精准判断冰壶投壶力量的最佳位置，要将信息传达给大本营中的指挥（副指挥）；其次，大本营中的指挥（副指挥）也要位于观察冰壶线路的理想位置，不仅负责观察冰壶的滑行线路，还要将信息传递给扫冰运动员，使其明确所要完成的工作任务。

当所有队员都知晓了每一次投壶的预期结果和战略意义时，他们才有可能团结一致、协同工作，共同将每一个冰壶投掷到最佳位置。

第三节 基础策略

一、基本理念

自由防守区规则使每局比赛的前 5 次投壶有了更多的战略决策空间和投壶选择空间，增强了决策制定的趣味性和挑战性。通过对“风险”与“回报”的分析，队伍需要不断重新评估和修订比赛计划和投壶选择。

第一，战略中的比赛计划和局计划要具有一定的灵活性和可变性。队伍在一场比赛或一局比赛的不同时期可能会进行攻防转换，进而可能需要对比赛计划和局计划进行相应的不断调整。

第二，对于想象力过于丰富的指挥来说，一定要“耐心”和“谨慎”。如果队伍不能用精准的投壶来实现指挥富有创造力和侵略性的战术决策，队伍就会发现自己已经离输掉比赛不远了。

第三，结合对手能力、冰面情况和自身优势制定比赛战略。指挥需要具备提前思考 2 或 3 个冰壶布局的能力，因此，人们通常将冰壶称为“冰上棋类运动”。攻防之间的至高要义在于如何防守一支精于进攻的队伍。

第四，尤其是在一场比赛的中后期，队伍具备后手得到 2 分及以上分数的能力，或者先手偷分能力将会对投壶决策产生重大影响。一定要记住，比赛还剩 2 或 3 局时具有 2 ~ 4 分的领先并不是绝对的领先优势。

第五，后手队伍在一局比赛中往往想利用边区获得 2 分及以上分数，但他们通常会被迫转入中区进行博弈，并要防止被先手队伍偷分。

第六，先手队伍在一局比赛中会有很多的偷分机会，但同时也会面临着被对方进攻型四垒利用最后一次投壶拿下大分的局面。

二、初级战术策略

（一）有效沟通

有效沟通是提升投壶成功率的方法之一。冰壶运动的初学者往往因为不理解投壶的战术目的而出现大量的投壶失误。例如，如果队伍制定了一个低占位的偷分战术，初学者可能不明白投壶力量小一点的高占位要远胜过投壶力量大一点的进营。队伍可以在赛后复盘时，对于此例中高占位优于进营的内在原因进行详细讲解并制定简单的沟通信号，以提升沟通效率。

（二）如果投壶技术不稳定，就重复采用运动员能够完成的投壶技术

简单而言，每一次投壶都使用同一种投壶技术去应对不同的局面。例如，如果运动员擅长顺时针小力量投壶技术，那么，第一次投壶可以是顺时针低占位投壶。如果对手选择投壶进营，那下一次投壶就可以采用顺时针粘壶或轻传。如果对手的占位壶阻挡了投壶线路，则可以采用顺时针分球或轻传以确保关键区域的投壶线路畅通。通过此种方法，队伍会渐渐掌握冰面特征，投壶质量也会越来越好。切记，队员能完成的投壶技术就是最好的投壶技术。

（三）禁止击打

击打失误会导致毫无收获，而投准失误通常会将对手的冰壶留在比赛之中。如果对手的冰壶静止在圆心附近，可以尝试粘壶或轻磕。如果当前局势迫使非击打不可，那也要使用小力量击打。因为，冰壶运动初学者可以有效控制的投壶力量范围较小。

图 7–12 演示了如何使用轻磕投壶代替击打投壶来建立优势布局。

后手队伍通过轻磕将先手队伍的冰壶移动到大本营后区，然后先手队伍将后手队伍的冰壶击打出有效区域。最终，先手队伍采用打甩溜壶技术，后手队伍则选择粘壶使投掷壶成为第一计分壶。目前，后手队伍的冰壶可以利用对手冰壶在大本营后区组建的墙体提供后保护，先手队伍很难将后手队伍的冰壶移出比赛区域。

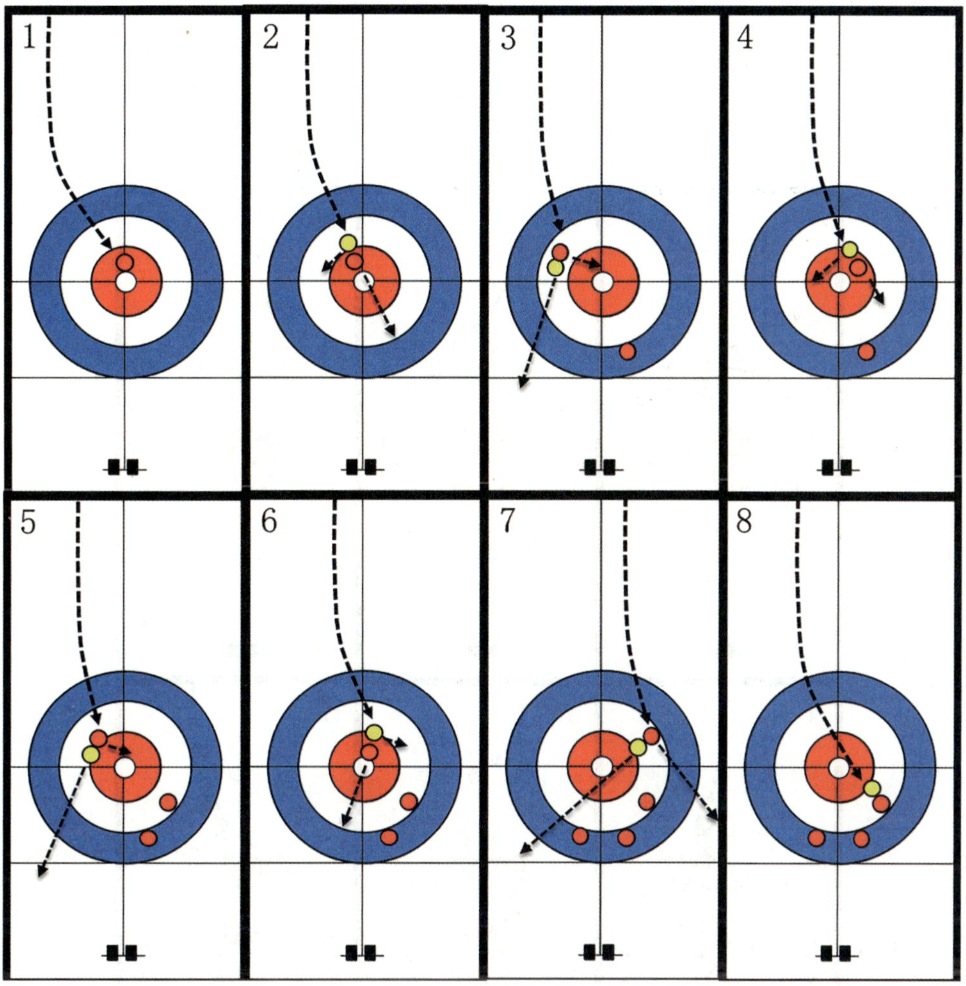

图 7–12　局势演进

（四）突破封锁

如果队伍在比赛开局阶段失误过多，对手就会在大本营前区和大本营前方布置一道冰壶墙用来保护圆心附近的 1 个或 2 个潜在得分壶。此时，队伍可以通过旋粘对方冰壶，然后向后轻传以突破“封锁墙”。最终，对手冰壶所构建的“封锁墙”还会对本方的计分壶起到保护作用，使对方无法轻易地将本方的计分壶移出比赛区域。

具体示例如图 7–13 所示，后手队伍的前几次投壶失误使其陷入了被偷分的被动局面。后手队伍不擅长击打，因此，他们选择旋粘先手队伍位于大本营前方用于封锁路线的冰壶。

先手队伍面对此种局势要想偷分，通常会有以下 2 种选择：一是在后手队伍冰壶的前方放置占位壶，使后手队伍无法利用自己的冰壶；二是传击自己的另一个冰壶。在图 7–13 示例中，先手队伍的投壶选择是传击，目标壶成了第二计分壶，形成了一个可能偷 2 分的布局。

如图 7–13 所示，后手队伍通过传击将先手队伍的冰壶移动到 4 英尺圆的后区。这看似很糟糕，但是后手队伍至少打开了冰壶通往圆心的投壶线路，而且先手队伍在圆心附近的冰壶可以为其提供后保护。此时，先手队伍没有选择风险较大的击打投壶，而是选择中区占位，但是并没有完全封住后手队伍的投壶线路。最终，后手队伍通过轻传自己的冰壶，使目标壶成了第一计分壶。

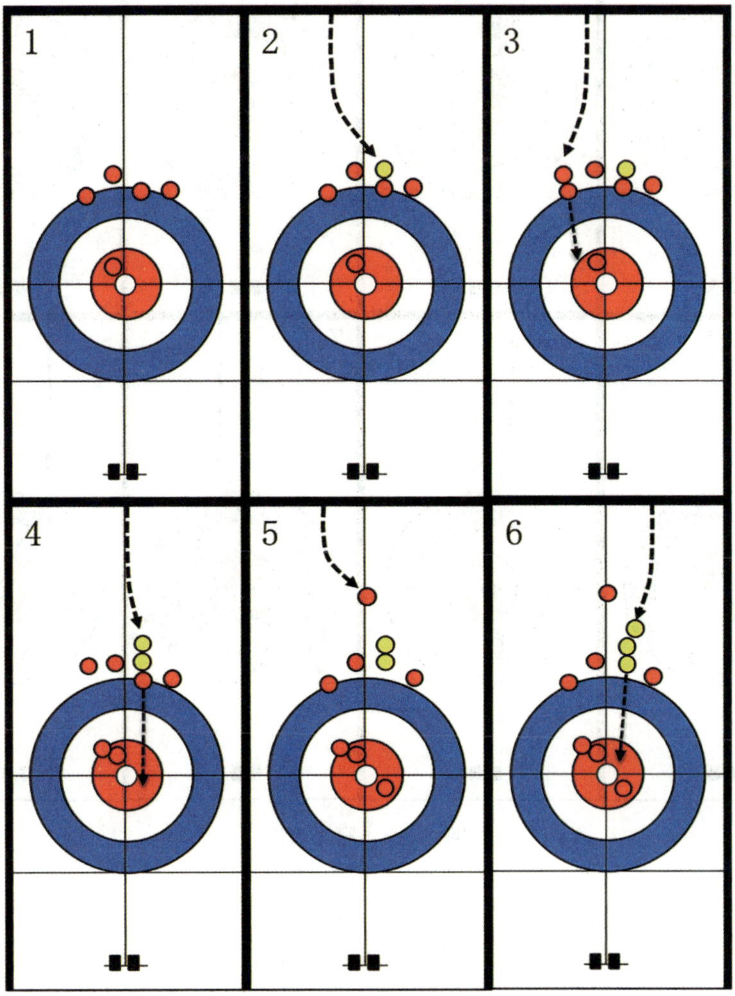

图 7–13　局势演进

三、中级战术策略

本部分分享的战术策略虽然并不一定适用于所有情况和所有队伍，但当队伍出现决策困惑时，它或许能在一定程度上提供破解当前局势的思维方式。

（一）比分领先时选择击打，比分落后时选择投准

队伍要想在一局比赛中得到分数，就需要尽可能地将冰壶停在有效区域，包括对手的冰壶。当比分领先时，队伍应该以击打投壶为主，以便简化局势，降低对手的得分概率。

当比分落后时，即使对手将冰壶投掷到中心点附近，队伍也应选择轻磕投壶而不是击打投壶，以便停在大本营后区的冰壶能为本方冰壶提供后保护，使其一直留在比赛之中。

（二）所有占位冰壶都能为需要得分的队伍提供帮助

所有占位冰壶都能为需要得分的队伍提供帮助，即使是对手的占位壶。占位冰壶可以确保更多的冰壶留在比赛之中。队伍不仅可以采用旋进投壶，将投掷壶旋到占位冰壶的后方，还可以将其轻传到大本营内，使其成为潜在得分壶。队伍除非需要打通冰壶通向圆心的投壶线路，否则不要将占位冰壶移出比赛区域。

（三）投准才能赢得比赛

远距离的传击、双飞或三飞等大力击打投壶看起来非常炫酷，但是“低调”的投准往往才是赢得比赛的关键。队伍千万不要因为冰壶迷的呐喊与欢呼就执迷于去选择那种“花哨”的投壶技术。

（四）四垒应具备精准完成 6 ~ 8 区投壶的能力

能够精准地将冰壶投掷到 6 ~ 8 区或是 4 英尺圆内是四垒必须具备的一项基本技能。四垒也许不是队伍中最出色的投壶手，但是必须具备在任何时候都能很舒适、很稳定地发挥可以拯救一局比赛的关键投壶的能力。

（五）只有菜鸟后手才会击打 T 线后的冰壶

如果后手队伍本局比赛的目标是得分，那么大本营内 T 线之后的对手冰壶在大多数情况下都是可以为本队所用的工具，而不是一个必须处理掉的问题。此种选择的前提条件是四垒具备精准地将冰壶投掷到 4 英尺圆内的投壶能力。

（六）后手要占据边区，先手则要占据中区

后手队伍需要将“火力”吸引到边区、保持中区畅通，以便通过最后一个冰壶的击打或是投准来获得分数。先手队伍则要控制中区，以便可以偷分或是让后手队伍静止在边区的冰壶成为无效计分壶。

（七）首局获胜未必能赢得比赛，首局失利可能会输掉比赛

通常而言，队伍在第一局比赛中得到 4 分并不能保证赢得比赛，但是丢掉 4 分（尤其当对手是非常优秀的队伍时）将很难反败为胜。

（八）避免一局比赛中丢掉大分

如果队伍大比分落后或是比赛后期时比分稍微落后，他们就需要在一局比赛中得到大分，但同时也必将承担丢掉大分的风险。除此之外，队伍在制定战术决策时一定要深思熟虑、明智谨慎，如果某一局比赛失掉大分，则很难取得本场比赛的胜利。

（九）取得比赛胜利并不需要赢得每一局比赛

一场比赛的胜负取决于一场比赛的分数，而不是某一局比赛的分数。队伍并不需要在每局比赛中都得到分数，有时迫使对手得到 1 分要比冒险去偷分更有利于战局的发展。

（十）掌控记分板

队伍应该时刻关注每局比赛结束之后记分板上的比赛总分变化。如果倒数第 2 局领先 3 分，则本局丢掉 2 分也是可以接受的。此时，队伍将以领先 1 分且后手进入决胜局，这也是有利于赢得比赛的局势。

（十一）持续做最擅长的事情

一般的战术则是比分领先时击打，比分落后时投准。但是，有些队伍只擅长一种风格的比赛。如果队伍是通过重复的投准去偷分才建立了比分领先的优势，那就继续这样做，尤其是对于不擅长击打的队伍。队伍如果采用一直没有使用的投壶技术很可能会导致投壶失败，那么，丢掉大分和失去领先优势将是真实存在的风险。

（十二）最好的防守就是 2 分牵制

队伍在大本营内有第一计分壶，但却淹没在对手众多计分壶之间时，阻止灾难发生的最好方法是采用投准投壶得到第二计分壶，而不是击打对手的冰壶或投掷占位冰壶以保护自己的潜在得分壶。如果采用此种战术决策，队伍最终可能没有得分，但也不会丢掉 4 分（图 7–14）。

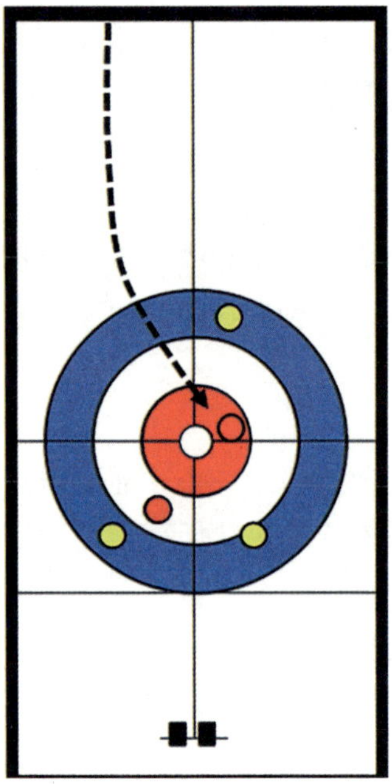

图 7–14　2 分牵制

（十三）杜绝对手再次采用同一种投壶技术

运动员一般都具备向经验学习的能力。如果让对手有机会再次采用同一种投壶技术，他们很可能会成功地完成既定的投壶任务。

（十四）阻止对手做他们想做的事情

如果无法确定最好的投壶选择是什么，那就换位思考去预测对手可能的投壶决策，然后为之设置障碍，或是试着猜测对手最不希望见到的投壶选择。

（十五）选择对手使用过的投壶线路

对于那些在冰面条件一般的冰壶道上进行比赛的运动员来说，这是一条尤其重要的准则。如果队伍迫使对手只能通过猜测投壶力量和投壶线路去投掷大多数冰壶，或在一条很长时间没有使用过的线路上投掷关键壶，那么他们的投壶成功率将会大幅度下降。反之，如果队伍使用对手用过的投壶线路投掷投壶，那么本队的投壶成功率将会大幅度提升。

（十六）成功的 B 计划一定胜过失败的 A 计划

在激烈对抗的冰壶比赛中，精彩投壶确实能帮助队伍摆脱困境。然而，队伍在大多数情况下更应该选择那些已经熟练掌握的投壶技术，即使投壶失误之后的“B 计划”也可能会有利于战局的发展。

延伸阅读

国家游泳中心“水冰转换”的奇幻之旅

2008年北京奥运会的标志性场馆——国家游泳中心“水立方”，在2022年北京冬奥会和冬残奥会时变身“冰立方”，成为世界上首座在泳池内搭建冰壶赛道的冬奥场馆。

由“水”到“冰”，多的不只是“两点”

国家游泳中心“水立方”是2008年北京奥运会的标志性场馆，承担了游泳、跳水、花样游泳等水上比赛项目。改造完成后的“冰立方”在2022年北京冬奥会和冬残奥会期间承办了冰壶和轮椅冰壶比赛项目。

根据改造方案，“冰立方”将在保有“水立方”水上功能的基础上新增冰上功能，即在比赛大厅中部通过搭建可转换结构，以及安装可拆装制冰系统，形成具有4条标准赛道的冰壶场地。这在冬奥会历史上尚属首次。

应冰壶赛事需求，场馆的改造过程将围绕可转换冰场结构体系、冰壶场地热湿环境、冰壶场地体育照明、场馆综合节能和场馆建筑声学5项课题展开。改造完成后的“冰立方”不仅功能增加，更将实现智能升级。全新的智能建筑管理系统将有效监测和控制场馆室内的温度、湿度、照明、声学等的变化，为冬奥冰壶比赛提供完美环境。

节能环保，务求达标“绿建二星”

“水立方”是北京市地标建筑，其绿色、科技、人文理念深入人心。“冰立方”的改造工程完全按照绿色建筑二星标准设计实施，改造后的场馆将更加节能环保。

根据改造方案，将升级智能建筑管理系统，实时监测和控制冰场温度及空气湿度，确保能源高效利用；增加膜结构空腔自然通风，夏季开启自然通风降温，冬季蓄能降低场馆热耗；更换节水型器具，节约水资源；进行机电系统变频改造，场馆运行更加省电；新建可视化能源管控中心，有效控制场馆能耗和碳排放。

智慧建造，科技先导打造精品工程

“冰立方”是冬奥会历史上最大体量的冰壶场馆，冰壶比赛又是对环境要求最为严苛的冰上运动竞赛项目。因此，改造施工既要保证工程按期高质量交付，也要兼顾场馆赛前运营和测试比赛，工况极为复杂。

对此，施工建造将以建筑信息模型（BIM）技术为基础，结合云计算、物联网、移动通信等信息化技术和设备，实现覆盖进度、质量、安全、成本等项目管理的全要素智慧建造，打造绿色、智慧、科学、节约的精品工程。同时，将依托云平台管理系统，实现“管理可视化、资料在云端”，为改造工程保驾护航。

冰水双驱，可转换场馆践行可持续运营

“冰立方”项目通过改造实现“冰”“水”功能可转换，将创造世界上唯一一个冰上文体项目和水上文体项目可同时运行的场馆。改造后的“冰立方”实现了“冰水双轮驱动”，成为了最具代表性的双奥场馆，成为体育场馆反复利用、综合利用和持久利用的有力注脚。

同时，新建的南广场地下冰场将在赛时供冬奥会配套使用，为冬奥会营造了良好氛围；赛后作为冬奥会重要遗产，用于群众冰上运动培训和体验，成为向青少年推广冰上运动的重要载体，助力实现“三亿人上冰雪”的目标。

（资料来源：国家游泳中心，2021 年 12 月 1 日，有修改）

第八章　先手战术

本章主要介绍先手队伍常用的布局模式和惯用的思维程序，而不是提供部署与破解任何局势的标准答案。任何队伍都需要根据冰面条件、双方队伍的技术水平、特点和所擅长的比赛风格等多种因素来制定具体的比赛战术策略。

第一节　总体规划

先手是指一局冰壶比赛中投掷第一个冰壶的权利。在一局冰壶比赛中，拥有先手权的队伍通常称为先手队伍或先手方。在冰壶比赛中，拥有后手权就意味着拥有得分的潜在优势。所以，先手队伍在一局比赛中击败后手队伍而得分，通常称偷分。

一、基本理念

通常来说，先手队伍是一局冰壶比赛的防守方。其主要目的是偷分或迫使后手队伍得到 1 分。先手队伍总是投掷一局冰壶比赛的第一个冰壶，如果先手队伍采用进攻型战略，开局阶段具体的投壶选择可能如下。

第一种投壶选择是中区占位。由于自由防守区规则，后手队伍不可以将中区占位冰壶击打成为无效壶。投掷中区占位冰壶的主要意图是占领控制区域、控制通向关键区域的投壶线路。这有可能为一局比赛中后续阶段停在 4 英尺圆内的潜在得分壶提供保护。

第二种投壶选择取决于后手队伍的上一个投掷壶。如果后手队伍的第一个投掷壶是边区占位，那么，先手队伍可以选择旋进投壶，投掷壶停在大本营内，在中区占位冰壶的正后方。先手队伍的主要投壶意图是压缩得分区域，形成偷分的布局。

如果先手队伍采用防守型战略，开局阶段具体的投壶选择可能如下。

第一种投壶选择是溜壶。对于先手队伍而言，当大比分领先于后手队伍，比赛又即将进入尾声时，主动溜壶战术是最佳的投壶选择。

第二种投壶选择是进营。大本营内的冰壶不受自由防守区规则的保护，后手队伍可以通过击打投壶将其移出比赛的有效区域。事实上，这正是先手队伍所期望的。因为，防守型战略的主要目的就是要减少有效区域内冰壶的数量。

二、基本策略

对于一局冰壶比赛，先手队伍可以接受的结果是偷分或迫使后手队伍得到 1 分。迫使后手队伍得到 1 分，意味着先手队伍成功阻挠了后手队伍想获得 2 分或是空局的常规战略设想，这也就意味着先手队伍将会在下一局比赛中拥有后手权。

由于自由防守区规则的限制，如果先手队伍在一局比赛的开局阶段想采用进攻型战略，则很容易实现预想的布局与推进比赛。先手队伍在开局阶段采用进攻型战略时通常会选择使用中区占位的策略。直到本局比赛的第 6 次投壶（即后手队伍二垒的第一个投掷壶），后手队伍才能将中区占位（保护）冰壶移出比赛区域。由此可见，中区占位不仅可以控制冰壶进入大本营中区的冰壶道区域、创造大量偷分机会，还使后手队伍想利用一局比赛的最后一次投壶进入圆心区域变得更为困难。

如果先手队伍在开局阶段选择进攻型战略，那么先手队伍在开局阶段就处于战略上的劣势。先手队伍在开局阶段选择进攻型战略就需要在一局比赛的最后一次投壶之前，有一个冰壶处在极佳的第一计分壶位置，以至于后手队伍的最后一次投壶无法改变第一计分壶的队伍属性。对于中区占位（保护）战术而言，先手队伍的指挥要面对的唯一问题是如果后手队伍的指挥选择旋进，应该如何应对。中区占位（保护）冰壶距离中区越远，后手队伍的指挥就越有可能以一种高难度的旋进技术投壶进营，试图在本局比赛中得到 2 分及以上的分数。

通常情况下，先手队伍在一局比赛中会优先选择防守型战略，其主要目的是迫使对手得到 1 分。先手队伍可以通过迫使对手在拥有后手权时仅能得到 1 分，然后在自己拥有后手权时得到 2 分及以上的分数，最终获得一场比赛的胜利。这种“控分”策略类似于网球中的“破发”，即接发球运动员凭借着“破发”才能最终取得一盘比赛的胜利。

在比分接近或领先的情况下，先手队伍最佳的战略选择就是防守型战略。为了控制后手队伍的得分，经验丰富的先手队伍指挥将会选择中区进营，抢先占领关键区域。这不仅可以阻碍后手队伍的投掷壶进入 4 英尺圆的投壶线路，还提升了偷分的可能性。此时，先手队伍在投壶选择上需要更加谨慎，当对手有冰壶停在大本营内的时候，先手队伍应该优先选择击打投壶，而不是投准投壶。

基于冰壶战略与战术的相关知识，每一种战略类型设计的目标结果都有其独特性，表 8–1 总结了先手队伍战略和目标结果的对应关系。

表 8–1　先手队伍战略和目标结果的对应关系

特征	防守型战略	防守为主的混合型战略	进攻为主的混合型战略	进攻型战略
偷分概率	低	中低	中高	高
避免丢大分概率	高	中高	中低	低
首要目标	对手得 1 分	对手得 1 分	偷 1 分	偷 1 分以上
次要目标	空局	偷 1 分	对手得 1 分	对手得 1 分

第二节　战术策略

通常而言，先手队伍在一局比赛中的目标要么是偷分，要么是控分（即迫使后手队伍在本局比赛中仅得到1分，以便在下一局比赛中拥有后手权）。

一、偷分战术

先手队伍采用偷分战术时，通常需要有一个藏在中区占位冰壶后面的高质量计分壶或中区双占位。高质量计分壶是指非常接近圆心点，并有占位冰壶保护的冰壶，是对手很难投掷出比其更接近圆心点或将其转化为非得分壶的冰壶。当然，先手队伍即使有中区占位冰壶和高质量的计分壶也可能会面临比赛局势上的诸多困境。例如，如果中区占位冰壶和高质量计分壶之间的距离较近，后手队伍可以通过双飞击打同时将2个冰壶移出比赛区域（图8–1A）；如果2个冰壶之间相距较远，后手队伍可以通过轻磕计分壶使其远离圆心点，或通过击打投壶，使其成为无效壶（图8–1B）。

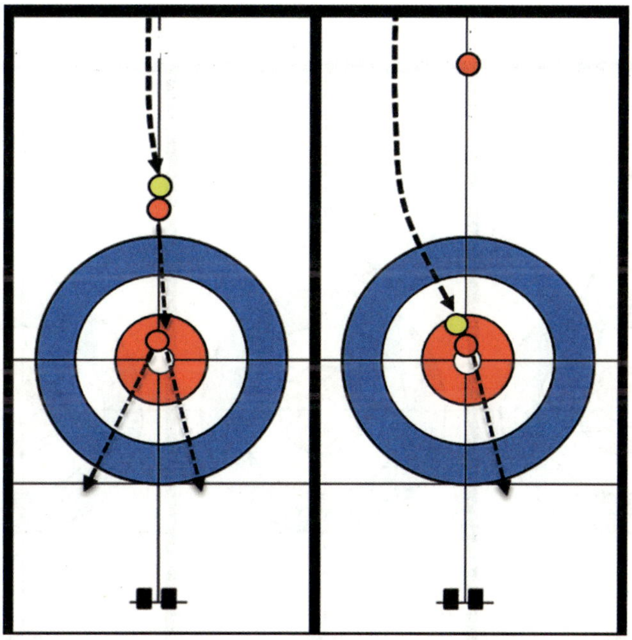

A. 双飞击打　　　　B. 击打投壶

图8–1　偷分战术的应对策略

（一）中区占位战术

1. 工作原理

如果先手队伍的第一个投壶选择是中区占位，那么，本局可以接受的目标就是在不承担太大风险的前提下实现偷分的局目标。这是一种相对低风险而又灵活多变的战术计划。

2. 战术分析

如果先手队伍的第一个投壶选择是中区占位，后手队伍根据局目标的不同，会有多种投壶选择，比赛布局可能会呈现以下几种发展趋势。

第一种投壶选择是分进或分球。如图 8–2 所示，后手队伍采用分进，即目标壶移至边区，投掷壶进入大本营。此时，先手队伍可以选择打甩留壶，其目的是可以接受空局，但不想承担失掉 2 分的风险。如图 8–3 所示，后手队伍采用分球，目标壶和投掷壶都成了边区占位壶。此时，先手队伍可以选择中区占位，继续进行偷分的布局。

第二种投壶选择是旋进。如图 8–4 所示，如果后手队伍采用旋进，将冰壶投掷到中区占位冰壶后方的大本营内，后手队伍的冰壶没有藏在中区占位冰壶的正后方，那么先手队伍可以选择打甩留壶，将投掷壶甩到中区占位冰壶的正后方。如果后手队伍的冰壶完全藏在中区占位冰壶的正后方，先手队伍可以选择轻磕或是粘壶。

第三种投壶选择是边区进营。如果后手队伍的投掷壶停在大本营边区 T 线之前，先手队伍可以采用打甩留壶，将投掷壶甩到中区占位冰壶的正后方，以进一步降低失分的潜在风险（图 8–5）。如果后手队伍的投掷壶停在大本营边区 T 线之后，先手队伍可以采用打甩留壶或是旋进（图 8–6）。

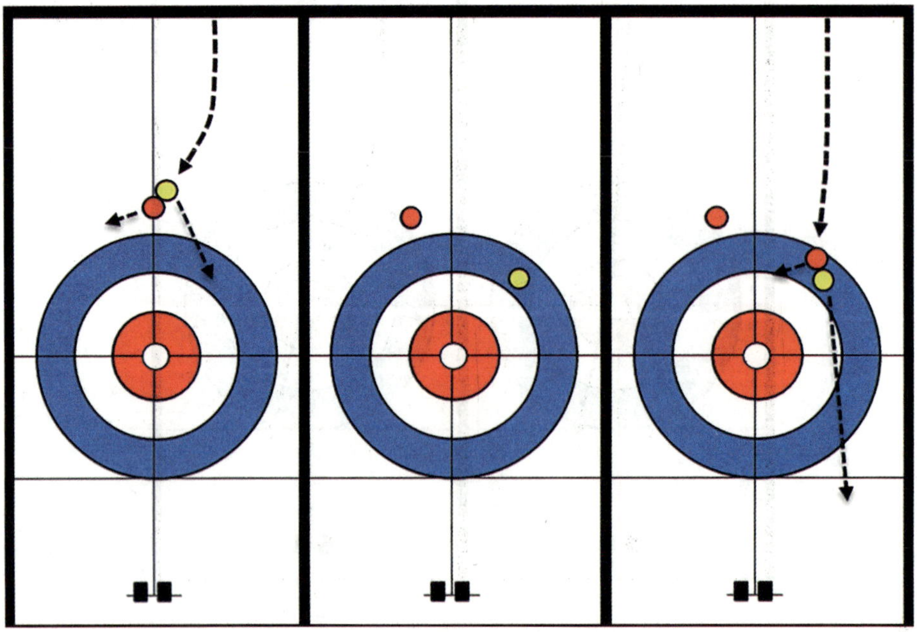

图 8–2　分进战术的应对策略

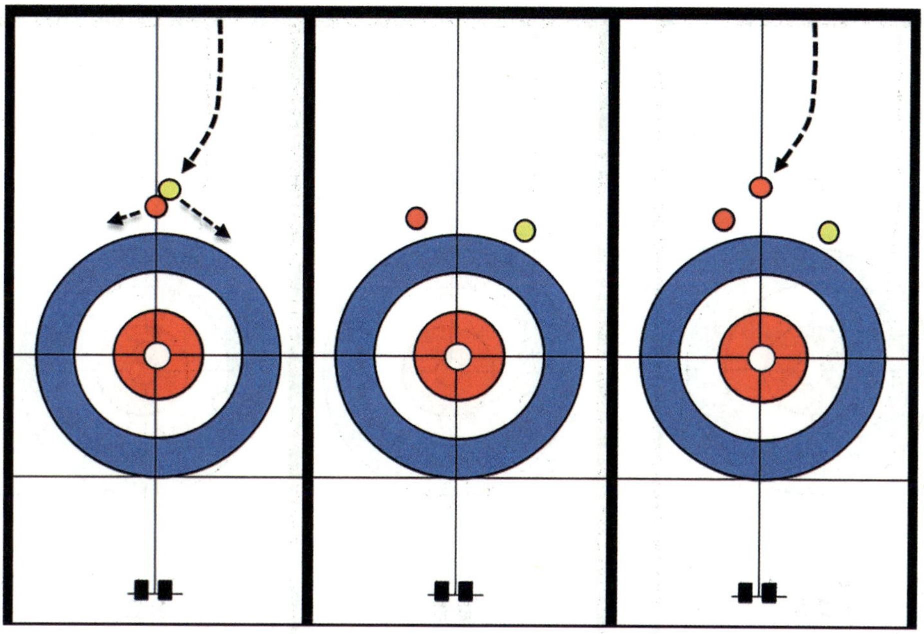

图 8-3　分球战术的应对策略

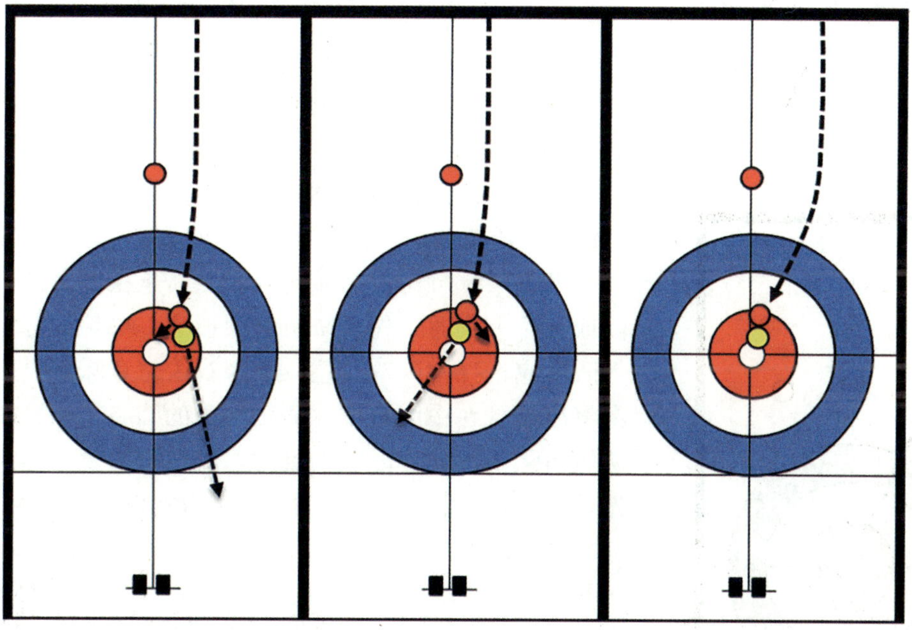

A. 打甩留壶　　　　B. 轻磕　　　　C. 粘壶

图 8-4　旋进战术的应对策略

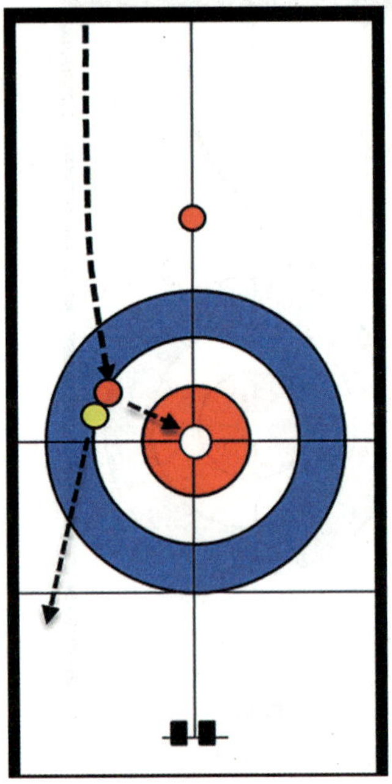

图 8-5　打甩留壶

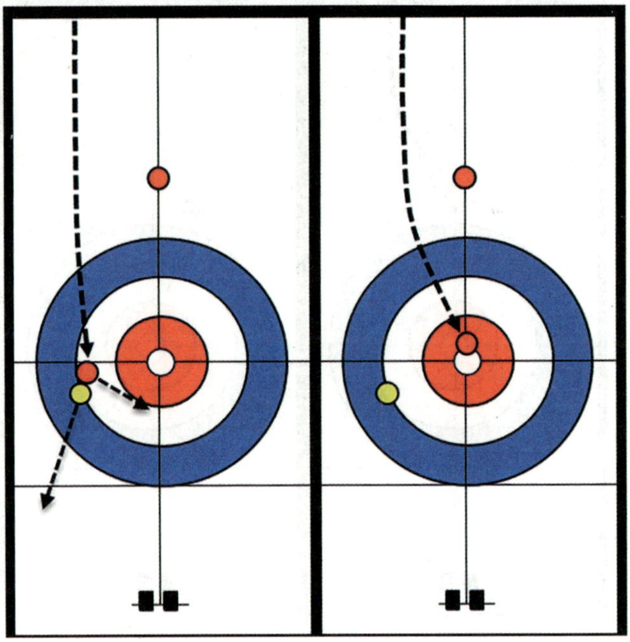

A. 打甩留壶　　B. 旋进

图 8-6　边区进营战术的应对策略

第四种投壶选择是边区占位。如果后手队伍选择边区占位，先手队伍可以选择旋进，通过在大本营中区部署偷分布局，继续向后手队伍施加压力（图 8-7）。

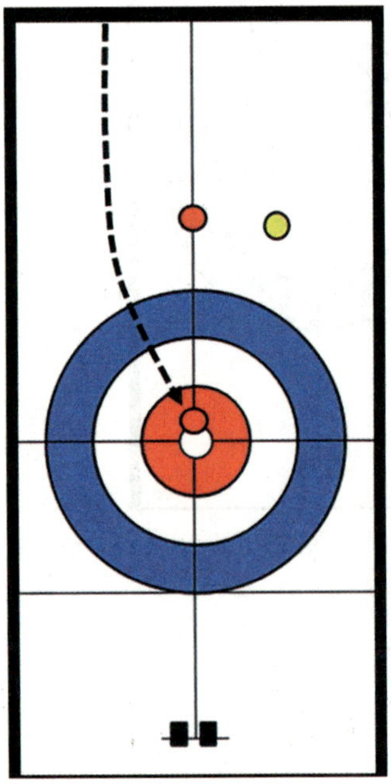

图 8-7　旋进

（二）中区双占位战术

1. 工作原理

如果先手队伍比分明显落后，尤其是在比赛进行到后期阶段或最后一局时，先手队伍必须孤注一掷地偷分。因此，先手队伍应选择中区双占位。中区双占位意味着先手队伍更容易将冰壶藏在中区占位冰壶正后方的圆心，而且增加了后手队伍清除中区占位冰壶的难度。此时，需要明确的一点就是先手队伍同时也正在承担着失掉大分的巨大风险。

2. 战术分析

不论后手队伍选择何种投壶技术，先手队伍面对此种局势都会选择中区双占位。如图 8-8 所示，后手队伍的具体投壶选择可能如下：（1）溜壶 + 溜壶；（2）溜壶 + 分球；（3）中区进营 + 中区进营；（4）边区进营 + 中区进营；（5）中区进营 + 边区占位；（6）边区占位 + 边区占位。其中，后手队伍在大比分领先时（如最后一局领先 3 分）最有可能的投壶选择是“溜壶 + 溜壶”组合。如此一来，先手队伍就无法利用后手队伍的冰壶为本方冰壶提供后保护。所谓后保护是指击打的目标壶后方存在静止冰壶并与击打的目标壶之间存在某种相关关系，而无法将目标壶击打出比赛区域，通常也称为后相关。

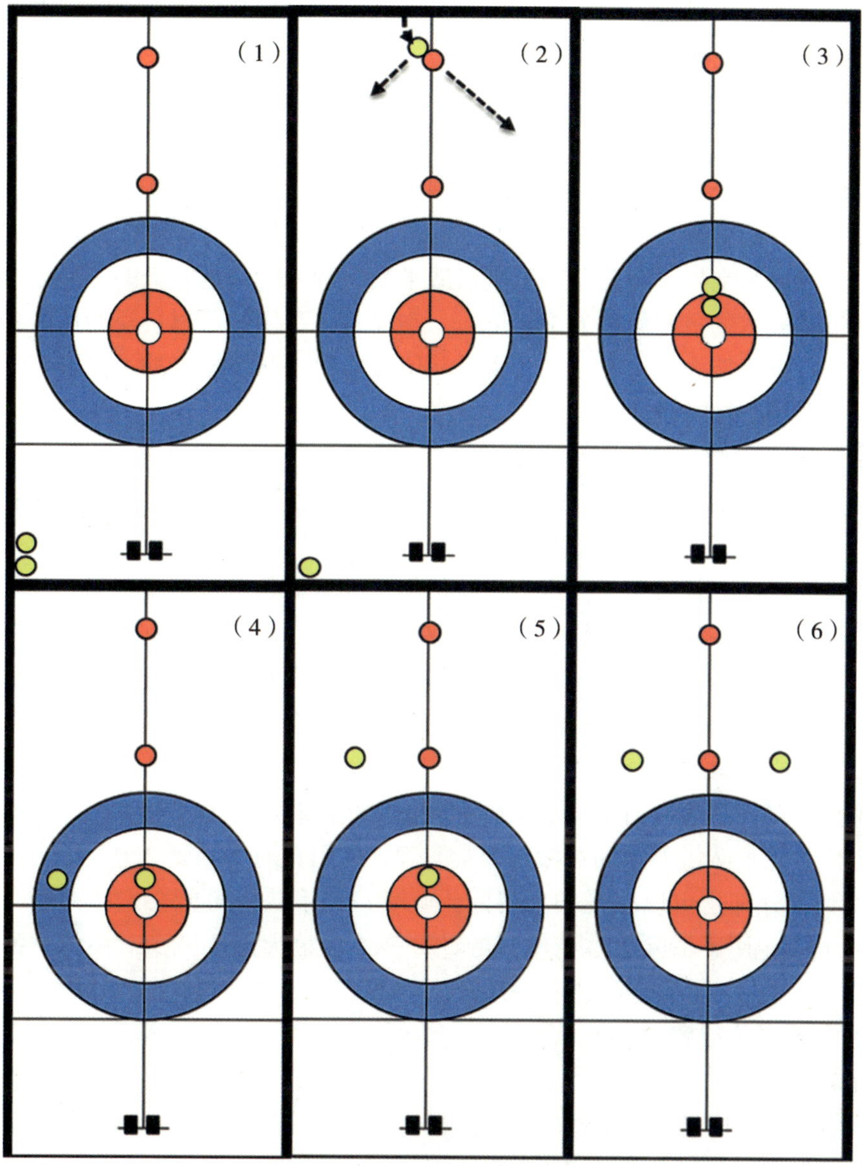

图 8–8　中区双占位战术的应对投壶组合

二、控分战术

控分是指先手队伍迫使后手队伍在一局冰壶比赛中仅仅得到 1 分。控分战术是一种没有得到应有重视的重要战术。如果队伍在拥有后手权时，每次都能得到 2 分，而又能迫使对手在拥有后手权时每次仅能得到 1 分，则此队伍必将赢得比赛的胜利，而无须承担偷分战术所带来的任何潜在风险。先手队伍在某些特定的局势下，即使有偷分的机会，也没有必要承担任何风险去偷分。例如，一场比赛的倒数第 2 局且比分相等时，此时，先手队伍的最佳选择是迫使对手在本局比赛中仅得到 1 分，以便在决胜局的比赛中拥有后手权，从而利用后手优势获得比赛的最终胜利。

（一）中区进营战术

1. 工作原理

先手队伍将第一个冰壶投掷到大本营内圆心点的正前方。从本质上而言，中区进营战术在一局比赛的开局阶段，并不能确保控分战术的成功，后手队伍可能会通过击打投壶，最终使本局比赛成为空局。但是，中区进营战术是一种风险系数较低的控分战术。先手队伍选择中区进营战术的主要原因如下：第一，空局是先手队伍可以接受的局目标；第二，后手队伍的击打投壶能力较差；第三，先手队伍认为后手队伍出于战术原因在一局比赛的开局阶段不会选择击打投壶。

2. 战术分析

后手队伍根据局目标的不同会有多种投壶选择，比赛布局可能会呈现以下几种发展趋势。

第一种投壶选择是打甩留壶。当后手队伍本局的目标是可以接受空局时，其通常会选择打甩留壶，并将投掷壶停在大本营边区。如果双方队伍在比赛过程中没有出现投壶失误，后手队伍最后一次投壶会采用打甩溜壶。最终，双方队伍在本局比赛中均没有得到分数，形成空局。如果后手队伍出现了投壶失误，先手队伍则会选择分营战术，后手队伍将会被迫通过最后一次投壶得到 1 分（图 8–9）。

第二种投壶选择是边区占位。如果后手队伍本局的目标是至少得到 2 分，则其可能会选择边区占位。先手队伍的本局目标将非常明确，即阻止对手得到 2 分及以上的分数，空局或对手得到 1 分都是可以接受的局目标。此时，先手队伍可能会选择粘壶，迫使后手队伍使用多个冰壶用于清除大本营中区的计分壶，以最大限度减少对手的“弹药储备”（图 8–10）。

（二）中区占位战术

1. 工作原理

先手队伍的局目标是必须迫使后手队伍得 1 分，此时，先手队伍通常会选择中区占位。中区占位可以为本方在圆心附近的冰壶提供保护，有效控制关键区域，压缩潜在得分区域，增加后手队伍得到 2 分及以上分数的难度。但是，如果后手队伍的冰壶很好地隐藏在中区占位冰壶的正后方，则先手队伍很有可能会在本局比赛中失掉大分。

2. 战术分析

如果先手队伍的第一次投壶选择是中区占位，后手队伍可能做出多种不同的投壶选择，如边区占位、旋壶进营、边区进营和分球等。先手队伍可能会忽视后手队伍的任何投壶决策，继续营造出仿佛想要孤注一掷去偷分的假象，将双方队伍博弈的焦点吸引到圆心点附

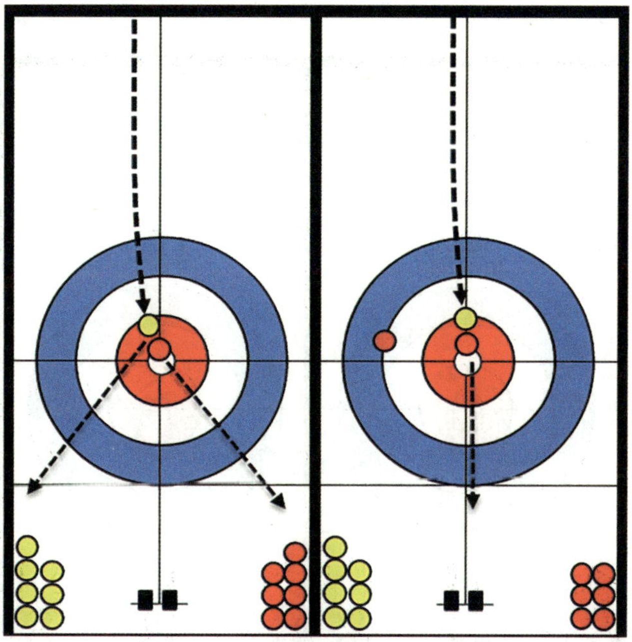

图 8–9　中区进营战术（一）

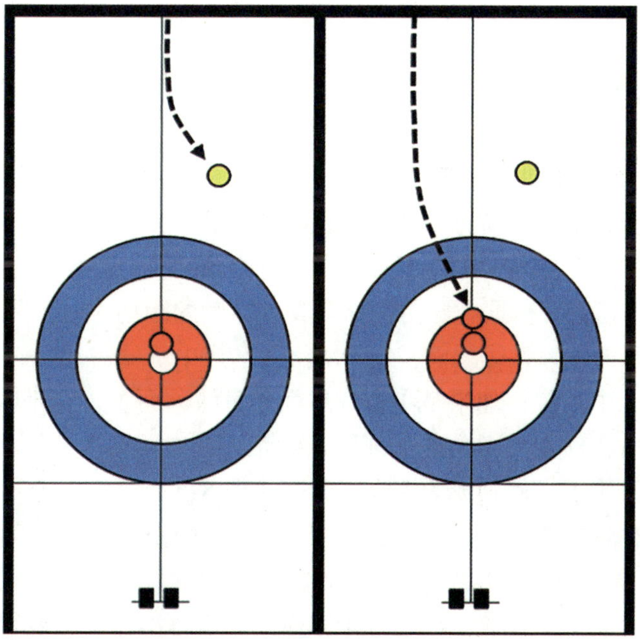

图 8–10　中区进营战术（二）

近，持续压缩得分区域，不断增加后手队伍得到第 2 分的难度（图 8–11）。

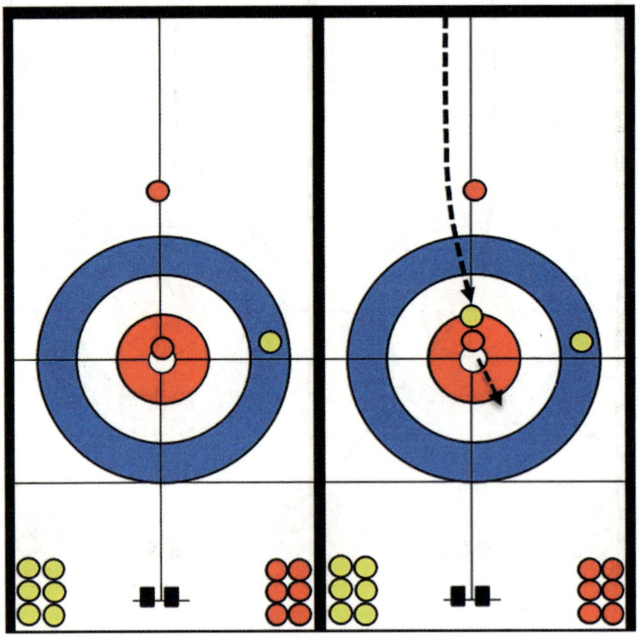

图 8–11　中区占位战术

三、中区占位使用技巧

（一）中区占位的类型与作用

先手队伍通常会在中区占位冰壶正后方的大本营内隐藏一个或多个冰壶，后手队伍很难直接对其进行击打或轻磕。

如第四章第一节所述，根据中区占位冰壶到大本营的距离，中区占位可以分为高占位、中占位和低占位。如果是大弧线冰面，先手队伍会选择中区低占位；如果是标准弧线冰面，先手队伍会选择中区中占位；如果是小弧线冰面（直线冰面），先手队伍会选择中区高占位。此外，先手队伍在任何冰面条件下都可以优先选择中区低占位，其主要原因是后续的投壶可以通过传进或传击，使其成为潜在得分壶（图 8–12）。

根据中区占位冰壶的数量，中区占位还可以分为中区占位和中区双占位。先手队伍想要孤注一掷地偷分时，会选择中区双占位战术，而且 2 个中区占位冰壶之间要保持一定的距离，使其很难通过双飞击打，一次将 2 个冰壶同时击打出比赛的有效区域。

（二）中区双占位的选择策略

1. 中区双占位的投壶顺序

先手队伍采用中区双占位战术时，会面临投壶顺序的抉择，即优先投掷中区高占位冰壶，还是优先投掷中区低占位冰壶。

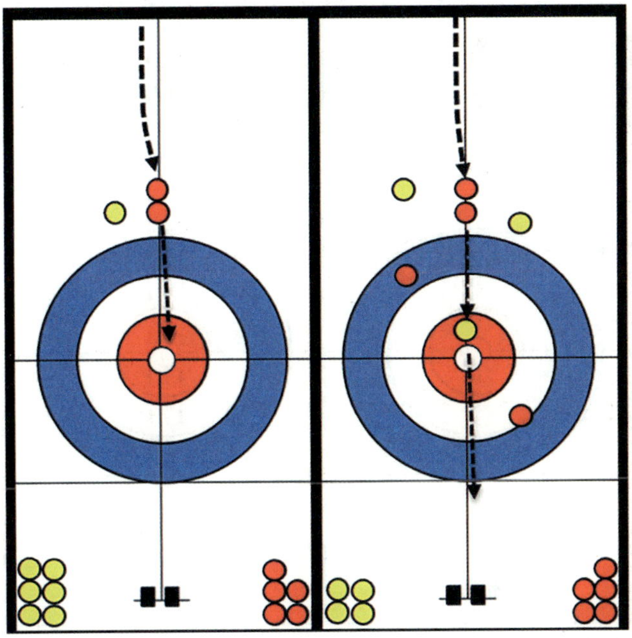

A. 传进　　　　B. 传击

图 8–12　中区低占位战术

第一种选择是优先投掷中区高占位冰壶。其主要原因是容错空间大。如果投壶力量小了，进行扫冰可以使其通过前掷线；如果投壶力量大了，投掷壶可以成为中区低占位冰壶，这也是一种很好的结果。如果先手队伍优先选择中区高占位，第二个占位壶的投壶力量即使大了，投掷壶最后停在大本营内，中区高占位冰壶也会为其提供一定的保护。

第二种选择是优先投掷中区低占位冰壶。这主要取决于个人技术与投壶习惯。先手队伍选择优先投掷中区低占位，可以避免出现第二个占位壶意外地撞击到第一个占位冰壶，发生分球的情况。

2. 中区双占位的位置选择

中区双占位冰壶既可以是完美直线的中区双占位，也可以是相互错落的中区双占位。完美直线的中区双占位的优势是如果对手想通过双飞击打同时移除 2 个冰壶，对手的冰壶很可能留在自由防守区，成为一个新的中区占位冰壶（图 8–13）。相互错落的中区双占位的优势是对大本营中区的保护范围更大，创造出了一个更大的得分区域（图 8–14）。换言之，相互错落的中区双占位在大本营内创造了一个更大的可以用于隐藏冰壶的区域，即大本营内点划线之间的区域。

（三）后手队伍利用中区占位的时机与破解

中区占位通常是先手队伍优先选择的投壶战术。但是，后手队伍可以根据特定的局势和自身的技术特点与风格有选择地利用中区占位。第一，当后手队伍比分明显落后时，可以利用中区占位让更多的冰壶留在比赛中，提升获得大分的概率。第二，如果后手队伍不擅长击打，应充分利用中区占位冰壶，采用旋进，优先将冰壶投掷到大本营内中区占位冰

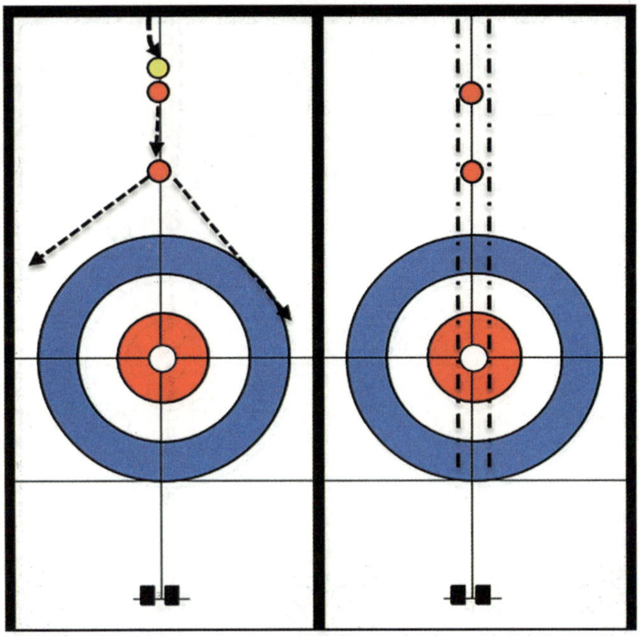

图 8-13　完美直线的中区双占位

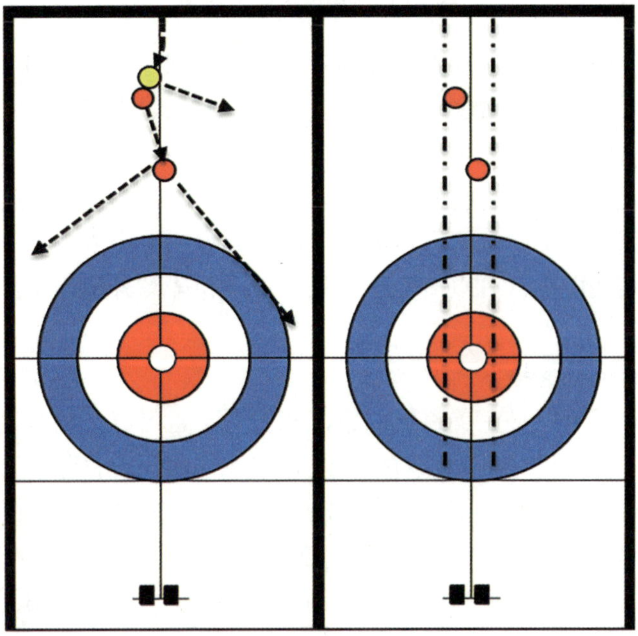

图 8-14　相互错落的中区双占位

壶的正后方。

如果后手队伍选择旋进，将投掷壶停在大本营内中区占位冰壶的正后方，先手队伍最常使用的应对战术是粘壶。其工作原理如下：如果先手队伍第一个投掷壶的选择是中区占位，后手队伍第一个投掷壶的选择是中区旋进，且投掷壶停在了大本营内中区占位冰壶的正后方，此时，先手队伍的第二个投掷壶可以选择粘壶，旋粘后手队伍停在大本营内的冰壶，为后续的轻磕或击打投壶创造机会（图 8–15）。

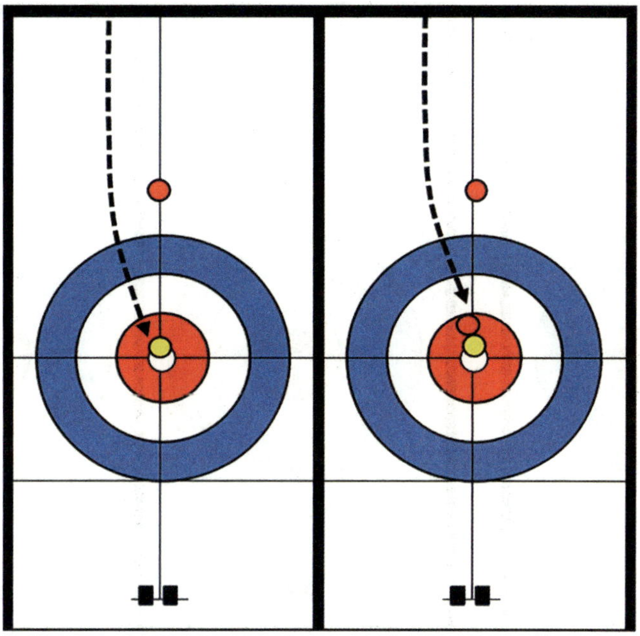

图 8–15　中区占位战术的应对策略：粘壶

第三节　战术情景演练

一、初级战术情景

（一）初级战术情景布局 1（图 8–16）

1. 先手队伍本局目标

（1）迫使后手队伍得 1 分；（2）偷分。

2. 先手队伍投壶选择

A. 中区占位；B. 打甩留壶，击打对手的冰壶，且投掷壶留在大本营边区。（图 8–17）

3. 战术分析

第一种投壶选择是打甩留壶（B 选项）。

如果先手队伍正在采用防守型战略迫使后手队伍在本局比赛中仅能得到 1 分，先手队伍此时应该击打后手队伍在大本营内的冰壶，将对手的冰壶击打成为无效壶，并将投掷壶甩到大本营边区。此时，先手队伍需要确保大本营内的 2 个冰壶没有形成双飞击打的角度，否则，后手队伍最后一次投壶会选择打甩留壶，导致本局比赛最终成为空局。先手队伍在本局比赛中采用的是敞开中区的控分战术，后手队伍的最后一次投壶只能被迫选择击打或者投准进营以在本局比赛中得到 1 分（图 8-18A）。

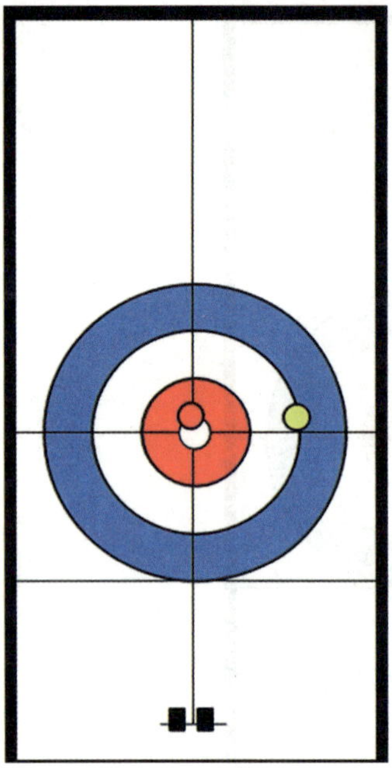

图 8-16　初级战术情景布局 1

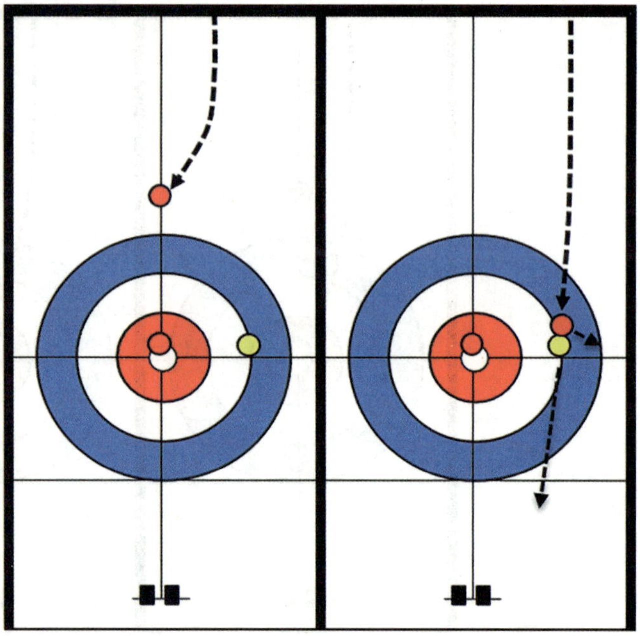

A. 中区占位　　B. 打甩留壶

图 8-17　先手队伍投壶选择

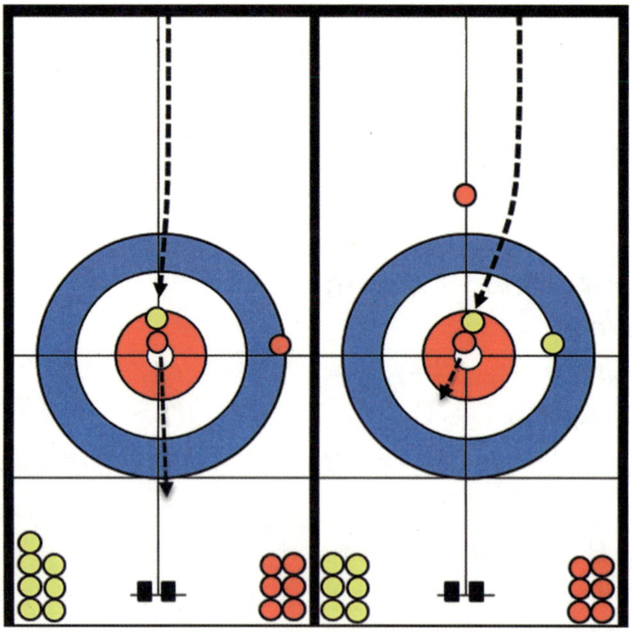

A. 打甩留壶　　B. 中区占位

图 8-18　后手队伍的应对策略

第二种投壶选择是中区占位（A 选项）。

如果先手队伍正在采用进攻型战略，本局比赛的目标是必须控制后手队伍仅得到 1 分或偷分，并且需要最小化空局的可能性，先手队伍通常会选择中区占位。中区占位能对有效区域内的本方冰壶起到保护作用，确保双方队伍都存在得分的可能性，以避免出现空局。如果先手队伍的中区占位投壶失误，后手队伍可能会选择打甩留壶，形成 2 分牵制的局面。先手队伍在本局比赛中采用的是压缩中区的控分战术，后手队伍的最后一次投壶只能被迫选择打甩留壶或者轻磕以在本局比赛中得到 1 分（图 8–18B）。

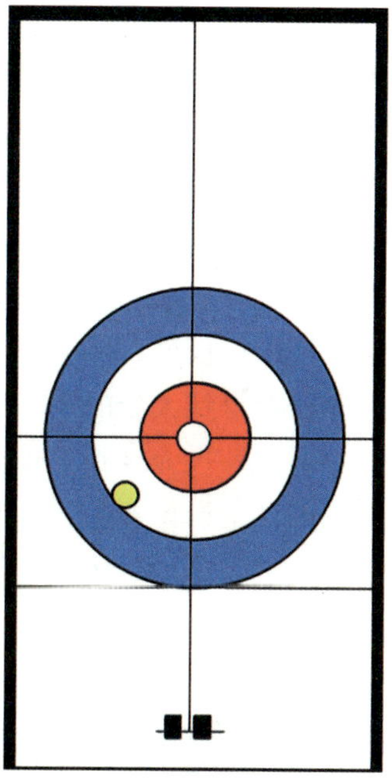
图 8–19　初级战术情景布局 2

（二）初级战术情景布局 2（图 8–19）

1. 先手队伍本局目标

（1）迫使后手队伍得 1 分；（2）偷分。

2. 先手队伍投壶选择

A. 中区占位；B. 打甩留壶，击打后手队伍的冰壶，且投掷壶停在大本营中区；C. 粘壶，旋粘后手队伍的冰壶。（图 8–20）

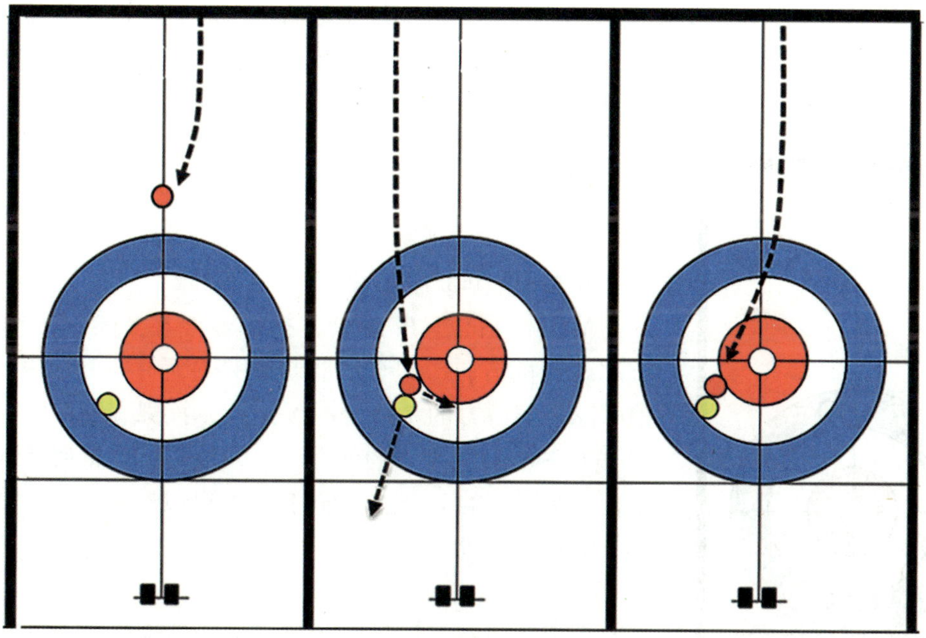

图 8–20　先手队伍投壶选择

3. 战术分析

（1）迫使后手队伍得 1 分。

第一种投壶选择是打甩留壶（B 选项）。先手队伍的投壶目的是逼迫后手队伍去击打大本营内的本方冰壶。因为，大本营内中后区的冰壶更有利于先手队伍，它是一个有威胁的潜在得分壶。

第二种投壶选择是粘壶（C 选项）。先手队伍从中局阶段开始选择击打，可以避免出现失掉大分的风险，然后最后一次投壶选择粘壶，迫使后手队伍的最后一次投壶是投准进营得到 1 分，从而阻止后手队伍选择空局。如果先手队伍粘壶的效果不好，后手队伍可能会选择击打投壶，从而形成空局。在此种情景中，先手队伍没有中区占位冰壶，后手队伍还存在着得到大分的概率。

第三种投壶选择是中区占位（A 选项）。如果先手队伍不能接受空局，坚决要迫使后手队伍在本局比赛中得 1 分，则会选择中区占位。中区占位冰壶不仅封锁了中区的击打线路，还压缩了得分区域，以此迫使后手队伍得到 1 分或阻止出现空局。然而，此种选择很可能会形成被对手 2 分牵制的局面。

（2）偷分。

第一种投壶选择是中区占位（A 选项）。先手队伍最好的偷分布局是潜在得分壶位于中区占位冰壶正后方的圆心。先手队伍的此种选择需要后手队伍出现投壶失误才能实现偷分的局目标。

第二种投壶选择是粘壶（C 选择）。有效区域内没有占位冰壶能为先手队伍的投掷壶提供保护，先手队伍为了实现偷分的局目标，只能使用最后一个冰壶旋粘对手大本营内的静止冰壶，从而使后手队伍难以将其移出比赛的有效区域。在此种情景中，先手队伍的偷分目标虽然很难实现，但这也是先手队伍在此种局势下的最好选择。

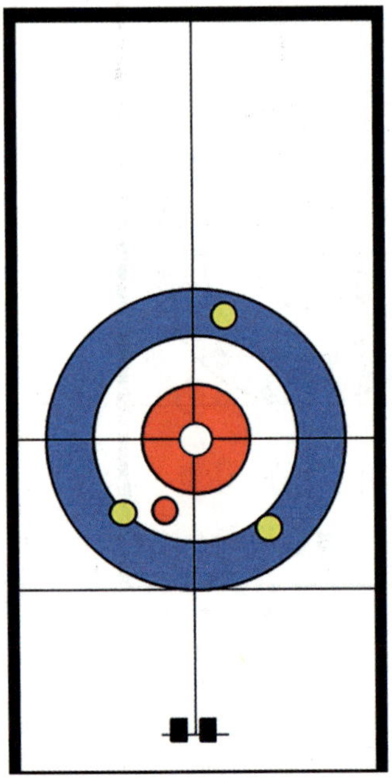

图 8-21　初级战术情景布局 3

（三）初级战术情景布局 3（图 8-21）

1. 先手队伍本局目标

（1）避免丢大分；（2）偷分。

2. 先手队伍投壶选择

A. 中区占位；B. 进营，投掷壶停在 8 英尺圆前区的本方冰壶正前方；C. 进营，投掷壶停在后手队伍在 12 英尺圆前区冰壶正后方的 T 线处；D. 进营，投掷壶停在后手队伍在 12 英尺圆右后区冰壶的前方；E. 双飞击打，将后手队伍在大本营右侧区域的 2 个冰壶击打出比赛区域。（图 8-22）

3. 战术分析

（1）避免丢大分。

先手队伍在开局阶段的目标可能是偷分或者迫使后手队伍得 1 分，但是可能会因投壶失误或战术选择错误导致计划失败。先手队伍要想避免丢掉大分，可以有如下 2 种选择：

第一种投壶选择是双飞击打（E 选项）。先手队伍如果擅长击打，又是在本局比赛的早期阶段，可以尝试双飞击打，

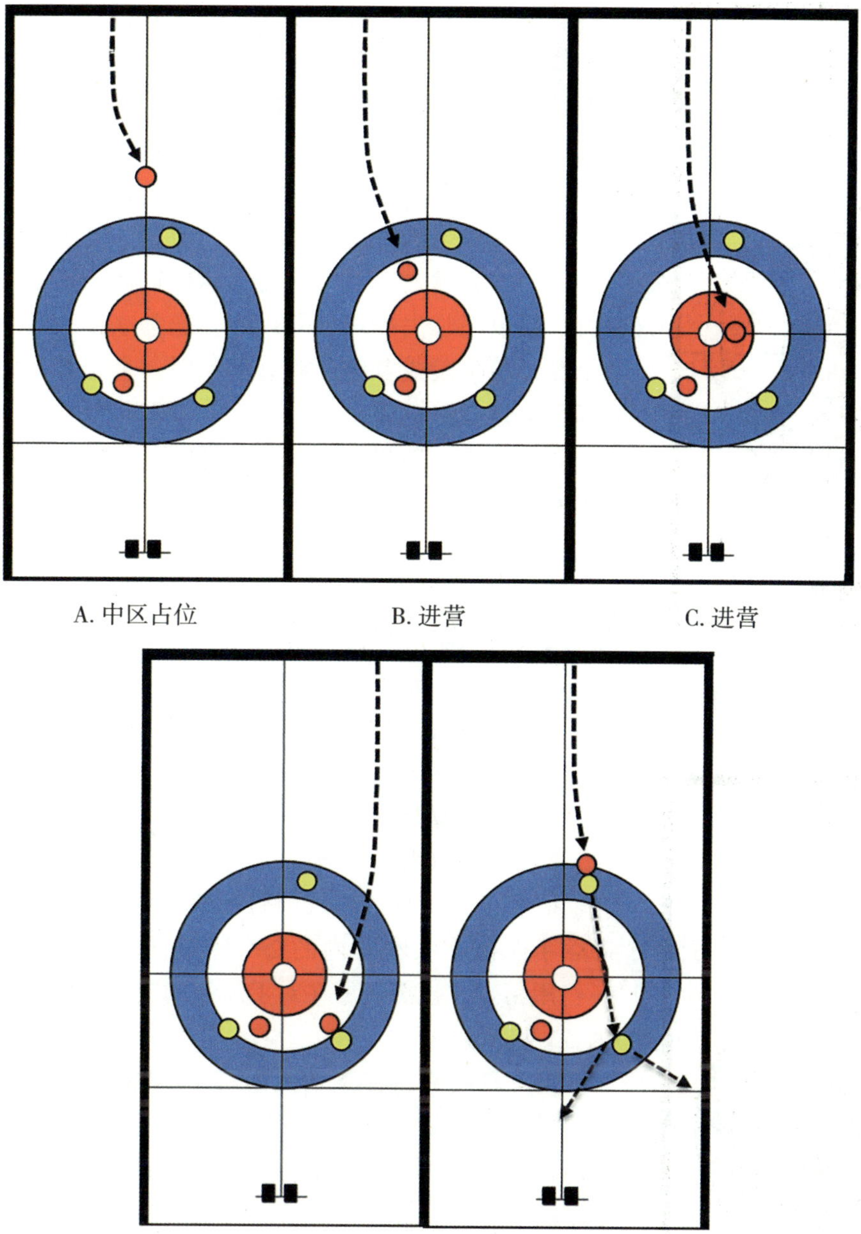

A. 中区占位　B. 进营　C. 进营

D. 进营　E. 双飞击打

图 8-22　先手队伍投壶选择

尽可能减少后手队伍在大本营内的冰壶数量。

第二种投壶选择是进营（C 选项或 D 选项）。投掷壶停在后手队伍在 12 英尺圆前区冰壶正后方的 T 线处或停在后手队伍在 12 英尺圆右后区冰壶的前方。先手队伍的投壶目的是抢占第二潜在得分壶，使对手很难或是无法同时将第一和第二潜在得分壶移出有效得分区域。

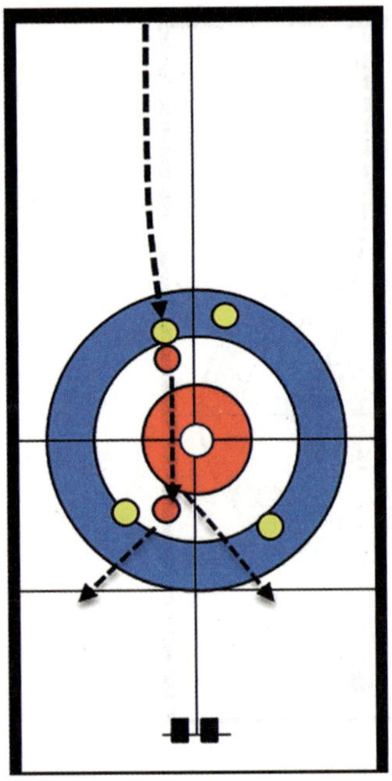
图 8-23　双飞击打

（2）偷分。

第一种投壶选择是中区占位（A 选项）。如果先手队伍在本场比赛后期比分落后，而且只有通过偷分才能确保可以继续比赛，那么，先手队伍的最好选择就是使潜在得分壶位于中区占位冰壶正后方的圆心处。

第二种投壶选择是进营（B 选项）。投掷壶停在 8 英尺圆前区的本方冰壶正前方。先手队伍以此来形成 2 分牵制的局面，但也面临失掉 4 分的风险。通常来说，后手队伍在本场比赛开始阶段或者比分明显落后时，会选择双飞击打，力争得到 4 分（图 8-23）。

第三种投壶选择是进营（C 选项）。投掷壶停在后手队伍在 12 英尺圆前区冰壶正后方的 T 线处。此种投壶选择不会使先手队伍形成最好的偷分局势，后手队伍的最后一次投壶可以轻松地成为第一计分壶。然而，它最大的优点就是减少了丢大分的风险。因而，这是先手队伍在一场冰壶比赛早期阶段的最佳投壶选择。

（四）初级战术情景布局 4（图 8-24）

1. 先手队伍本局目标

迫使后手队伍得 1 分。

2. 先手队伍投壶选择

A. 粘壶，旋粘 8 英尺圆后区的对手冰壶；B. 双飞击打，将后手队伍在大本营内的 2 个冰壶同时击打出比赛区域；C. 打甩留壶，投掷壶停在对手冰壶的前方。（图 8-25）

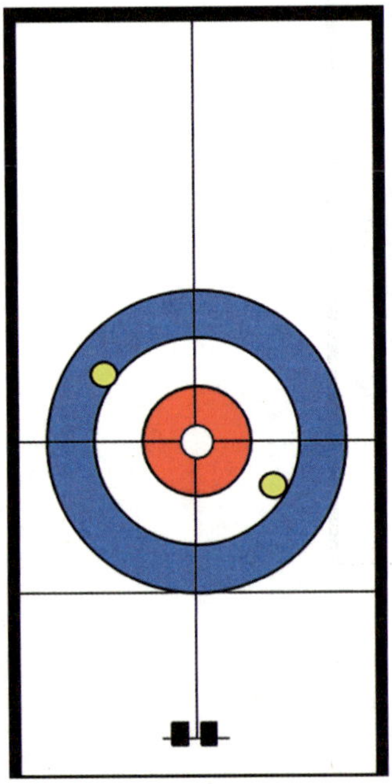
图 8-24　初级战术情景布局 4

3. 战术分析

第一种投壶选择是双飞击打（B 选项）。先手队伍想要迫使后手队伍得 1 分，但又不想承担丢失大分的风险时，他们通常会优先选择双飞击打。如此一来，先手队伍首先最小化了后手队伍拿大分的机会，然后再进行布局，迫使后手队伍得到 1 分。

第二种投壶选择是打甩留壶（C 选项）。面对此种布局，后手队伍要想得到 2 分会优先击打先手队伍的冰壶。如果后手队伍击打失误或是投掷壶停在大本营边区（图 8-26），先手队伍此时的双飞击打要比 B 选项中的双飞击打更为简单。

第三种投壶选择是粘壶（A 选项）。旋粘 8 英尺圆后区的冰壶是一种高风险的投壶选择。如果先手队伍出现投壶失误，后手队伍很可能得到 3 分及以上的分数。即便先手队伍投壶的完成质量很高，后手队伍仍有多个冰壶留在比赛之中，先手队伍也依然存在失掉大分的巨大风险。

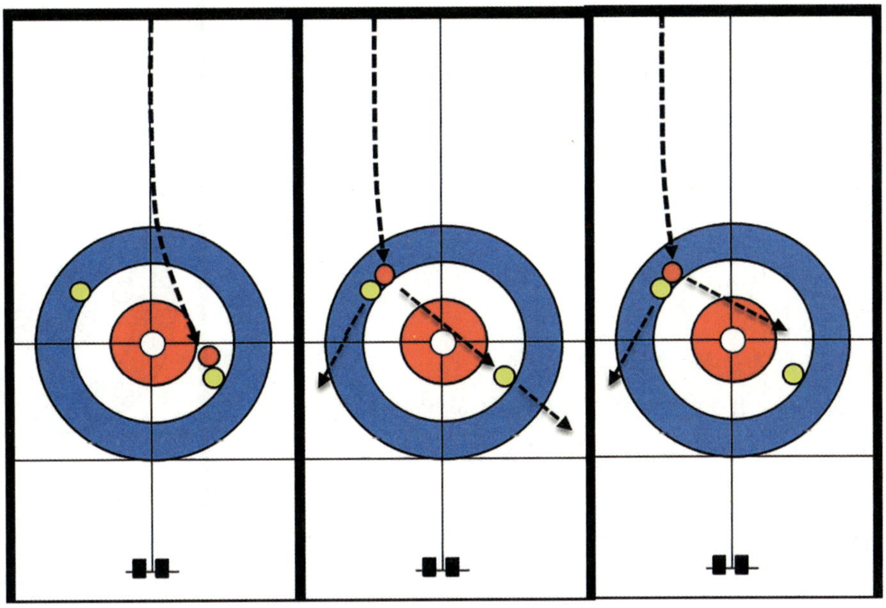

A. 粘壶　　B. 双飞击打　　C. 打甩留壶

图 8-25　先手队伍投壶选择

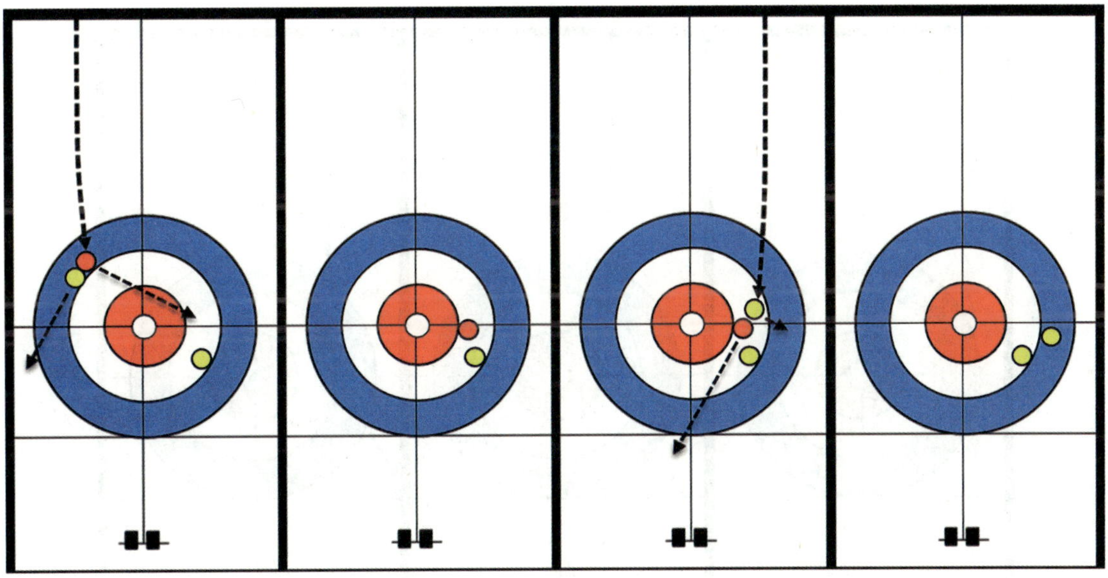

图 8-26　打甩留壶

二、中级战术情景

（一）中级战术情景布局 1（图 8–27）

1. 先手队伍当前局势

局势 1：10 局比赛的第 8 局，平分，先手队伍的第 2 个冰壶。

局势 2：10 局比赛的第 8 局，先手队伍落后 2 分，先手队伍的第 2 个冰壶。

2. 先手队伍投壶选择

A. 中区高占位；B. 旋进，投掷壶停在 4 英尺圆前区；C. 打甩留壶，投掷壶停在中区占位冰壶的正后方。（图 8–28）

3. 战术分析

局势 1：10 局比赛的第 8 局，平分，先手队伍的第 2 个冰壶。

先手队伍要想赢得比赛，在接下来的 3 局（或 4 局）比赛中，局计划的组合方案如表 8–2 所示。假定先手队伍选择组合计划方案 1，本局的目标是偷分。

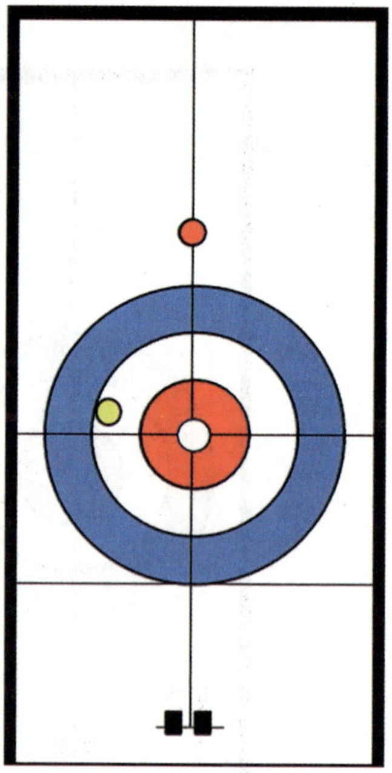

图 8–27　中级战术情景布局 1

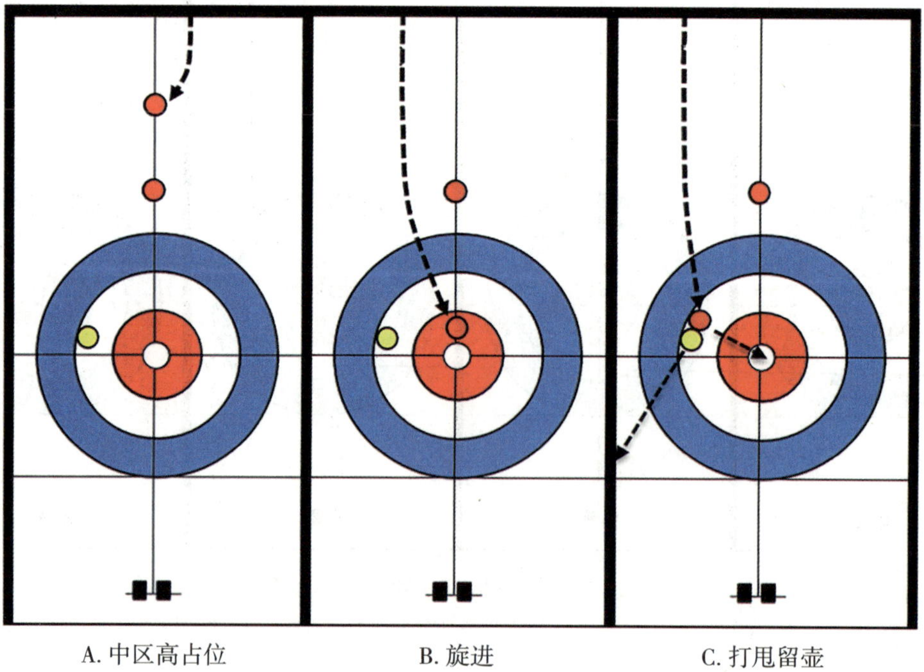

图 8–28　先手队伍投壶选择

第一种投壶选择是中区高占位（A 选项）。中区高占位可以对中区的潜在得分壶提供更加有力的保护。如果后手队伍的下一次投壶选择是中区旋进，且投掷壶停在圆心，便形成了 2 分牵制的局面，而且后手队伍很难将圆心处的第一计分壶移出比赛区域。

表 8–2 先手队伍局计划的组合方案（一）

计划	第 8 局	第 9 局	第 10 局	加局
组合计划 1	偷 1 分	迫使对手得 1 分	得 1 分获胜	
组合计划 2	迫使对手得 1 分	得 2 分	偷 1 分获胜 迫使对手得 1 分	 后手得 1 分获胜
组合计划 3	空局	空局	偷 1 分获胜	

第二种投壶选择是中区旋进（B 选项）。先手队伍将冰壶投掷到中区占位冰壶的正后方，立即进行偷分布局，以防止后手队伍投壶到大本营中区。此时，后手队伍会根据具体情况选择击打、轻磕或粘壶等投壶战术。

第三种投壶选择是打甩留壶（C 选项）。先手队伍选择打甩留壶，投掷壶甩到中区占位冰壶的正后方。先手队伍的此种投壶选择很难偷分成功，但可以有效地阻止后手队伍得到 2 分。

局势 2：10 局比赛的第 8 局，先手队伍落后 2 分，先手队伍的第 2 个冰壶。

先手队伍要想赢得比赛，在接下来的 3 局（或 4 局）比赛中，局计划的组合方案如表 8–3 所示。

表 8–3 先手队伍局计划的组合方案（二）

计划	第 8 局	第 9 局	第 10 局	加局
组合计划 1	偷 1 分	偷 1 分	偷 1 分获胜	
组合计划 2	迫使对手得 1 分	得 2 分	偷 2 分获胜	
组合计划 3	迫使对手得 1 分	得 2 分	偷 1 分获胜	偷 1 分获胜

先手队伍要想获得比赛胜利，相对容易的方式是接下来的 3 局比赛都偷分成功。在这种情况下，先手队伍最好的投壶选择就是中区占位，以便加强对大本营内冰壶的保护力度。

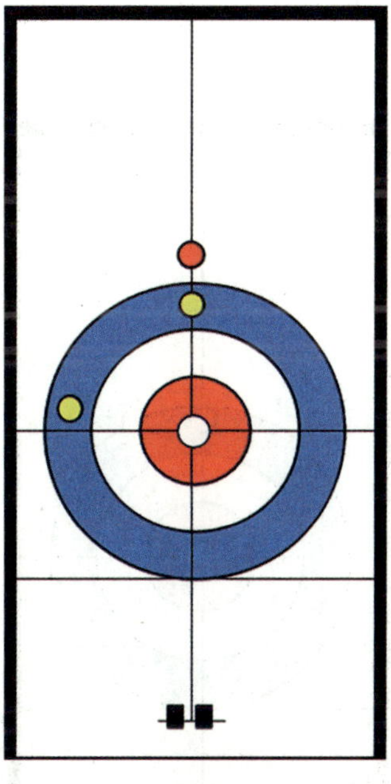

图 8–29 中级情景战术布局 2

（二）中级战术情景布局 2（图 8–29）

1. 先手队伍当前局势

决胜局，先手队伍领先 1 分，先手队伍的第 4 个冰壶。

2. 先手队伍投壶选择

A. 中区高占位；B. 旋进，冰壶停在中心圆前区；C. 打甩留壶，击打大本营左侧边区的冰壶，投掷壶甩到大本营中区。（图 8–30）

3. 战术分析

第一种投壶选择是中区高占位（A 选项）。如果先手队伍非常想偷分或迫使后手队伍

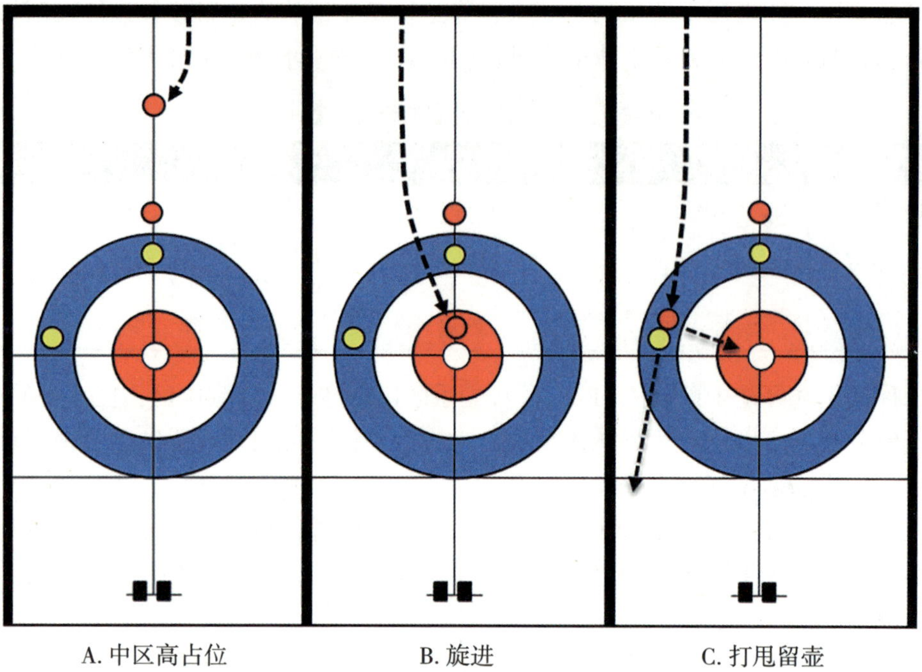

图 8–30　先手队伍投壶选择

得 1 分，会再投掷一个中区占位冰壶。先手队伍只要完成了高质量的投壶，后手队伍就很难将其击打出比赛区域。因此，本局比赛很有可能会成为控制中区的争夺战。

第二种投壶选择是旋进（B 选项）。如果先手队伍认为后手队伍不擅长击打，先手队伍可能会将冰壶投掷到中心圆前区。

第三种选择是打甩留壶（C 选项）。如果先手队伍想要迫使后手队伍得 1 分，则会选择打甩留壶战术，投掷壶甩到占位冰壶正后方的圆心处。最终，先手队伍迫使后手队伍只能通过最后一次投壶得到 1 分。

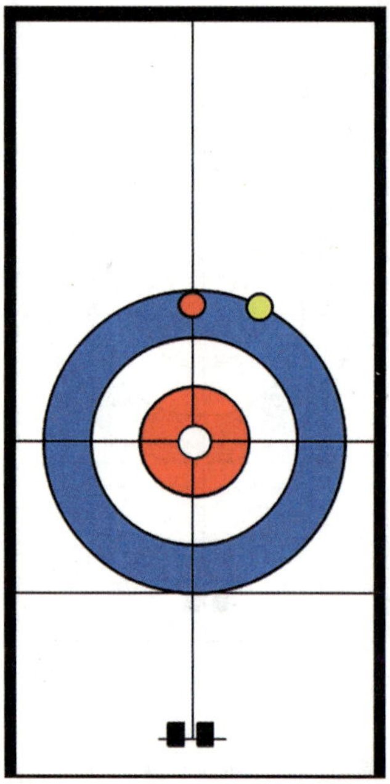

图 8–31　中级战术情景布局 3

（三）中级战术情景布局 3（图 8–31）

1. 先手队伍当前局势

局势 1：决胜局，平分，先手队伍的第 4 个冰壶。

局势 2：决胜局，平分，先手队伍的第 8 个冰壶。

局势 3：决胜局，先手队伍领先 1 分，先手队伍的第 3 个冰壶。

2. 先手队伍投壶选择

A. 中区占位；B. 旋进，投掷壶停在中心圆；C. 轻传，将本方冰壶撞击到中心圆；D. 打甩留壶，击打后手队伍的冰壶。（图 8–32）

3. 战术分析

局势 1：决胜局，平分，先手队伍的第 4 个冰壶。

图 8–32　先手队伍投壶选择

先手队伍本局比赛的目标可能是不惜一切代价偷分。先手队伍要想实现偷分的局目标，就必须有一个很好的偷分布局。为此，先手队伍首先需要做的就是拥有一个中区占位冰壶和一个高质量的计分壶。目前，先手队伍有一个冰壶位于大本营内，但是所处位置很不理想。其一，如果此冰壶距离圆心太远，后手队伍的最后一次投壶很容易成为第一计分壶。其二，如果此冰壶距离圆心太近，如果先手队伍在其后方隐藏一个很好的潜在得分壶，后手队伍可以轻易地通过双飞击打将 2 个冰壶同时移出比赛区域。

此时，先手队伍的最佳投壶选择是中区占位（A 选项）。如果后手队伍接下来的投壶选择是中区进营，先手队伍可以通过传击或粘壶等投壶技术，最终使本队冰壶成为第一计分壶。事实上，后手队伍基本上不会选择中区进营，而仅需要保持中区畅通，最终通过四垒的最后一次投准或击打得到 1 分便可以赢得比赛。

局势 2：决胜局，平分，先手队伍的第 8 个冰壶。

先手队伍的本局目标一定是不惜一切代价偷分。在此种局势下，先手队伍迫切需要一个高质量的计分壶。因此，先手队伍会选择旋进（B 选项）或轻传（C 选项）以得到一个高质量的计分壶。这是此种局势下先手队伍能给后手队伍制造的最大困境。

局势 3：决胜局，先手队伍领先 1 分，先手队伍的第 3 个冰壶。

第一种投壶选择是中区占位（A 选项）。局势 3 与局势 1 类似，先手队伍要想赢得比赛就必须阻止后手队伍得到分数。因此，先手队伍的首要选择是控制中区。此种选择的风险是后手队伍的冰壶停在大本营边区，可能最终得到 2 分赢得比赛。

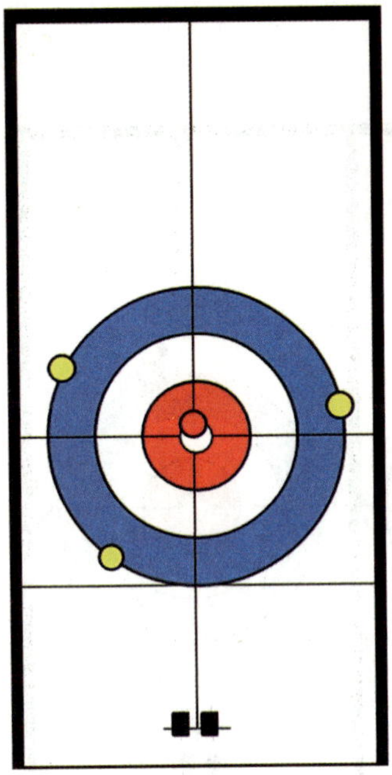

图 8–33　中级战术情景布局 4

第二种投壶选择是打甩留壶（D 选项）。只要后手队伍的得分不超过 1 分，先手队伍就没有输掉比赛。为此，先手队伍会击打后手队伍的冰壶，尽可能地减少大本营内后手队伍的冰壶数量。

（四）中级战术情景布局 4（图 8–33）

1. 先手队伍当前局势

局势 1：决胜局，平分，先手队伍的第 8 个冰壶。

局势 2：决胜局，先手队伍领先 1 分，先手队伍的第 8 个冰壶。

局势 3：第 1 局，先手队伍的第 8 个冰壶。

局势 4：决胜局，先手队伍领先 3 分，先手队伍的第 8 个冰壶。

2. 先手队伍投壶选择

A. 中区占位；B. 粘壶，旋粘大本营内的第一计分壶；C. 粘壶，旋粘后手队伍在大本营后区的冰壶，且投掷壶成为第二计分壶；D. 边区进营，投掷壶停在大本营左侧边区；E. 打甩留壶，投掷壶成为第二计分壶；F. 双飞击打。（图 8–34）

3. 战术分析

局势 1：决胜局，平分，先手队伍的第 8 个冰壶。

先手队伍只有偷分，才可以赢得比赛。因此，先手队伍的局目标一定是不惜一切代价偷分。

第一种投壶选择是中区占位（A 选项）。先手队伍的中区占位投壶一定要控制好与大本营内本方冰壶的距离。如果二者之间的距离太大，后手队伍可以通过轻磕第一计分壶，使投掷壶成为第一计分壶。如果二者之间的距离太小，后手队伍可以采用双飞击打，将先手队伍所有的有效壶都击打出比赛区域。先手队伍面对此种局势的通常选择是中区占位。因为，中区占位会有较大的容错空间。

第二种投壶选择是粘壶（B 选项）。高质量的粘壶会使后手队伍无法通过双飞击打将 2 个冰壶同时击打出比赛区域。

局势 2：决胜局，先手队伍领先 1 分，先手队伍的第 8 个冰壶。

先手队伍决胜局领先 1 分是非常经典的局势。先手队伍首先需要明确本局比赛的局目标是偷分，并赢得比赛，还是迫使后手队伍得 1 分，并以后手优势进入加局。然后，先手队伍再根据本局比赛的局目标，制定具体的投壶选择策略。

第一种投壶选择是中区占位（A 选项）或粘壶（B 选项），全力以赴去偷分（具体分析请参见中级战术情景布局 4 的局势 1 的分析）。

第二种投壶选择是边区进营（D 选项）。先手队伍可以将冰壶投掷到大本营边区，得到第二计分壶，以此迫使后手队伍得到 1 分。先手队伍需要将冰壶投掷到后手队伍无法通

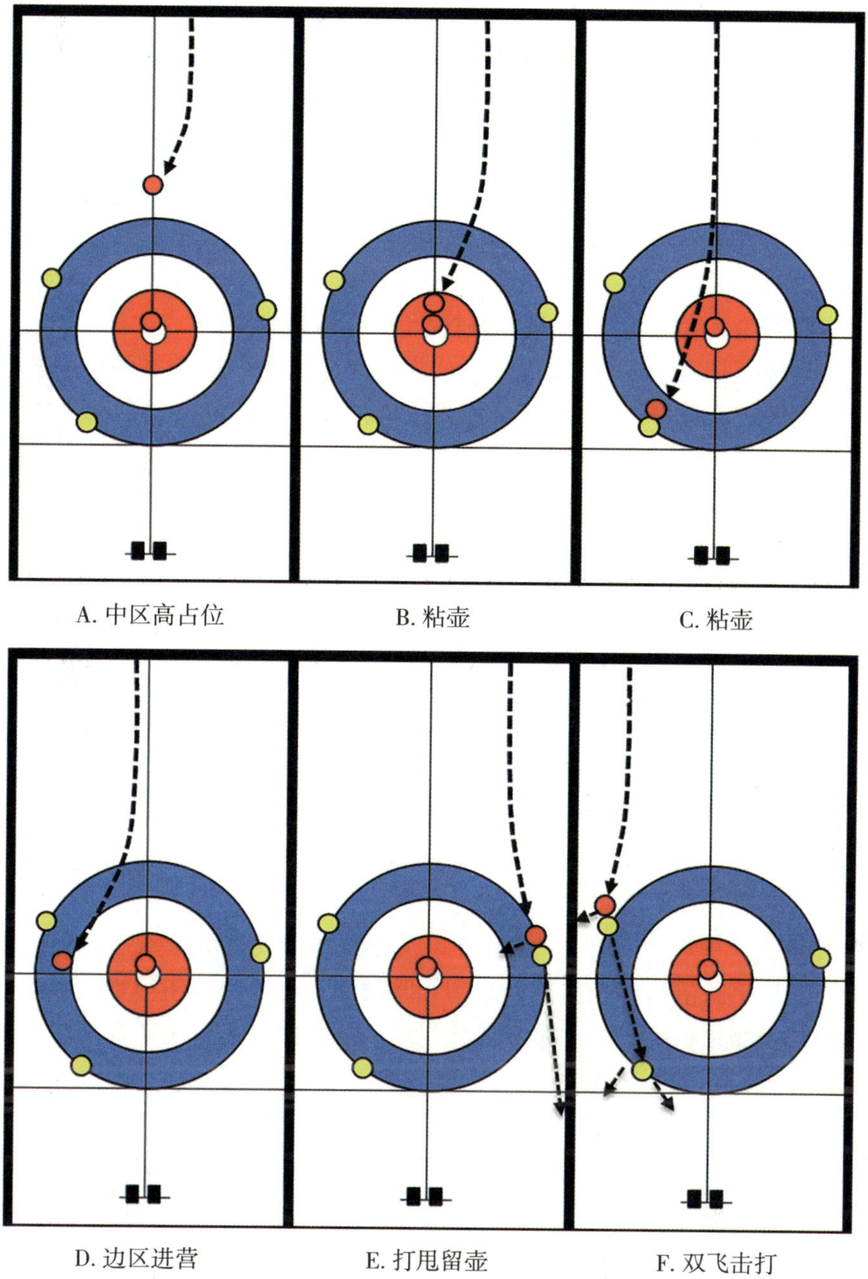

图 8–34　先手队伍投壶选择

过双飞击打，将 2 个冰壶同时击打出比赛区域的位置。然后，后手队伍最好的投壶选择可能是轻磕或击打先手队伍的第一计分壶，从而在本局比赛中得到 1 分。对于先手队伍而言，此种选择的容错空间最大，也是此种局势下的最佳选择。此外，粘壶（D 选项）和打甩留壶（E 选项）也可以使投掷壶成为第二计分壶。但是，此两种投壶选择的投壶技术难度较大，而且容错空间较小。

局势 3：第 1 局，先手队伍的第 8 个冰壶。

冰壶运动中有这样一种说法：首局获胜未必能赢得比赛，首局失利可能会输掉比赛。如果先手队伍最后一次投壶失误，就会丢掉 4 分。这将会给予后手队伍一个巨大的、几乎无法超越的比分领先优势。面对此种局势，先手队伍可以进行如下投壶选择，以便摆脱当前困境。

第一种投壶选择是中区占位（A 选项）。先手队伍在大本营圆心处有第一计分壶，通过中区占位冰壶的保护，可以形成一个很好的偷分布局。但是，如果先手队伍投掷的占位冰壶出现了线路问题，后手队伍便可以通过简单的击打得到 4 分。

第二种投壶选择是边区进营（D 选项）。先手队伍此种投壶选择的目的是迫使后手队伍得到 1 分。边区进营是一种较为安全的摆脱困境的方法。与局势 2 类似，先手队伍还可以选择粘壶（B 选项）和打甩留壶（D 选项）。但是，此时打甩留壶的实际应用价值得到了提升。因为，后手队伍最多只能得到 3 分。在一局比赛中，丢掉 3 分同样很糟糕，但要比丢掉 4 分好。

局势 4：决胜局，先手队伍领先 3 分，先手队伍的第 8 个冰壶。

先手队伍有 3 分的领先优势，目前的选择困境是要立即赢得比赛，还是采用更为安全的控分方式，并在加局中利用后手优势赢得比赛。

第一种投壶选择是粘壶（B 选项）或中区占位（A 选项）。先手队伍的目标是通过偷分立即赢得比赛，而不考虑只要清除对手的一个冰壶便可以确保进入加局比赛的简单事实。

第二种投壶选择是边区进营（D 选项）或粘壶（C 选项）。此种投壶选择的目的是迫使后手队伍得到 1 分。如果先手队伍的投壶质量很高，就会立即赢得比赛。如果先手队伍投壶失误，后手队伍就有机会得到 4 分赢得比赛。

第三种投壶选择是双飞击打（F 选项）。先手队伍只要能完成双飞击打，就确定赢得了比赛。然而，后手队伍两个相关冰壶之间相距较远，大多数队伍很难完成此种高难度的击打投壶。此种投壶选择的优势在于只要将对手的一个冰壶击打出比赛区域，比赛至少可以进入加局，而且拥有后手优势。

第四种投壶选择是打甩留壶（E 选项）。先手队伍的此种投壶选择相对较容易完成，也可确保后手队伍不可能因为得到 4 分立即赢得比赛。如果投掷壶打甩之后的最终静止位置距离第一计分壶较远，后手队伍很难完成预期的双飞击打。这便是先手队伍立即赢得比赛的最佳时机。

延伸阅读

统计软件操作说明与统计标准

世界冰壶联合会主办赛事指定的统计软件是 CURLIT Coach Tool，版权归属于瑞士的 CURLIT Curling Information Technology Ltd。最新版本是 CURLIT Coach Tool 6.3，几乎可以对冰壶运动的各个方面进行统计分析，并能对运动员的强项和弱项，以及比赛策略和比赛过程得出有价值的结论。

CURLIT Coach Tool 6.3 界面操作说明如下。

一、主界面（图 8–35）

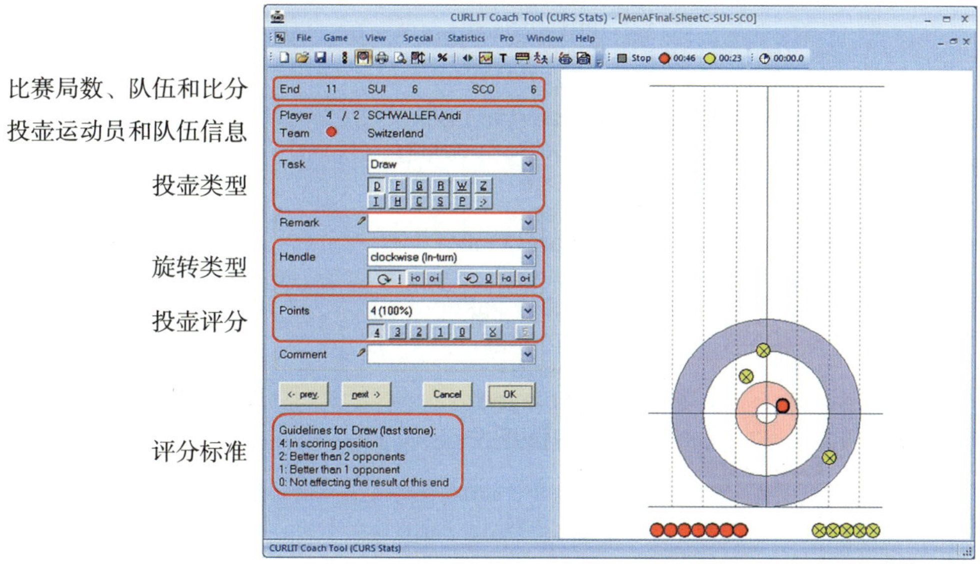

图 8–35　主界面

二、投壶类型选项（图 8–36）

Draw（快捷键：D）：投掷壶停在大本营内，但不触碰任何其他冰壶。

Front（快捷键：F）：投掷壶停在大本营前方的中区或者边区，但不对任何其他冰壶提供保护。

Guard（快捷键：G）：投掷壶通常停在大本营前方，并对另一个冰壶提供保护。

Raise（tap back）（快捷键：R）：将目标壶向前推进，目标壶既可以在大本营内，也可以在大本营前方，既可以是本队冰壶，也可以是对手冰壶。

Wick/Softpeeling（快捷键：W）：投掷壶和目标壶均停在预期位置，或者均是计分壶；Softpeeling 特指将自由防守区的冰壶移动到边区或是大本营后方。

Freeze（快捷键：Z）：投掷壶尽可能地靠近目标壶。

Takeout（快捷键：T）：投掷壶留在比赛之中，而目标壶被击打出比赛区域。

Hit and Roll（快捷键：H）：投掷壶停在预期位置，而目标壶被击打出比赛区域。

Clearing（快捷键：C）：投掷壶和目标壶均移出比赛区域。

Double Takeout（快捷键：S）：将两个或多个冰壶移出比赛区域。

Promotion Takeout（快捷键：P）：通过击打本队冰壶，将对手冰壶击打出比赛区域，而且本队的目标壶停在占位冰壶（通常是投掷壶）的后方。

through（快捷键：—）：投壶目的是将冰壶投出大本营或是停在比赛端前掷线的前方。

not played：如果比赛在局中结束，需要为后续投壶输入“not played”。

no statistics：如果有需要或有必要忽略某次投壶，请输入“no statistics”。

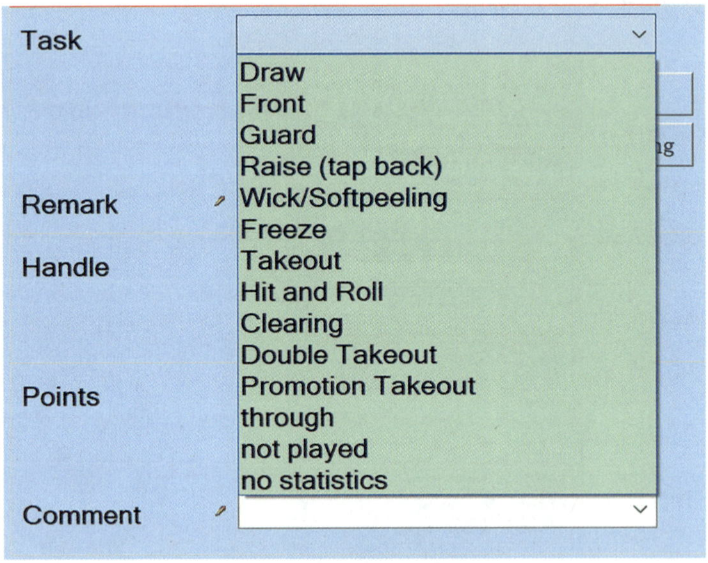

图 8–36　投壶类型选项

三、旋转类型选项（图 8–37）

clockwise（In–turn）（快捷键：I）：顺时针旋转

counter clockwise（Out–turn）（快捷键：O）：逆时针旋转

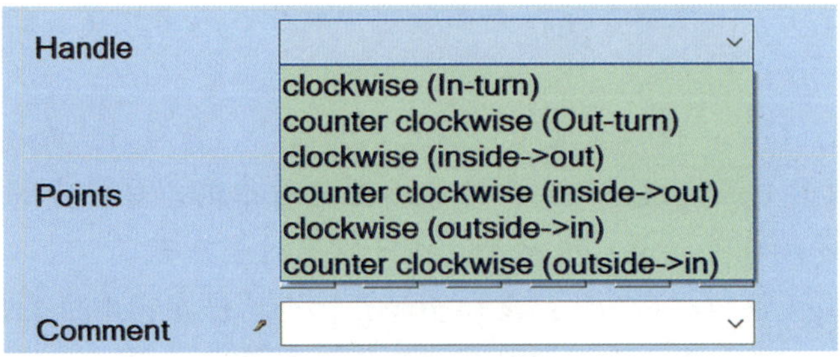

图 8–37　旋转类型选项

备注：其他 4 种旋转类型与运动员的惯用投壶手有关，常规统计时可以忽略。

四、投壶评分选项（图 8–38）

0 分（0%）：没有完成既定投壶任务（即使最终效果很好），以及前掷线违例、自由防守区犯规。

1 分（25%）：基本没有完成既定投壶任务（例如，清球投壶时，投掷壶停在目标壶的位置）。

2 分（50%）：完成一半既定投壶任务（例如，击打投壶时，目标壶和投掷壶均移出比赛区域）。

3 分（75%）：基本完成既定投壶任务（例如，进营投壶时，投掷壶停在大本营内，但不在保护冰壶的正后方）。

4 分（100%）：完成既定投壶任务。

4 分（no bonus point，use 4）：超级完美和高难度投壶，通常计为 5 分，但从 2009 年以后，国际冰壶赛事中不再采用此项评分。

4 分（no super point，use 4）：决定比赛胜负的关键投壶，通常计为 6 分，但从 2009 年以后，国际冰壶赛事中不再采用此项评分。

X（not considered）：主动溜壶、未投壶或跳壶，以及触碰运动中的冰壶，但不包括前掷线违例和扫冰犯规。此种投壶将不会被纳入统计分析。

X（rule violation）：前掷线违例、自由防守区犯规。

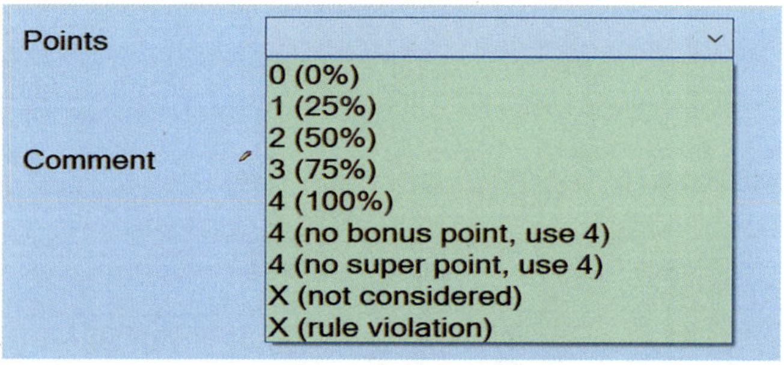

图 8–38　投壶评分选项

五、投壶技术统计评分标准（表 8–4）

表 8–4　投壶技术统计评分标准

投壶类型		4	3	2	1	0
Draw	进营	投掷壶停在大本营内	旋进时，投掷壶没有完全藏在占位壶后方或者停在 T 线后	投掷壶停在大本营内，但所处位置不理想		投掷壶停在大本营外
Front	占位	投掷壶停在大本营前方，且离前掷线 2 米以上或远离其他冰壶	投掷壶距离前掷线 1 米以上	投掷壶刚刚越过前掷线		投掷壶停在大本营内，或自由防守区后方
Guard	保护	投掷壶停在大本营前方，完全封住投壶线路	介于 2 ~ 4 分	部分封住投壶线路	介于 0 ~ 2 分	完全没有封住投壶线路或远离需要保护的冰壶
Raise（tap back）	传球	目标壶在大本营内，保护冰壶的后方		目标壶在大本营内，不在保护冰壶的后方		失败
Wick/ Softpeeling	分球	投掷壶与目标壶均在大本营内；Softpeeling: 停在边区		只有一个冰壶停在大本营内；Softpeeling: 离开中区		投掷壶与目标壶均没在大本营内
Freeze	旋粘	目标壶与投掷壶相距 5 厘米以内，且位于投壶线路之上	介于 2 ~ 4 分	目标壶与投掷壶相距 10 厘米以内，且位于投壶线路之上	介于 0 ~ 2 分	目标壶与投掷壶相距 10 厘米以上，或不在投壶线路之上
Takeout	击打	投掷壶留在比赛之中		投掷壶和目标壶均成为无效壶		目标壶仍留在比赛之中
Hit and Roll	打甩	目标壶被移出比赛区域，投掷壶停在占位冰壶正后方	目标壶被移出比赛区域，投掷壶未停在占位冰壶正后方	投掷壶和对手冰壶都是无效壶		目标壶仍留在比赛之中
Clearing	清球	目标壶和投掷壶均成为无效壶		目标壶被移动，但只有一个冰壶成为无效壶	投掷壶停在了目标壶的位置	目标壶仍停在原位置
Double Takeout	双飞	两个或多个对手冰壶成为无效壶		一个对手冰壶成为无效壶		目标壶仍留在比赛之中
Promotion Takeout	传击	本方目标壶藏在保护壶的后方	本方目标壶未能藏在保护壶的后方	本方目标壶和对手目标壶均成为无效壶	保护冰壶被移出比赛区域	失败

第九章　后手战术

本章主要介绍后手队伍常用的布局模式和惯用的思维程序，而不是提供部署与破解任何局势的标准答案。任何队伍都需要根据冰面条件、双方队伍的技术水平、特点和所擅长的比赛风格等多种因素来制定具体的比赛战术策略。

第一节　总体规划

后手是指一局冰壶比赛中投掷最后一个冰壶的权利。在一局冰壶比赛中，拥有后手权的队伍通常称为后手队伍或后手方。在冰壶比赛中，后手队伍在理论上具有绝对的优势。后手队伍既可以将一局比赛中的最后一个冰壶投掷到大本营圆心，从而摆脱困境，也可以将对手潜在得分壶击打成为无效计分壶，从而获得较多的分数。

一场冰壶比赛正式开始之前，比赛双方队伍通过投掷硬币或是点球投壶（LSD）来确定第一局比赛的后手权。对于四人制冰壶比赛而言，上一局比赛中没有获得分数的队伍，下一局比赛中拥有后手权。换言之，如果第一局比赛中 A 队得分，则第二局比赛中 B 队拥有后手权。如果双方队伍在一局比赛中均未得分，则该局比赛通常称为空局。空局中拥有后手权的队伍，下一局比赛中仍然拥有后手权。简而言之，如果 B 队在第二局比赛中拥有后手权，且该局比赛双方队伍均未得分，则 B 队在第三局比赛中仍然拥有后手权。

一、基本理念

冰壶比赛以局为单位，一局比赛中后手队伍具有一定的优势，他们具有影响计分区域的最后机会。通常来说，后手队伍是一局冰壶比赛的进攻方，其主要目的是得到 2 分及以上的分数。在冰壶比赛中，参赛双方队伍的运动员按照规定的投壶顺序交替投掷冰壶。后手队伍总是在先手队伍投掷冰壶之后才能投掷冰壶，此时，后手队伍会面对多种可能的布局情景。如果后手队伍采用进攻型战略，具体的投壶选择可能如下：

第一种投壶选择是边区占位。由于自由防守区规则，先手队伍不可以将此冰壶击打成为无效壶，而且其还有可能成为一局冰壶比赛中后续阶段大本营内潜在得分壶的保护壶。

第二种投壶选择取决于先手队伍的上一个投掷壶。如果先手队伍的第一个投掷壶是中区占位，那么，后手队伍可以选择旋进，使投掷壶停在大本营内中区占位冰壶的正后方。然而，此种战术将使比赛过早集中在关键区域，导致后手队伍在此局比赛中的得分很难超过 1 分。

如果后手队伍采用防守型战略，具体的投壶选择可能如下：

第一种投壶选择是进营。后手队伍将第一个冰壶投掷到大本营边区，以确保击打的线路畅通无阻。此种投壶的意图就是引诱对手击打，以尽可能地减少有效区域内冰壶的数量。

第二种投壶选择取决于当前比赛局势。如果先手队伍的第一个投掷壶停在大本营内，则后手队伍可以选择打甩溜壶。如果先手队伍在比赛中有一个中区占位冰壶，那么，后手队伍可以选择分球，以确保冰壶道中区的投壶线路畅通无阻。

二、基本策略

对于一局冰壶比赛而言，后手队伍可以接受的结果是得 2 分或是空局。拥有一局比赛的后手权就意味着较为容易获得分数。因此，控制后手权是冰壶比赛战术策略的重要组成部分。例如，如果比赛还剩 2 局，双方队伍平分，后手队伍可能会想尽一切办法使倒数第二局的比赛结果成为空局，以便在最后一局比赛中仍然拥有后手优势。

当一场比赛进入中后期阶段，而且比分较为接近或者落后时，后手队伍最有可能选择进攻型战略。此时，指挥通常会尝试采用一种可以得到 2 分及以上分数的战略。为此，经验丰富的指挥会从边区发起进攻。如此一来，后手队伍既可以使本方冰壶在大本营内的布局较为分散，也可以保持通往 4 英尺圆的投壶线路畅通无阻，以便保存通过最后一次投壶拯救本局比赛的机会。在一局比赛中，后手队伍最不能接受的结果是先手队伍得分。所以，后手队伍还要防止先手队伍偷分。这在无形间也增加了在中区展开进攻的机会。后手队伍具有进攻性的指挥将会充分利用中区占位，通过旋进来争取得到 2 分及以上的分数。如此一来，先手队伍成功偷分的可能性也会随之增加。

考虑到当前比分、冰面条件或双方竞技能力等，在当前布局中无法得到 2 分及以上分数时，后手队伍在一局比赛中可接受的目标将会是防止先手偷分。此时，后手队伍的首要任务就是控制中区，常见的投壶选择是溜壶或打甩溜壶，以便形成空局，确保在下一局比赛中仍可以拥有后手优势。

基于冰壶战略与战术的相关知识，每一种战略类型设计的目标结果都有其独特性，表 9-1 总结了后手队伍战略和目标结果的对应关系。

表 9-1　后手队伍战略和目标结果的对应关系

特征	防守型战略	防守为主的混合型战略	战略进攻为主的混合型战略	进攻型战略
得 2 分以上的概率	低	中低	中高	高
避免偷分的概率	高	中高	中低	低
首要目标	空局	得 2 分	得 2 分	得 2 分以上
次要目标	得 1 分	空局	得 1 分	得 1 分

第二节　战术策略

在冰壶运动中，后手队伍拥有了重大的战术优势。例如，选择防守型战术的后手队伍通常会将对手的冰壶击打出比赛区域。如果双方队伍交替击打，而且成功地完成了每一次投壶，后手队伍的最后一次投壶可能会选择打甩溜壶，最终使本局比赛的结果是空局。如果后手队伍选择得到 1 分，他们将会失去下一局比赛的后手权。大多数队伍认为拥有一局比赛的后手权要比得到 1 分更有战略价值。

一、中区战术

（一）敞开中区战术

1. 工作原理

对于后手队伍而言，只要冰壶道的中区始终畅通无阻，即使队员出现投壶失误，大本营内的局势变得异常险峻，后手队伍仍可以通过高质量的最后一次投壶来摆脱局面上的困境。因此，敞开中区战术是后手队伍在一局比赛中得到 2 分，且风险系数较低的一种战术策略。如果后手队伍的四垒对自己的投壶力量充满自信，则在比分较为接近的比赛初期阶段可能会选择此种战术。此处需要明确的一点是：此种战术选择的前提是先手队伍以击打投壶为主、后手队伍以投准投壶为主。这有助于后手队伍的运动员尽快找到精准投壶力量的本体速度感。

2. 战术分析

如图 9-1 所示，先手队伍的第一次投壶选择是进营，投掷壶停在大本营中心圆的前区。后手队伍采用打甩留壶，目标壶被击打出比赛区域，且投掷壶停在大本营边区。然后，先手队伍选择打定或打甩留壶，目标壶被击打出比赛区域，且投掷壶停在大本营内 T 线前。此时，后手队伍应选择粘壶，而不是击打投壶，以使投掷壶暂时成为有后保护的潜在得分壶。

之后，先手队伍希望通过击打投壶，将后手队伍的冰壶移出有效区域或是将 2 个静止冰壶同时移出有效区域。如果后手队伍的粘壶投壶完成质量很高，先手队伍击打投壶后，击打的目标壶很可能会停在初始位置附近。然后后手队伍应该采用分营策略，形成 2 分牵制的布局。

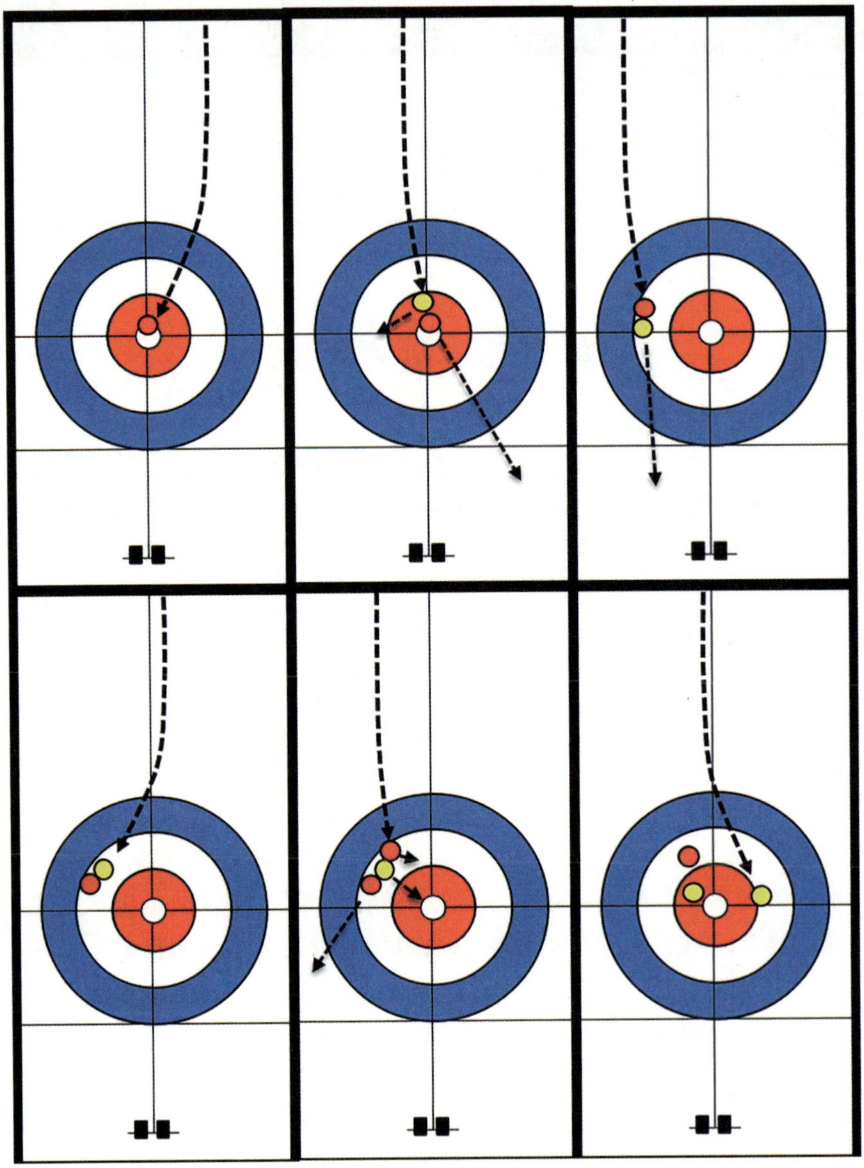

图 9–1　敞开中区战术

（二）分球（或分进）战术

1. 工作原理

先手队伍的第一次投壶选择是中区占位。后手队伍通过小力量击打的分球，将先手队伍的冰壶从中区移开，其主要目的是确保中区投壶线路畅通无阻。图 9–2 展示了多种常见的分球（或分进）投壶选择。

2. 战术分析

后手队伍如果分球（或分进）投壶成功，不仅清除了先手队伍第一个投掷壶的潜在威胁，同时还出现了有利于后手队伍展开进攻的布局。由此看来，分球战术是一个非常好的战术选择。但是，后手队伍如果分球（或分进）投壶失败，将会立即陷入被动局面。

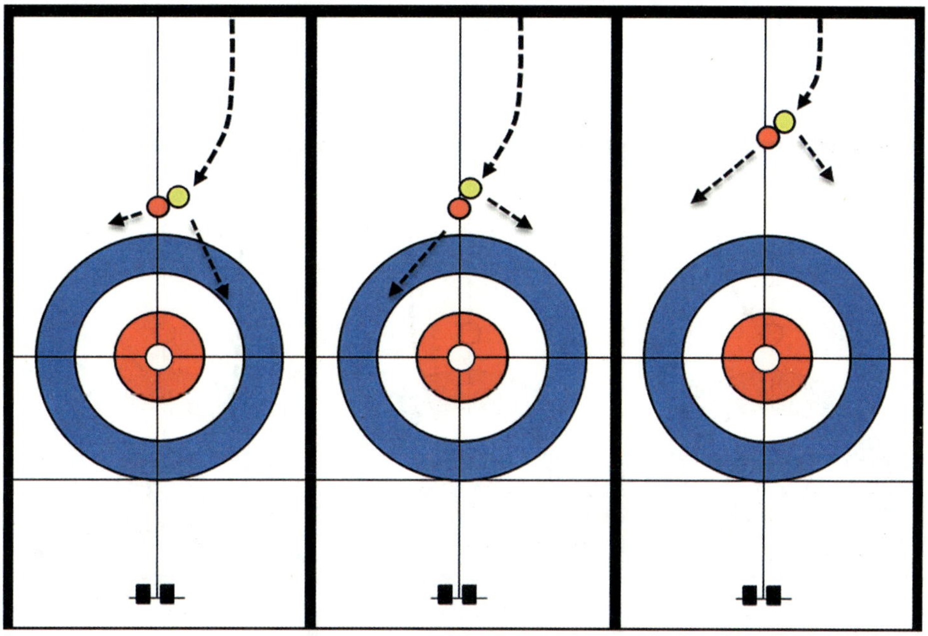

图 9–2　分球（或分进）战术

后手队伍分球（或分进）投壶失误的情形可能如下：

一是投壶力量与线路同时出现了偏差，即投掷壶没有击打到目标壶，直接滑出大本营。

二是投壶力量出现了偏差，即投掷壶将目标壶击打出有效区域，这便违反了自由防守区规则。

三是投壶线路出现了偏差，即投掷壶不仅将目标壶传进大本营，而且还成了它的中区占位保护壶。

（三）压缩中区战术

1. 工作原理

如图 9–3 所示，先手队伍的第一次投壶选择是中区占位，后手队伍的第一次投壶选择是旋进，投掷壶停在大本营中心圆的前区。后手队伍占据了大本营前区的关键区域，先手队伍面对此种开局想要成功偷分的难度极大。此后，双方队伍均会以小力量投壶为主，持续在中区展开攻防。最后，后手队伍要寄希望于四垒的最后一次投壶是高质量的投准或是击打并最终得到 2 分及以上的分数。

2. 战术分析

此种战术必然导致计分区域存在大量冰壶。先手队伍一旦出现投壶失误，后手队伍极有可能得到 3 分及以上的分数。

后手队伍选择此种战术的主要原因如下：

一是当前比赛处于阻止先手队伍偷分要比得到 2 分更为重要的阶段。后手队伍处在想要得到 2 分，但又不是非得到不可的情况下会采用压缩中区战术。比赛双方队伍将会在中区展开博弈，大大提升了先手队伍的偷分难度。与此同时，大本营堆积了大量冰壶，后手队伍有机会投出高质量的最后一次投壶，最终得到 2 分及以上的分数。

二是后手队伍不擅长击打。从实际操作角度来看，压缩中区战术与边区战术相比，前者所需要的击打投壶技术更为简单，更为容易实现可接受的局目标。

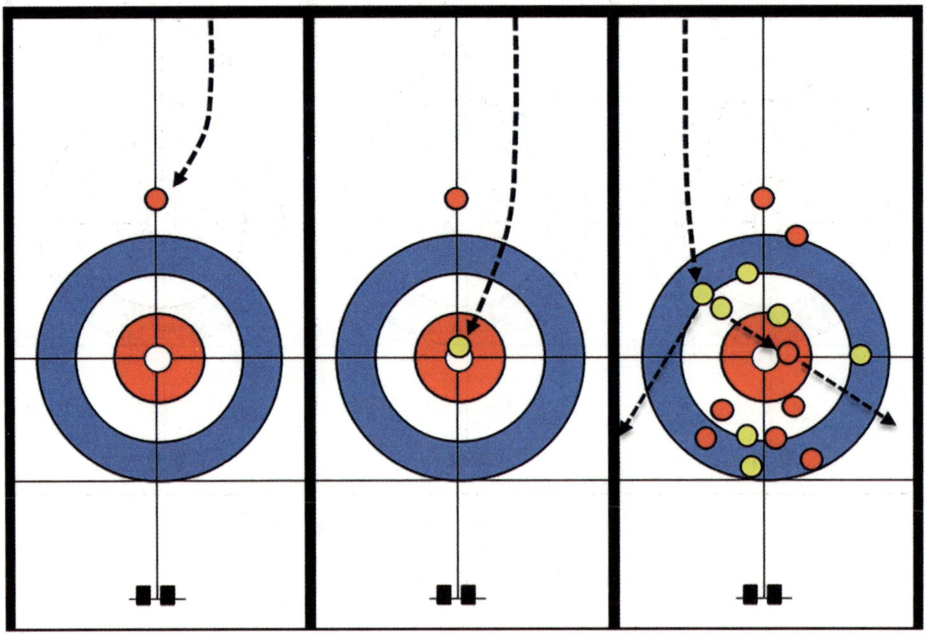

图 9–3 压缩中区战术

二、边区战术

（一）散开边区战术

1. 工作原理

如图 9–4 所示，先手队伍的第一次投壶是中区占位。后手队伍暂时选择忽视先手队伍的投掷壶所带来的潜在威胁。他们的第一次投壶选择是进营，投掷壶停在大本营边区 T 线前方或 T 线后方。投掷壶停在 T 线后的好处是先手队伍不能采用打甩留壶将投掷壶停在一个有利的偷分位置，坏处是先手队伍如果选择粘壶，后手队伍在大本营内的冰壶就不再是第一计分壶。

2. 战术分析

后手队伍在本局比赛中最初的计划是采用防守型战略，空局也是可以接受的局目标。但是，先手队伍的第一次投壶选择是中区占位。此时，后手队伍选择将本方第一个冰壶投掷到大本营边区，率先向先手队伍施加压力，希望能够迫使先手队伍由进攻转为防守。

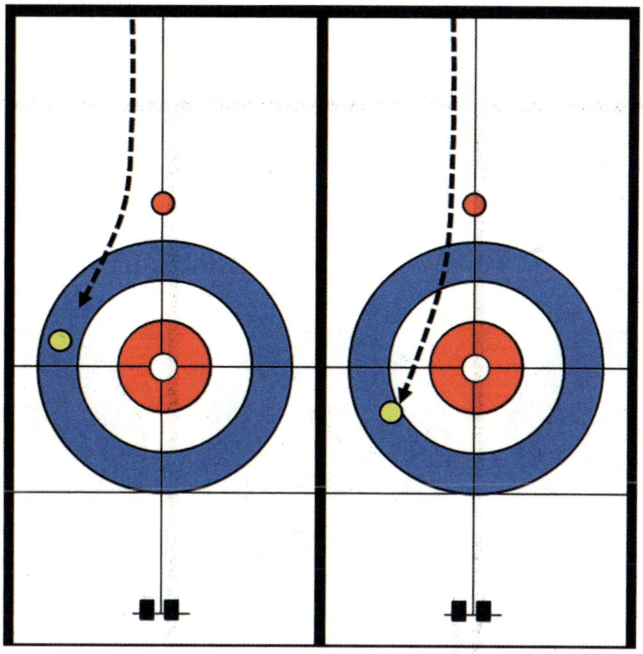

图 9-4　敞开边区战术

此后，比赛双方队伍在本局接下来的比赛中可能发生的攻防转换如下：

第一种情况：先手队伍采用击打投壶，投掷壶甩到中区占位冰壶的后方，其目的是阻止对手形成 2 分牵制的局面，而不是为了偷分或是控分。因此，这是一种防守反击型战术。如果先手队伍打甩留壶的质量不高，后手队伍可以采用同样的投壶技术，将先手队伍的冰壶击打出大本营，而投掷壶甩回到大本营的边区。

先手队伍也可以随时改变战术，即采用旋进，将冰壶投掷到中区占位冰壶的正后方，以形成偷分或控分的布局。如果先手队伍的最后一次旋进质量很高，后手队伍被偷分的概率就会大幅度提升。

第二种情况：先手队伍采用旋进，将投掷壶停在了中区占位冰壶正后方的大本营内。后手队伍采用粘壶进行反击。此时需要注意的是：后手队伍在大本营边区有一个潜在得分壶，很有可能最终成为第二个有效得分壶。

第三种情况：先手队伍采用中区双占位。如图 9-5 所示，后手队伍可以选择以下应对策略：（1）分球，优先处理先手队伍的高占位；（2）旋进，优先占据关键区域；（3）分营，形成 2 分牵制的布局。

（二）边区占位战术

1. 工作原理

先手队伍的第一个和第二个投掷壶分别是中区占位和旋进。后手队伍的第一个投掷壶是边区占位。对于后手队伍而言，边区占位冰壶可以帮助后手队伍在大本营边区建立保护区域，为后手队伍推进进攻布局提供保障条件。后手队伍选择边区占位的意图是在边区占位冰壶的后方隐藏一个潜在的得分壶，然后将最后一个冰壶投掷到大本营中区，以便在本局比赛中得到 2 分。

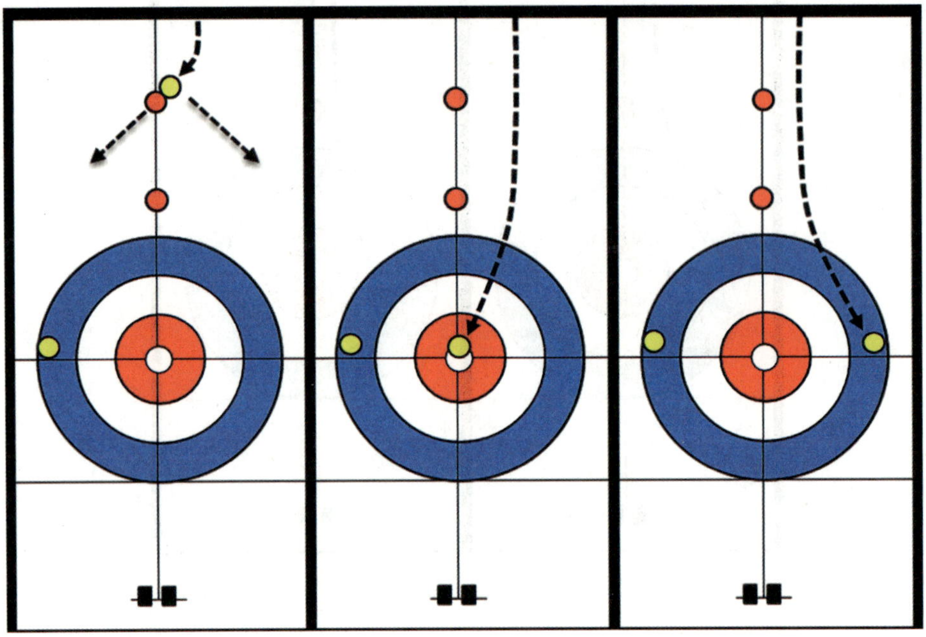

图 9–5　后手队伍的应对策略

2. 战术分析

此时，后手队伍第二个投掷壶的投壶选择可能如下：

第一种投壶选择是立即清除中区的潜在威胁。如图 9–6 所示，根据先手队伍冰壶的实际位置，后手队伍第二个投掷壶的投壶选择可能如下：（1）如果先手队伍停在大本营内的冰壶完全暴露在中区占位冰壶的保护之外，则选择打甩留壶；（2）如果先手队伍停在大本营内的冰壶处在中区占位冰壶的保护范围之内，但没有击打的投壶线路，则可以选择分进或是粘壶。此时，后手队伍并没有选择投壶进营，没有将投掷壶停在边区占位冰壶的后方，而是等待时机，并根据局势的发展或是打甩到边区占位冰壶的正后方，或是放弃边区占位。

此种战术选择所需的投壶技术较为简单，既保留了得到 2 分及以上分数的可能性，同时也大大降低了被先手队伍偷分的风险。

第二种投壶选择是投壶进营，将投掷壶停在边区占位冰壶的正后方。如图 9–7 所示，先手队伍将会根据本局的战略规划，进行如下投壶选择：（1）如果局计划是偷分，则选择中区占位；（2）如果局计划是偷分或控分，则选择粘壶，旋粘大本营内的本方冰壶；（3）如果局计划是最小化对手得分，则选择击打投壶，将后手队伍停在本营内的冰壶移出比赛区域。

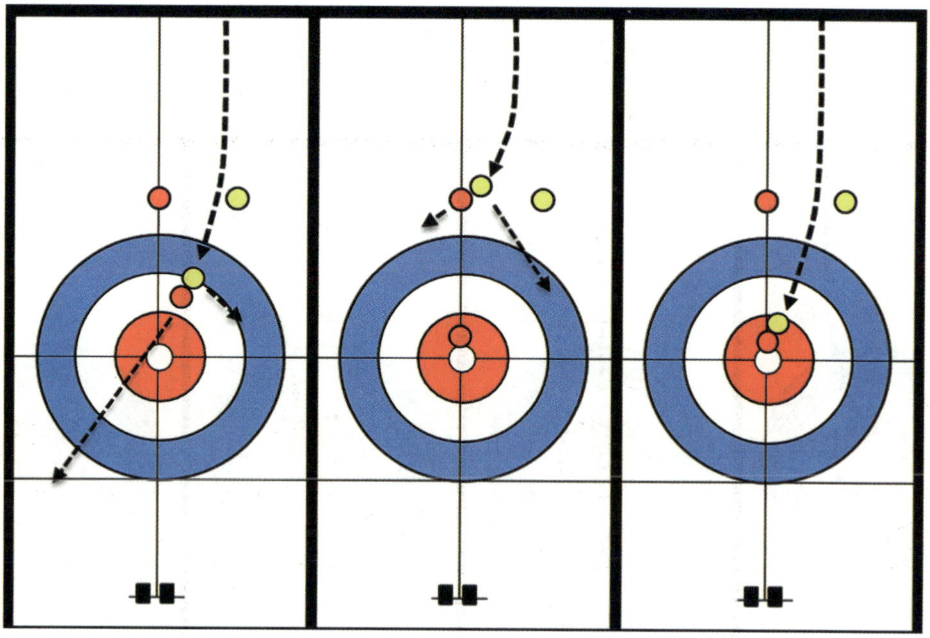

打甩留壶　　分进　　粘壶

图 9–6　后手队伍边区占位

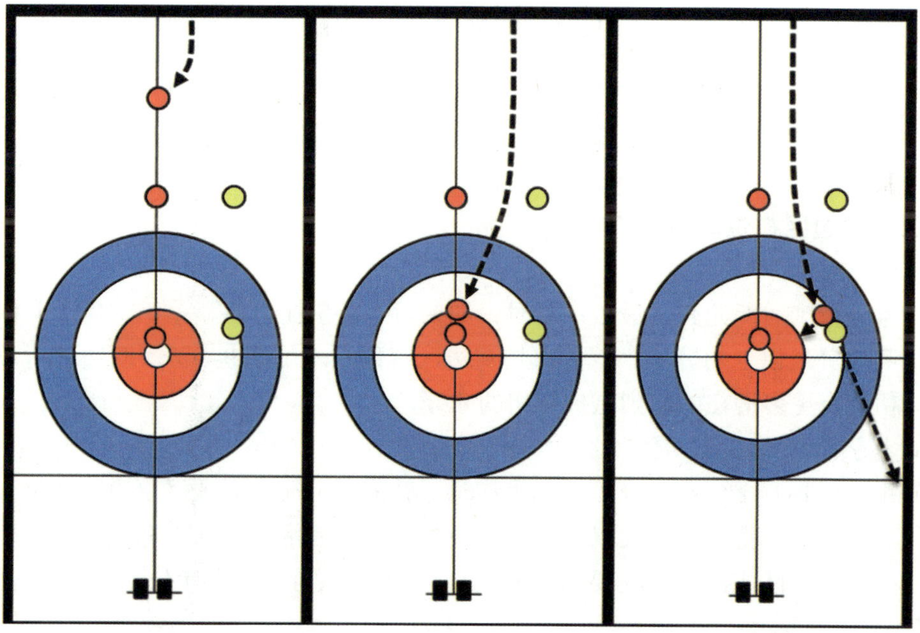

中区占位　　粘壶　　击打投壶

图 9–7　先手队伍应对边区占位的反击战术

如图 9–8 所示，根据先手队伍第三个投掷壶的投壶选择和完成情况，后手队伍第三个投掷壶的投壶选择可能如下：（1）粘壶，旋粘大本营内的先手队伍的冰壶，继续发起进攻；

（2）传击，转为防守型战略，以避免被先手队伍偷分；（3）打甩，投掷壶停在先手队伍第一计分壶的前方，继续发起攻势；（4）双飞击打，将先手队伍的 2 个冰壶同时移出比赛区域，投掷壶成为第一计分壶。

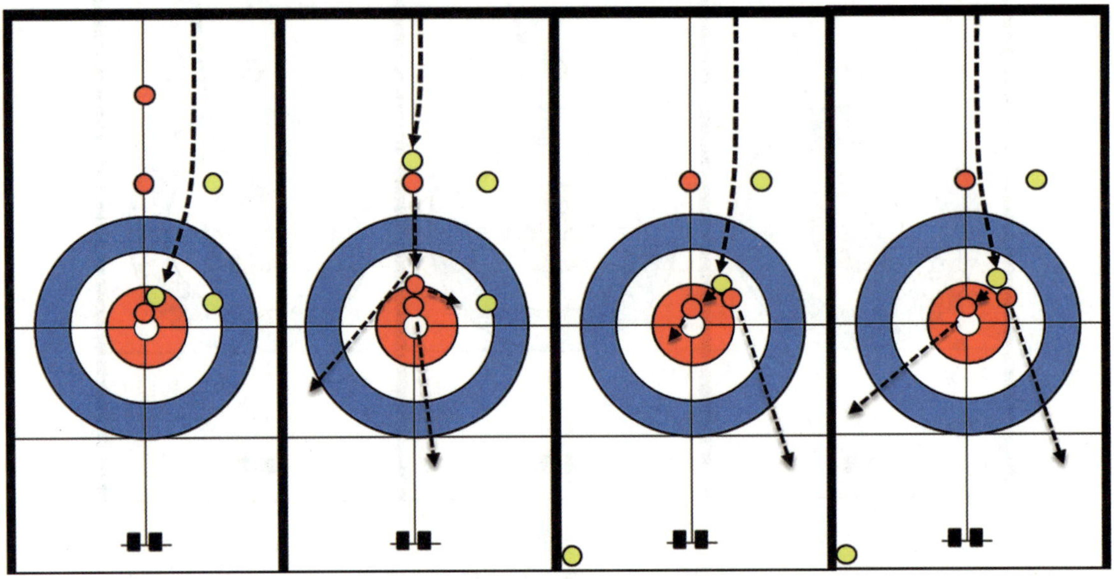

图 9–8　后手队伍的应对策略

此种战术选择所需的投壶技术难度较大，至少需要一次完美的双飞击打或是几次完美的分球，虽然提升了得到 2 分及以上分数的概率，但收益与风险并存，被对手偷分的风险也相应提升。

（三）双边区占位战术

1. 工作原理

在比赛进行到后期尤其是最后一局时，如果后手队伍比分明显落后，后手队伍要想孤注一掷得到 2 分及以上的分数，就会选择双边区占位战术（图 9–9）。双边区占位就意味着后手队伍会有更多潜在的起到掩护作用的冰壶。

2. 战术分析

当先手队伍具有 2 分或 3 分的领先优势时，后手队伍通常会选择双边区占位。先手队伍要想阻止后手队伍得到 2 分及以上分数，最常采用的战术是图 9–9 第 3 个图中所呈现的布局。此时，后手队伍面临的主要问题如下：（1）至少需要 2 个计分壶；（2）需要移出对手的计分壶。

先手队伍的第三个投掷壶将会选择中区占位或进营，且投掷壶停在大本营前区，计分壶的正前方（图 9–10）。根据先手队伍冰壶的位置，后手队伍会采用如下应对策略：如果先手队伍的投掷壶停在大本营前方的中区，则后手队伍可能会选择旋进，将投掷壶停在对手计分壶的前方；如果先手队伍的投掷壶停在大本营前区的中区，则后手队伍可能会选择击打投壶，主要意图是将投掷壶停在边区占位冰壶的正后方。之后，先手队伍会全力清除对手的冰壶，甚至是本方的冰壶，以简化局面，同时降低双方队伍得大分的可能性。如果几轮投壶过后，后手队伍并没有获得局势上的任何优势，则会选择进营或轻磕（图 9–11）。此时，后手队伍需要充分利用先手队伍在大本营内的冰壶作为后保护壶，以确保本队可以有更多的冰壶留在比赛中。此种战术选择不仅投壶难度较大，至少需要 1 次高质量的双飞击打或传击，而且还要寄希望于先手队伍出现投壶失误，或是战术选择错误，否则很难实现本局比赛的得分目标。

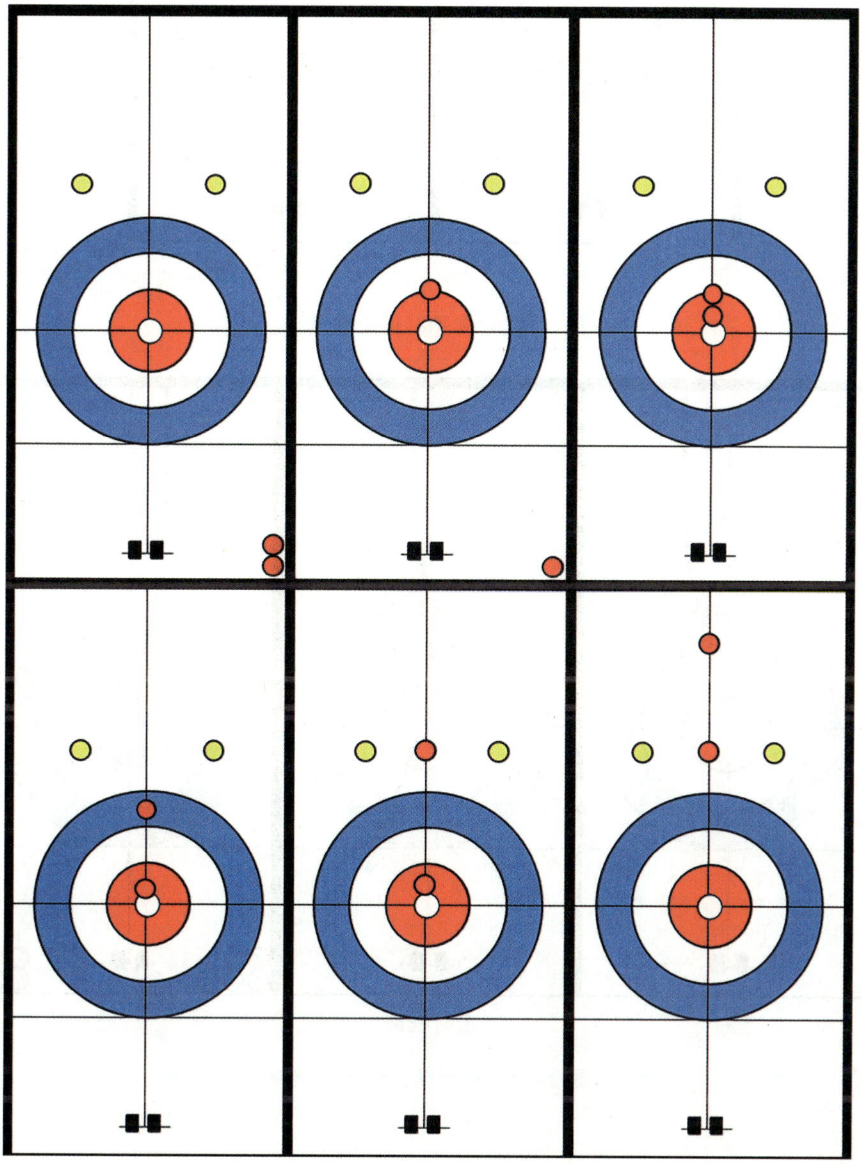

图 9–9　双边区占位战术

图 9-10　先手队伍投壶选择

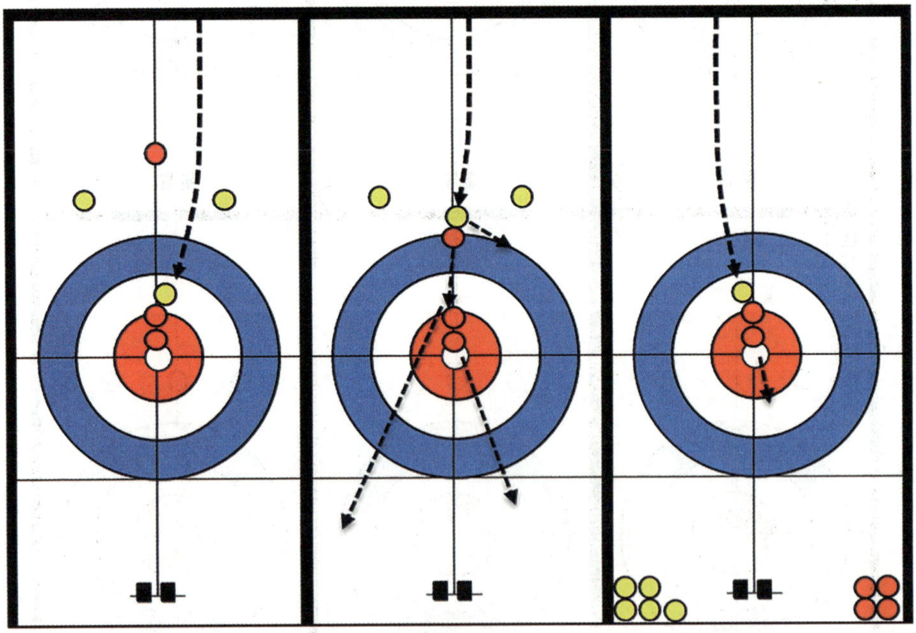

图 9-11　后手队伍的应对策略

三、边区占位使用技巧

（一）边区占位的作用

在一局冰壶比赛中，高质量的边区占位是后手队伍获得比赛胜利的关键。边区占位的作用如图 9–12 所示：（1）保护，投掷壶可以旋进大本营，并停在边区占位冰壶的正后方；（2）目标壶通过传进成为潜在得分壶；（3）目标壶通过传击成为潜在得分壶；（4）阻挡投壶线路，可以封锁先手队伍中区旋进的投壶线路。

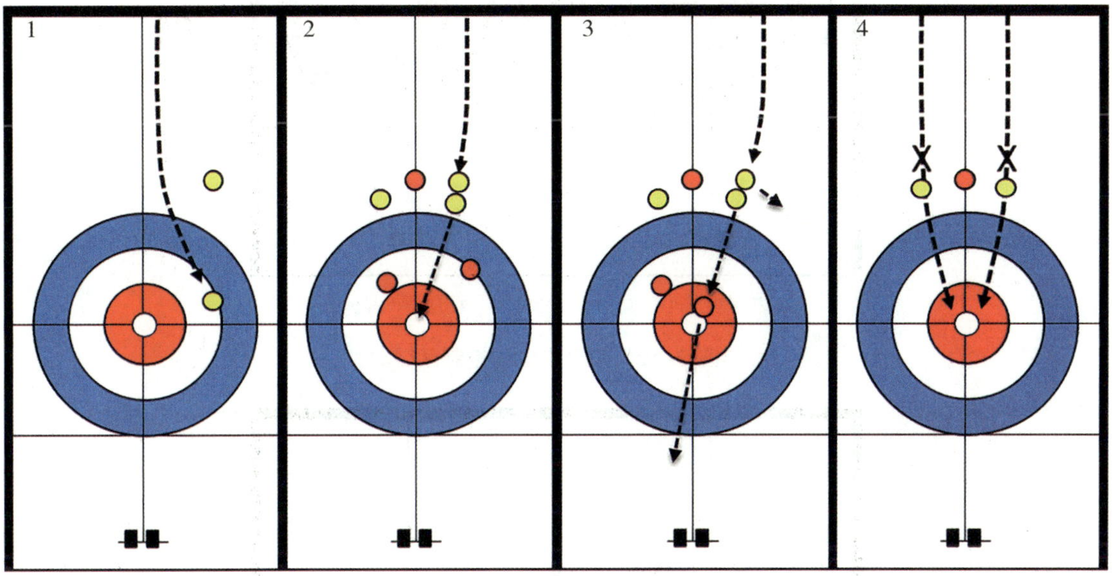

图 9–12　边区占位的作用

（二）边区占位的类型

根据边区占位冰壶与中线之间的距离，边区占位可以分为边区宽占位和边区窄占位（图 9–13）。

边区占位越宽，后手队伍可以掌控的第 2 个计分壶的空间就越大。后手队伍可以将冰壶投掷到大本营内边区占位冰壶的正后方，比赛双方队伍会在图 9–13 中所示的虚线圆内展开博弈，最后的得分壶也必然位于此区域之内。

边区窄占位的优势如下：（1）可以更好地封锁先手队伍将冰壶投掷到圆心的投壶线路，既可以帮助后手队伍得分，又能阻止先手队伍偷分；（2）大本营内保护区域的面积增大，投壶力量的容错空间也相应增大（图 9–14）；（3）有效的击打力量和击打角度更加宽泛，更容易获得较高的打甩投壶的成功率；（4）投壶线路的容错空间增大，更容易获得较高的传击投壶的成功率。

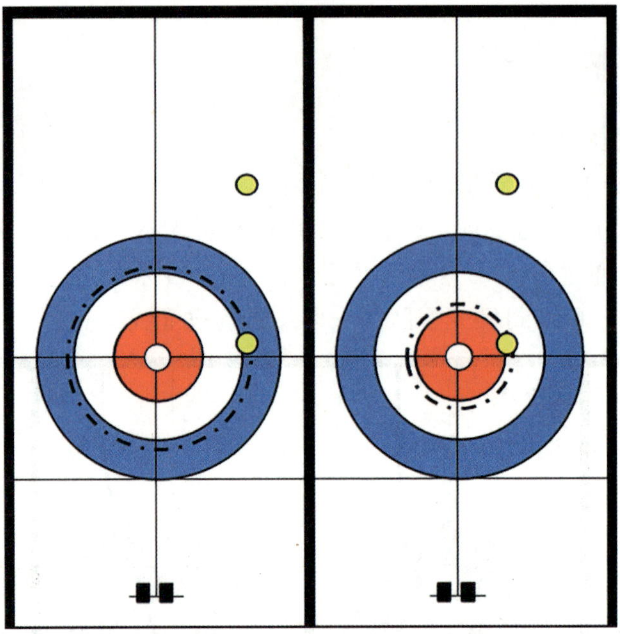

图 9-13　边区占位的控制区域

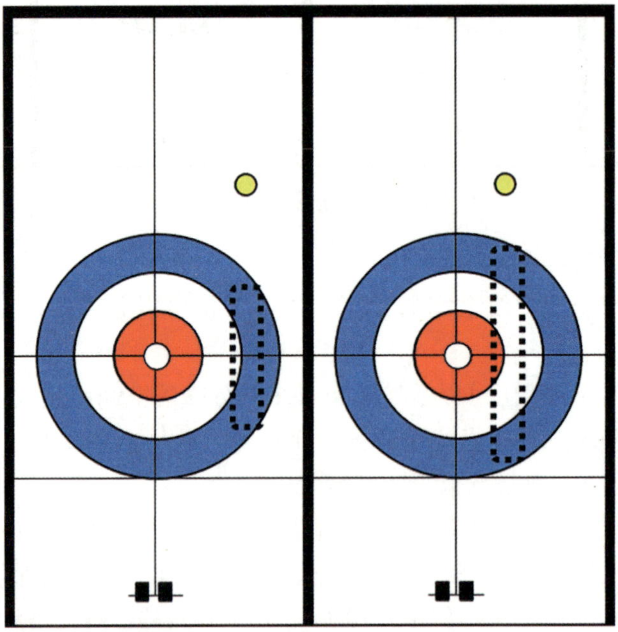

图 9-14　边区占位的保护区域

（三）边区占位的选择策略

如果后手队伍在大本营内的边区有一个计分壶，那么后手队伍的下一个投壶该如何选择？大多数情况下，后手队伍会选择分营，形成 2 分牵制的局面。但是，后手队伍有时也会选择边区占位，其主要原因如下：一是对手擅长击打，尤其是能够完成跨营双飞击打；二是后手队伍本局的目标是得到 3 分及以上的分数。为此，后手队伍可能会进行如下投壶选择。

1. 对侧边区占位

如图 9–15 所示，对侧边区占位将导致大本营内的冰壶没有任何保护，但其优点是为后手队伍保留了空局的可能性。此时，先手队伍会选择击打大本营内后手队伍的冰壶。如图 9–15 的 3（1）所示，如果先手队伍的冰壶距离边区占位冰壶的保护区域较远，后手队伍会选择旋进，投掷壶停在边区占位冰壶的正后方。如图 9–15 的 3（2）所示，如果先手队伍的冰壶距离边区占位冰壶的保护区域较近，后手队伍会选择打甩留壶，投掷壶停在边区占位冰壶的保护区域之内。

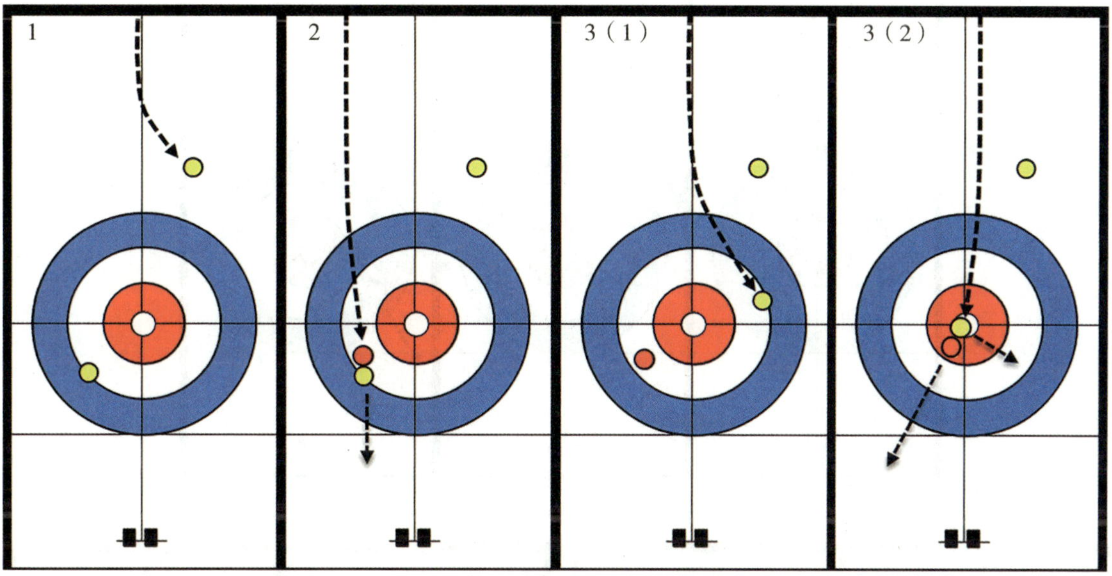

图 9–15　对侧边区占位局势演进

2. 同侧边区占位

同侧边区占位可以为大本营内的冰壶提供保护，其优点是后手队伍在本局比赛收官阶段时，可能有更多的冰壶留在有效区域之内。但是，如果后手队伍发现不可能得到 2 分及以上的分数，此时，后手队伍想得到空局的概率极低。

如图 9–16 所示，先手队伍通常会采用的应对策略如下：（1）边区进营，投掷壶停在边区占位冰壶后方的 T 线处；（2）清球，击打边区占位冰壶，且投掷壶与目标壶均移出比赛区域；（3）打甩留壶，击打大本营内的计分壶，投掷壶留在大本营内。

根据先手队伍投壶选择，后手队伍可以采取如下应对策略：

第一种投壶选择是边区进营。如图 9–17 的 1（1）和 1（2）所示，如果先手队伍成功地将冰壶投掷到 T 线附近，则后手队伍将会选择轻磕。如图 9–17 的 2（1）和 2（2）所示，如果先手队伍的投掷壶与后手队伍的计分壶相距较近，则后手队伍可以选择粘壶，从而使投掷壶成为第一计分壶。

第二种投壶选择是清球，即将投掷壶和目标壶同时移出比赛区域。此时，后手队伍的下一次投壶会继续选择边区占位［图9–18的1（1）和1（2）］。如图9–18的2（1）和2（2）所示，如果先手队伍出现了击打失误，投掷壶留在了比赛区域，则后手队伍可能会选择旋进，将冰壶投掷到大本营内，使其位于对手中区占位冰壶的正后方。

第三种投壶选择是打甩留壶。先手队伍击打的目标壶是大本营内后手队伍的计分壶。如图9–19的1（1）至1（3）所示，如果先手队伍最终实现的投壶是打甩留壶，则后手队伍可以选择粘壶或是进营；如图9–19的2（1）和2（2）所示，如果先手队伍最终实现的投壶是打甩溜壶，则后手队伍可以选择进营，且投掷壶停在边区占位冰壶的正后方。

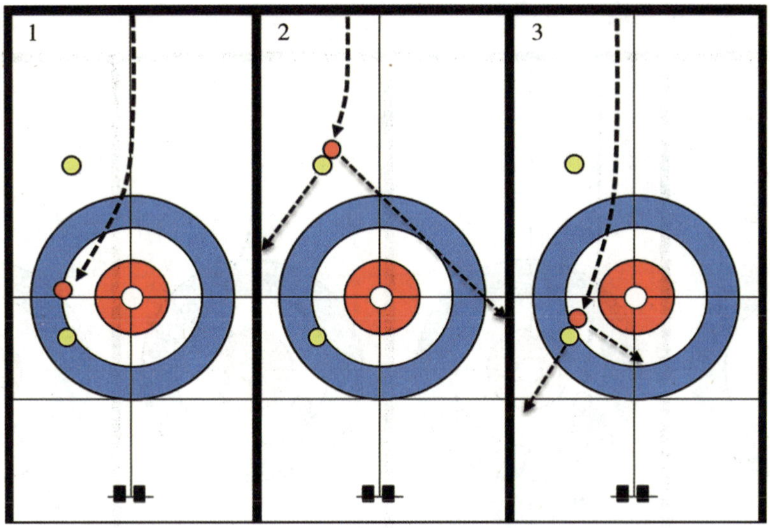

图9–16　先手队伍的应对策略

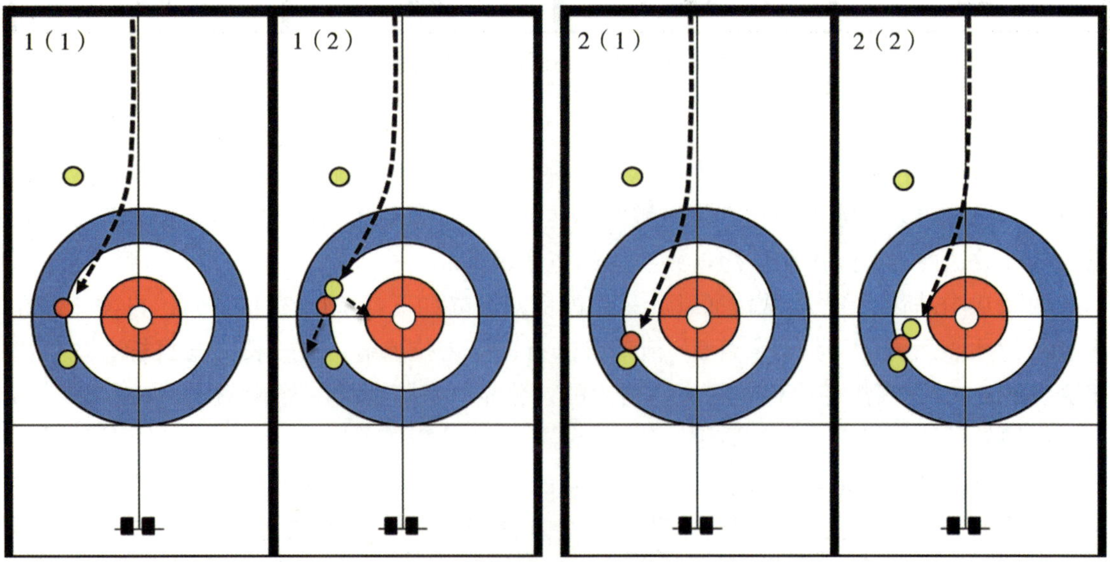

图9–17　边区进营的局势演进

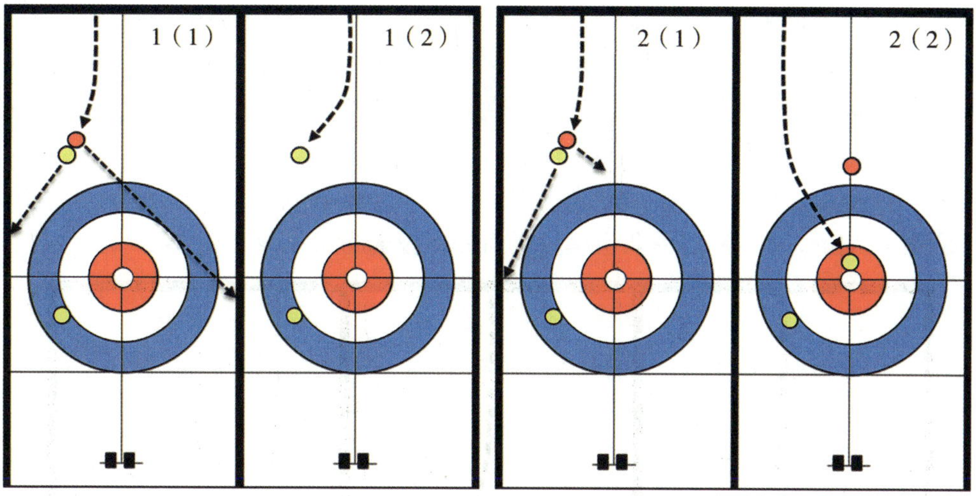

图 9-18　清球的局势演进

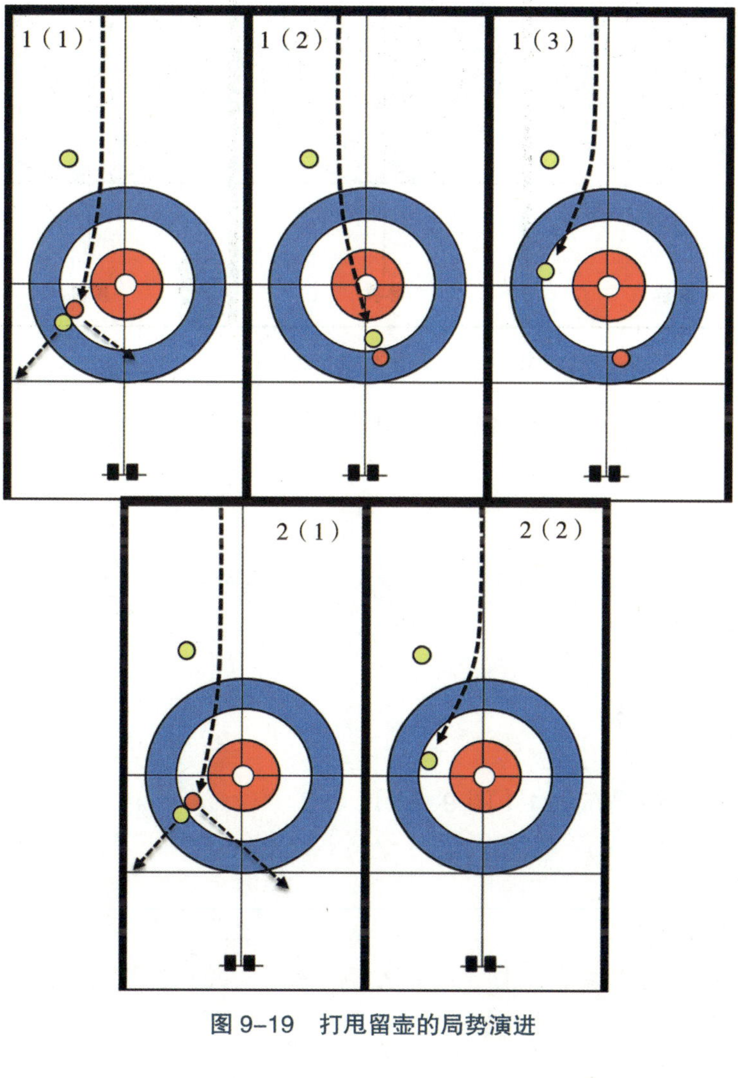

图 9-19　打甩留壶的局势演进

在某些特定的局势下，先手队伍可能会将冰壶投掷到边区占位冰壶的正后方（图 9–20），其主要原因如下：

一是先手队伍想优先抢占边区占位冰壶在大本营内对应的保护区域，成为潜在得分壶，从而破解后手队伍的战术意图（图 9–20 的 1）。

二是先手队伍想借助边区占位冰壶的保护成为第一计分壶（图 9–20 的 2）。

三是先手队伍想要迫使后手队伍通过最后一次投壶得到 1 分（图 9–20 的 3）。

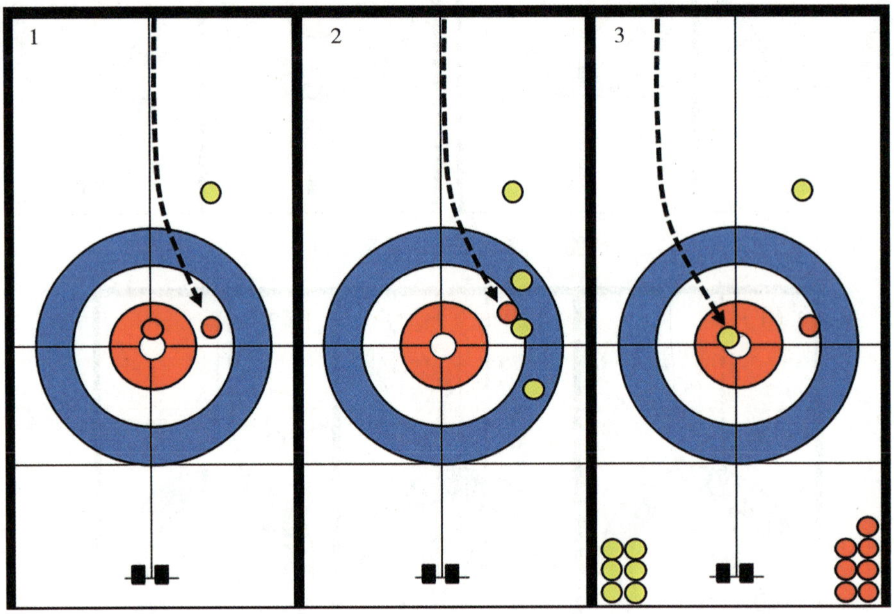

图 9–20　先手队伍与边区占位

先手队伍在以上 3 种布局中都是想尽力迫使后手队伍得到 1 分或是最小化本队的失分，而不是偷分。

第三节　战术情景演练

一、初级战术情景

（一）初级战术情景布局 1（图 9–21）

1. 后手队伍本局目标

得 2 分。

2. 后手队伍投壶选择

A. 边区占位；B. 打甩留壶，击打先手队伍的冰壶，并且将投掷壶甩到大本营边区，形成 2 分牵制的分营局势。（图 9–22）

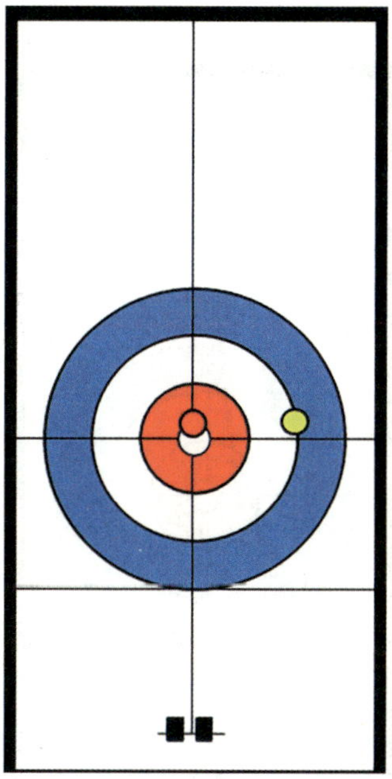

图 9-21　初级战术情景布局 1

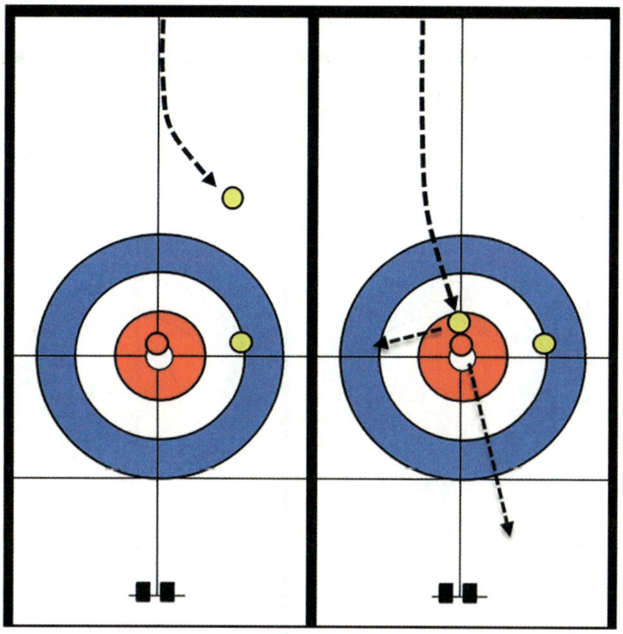

A. 边区占位　　　　B. 打甩留壶

图 9-22　后手队伍投壶选择

3. 战术分析

第一种投壶选择是边区占位（A 选项）。当后手队伍擅长击打时，他们通常会选择边区占位。此种布局可以让更多的冰壶留在比赛之中，后手队伍在本局比赛中得到 2 分及以上分数的概率会得到大幅度提升。

第二种投壶选择是打甩留壶（B 选项）。如果后手队伍在本局比赛中只是想得到 2 分，他们会优先选择击打先手队伍的冰壶，并且将投掷壶甩到大本营另一侧的边区，形成 2 分牵制的分营局势。

（二）初级战术情景布局 2（图 9-23）

1. 后手队伍本局目标

（1）得 2 分；（2）阻止先手队伍偷分。

2. 后手队伍投壶选择

A. 边区占位；B. 边区进营，投掷壶停在大本营另一侧的边区，形成 2 分牵制的分营布局；C. 打甩溜壶，目标壶和投掷壶同时移出比赛区域。

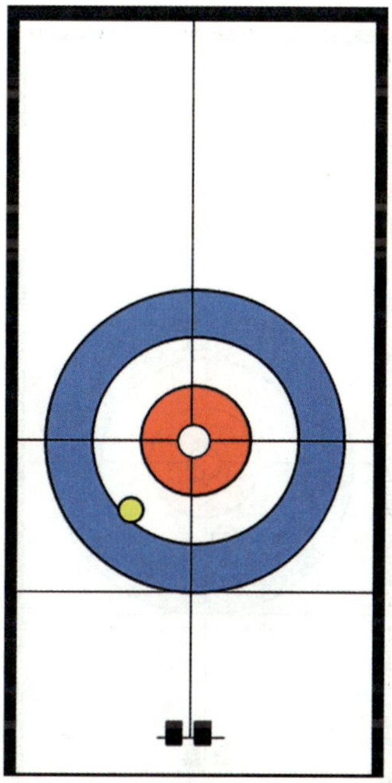

图 9-23　初级战术情景布局 2

3. 战术分析

（1）得 2 分。

第一种投壶选择是边区进营，且形成分营布局（B 选项）。后手队伍通过此种投壶选择，可以形成两分牵制的局面。但

是，先手队伍有可能选择双飞击打，将 2 个冰壶都击打出比赛区域。（图 9–24）

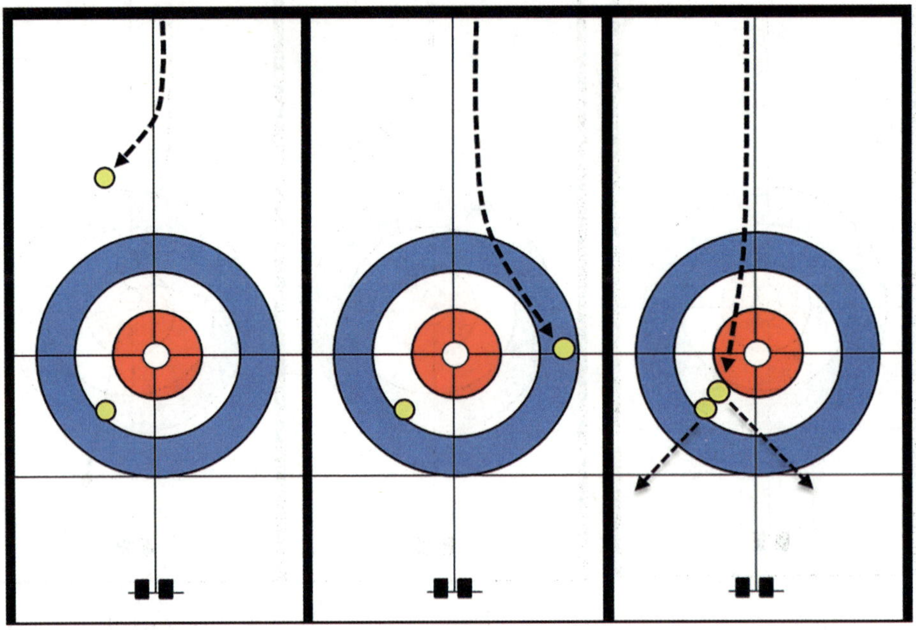

图 9–24　后手队伍投壶选择

第二种投壶选择是边区占位（A 选项）。后手队伍的战术意图是增加先手队伍的投壶难度。如果先手队伍出现投壶失误，后手队伍在本局比赛中就可能得到更多的分数。例如，先手队伍选择清球，但是投掷壶留在中区。然后，后手队伍选择旋进，投掷壶停在大本营内中区占位冰壶的正后方，形成 2 分牵制的布局。

（2）阻止先手队伍偷分。

为了阻止先手队伍偷分，后手队伍可以击打本方在大本营里的冰壶（C 选项）。后手队伍之所以这样做，是因为本方冰壶位于大本营后区，先手队伍可以选择粘壶，与后手队伍的冰壶形成后保护。后手队伍不想在大本营内留下任何可能会帮助到对手的冰壶。

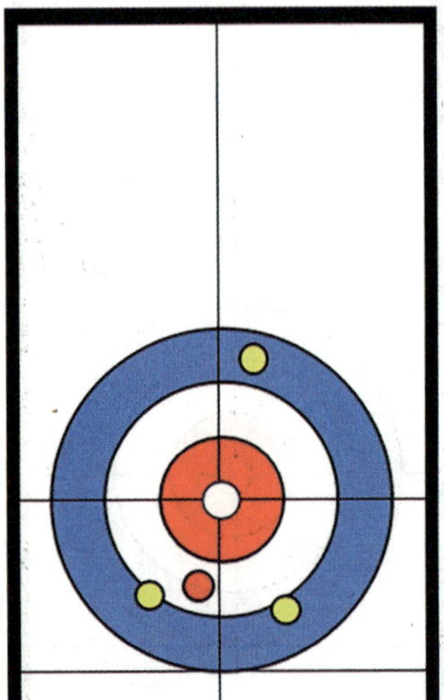

图 9–25　初级情景布局 3

（三）初级战术情景布局 3（图 9–25）

1. 后手队伍本局目标

得 2 分或者更多。

2. 后手队伍投壶选择

A. 旋进，投掷壶停在 12 英尺圆前区冰壶后面的 T 线处；B. 轻磕，将先手队伍的冰壶撞击到大本营后区边缘；C. 打甩留壶，目标壶是先手队伍的冰壶。（图 9–26）

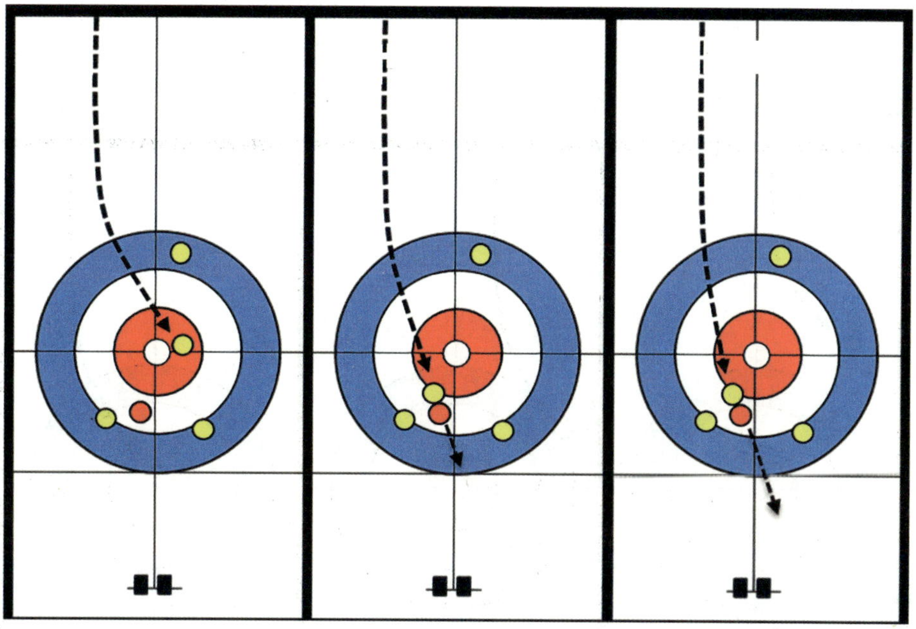

A. 旋进　　B. 轻磕　　C. 打甩留壶

图 9–26　后手队伍投壶选择

3. 战术分析

后手队伍此局比赛的初始目标就是得 2 分，但是，现在有机会得到更多的分数。通常来讲，后手队伍会选择旋进（A 选项），而不是击打对手在大本营后区的冰壶。因为，这个冰壶可以用作后保护，保护比赛中的冰壶。然而，如果后手队伍选择击打先手队伍的冰壶（C 选项），或者轻磕对手冰壶到大本营后区的边缘（B 选项），则后手队伍可能会得到 4 分。

（四）初级战术情景布局 4（图 9–27）

1. 后手队伍本局目标

得 3 分。

2. 后手队伍投壶选择

A. 边区占位；B. 边区进营，投掷壶停在 12 英尺圆边缘，大本营内静止冰壶的外侧；C. 中区进营，投掷壶停在大本营的圆心处。（图 9–28）

3. 战术分析

后手队伍要想在一局比赛中得到 3 分，就要确保更多的冰壶留在比赛之中。此时，对于比赛双方队伍而言，机遇与风险并存，先手队伍成功偷分的概率也会相应增加。

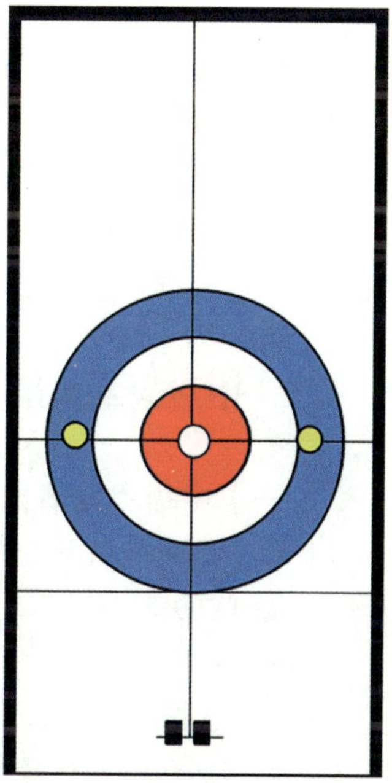

图 9–27　初级战术情景布局 4

第一种投壶选择是边区占位（A 选项）。此种投壶选择的优势在于边区占位可以为多个冰壶提供保护。比赛的具体进展可能如图 9–29 所示，后手队伍选择边区占位投壶，先手队伍选择击打大本营内的对侧冰壶。最终，后手队伍凭借最后一次投壶的双飞击打得到 3 分。

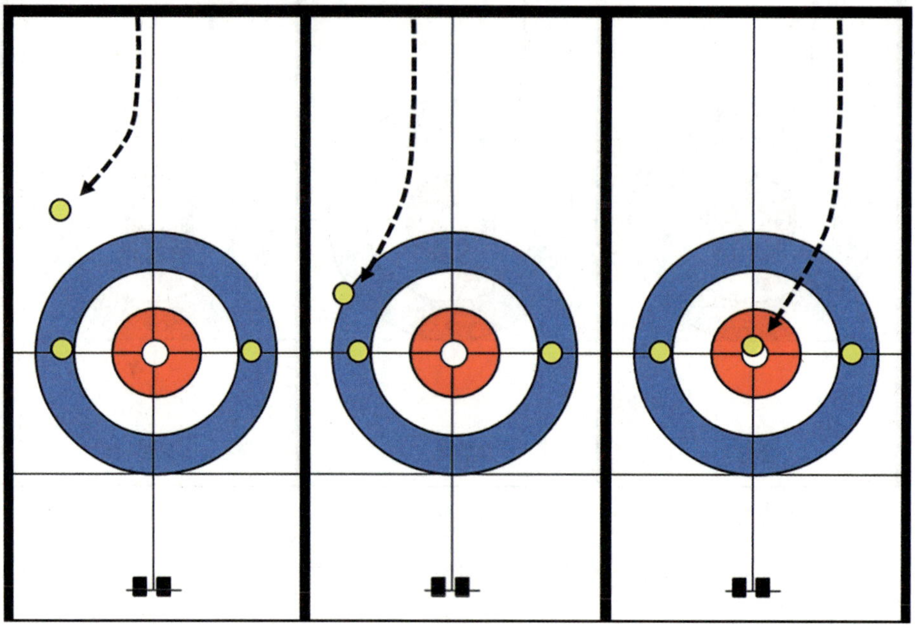

A. 边区占位　　B. 边区进营　　C. 中区进营

图 9–28　后手队伍投壶选择

第二种投壶选择是边区进营（B 选项）。此种投壶选择的优势在于先手队伍选择双飞击打后，投掷壶不可能留在比赛区域。这意味着后手队伍还可以选择分营布局得 2 分。

第三种投壶选择是中区进营（C 选项）。进营且投掷壶停在圆心处的优点是极大地提升了先手队伍双飞击打的难度，后手队伍可以使更多的冰壶留在比赛之中。然而，如果先手队伍的投壶完美地旋粘到了大本营中区的冰壶，后手队伍则很难移除先手队伍的这个冰壶，得分也很难超过 1 分。

二、中级战术情景

（一）中级战术情景布局 1（图 9–30）

1. 后手队伍当前局势

局势 1：决胜局，双方平分，后手队伍的第 3 个冰壶。

局势 2：决胜局，后手队伍落后 1 分，后手队伍的最后 1 个冰壶。

局势 3：决胜局，后手队伍落后 1 分，后手队伍的第 7 个冰壶。

2. 后手队伍投壶选择

A. 边区占位；B. 旋进，投掷壶停在大本营圆心；C. 清球，移除中区占位冰壶；D. 双

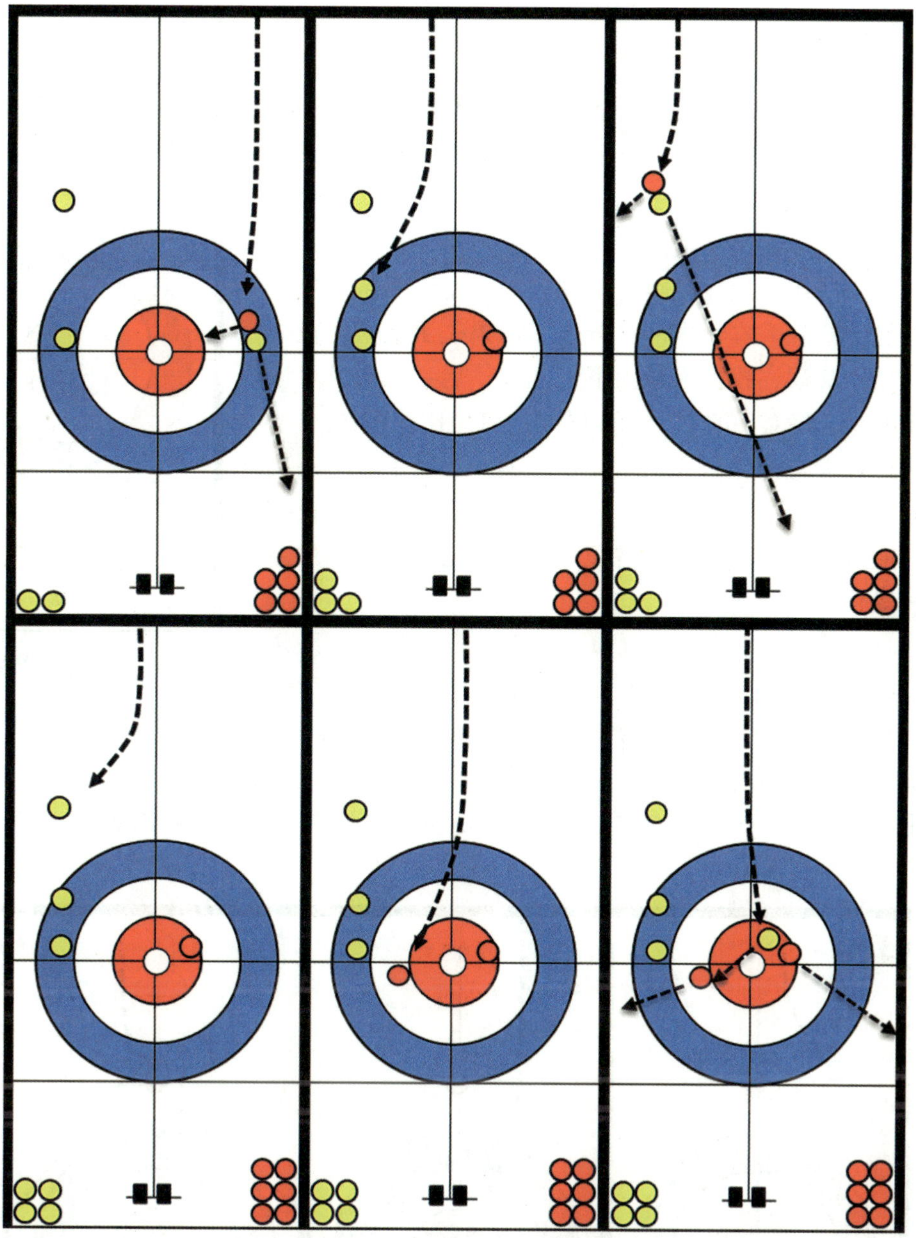

图 9–29　边区占位局势演进

飞击打，清除对手的 2 个冰壶；E. 打甩留壶，击打第一计分壶，且投掷壶留在大本营内；F. 轻磕，使目标壶成为第二计分壶。（图 9–31）

3. 战术分析

局势 1：决胜局，双方平分，后手队伍的第 3 个冰壶。

在本局比赛中，后手队伍的基本目标是阻止先手队伍偷分。

第一种投壶选择是清球（C 选项）。当前尚处于本局比赛的开局阶段，先手队伍只有一个中区占位冰壶。为了防止先手队伍偷分，后手队伍首先需要清除先手队伍的中区占位壶。

当对手在大本营内有一个可能转化为最终得分的计分壶时，优先清除占位冰壶看似是一种无用的战术，对手会重新投掷一个占位壶。但是，对于大多数先手队伍而言，在最后几轮投壶中持续投掷出完美的占位冰壶并不是一件容易的事情。如果先手队伍在投壶线路上出现了失误，后手队伍就可以较为容易地清除大本营内的计分壶。如果先手队伍在投壶力量上出现了失误，投掷壶进入了大本营，后手队伍就可以选择双飞击打，将对手的 2 个冰壶同时击打出比赛区域。

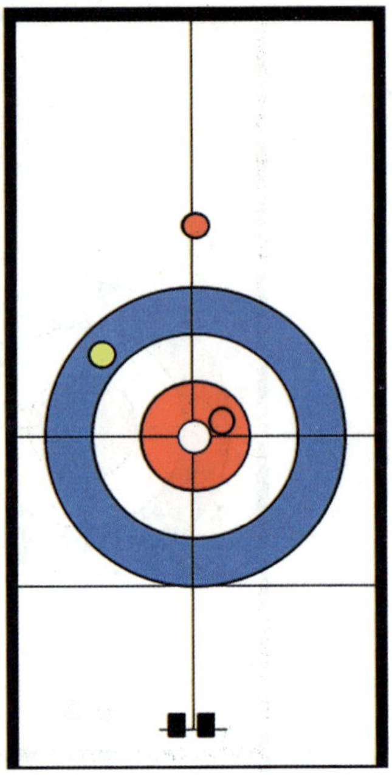

图 9–30　中级战术情景布局 1

第二种投壶选择是双飞击打（D 选项）。后手队伍一次性清除先手队伍的中区占位冰壶和第一计分壶。但是，投掷壶很有可能成为一个新的中区占位冰壶。这是后手队伍最主要的潜在威胁。

第三种投壶选择是打甩留壶（E 选项）。如果后手队伍选择击打第一计分壶，将先手队伍的计分壶击打出比赛区域，先手队伍可能会再次投掷一个更接近圆心的冰壶，或者选择中区高占位（图 9–32）。这不仅增加了清除中区占位冰壶的难度，而且如果后手队伍选择旋壶进营，且质量不高，则会使后手队伍陷入巨大的困境之中。因此，大多数队伍都会等到一局比赛的收官阶段，才会选择击打计分壶。

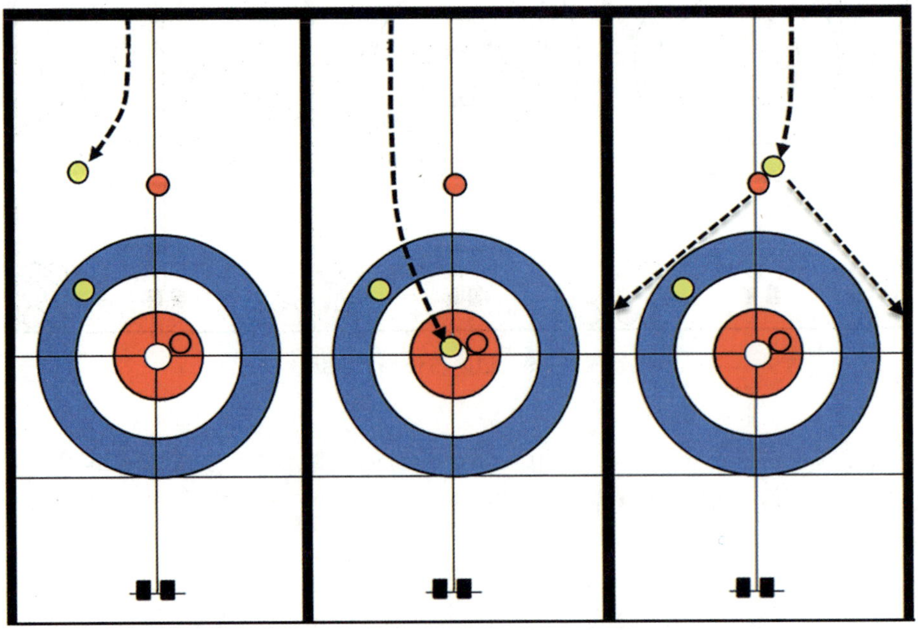

A. 边区占位　　B. 旋进　　C. 清球

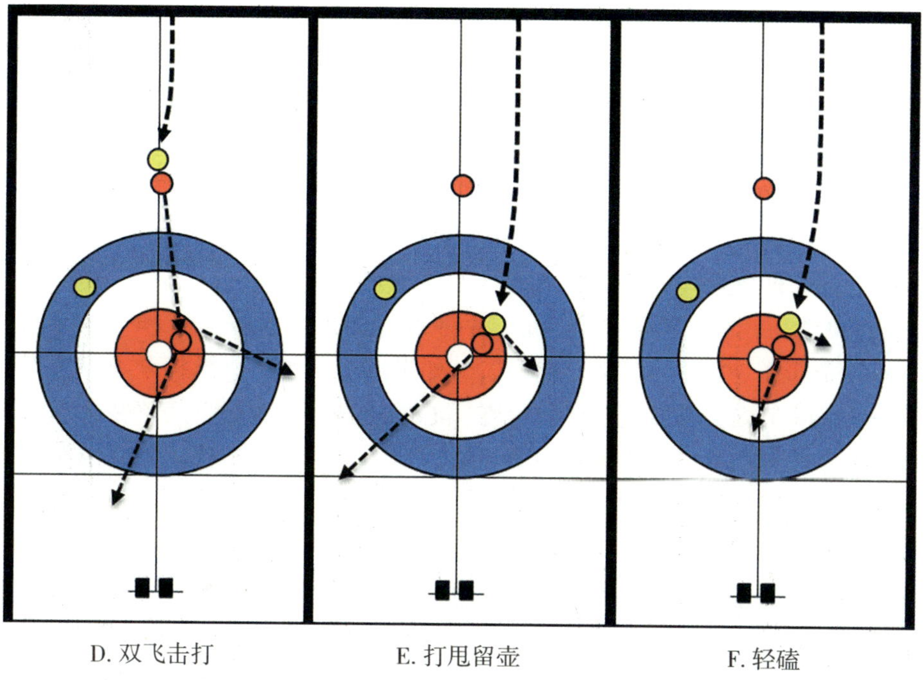

图 9-31　后手队伍投壶选择

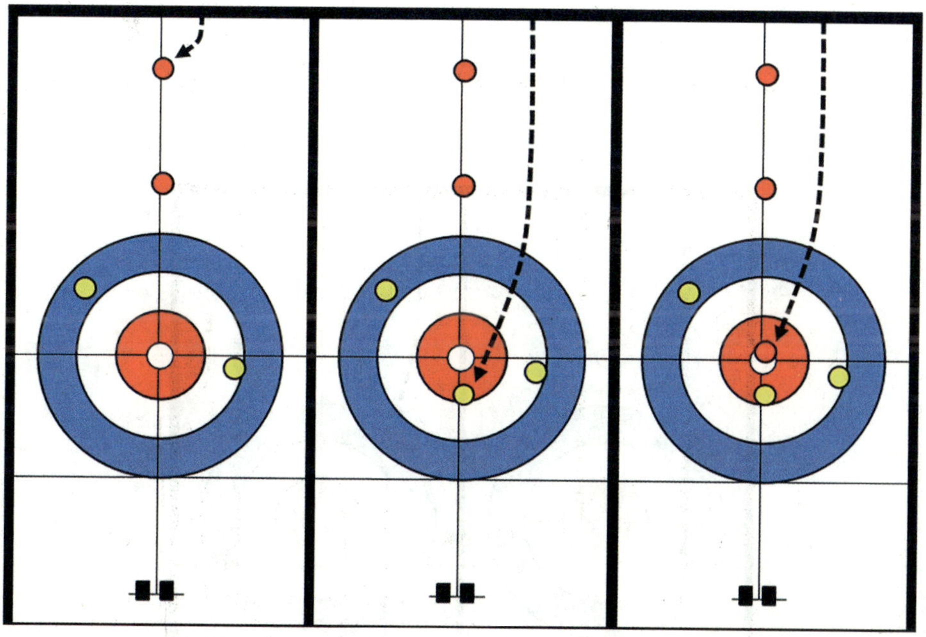

图 9-32　局势演进

局势 2：决胜局，后手队伍落后 1 分，后手队伍的最后 1 个冰壶。

后手队伍得到 1 分，才能将比赛拖入加局，如果得到 2 分，将会立即赢得比赛。

第一种投壶选择是打甩留壶（E 选项）。后手队伍要想得到 2 分以立即取得本场比赛的胜利，只能选择击打大本营内的第一计分壶，且投掷壶留在大本营内。如果后手队伍想平分进入加局，会有另外 3 种投壶选择：（1）旋进，投掷壶停在大本营圆心处（B 选项）；（2）双飞击打，清除对手的 2 个冰壶（D 选项）；（3）轻磕，使目标壶成为第二计分壶（F 选项）。

打甩留壶（E 选项）的优势在于容错空间大、失误趋向好。如果四垒的投壶力量较大，会出现打甩溜壶，还可以得到 1 分进入加局；如果四垒投壶力量较小，轻磕先手队伍的冰壶，使之成为第二计分壶，后手队伍仍可以得到 1 分进入加局。

局势 3：决胜局，后手队伍落后 1 分，后手队伍的第 7 个冰壶。

第一种投壶选择是打甩留壶（E 选项）。如果后手队伍愿意承担全力以赴得 2 分赢得比赛所带来的风险，则会击打先手队伍停在圆心的冰壶，并将投掷壶停在大本营内。先手队伍的第一种应对策略可能会尝试双飞击打后手队伍的冰壶，迫使后手队伍在本局比赛中只能得到 1 分，并以后手优势进入加局。先手队伍的第二种应对策略可能会选择旋进（B 选项），投掷壶停在中区占位冰壶正后方的圆心，试图通过偷分直接赢得比赛，且至少可以压缩后手队伍的得分区域，迫使后手队伍在本局比赛中只能得到 1 分，最终迫使比赛进入加局。

如果先手队伍的双飞击打或进营完成质量不高，后手队伍将会在比赛之中有足够数量的冰壶去得到 2 分，以直接赢得比赛。

第二种投壶选择是清球（C 选项）。后手队伍的投壶意图主要是集中精力阻止偷分，以确保比赛可以进入加局。此时，先手队伍有以下 2 种投壶选择（图 9-33）：一是中区占位，通过“封锁中区”迫使对手得 1 分或偷分；二是击打后手队伍在大本营边区没有受到保护的冰壶，迫使后手队伍只能得 1 分，使比赛进入加局。

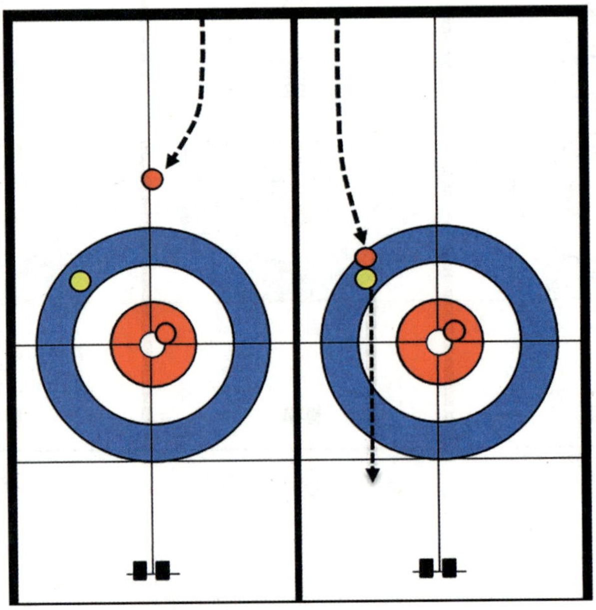

图 9-33　局势演进

（二）中级战术情景布局 2（图 9–34）

1. 后手队伍当前局势

局势 1：第 4 局，平分，后手队伍的第 5 个冰壶。

局势 2：决胜局，后手队伍落后 3 分，后手队伍的第 5 个冰壶。

2. 后手队伍投壶选择

A. 中区占位；B. 粘壶，旋粘先手队伍的冰壶；C. 打甩留壶，目标壶是先手队伍的冰壶，投掷壶停到大本营边区。（图 9–35）

3. 战术分析

局势 1：第 4 局，平分，后手队伍的第 5 个冰壶。

根据当前比赛局所处的阶段和比分，后手队伍此局的目标必然是得 2 分或空局。后手队伍会选择打甩留壶（C 选项），投掷壶甩到大本营边区，形成 2 分牵制的布局。如此一来，先手队伍很难采用双飞击打，同时将后手队伍的 2 个冰壶击打出比赛区域。

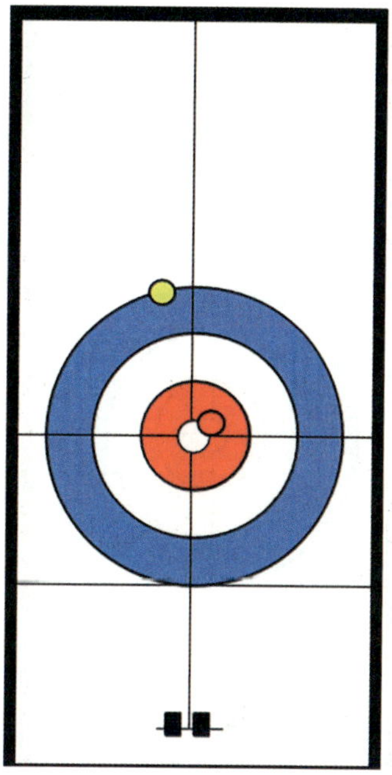

图 9–34　中级战术情景布局 2

局势 2：决胜局，后手队伍落后 3 分，后手队伍的第 5 个冰壶。

根据当前比赛局势，后手队伍没有边区占位冰壶，且至少要得到 3 分，才能使比赛进入加局。因此，后手队伍本局的首要目标是得到 4 分。

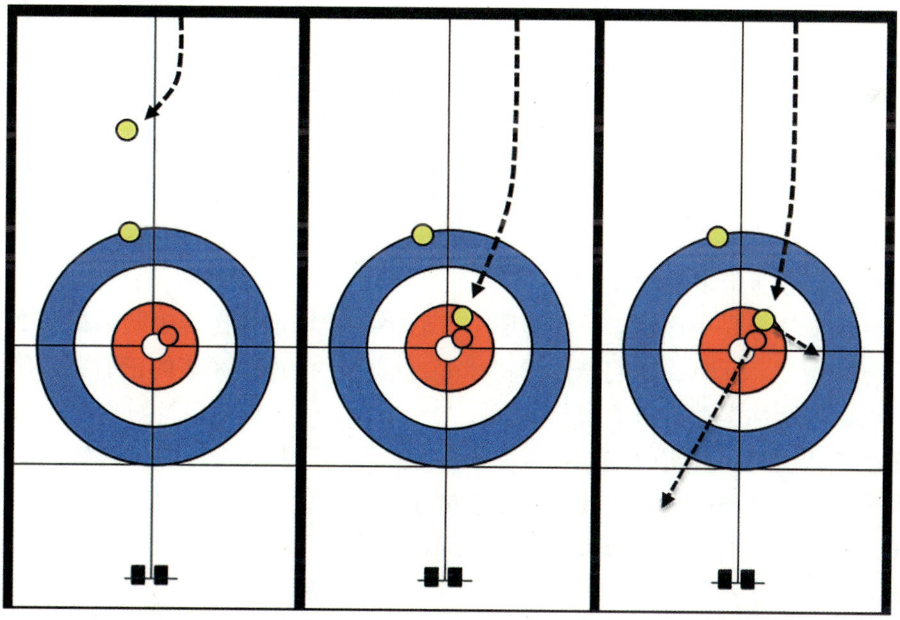

A. 中区占位　　B. 粘壶　　C. 打甩留壶

图 9–35　后手队伍投壶选择

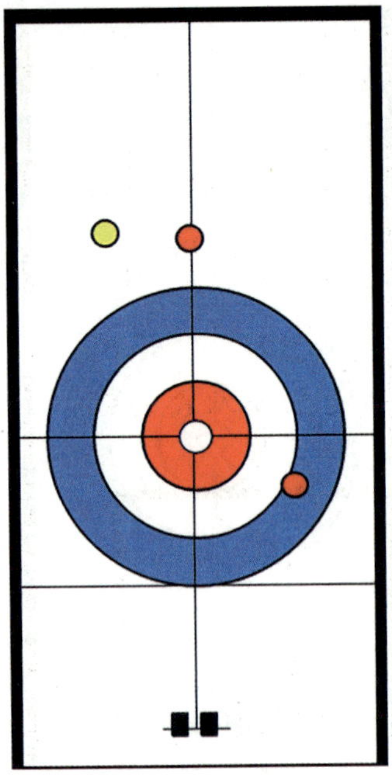

图 9-36　中级战术情景布局 3

第一种投壶选择是粘壶（B 选项）。后手队伍的第一目标是要让更多的冰壶留在比赛中，并且需要找到利用对手冰壶的方法，而不是将其移出比赛区域。因此，后手队伍可以选择旋粘先手队伍的冰壶。先手队伍很难通过双飞击打同时将 2 个冰壶移出比赛。同时，后手队伍也要寄希望于先手队伍出现投壶失误，才可能实现本局的得分目标。

第二种投壶选择是中区占位（A 选项）。通常情况下，后手队伍不会在比赛中使用中区占位战术，但此时他们需要保护本方在大本营内的冰壶，以确保更多的冰壶留在比赛中。目前，后手队伍只剩下 3 个冰壶，他们要想赢得比赛还需要运气的帮助。

（三）中级战术情景布局 3（图 9-36）

1. 后手队伍当前局势

局势 1：10 局比赛的第 4 局，后手队伍落后 1 分，后手队伍的第 4 个冰壶。

局势 2：10 局比赛的第 8 局，后手队伍领先 2 分，后手队伍的第 4 个冰壶。

2. 后手队伍投壶选择

A. 清球，移除中区占位冰壶；B. 中区旋进，投掷壶停在中区占位冰壶正后方的圆心；C. 边区旋进，投掷壶停在边区占位冰壶的正后方；D. 打定，目标壶是先手队伍在大本营内的冰壶；E. 粘壶，目标壶是先手队伍在大本营内的冰壶。（图 9-37）

3. 战术分析

局势 1：10 局比赛的第 4 局，后手队伍落后 1 分，后手队伍的第 4 个冰壶。

第一种投壶选择是边区旋进（C 选项）。后手队伍采用此种投壶选择，说明他们正在无视先手队伍现在或即将通过建立第二得分点的进攻所带来的威胁。因此，后手队伍必须承担试图得到 2 分所带来的潜在风险。

第二种投壶选择是中区旋进（B 选项）。后手队伍在本局比赛中既想得到 2 分，又想降低被偷分的概率。此时，他们会选择将冰壶投掷到中区占位冰壶的正后方，优先占据关键区域，以此来增加先手队伍的偷分难度。

如果后手队伍选择打定（D 选项）或粘壶（E 选项），后手队伍的投掷壶都会停在 T 线后，而且前方没有占位冰壶的保护。此外，先手队伍在大本营边后区的冰壶并不是一个有威胁的计分壶，后手队伍的此种选择将很难在本局比赛中得到 2 分。

局势 2：10 局比赛的第 8 局，后手队伍领先 2 分，后手队伍的第 4 个冰壶。

后手队伍正面临着赢得比赛的良好局势，唯一需要避免出现的结果就是先手队伍偷分。

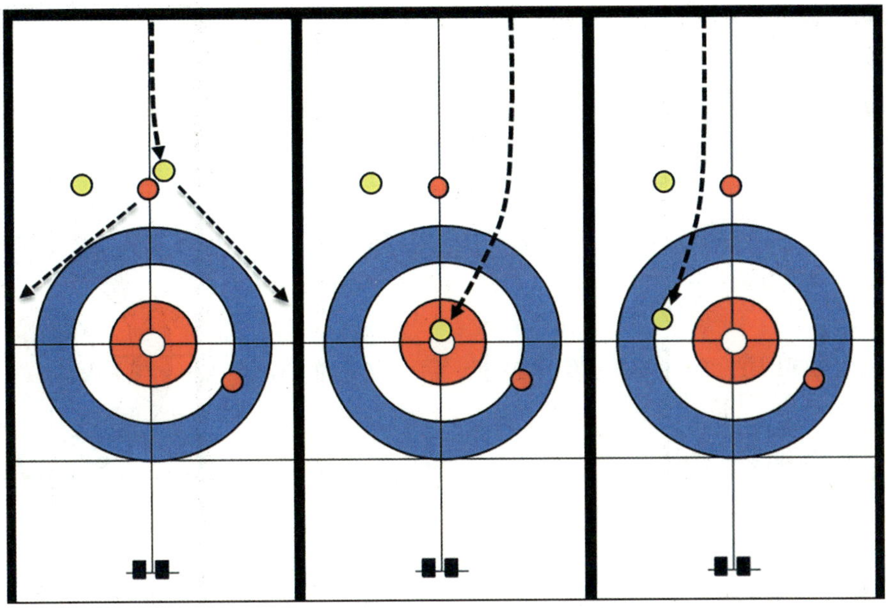

A. 清球　　B. 中区旋进　　C. 边区旋进

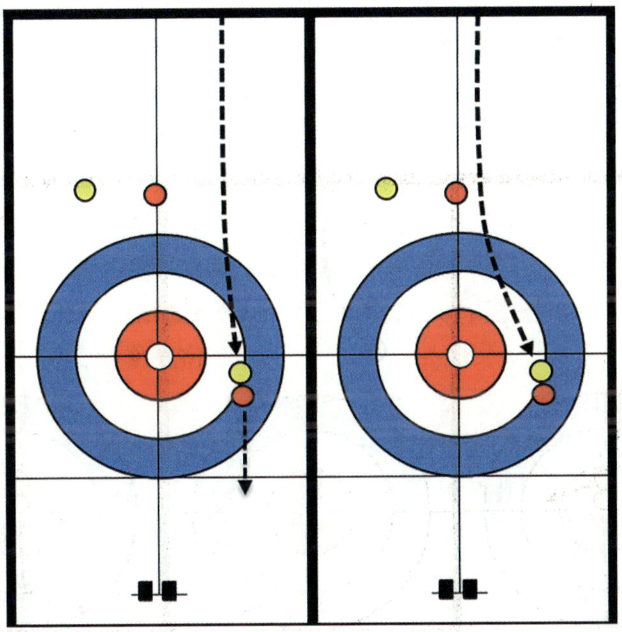

D. 打定　　E. 粘壶

图 9–37　后手队伍投壶选择

第一种投壶选择是清球（A 选项）。先手队伍的中区占位冰壶才是后手队伍的真正威胁。如果后手队伍想要阻止先手队伍偷分，首要任务就是清除中区占位冰壶，以确保中区投壶线路畅通无阻。

第二种投壶选择是中区旋进（B 选项）。如此一来，后手队伍优先占据了关键区域，且有占位冰壶的保护，既增加了先手队伍的偷分难度，也提升了后手队伍得到 2 分的概率。

（四）中级战术情景布局 4（图 9–38）

1. 后手队伍当前局势

局势 1：决胜局，平分，后手队伍的第 4 个冰壶。

局势 2：决胜局，后手队伍落后 2 分，后手队伍的第 4 个冰壶。

局势 3：决胜局，后手队伍落后 2 分，后手队伍的第 6 个冰壶。

2. 后手队伍投壶选择

A. 击打；B. 边区占位；C. 轻磕。（图 9–39）

3. 战术分析

局势 1：决胜局，平分，后手队伍的第 4 个冰壶。

面对此种局势，后手队伍投壶选择会是击打（A 选项）。平分进入决胜局，后手队伍只要得到 1 分，就可以赢得比赛。对于后手队伍而言，空局也是可以接受的结果。因为，后手队伍在加局中仍拥有后手权。后手队伍在本局比赛中最不能接受的结果是被先手队伍偷分，因为如果这样，将会直接输掉本场比赛。

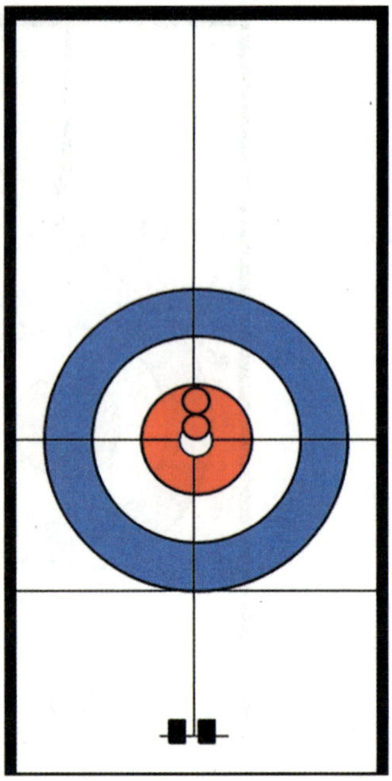

图 9–38　中级战术情景布局 4

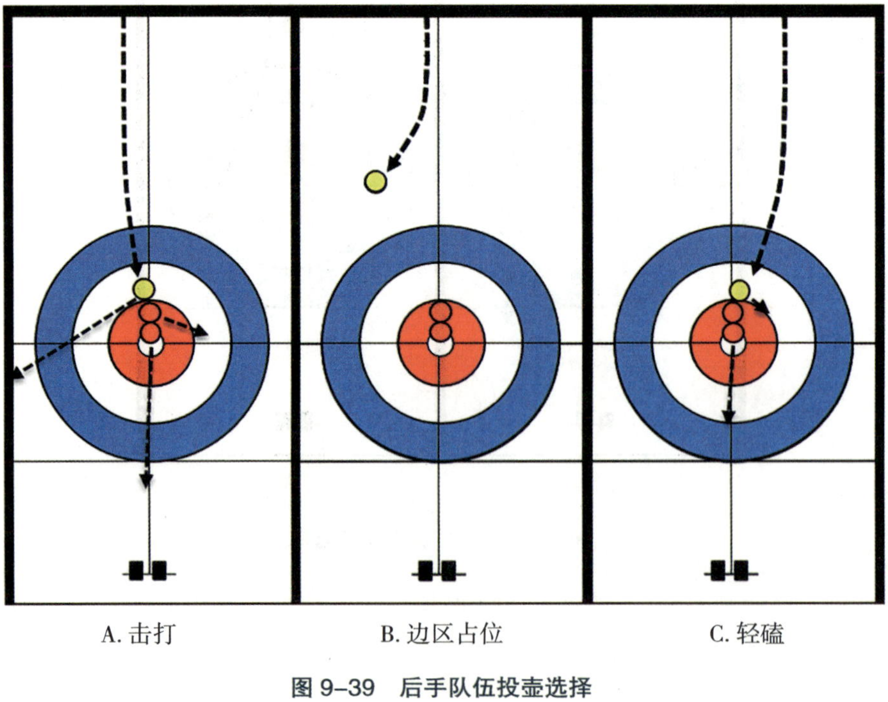

A. 击打　　B. 边区占位　　C. 轻磕

图 9–39　后手队伍投壶选择

后手队伍可能需要多次击打，才能确保大本营中区没有先手队伍的冰壶，使最后一个冰壶进入大本营中区的投壶线路畅通无阻，并通过高质量的投壶赢得比赛。

局势 2：决胜局，后手队伍落后 2 分，后手队伍的第 4 个冰壶。

后手队伍需要得到 2 分才能使比赛继续，得到 3 分才能赢得比赛。后手队伍面临的主要问题是先手队伍的冰壶在大本营中区。但是，后手队伍面临的更大问题是需要找到让本方至少有 2 个冰壶留在比赛中的方法。为此，后手队伍的最佳投壶选择是边区占位（B 选项）。但是，后手队伍在此种形势下要想赢得比赛，也必须寄希望于先手队伍的投壶失误。

局势 3：决胜局，后手队伍落后 2 分，后手队伍的第 6 个冰壶。

与局势 2 不同的是，后手队伍现在还剩下 3 个冰壶。后手队伍可能会选择边区占位，然后使用最后 2 个冰壶击打大本营中区先手队伍的冰壶。但是，只有先手队伍的最后 2 次投壶均出现失误，后手队伍才有可能实现本局的局目标，即至少得到 2 分。

幸运的是，占位壶并不是让更多冰壶留在比赛中的唯一办法。后手队伍可以轻磕大本营中区的冰壶（C 选项），充分用它们形成后保护的屏障。比赛的进展可能如图 9–40 所示。

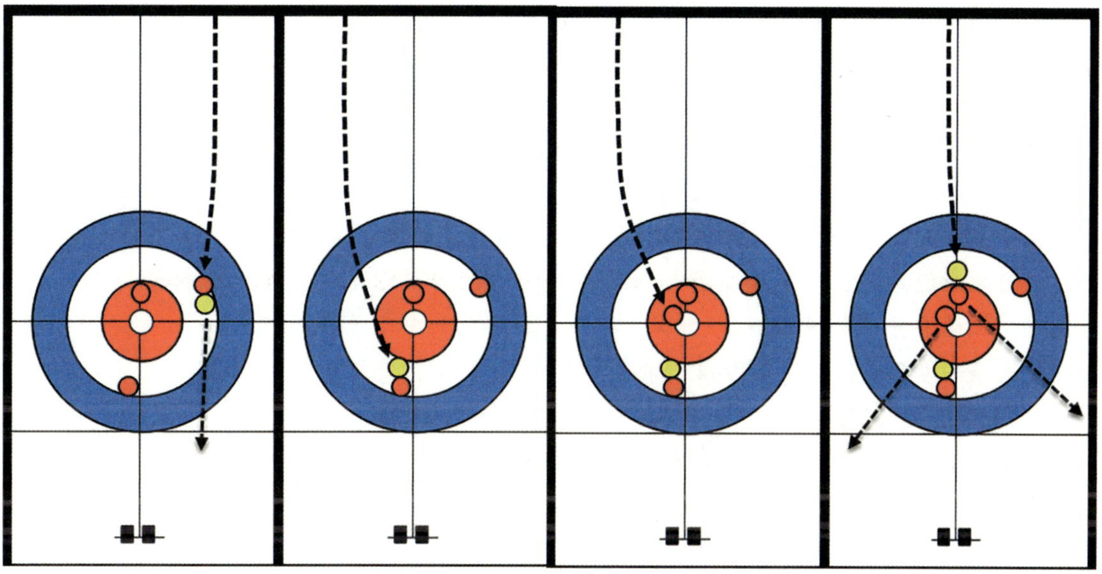

图 9–40　局势演进

后手队伍选择轻磕大本营内先手队伍的冰壶，投掷壶停在大本营边区。先手队伍然后选择打定。现在，后手队伍不可能得到 3 分赢得比赛。接下来，后手队伍投掷出高质量的粘壶，旋粘到大本营后区先手队伍的冰壶，成了第二计分壶。先手队伍很难通过击打将后手队伍的这个冰壶移出比赛区域。因此，先手队伍可能会选择粘壶，但是投壶力量偏小，投掷壶停在了圆心处。此时，后手队伍通过完美的双飞击打成功得到 2 分，最终使本场比赛进入加局决胜阶段。

延伸阅读

比赛实例分析

A 队使用深色的红壶，B 队使用浅色的黄壶。战术制定的投壶线路用细虚线表示，实际投壶线路用长短线表示。本部分仅分析一场 8 局冰壶比赛的第 8 局和加局。

第 8 局

当前局势：A 队 6 分，B 队 4 分，B 队后手，常规比赛的最后一局。

A 队——第 1 次投壶（图 9–41）

投壶计划：进营，冰壶停在大本营内 4 英尺圆的前区。

最终结果：进营，冰壶停在大本营内 8 英尺圆的后区。

注释：A 队制定了进营投壶的战术策略，表明他们想采用防守型战略，投壶意图是使对手得分不超过 2 分。如果能将对手的得分控制为 1 分，他们将直接赢得比赛。

B 队——第 1 次投壶（图 9–42）

投壶计划：边区占位，冰壶停在左侧边区。

投壶结果：击打，目标壶被移出比赛区域。

注释：B 队采用进攻型战略，尽力得到 2 分及以上分数。他们会尽力利用自由防守区规则，因此应选择占位而不是击打，以使更多的冰壶留在比赛中。虽然没有完成既定的投壶任务，但结果并不是很糟糕。

A 队——第 2 次投壶（图 9–43）

投壶计划：打甩溜壶，投掷壶和目标壶均移出比赛区域。

投壶结果：打甩溜壶，投掷壶和目标壶均移出比赛区域。

注释：A 队采用继续阻止对手得分不超过 2 分的战术策略。打甩溜壶是一个很好的选择，因为投掷壶留在大本营后区会为对手提供粘壶的机会。

B 队——第 2 次投壶（图 9–44）

投壶计划：边区占位，冰壶停在左侧边区。

投壶结果：进营，投掷壶停在大本营内 12 英尺圆左侧前区。

注释：B 队出现投壶失误，冰壶直接进入大本营，将不受自由防守区规则的保护。他们需要对手的某些小失误，才能确保冰壶留在比赛中。

A 队——第 3 次投壶（图 9–45）

投壶计划：打甩溜壶，投掷壶和目标壶均移出比赛区域。

投壶结果：打定，投掷壶留在比赛中。

注释：A 队的小失误为 B 队提供了一个边区占位壶。对于 A 队而言，投掷壶停在大本营前方，还可以通过后续的投壶进行传击或轻传，使其成为计分壶。

B 队——第 3 次投壶（图 9-46）

投壶计划：边区占位，投掷壶停在右侧边区。

投壶结果：边区占位，投掷壶停在右侧边区。

注释：B 队布置了第 2 个边区占位壶，可能计划采用双边区占位得 2 分战术。

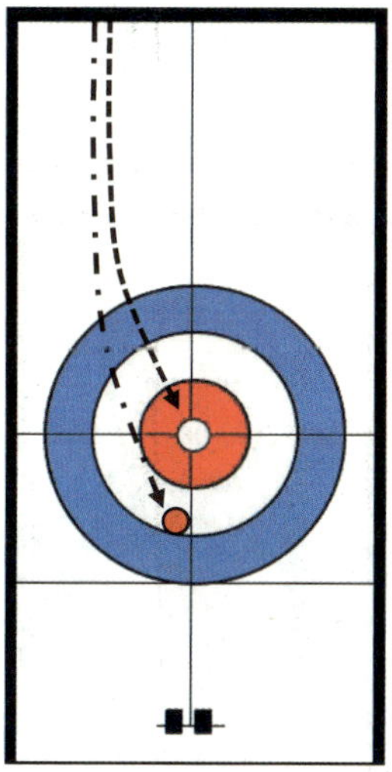

图 9-41　A 队第 1 次投壶

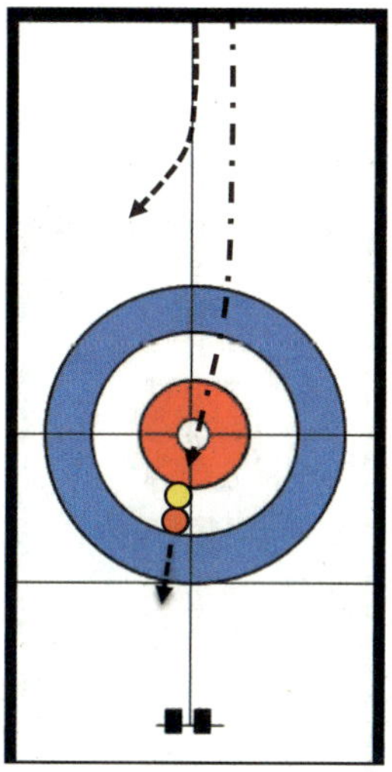

图 9-42　B 队第 1 次投壶

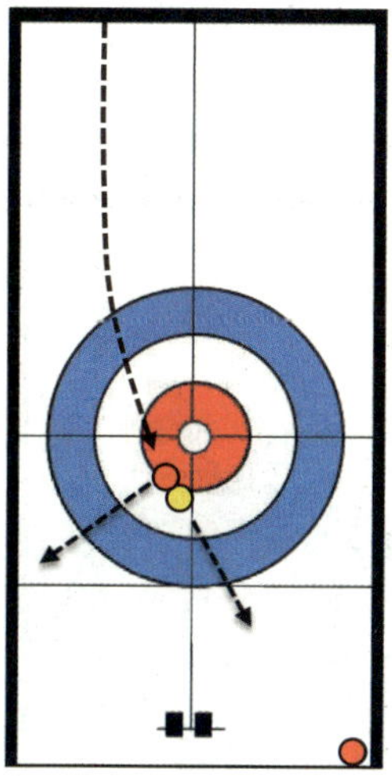

图 9-43　A 队第 2 次投壶

图 9-44　B 队第 2 次投壶

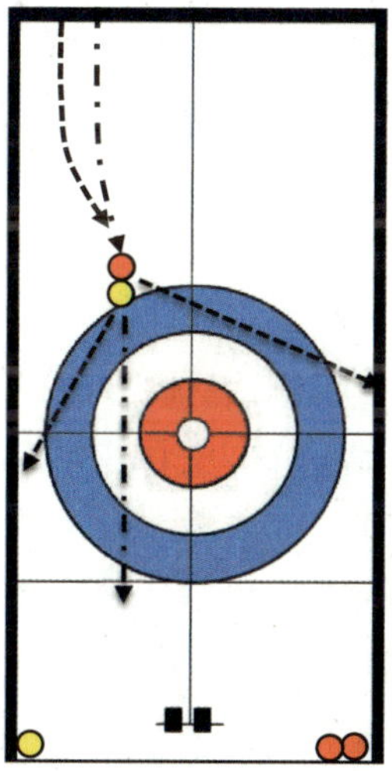

图 9-45　A 队第 3 次投壶

图 9-46　B 队第 3 次投壶

A 队——第 4 次投壶（图 9-47）

投壶计划：清球，投掷壶和目标壶均移出比赛区域。

投壶结果：清球，投掷壶和目标壶均移出比赛区域。

注释：A 队正在尽力减少 B 队在大本营内的藏壶位置，这是一个非常重要的比赛策略。

B 队——第 4 次投壶（图 9–48）

投壶计划：边区占位，冰壶停在右侧边区。

投壶结果：进营，冰壶停在大本营内 12 英尺圆右侧前区。

注释：B 队正在尽力控制大本营边区，这也是一个非常重要的比赛策略。

A 队——第 5 次投壶（图 9–49）

投壶计划：打甩溜壶，投掷壶和目标壶均移出比赛区域。

投壶结果：打甩溜壶，投掷壶和目标壶均移出比赛区域。

注释：A 队正在竭尽全力确保大本营前方的投壶线路畅通无阻。

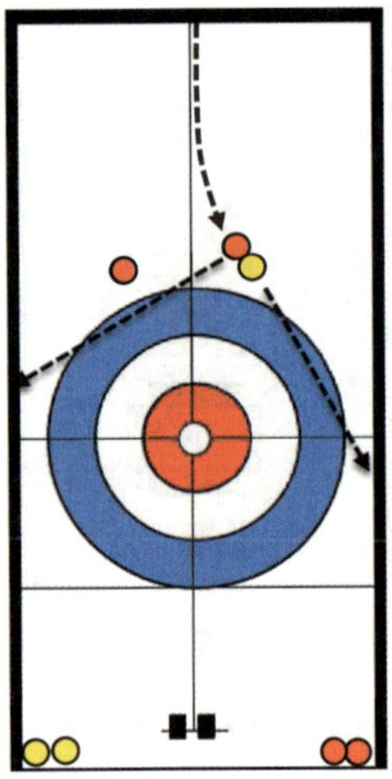

图 9–47　A 队第 4 次投壶

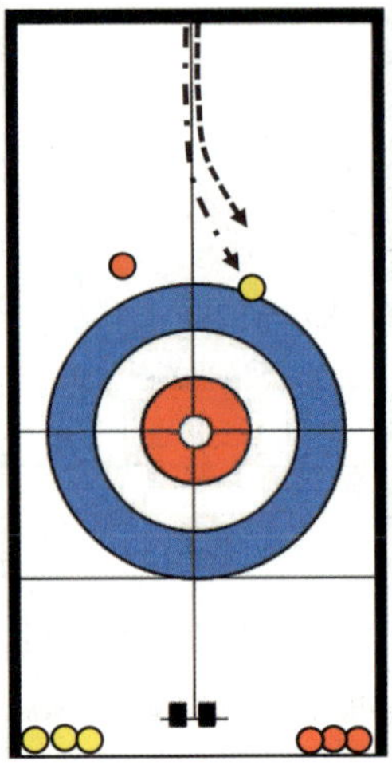

图 9–48　B 队第 4 次投壶

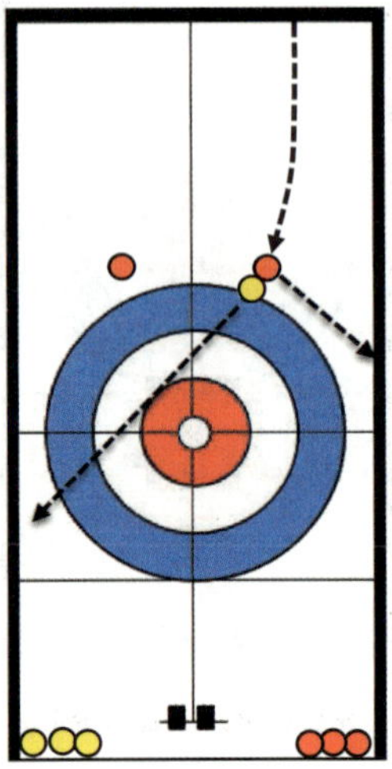

图 9–49　A 队第 5 次投壶

B 队——第 5 次投壶（图 9–50）

投壶计划：边区占位，冰壶停在右侧边区。

投壶结果：边区占位，冰壶停在右侧边区。

注释：冰壶比赛是对运动员持之以恒、坚持不懈内在品质的一场考验。

A 队——第 6 次投壶（图 9–51）

投壶计划：清球，投掷壶和目标壶均移出比赛区域。

投壶结果：打甩，目标壶移出比赛区域，但投掷壶略微甩到中区。

注释：A 队出现了轻微的投壶失误，给 B 队提供了一个很好的喘息机会。

B 队——第 6 次投壶（图 9–52）

投壶计划：进营，投掷壶停在右侧边区占位冰壶的正后方，T 线前方。

投壶结果：进营，投掷壶停在右侧边区占位冰壶的侧后方，12 英尺圆右侧前区。

注释：B 队的投壶力量和线路都偏小。他们还剩 3 个冰壶，需要得到 2 分才能保证比赛继续。凭借着强有力的扫冰，投掷壶最终停在了占位壶的侧后方。但是，投掷壶与占位壶的距离太近，A 队可以通过双飞击打，同时将 2 个冰壶移出比赛区域。

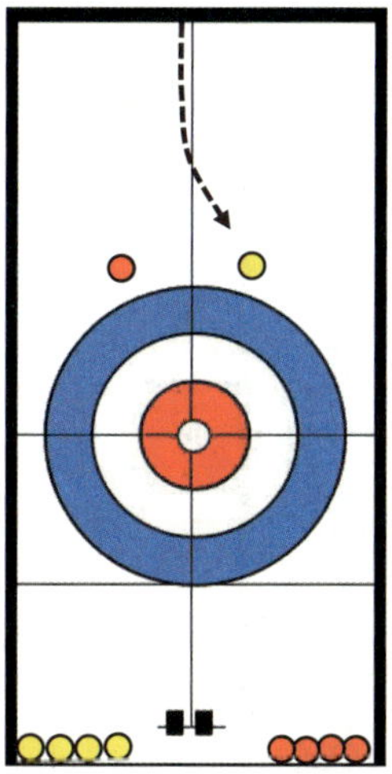
图 9–50　B 队第 5 次投壶

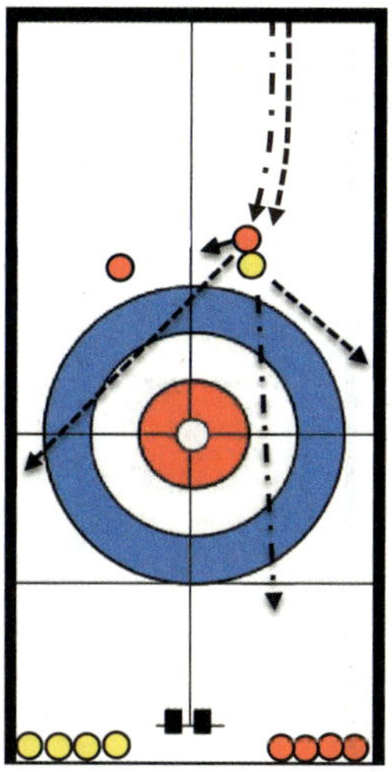
图 9–51　A 队第 6 次投壶

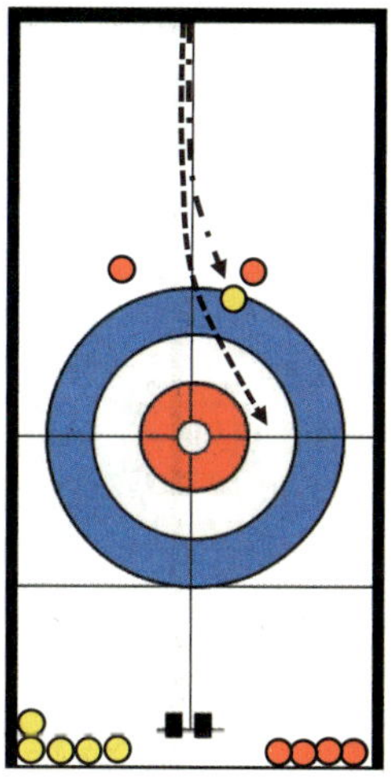
图 9–52　B 队第 6 次投壶

A 队——第 7 次投壶（图 9–53）

投壶计划：双飞击打，投掷壶、占位壶和潜在得分壶均移出比赛区域。

投壶结果：打甩溜壶，投掷壶和占位壶移出比赛区域。

注释：完成了 50% 的既定投壶任务，清掉了可供 B 队隐藏多个冰壶的占位壶。A 队的首要目标是防止 B 队得分超过 2 分。此时，他们已经完成了这一目标。

B 队——第 7 次投壶（图 9–54）

投壶计划：进营，冰壶停在大本营内左侧边区占位冰壶的正后方，T 线前方。

投壶结果：进营，冰壶停在大本营内左侧边区占位冰壶的正后方，8 英尺圆的后区。

注释：即便冰壶的位置不是很完美，但是对于 B 队来说，这仍是一次很好的投壶。他们有 2 个冰壶在比赛中，这是保证比赛能够继续进行的前提条件。

A 队——第 8 次投壶（图 9–55）

投壶计划：双飞击打，将投掷壶和 B 队 2 个潜在得分壶均移出比赛区域。

投壶结果：打甩溜壶，投掷壶和 1 个潜在得分壶移出比赛区域。

注释：A 队必须打掉 1 个潜在得分冰壶，才能确保常规比赛局结束时，至少是平分。双飞击打可以直接赢得比赛，但并不是非此不可。

B 队——第 8 次投壶（图 9–56）

投壶计划：进营，得到第 2 分。

投壶结果：进营，冰壶停在大本营内 8 英尺圆的后区，得到第 2 分。

注释：B 队凭借坚持不懈的努力和近乎完美的执行力，以及 A 队细小失误的帮助，最终得到 2 分。8 局比赛之后，双方队伍平分，比赛进入了加局决胜阶段。

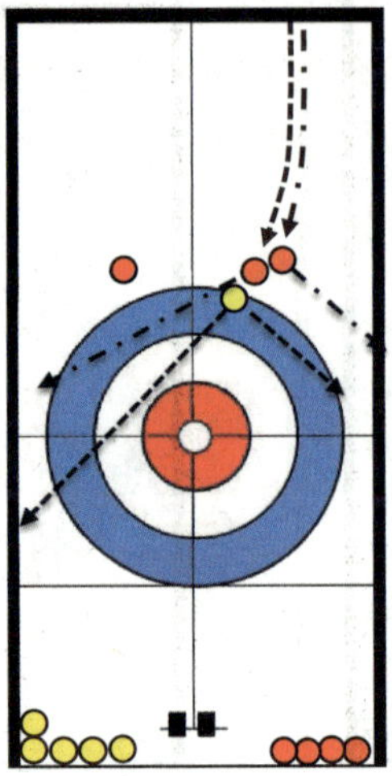

图 9–53　A 队第 7 次投壶

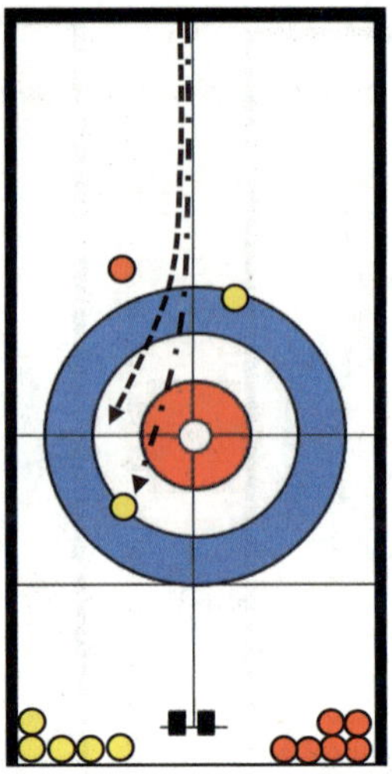

图 9–54　B 队第 7 次投壶

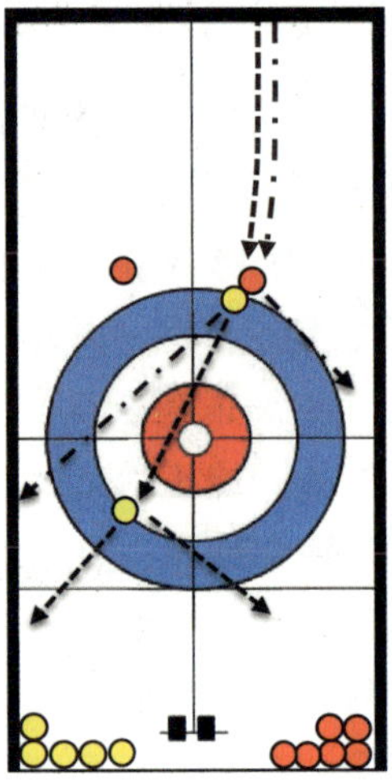

图 9–55　A 队第 8 次投壶

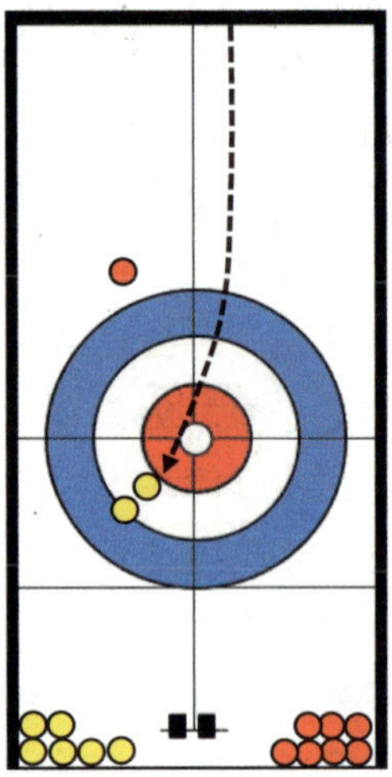

图 9–56　B 队第 8 次投壶

第 9 局（加局）

当前局势：A 队 6 分，B 队 6 分，A 队后手，加局赛。

B 队——第 1 次投壶（图 9–57）

投壶计划：中区占位，冰壶停在 3 区的中线上。

投壶结果：中区占位，冰壶停在 1 区的中线上。

注释：B 队在加局比赛中一定要偷分，才能获得比赛的胜利。因此，他们需要一个位置很好的中区占位。

A 队——第 1 次投壶（图 9–58）

投壶计划：进营，冰壶停在大本营左侧区域，T 线前方。

投壶结果：溜壶。

注释：A 队的此次投壶失误并不是很严重。因为，A 队本局比赛的主要任务是控制中区。但是，边区位置的计分壶会对后续的比赛进展有很大帮助。假使 A 队选择投进圆心，之后击打中区占位壶可能会产生意外。

B 队——第 2 次投壶（图 9–59）

投壶计划：中区占位，冰壶停在 3 区的中线上。

投壶结果：中区占位，冰壶停在 3 区的中线上。

注释：B 队采用激进的进攻偷分战略，中区双占位。本次投壶完美地完成了既定的投壶任务。

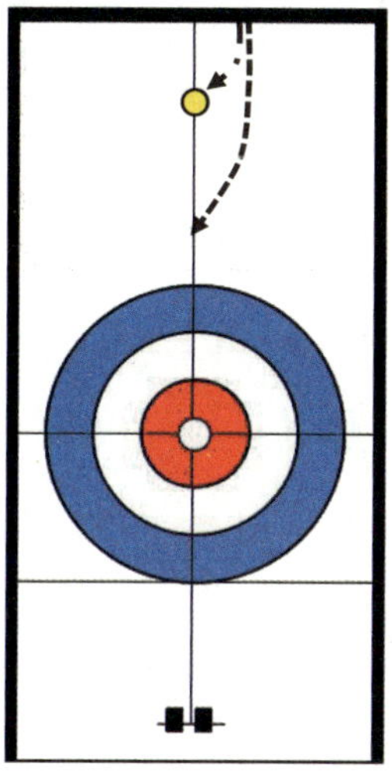

图 9–57　加局 B 队第 1 次投壶

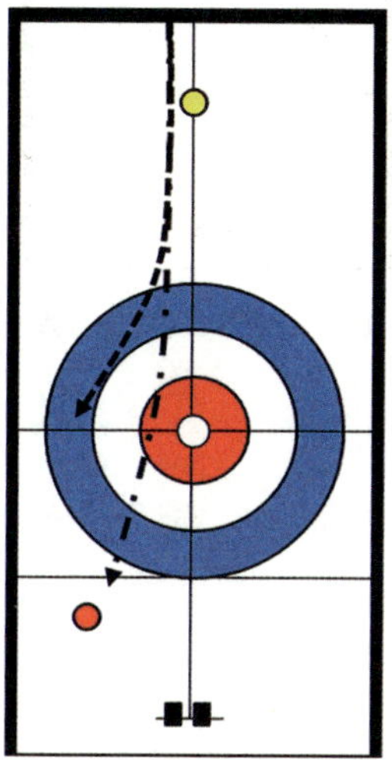

图 9–58　加局 A 队第 1 次投壶

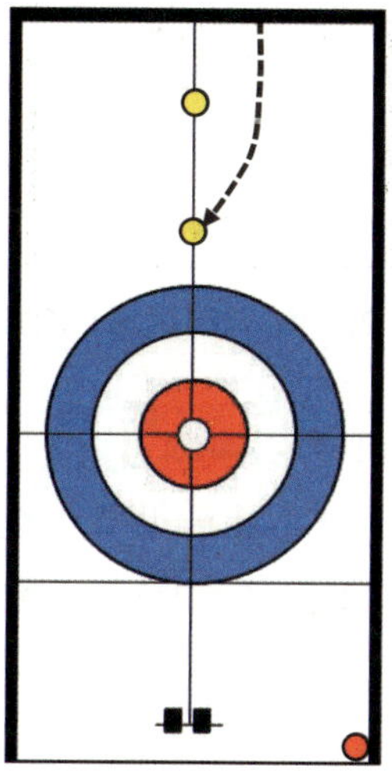

图 9–59　加局 B 队第 2 次投壶

A 队——第 2 次投壶（图 9–60）

投壶计划：进营，冰壶停在 4 英尺圆前区，占位壶后方。

投壶结果：进营，冰壶停在大本营内 4 英尺圆后区。

注释：B 队有 2 个非常好的中区占位壶，很难通过一次击打同时移出比赛。因此，A 队改变了既定的战术策略。A 队的投壶几乎完美，但停在了 4 英尺圆的后区。B 队可以通过旋粘，得到第一计分壶。

B 队——第 3 次投壶（图 9–61）

投壶计划：旋粘，冰壶停在 A 队冰壶前方的圆心处。

投壶结果：分球，冰壶刮到 3 区的占位壶，停在边区。

注释：B 队本次投壶想充分利用 A 队上次投壶的细微失误，将投掷壶旋粘到 A 队冰壶。

A 队——第 3 次投壶（图 9–62）

投壶计划：双飞击打，清除 B 队中区双占位，投掷壶甩壶到边区。

投壶结果：双飞击打，清除 B 队中区双占位，投掷壶甩壶到边区。

注释：鉴于 2 个中区占位壶之间有一定的角度，A 队选择了双飞击打，并很好地完成了既定投壶任务。确保四垒最后一次投壶时，中区的投壶线路畅通无阻。

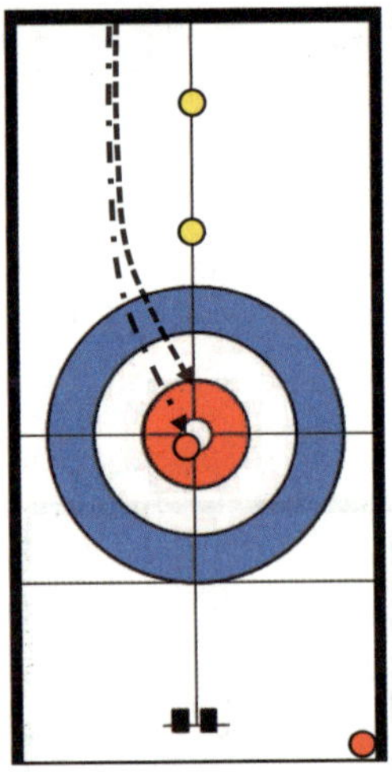

图 9-60　加局 A 队第 2 次投壶

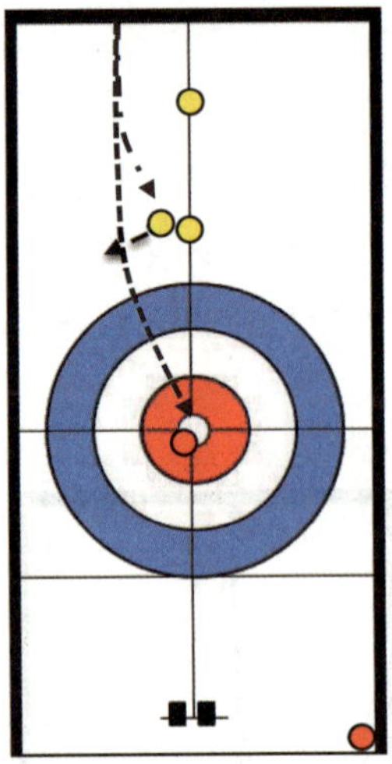

图 9-61　加局 B 队第 3 次投壶

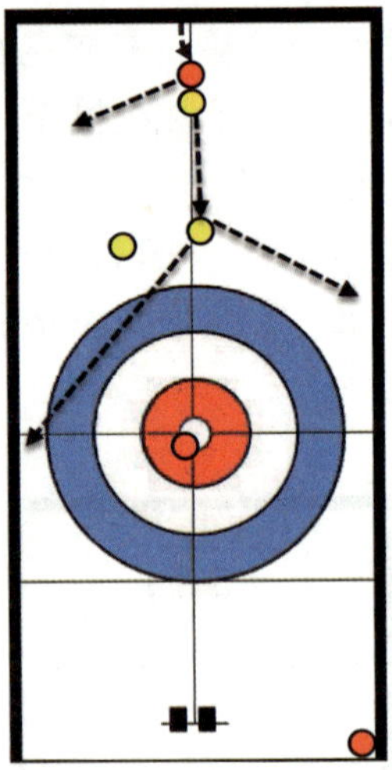

图 9-62　加局 A 队第 3 次投壶

B 队——第 4 次投壶（图 9-63）

投壶计划：进营，冰壶停在大本营内 12 英尺圆的前区。

投壶结果：进营，冰壶停在大本营内 8 英尺圆的前区。

注释：B 队遇到了困境。他们要想偷分，就需要在中区占位壶和圆心之间有第一计分壶。事实上，他们需要轻传 A 队圆心附近的冰壶，使自己的冰壶成为第一计分壶。为此，B 队选择将投掷壶停在 12 英尺圆的前区，它既可以是一个占位壶，也可是轻传的目标壶。投掷壶的位置并不是很理想，不易向后轻传。

A 队——第 4 次投壶（图 9-64）

投壶计划：双飞击打，将 B 队的 2 个冰壶移出比赛区域。

投壶结果：溜壶。

注释：A 队想保持中区投壶线路畅通，首先需要清除的是大本营前区顶部的冰壶。

B 队——第 5 次投壶（图 9-65）

投壶计划：粘壶，旋粘 A 队圆心附近的冰壶。

投壶结果：进营，投掷壶刮到 8 英尺圆前区的本队冰壶。

注释：B 队在大本营内有冰壶，还有边区占位的保护，他们担心之后的投壶线路被对手封锁，试图获得第一计分壶。

A 队——第 5 次投壶（图 9-66）

投壶计划：打甩，冰壶停在大本营左侧区域。

投壶结果：打甩，产生相关，投掷壶和目标壶均移出比赛区域，第一计分壶停在大本营左后区。

注释：A 队投壶失误，但是清除了中区的潜在威胁，包括自己的冰壶。B 队会全力保护第一计分壶。

B 队——第 6 次投壶（图 9–67）

投壶计划：中区占位，冰壶停在 3 区中线上。

投壶结果：中区占位，冰壶停在 2 区中线上。

注释：B 队继续选择占位投壶，他们需要中区占位壶后方的冰壶去偷分。

A 队——第 6 次投壶（图 9–68）

投壶计划：双飞击打，将 B 队的两个冰壶同时移出比赛区域。

投壶结果：击打，将 B 队的占位壶移出比赛区域。

注释：后手队伍通常会尽力保持到达圆心的投壶线路畅通。A 队试图清除占位壶，并同时移出 B 队的第一计分壶。

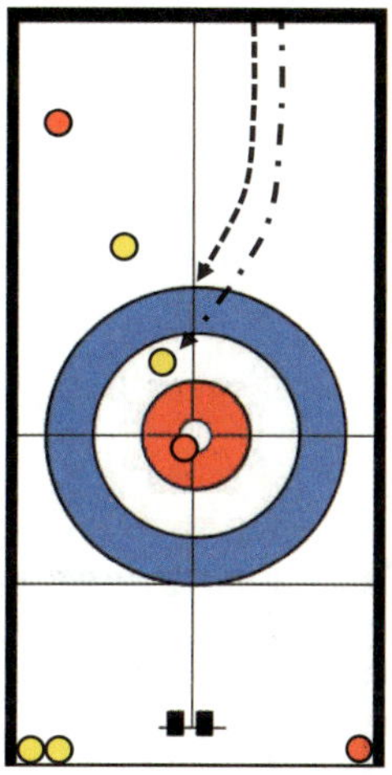

图 9–63　加局 B 队第 4 次投壶

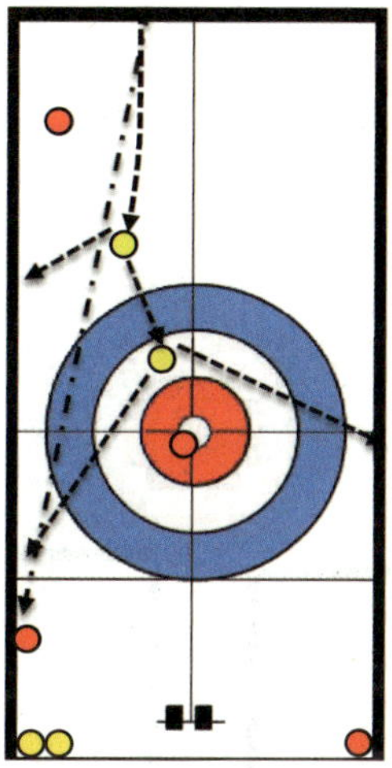

图 9–64　加局 A 队第 4 次投壶

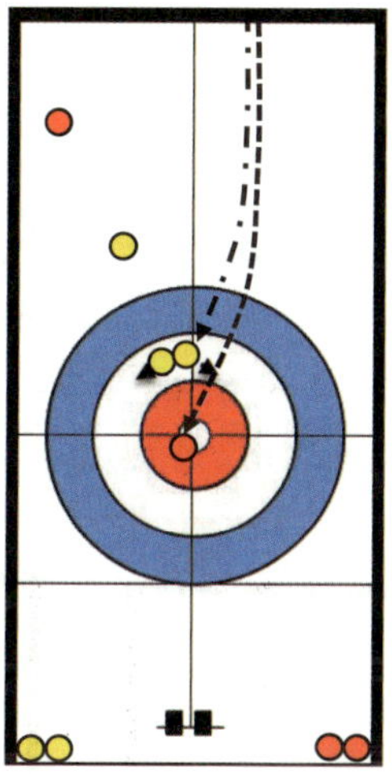

图 9–65　加局 B 队第 5 次投壶

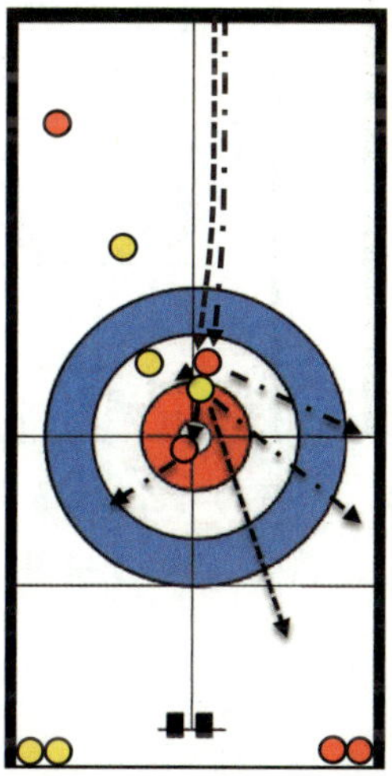

图 9–66　加局 A 队第 5 次投壶

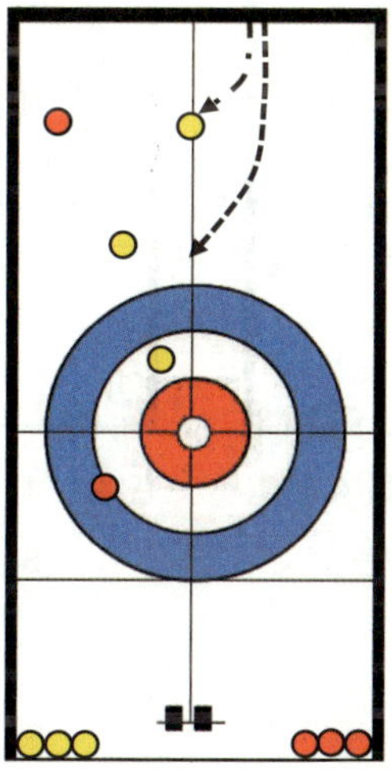

图 9–67　加局 B 队第 6 次投壶

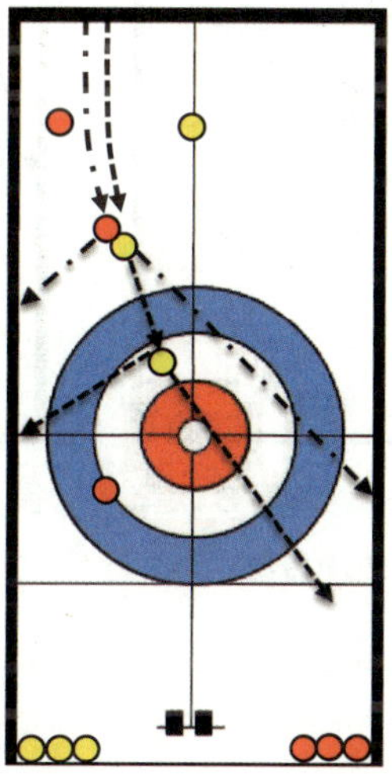

图 9–68　加局 A 队第 6 次投壶

B 队——第 7 次投壶（图 9–69）

投壶计划：进营，冰壶停在中区占位壶的正后方。

投壶结果：轻传，冰壶停在大本营内 8 英尺圆前区。

注释：B 队的投壶出现了微小的失误，但仍然具有一定的价值。因为，B 队现在拥有第一计分壶和第二计分壶。

A 队——第 7 次投壶（图 9–70）

投壶计划：双飞击打，将 B 队的第一计分壶和第二计分壶同时移出比赛区域。

投壶结果：击打，将 B 队的 1 个冰壶移出比赛区域。

注释：A 队至少确保了到达圆心的投壶线路畅通。

B 队——第 8 次投壶（图 9–71）

投壶计划：进营，冰壶停在中区占位壶的后方，T 线前方。

投壶结果：进营，冰壶停在中区占位壶的后方，4 英尺圆的后区。

注释：B 队最后一次投壶。第一计分壶有中区占位冰壶的保护。

A 队——第 8 次投壶（图 9–72）

投壶计划：进营，冰壶停在圆心处，成为第一计分壶，赢得比赛。

投壶结果：进营，投掷壶刮到第二计分壶，停在 4 英尺圆前区。

注释：A 队投壶线路略微偏大，刮到 B 队的第二计分壶，如此细微的失误导致 A 队输掉整场比赛。

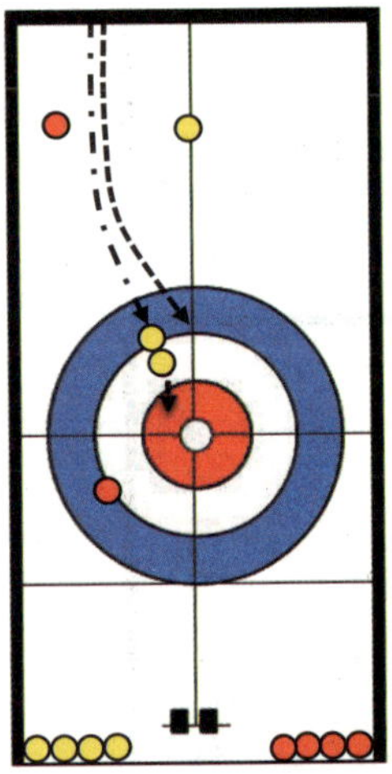

图 9–69　加局 B 队第 7 次投壶

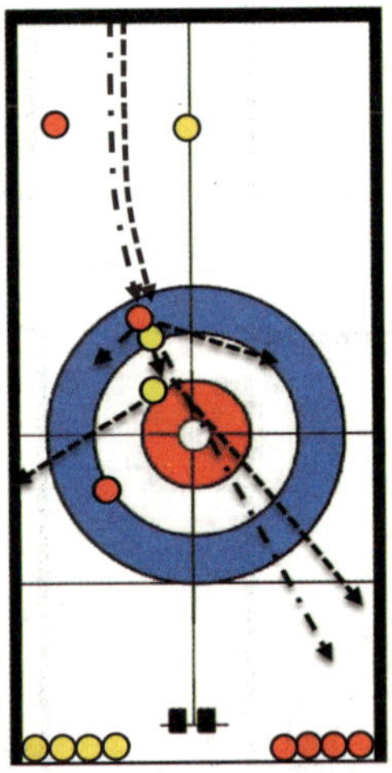

图 9–70　加局 A 队第 7 次投壶

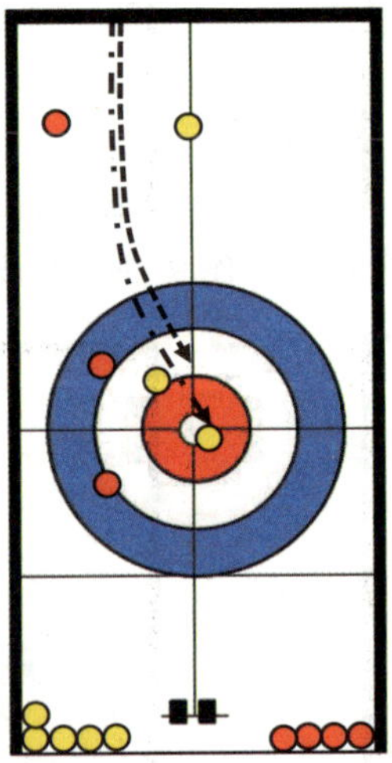

图 9–71　加局 B 队第 8 次投壶

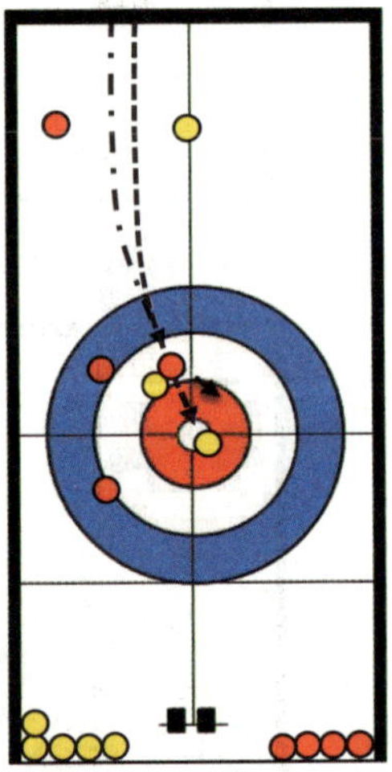

图 9–72　加局 A 队第 8 次投壶

附录

附录 1：冰壶运动专业词汇中英文对照列表

序号	英文	中文	释义
1	Acting Skip	副指挥	同 Vice Skip
2	Alternate	替补	已注册、有资格替换比赛中运动员的非场上运动员
3	Away End	远端	通常指第一局比赛的比赛端
4	Back Board	后挡板	放在冰壶道两端冰面上的泡沫或木条等
5	Back End	三四垒	三垒和四垒 2 名运动员的统称
6	Back House Weight	大本营后区力量	投掷壶停在大本营后区的投壶力量
7	Back Line	底线	位于大本营后区，与冰壶道同宽，平行于 T 线并距 T 线 1.829 米（6 英尺）的细线
8	Back of the House	大本营后区	T 线和底线之间的大本营区域
9	Biter	相切壶	刚好接触到大本营最外侧同心圆的冰壶
10	Biter Stick	测量杆	用于测量静止冰壶与大本营关系的测量工具
11	Blank End	空局	一局比赛中双方均未得分的表述
12	Block	直角测量块	用于测量冰壶与冰壶道上各条直线（前掷线、底线或边线）关系的测量工具
13	Break Point	下线点	投掷壶开始产生弧线滑行轨迹的最初位置，也称 K 点
14	Brick	冰壶	同 Stone，冰壶的俚语表达
15	Broom	冰壶刷	同 Brush，也称扫帚，现已禁止用其扫冰
16	Brush	冰壶刷	清洁冰面和扫冰的专项运动器材
17	Brush Head	刷头	冰壶刷与冰面接触的部分
18	Bump	轻磕	投掷壶将大本营中区对手的冰壶移动到大本营后区的投壶
19	Bumper	后挡板 / 挡板力量	1. 同 Back Board；2. 指一种投壶力量：投掷壶停在比赛端后挡板的投壶力量
20	Button	圆心	大本营内最小的同心圆
21	Center Guard	中区占位	停在距离中线 2 英尺内，通常是接触或分割中线，简称为 Guard

续表

序号	英文	中文	释义
22	Centre Line	中线	将冰面比赛区域平分为两部分，穿过 T 线中点并向外延伸 3.658 米（12 英尺）的细线
23	Circles	大本营	冰壶道两端的同心圆区域
24	Clean	轻带	仅向冰面施加有限作用力，以清扫杂物为目的的小力量扫冰
25	Come Around	旋进	投掷壶绕过另外的冰壶，自身停在大本营内，并位于比赛中其他静止冰壶绕过另外的冰壶正后方的投壶方法，也称旋壶
26	Corner Guard	边区占位	对静止在 8 英尺或 12 英尺圆的冰壶提供保护的冰壶
27	Counter	计分壶	大本营内或与大本营相接触的任何冰壶，也称作潜在得分壶
28	Courtesy Line	限制线	非投壶队伍运动员的站立区域
29	Curl	弧线	冰壶在冰面滑行时产生的弧线形滑行轨迹
30	Curling Stone	冰壶石	同 Stone
31	Debris	碎屑	霜、雪或从冰壶刷、鞋和衣服上掉落的任何物质
32	Delivering Team	投壶队	掌管比赛区域，即将投出下一个冰壶的队伍
33	Delivery	投壶	具体指运动员投掷冰壶的动作
34	Delivery End	投壶端	冰壶道上投掷冰壶的一端
35	Delivery Stick	投壶杆	投壶过程中作为手或手臂的延伸，并与冰壶手柄直接接触的冰壶运动专业器材
36	Digital Measures	点球测量尺	点球投壶（LSD）时，用于测量静止冰壶与 T 点之间距离的测量工具，同 Draw Shot
37	Divider	分隔板	分隔相邻冰壶道的材料（如泡沫或木条）
38	Double Take-out	双飞	投掷壶将两个及以上的目标壶同时移出比赛区域的投壶，简称 Double
39	Draw	投壶 / 进营	1. 不将目标冰壶击打出比赛区域的多种投壶技术的统称，反之是击打 2. 投掷壶自身停在大本营内，但不触碰比赛中其他任何静止冰壶，且无占位冰壶为其提供保护的投壶，也称为投准
40	Draw Shot Challenge (DSC)	全队投壶赛	去掉相应最差成绩的点球投壶（LSD）测量距离的平均值
41	Draw Weight	进营力量	投掷壶停在比赛端大本营的投壶力量
42	End	局	冰壶比赛的基本单位
43	Extra End	加局	常规比赛局平分后，用来决定双方胜负的比赛局
44	First Player	一垒	每局比赛中第一个投出该队两个冰壶的运动员
45	Force	迫分	指先手方迫使后手方在一局比赛中只得 1 分，亦称控分

续表

序号	英文	中文	释义
46	Forfeit	判负	一支参赛队伍不能开始或继续完成比赛，另一支参赛队伍自动获胜，最终比分记录为 W–L
47	Fourth Player	四垒	每局比赛中投掷该队最后 2 个冰壶的运动员
48	Free Guard Zone (FGZ)	自由防守区	前掷线和 T 线之间，但不包括大本营的区域
49	Freeze	粘壶	投掷壶直接抵住另一个冰壶的投壶，也称粘贴或旋粘
50	Front End	一二垒	一垒和二垒 2 名运动员的统称
51	Front House Weight	大本营前区力量	投掷壶停在比赛端大本营前区的投壶力量
52	Guard	保护	能够起到保护另一个冰壶作用的冰壶或投壶
53	Hack	踏板 / 踏板力量	1. 位于冰壶道两端，投壶运动员启动投壶动作时的立足点（轮椅冰壶除外），亦称起踏器 2. 指一种投壶力量：投掷壶停在比赛端踏板处的投壶力量
54	Hack Line	踏板线	位于中线末端，与 T 线平行，457 毫米（1 英尺 6 英寸）长的细线
55	Hack Weight	踏板力量	投掷壶停在比赛端踏板处的投壶力量
56	Hammer	后手	一局比赛中投掷最后一个冰壶的表述
57	Handle	手柄	1. 投壶时用手握住的冰壶的部分 2. 投壶运动员对冰壶手柄施加的旋转，同 Turn
58	Hit and Roll	打甩留壶	投掷壶击打比赛中的目标壶，投掷壶甩离撞击点，但留在大本营内，而将目标壶移出比赛区域的投壶，简称打甩
59	Hit and Roll Away	打甩溜壶	投掷壶击打比赛中的目标壶，目标壶被移出比赛区域，而投掷壶同时也甩出比赛区域，或至少甩出大本营的投壶，简称打甩
60	Hit and Stick	打定	投掷壶正面击打比赛中的目标壶，投掷壶在撞击到目标壶之后静止在撞击点原地，而将目标壶移出比赛区域的投壶
61	Hog Line	前掷线	与冰壶道同宽，平行于 T 线并距 T 线 6.40 米（21 英尺）的粗线
62	Hog Line Violation	前掷线违规	冰壶到达投壶端前掷线时没有完成投壶出手动作
63	Hog to Hog Time	长表	一种计时方法，用于记录冰壶在两条前掷线之间的滑行时间
64	Home End	近端	通常指第一局比赛的投壶端
65	House	大本营	同 Circles
66	Hurry	全力扫冰	运动员向冰面施加最大作用力扫冰的表述

续表

序号	英文	中文	释义
67	In Off	折击	投掷壶通过撞击大本营内或大本营前方的目标壶，改变投掷壶的运行方向，且进入大本营中区的投壶
68	Interval Timing	分段时间	测量冰壶速度的一种计时方法
69	In-turn	内旋	施加给冰壶手柄的旋转，对于右手投壶运动员而言是顺时针旋转，对于左手投壶运动员而言是逆时针旋转
70	Jam	相关	击打的目标壶与比赛中其他冰壶所产生的某种关联
71	Last Stone Draw (LSD)	点球投壶	赛前练习结束，参赛队伍各有 2 名运动员向开赛端 T 点先顺时针、后逆时针投掷 2 个冰壶的过程
72	Lead	一垒	同 First Player
73	Long Guard	长占位	远离大本营顶端，离前掷线更近的占位，亦称高占位
74	Mate	副指挥	同 Vice Skip
75	Measuring Device	测量仪器	测量比赛中静止冰壶位置的一套仪器或器材
76	Micrometre Measuring Stick	千分测量尺	用于测量大本营内两个及以上静止冰壶距离 T 点距离的测量工具
77	Nipper	冰点打磨器	用于打磨冰点的一种修冰器材
78	No-lift Delivery	非后摆式投壶	投壶运动员在投壶的任何阶段都不将冰壶提离冰面的一种投壶方式
79	Normal Weight	正常力量	击打投壶时一种默认的标准速度或标准力量
80	Nose Hit	打定	同 Hit and Stick
81	Not Thrown	未投壶	一局比赛中某支参赛队伍提前认输尚未投出的冰壶
82	Out-of-play Position	无效壶	不应该继续留在比赛区域的冰壶
83	Out-turn	外旋	施加给冰壶手柄的旋转，对于右手投壶运动员而言是逆时针旋转，对于左手投壶运动员而言是顺时针旋转
84	Pebble	冰点	喷洒在冰壶道上的冰冻水珠
85	Peel	清球	投掷壶击打占位壶，投掷壶和占位壶都移出比赛区域的投壶，也称清占位，同 Clearing
86	Pin	中心点	大本营的圆心，特指圆心中心处的凹洞
87	Playing End	比赛端	冰壶道上冰壶所投向的一端
88	Positioned Stones	固定壶	混双项目每局比赛开始前，放置在固定位置的 2 个冰壶
89	Power Play	进攻局	混双比赛中“固定” 壶摆放在边区指定位置的比赛局
90	Raise	传进	投掷壶撞击大本营前方的目标壶，但目标壶仍留在比赛之中的投壶

续表

序号	英文	中文	释义
91	Raise Take-out	传击	投掷壶击打第一目标壶，使其移动并将第二目标壶移出比赛区域的投壶，同 Promotion Takeout
92	Rings	大本营	同 Circles
93	Rock	冰壶	同 Stone，多用于加拿大
94	Rotation	旋转	冰壶的旋转方向（顺时针或逆时针）
95	Run Back	传击	同 Raise Take-out
96	Second Player	二垒	每局比赛中第二个投出该队 2 个冰壶的运动员
97	Sheet	冰壶道	冰壶比赛的特定冰面
98	Shooter	投掷壶	投壶运动员投出的冰壶
99	Shot Rock	计分壶	通常指一局比赛期间的第一计分壶，计分壶直到一局比赛结束才可能成为得分壶
100	Shot Stone	计分壶	同 Shot Rock
101	Side Line	边线	位于冰壶道两侧的边界线
102	Skip	指挥	指挥团队比赛的运动员，亦称为队长
103	Slider	滑板	滑行脚鞋底的滑行材料
104	Spare	替补	同 Alternate
105	Split	分营	投掷壶将本方静止在大本营前方或大本营内的目标壶移动到大本营边区，且投掷壶停在大本营另一侧边区的投壶或战术
106	Steal	偷分	先手方在一局比赛中得分的表述
107	Stone	冰壶	由花岗岩制成，冰壶比赛中运动员的投掷物
108	Sweeping	扫冰	在运动冰壶前来回移动冰壶刷，清洁或摩擦冰面的技术动作
109	Sweeping Device	冰壶刷	同 Brush
110	Take Out	击打	将目标壶移出比赛区域的投壶
111	Tap-back	轻传	投掷壶撞击大本营内的目标壶，但目标壶仍留在比赛之中的投壶
112	Team Time-out	战术暂停	比赛期间运动员和教练员在场地上 60 秒的交流时间
113	Technical Time-out	技术暂停	当出现需要裁决、运动员受伤或其他特殊情况时，由参赛队伍或裁判员申请的比赛停止
114	Tee	中心点	同 Pin，也称 T 点或圆心
115	Tee Line	T 线	与冰壶道同宽，穿过大本营中心，平行于前掷线和底线的细线
116	Thinking Time	思考时间	冰壶比赛的一种计时方法，每场比赛中给予比赛双方一定的时间用于制定战术
117	Third Player	三垒	每局比赛中第三个投出该队 2 个冰壶的运动员
118	Throw Away	溜壶	同 Throw Through

续表

序号	英文	中文	释义
119	Throw Through	溜壶	直接将投掷壶投出比赛区域的投壶，也称放壶
120	Tick	分球	投掷壶将受到自由防守区规则保护的占位（保护）壶进行位置重置的投壶
121	Tie–breaker	平分加赛	循环赛结束后，打破相同排名的比赛
122	Top of the House	大本营前区	前掷线和 T 线之间大本营区域
123	Vice–Skip	副指挥	当指挥投壶时，负责指挥比赛的运动员，亦称为副队长
124	Weight	力量	运动员投壶时，施加给冰壶的力量或速度
125	Wheelchair Lines	轮椅线	前掷线到大本营最大圆之间的 2 条线，轮椅冰壶运动员投掷冰壶时，投掷壶可以位于这 2 条线之间

附录 2：主要参考文献

[1] GRANT J.G. The complete curler [M]. London: Adam and Charles Black, 1914.

[2] SMITH D. Curling: an illustrated history [M]. Edinburgh: John Donald, 1981.

[3] RAMSAY J. An account of the game of Curling by a member of the Duddingston Curling Society [M]. Edinburgh: Nabu Press, 1811.

[4] WELSH R. International guide to Curling [M]. London: Pelham Books, 1985.

[5] KERR J. History of Curling, Scotland's Ain Game and Fifty Years of the Royal Caledonian Curling Club [M]. Glasgow: Douglas, 1890.

[6] WELSH R. Beginner's guide to Curling [M]. London: Pelham Books, 1969.

[7] RAMSAY J. An account of the game of Curling [M]. Memphis: General Books LLC, 2010.

[8] SEAN MR Turriff. Curling: steps to success [M]. Illinois: Human Kinetics, 2016.

[9] MORRIS J, GEMMELL D. Fit to curl: a sport-specific guide to training for the world's greatest game [M]. London: Wellington Press, 2016.

[10] RODGER S. The five elements of Curling technique [M]. Wisconsin: USA Curling, 2012.

[11] PEZER V. Smart curling: perfect your game through mental training [M].Canada: Fifth House, 2007.

[12] PARK K I. An analysis on the game content of Curling athlete [D]. Seoul: Korea National Sports University, 2001.

[13] AANNEVIK F. Skippy: agents learning how to play Curling [D].Trondheim: Norwegian University of Science and Technology, 2009.

[14] DENNY M. Curling rock dynamics: towards a realistic model [J]. Canadian journal of Physics, 2011, 8 (9): 1005-1014.

[15] MARMO B A, BUCKINGCHAM M P, BLACKFORD J R. Optimising sweeping techniques for Olympic curlers [J]. The engineering of sport, 2006 (3): 249-250.

[16] FUMITO M, KOHSUKE H, HIROMU O, et al. Informatics to support tactics and strategies in Curling [J]. International journal of automation technology, 2016, 10(2): 244-252.

[17] MARMO B A, FARROW I S, BUCKINGHAM M P, et al. Frictional heat generated by sweeping in Curling and its effect on ice friction [J]. Proceedings of the Institution of mechanical engineers, 2006 (4): 189-197.

[18] ERHAN S E, AGDUMAN F, GEREK Z. Study of decision-making strategies of players having competed in European mixed Curling Championship [J] .Research journal of sport sciences, 2015, 3 (9) : 249-253.

[19] HEO M H, KIM D. The development of a Curling simulation for performance improvement based on a physics engine [J] . Procedia engineering, 2013 (60) : 385-390.

[20] STEWART N W, HALL C. The effects of cognitive general imagery training on decision-making abilities in Curling: a single-subject multiple baseline approach [J] . Journal of Applied Sport Psychology, 2016, 29 (2) : 119-133.

[21] WILLOUGHBY K A, KOSTUK K J. Preferred scenarios in the sport of curling [J] . Interfaces, 2004, 34 (2) : 117-122.

[22] KOSTUK K J, WILLOUGHBY K A, SAEDT A P H. Modelling Curling as a Markov process [J] . European journal of operational research, 2001, 133 (3) : 557-565.

[23] STEPHEN G W, LAMOUREUX D. Curling in Canada [J] . Culture, sport, society, 2001, 4 (2) : 140-156.

[24] MAENO N. Curl mechanism of a curling stone on ice pebbles [J] . Bulletin of glaciological Research, 2010 (28) : 1-6.

[25] MAENO N. Dynamics and curl ratio of a curling stone [J] . Sports engineering, 2014, 17 (1) : 33-41.

[26] EVANS D C B, NYE J F, CHEESEMAN K J. The kinetic friction of ice [J] . Proc. R. Soc. Lon. A, 1976 (345) : 493-512.

[27] AKKOK M, ETTLES C M, CALABRESE S J. Parameters affecting the kinetic friction of ice [J] . Trans. ASME, 1987 (109) : 552-560.

[28] BUCKINGHAM M P, MARMO B A, BLACKFORD J R. Design and use of an instrumented Curling brush [J] . Journal of materials: design and application, 2006, 220 (4) : 199-205.

[29] ANDERSON K, BEHM D G. The impact of instability resistance training on balance and stability [J] . Sports Med, 2005, 35 (1) : 43-53.

[30] BEHM D G. Periodized training program of the Canadian Olympic Curling Team [J] . Strength & Cond J, 2007, 29 (3) : 24-31.

[31] BRADLEY J L. The sports science of Curling: a practical review [J] . J Sports Sci Med, 2009, 8 (4) : 495-500

[32] BREDIN S S D, WARBURTON D E R. Physiological characteristics of young curlers[J]. Int J Food Sci Technol, 1999 (31) : 1579-1585.

[33] KIVI D, AULD T. Temporal methods to estimate the displacement of a Curling rock: comparison between competitive and recreational curlers [C] . International symposium

on Biomechanics in sports：conference proceedings Archive，2010（28）：1-4.

［34］AHMAD Z F，HOLTE R C，BOWLING M. Action selection for hammer shots in Curling［C］. Proceedings of the Twenty-Fifth International Joint Conference on Artificial Intelligence，2016：561-567.

［35］World Curling Federation. The rules of Curling and rules of competition［Z］.2021.

［36］韩丹．论运动和体育的辩证关系［J］．哈尔滨体育学院学报，1986（2）：1–8.

［37］张晓光．简介几种少年儿童的冬季户外运动［J］．冰雪运动，1987（2）：68–69.

［38］王传华．冰壶—绅士体育［J］．体育博览，1993（2）：40.

［39］冯伟，于同，牛荣利．冰壶运动员的身体训练［J］．冰雪运动，2004（1）：35–37.

［40］于亮，王瑞元，周越，等．冰壶运动的起源与发展研究［J］．体育文化导刊，2012（3）：133–136.

［41］于黎冰．我国冰壶运动发展现状及研究进展［J］．冰雪运动，2007，29（2）：45–47.

［42］冯钰莹，陈路安．冰壶运动员核心能力与运动表现的探讨［J］．运动精品，2020，39（1）：75–77.

［43］冯钰莹，王学宇，李广旭．冰壶运动员下肢稳定性对运动表现的影响［J］．冰雪运动，2019，41（5）：42–47，53.

［44］贺忠兵，孙茹．影响冰壶运动员投壶过程中稳定性因素的分析［J］．当代体育科技，2017，7（13）：246–247.

［45］冯钰莹．冰壶运动员平衡能力、核心肌力与投准成绩的相关性研究［D］．长春：吉林体育学院，2020.